Hudobný klasicizmus na Slovensku
v dobových dokumentoch

Musikalische Klassik in der Slowakei
in Zeitdokumenten

*Ďakujeme sponzorom
za finančnú podporu*

*Wir danken den Sponsoren
für die finanzielle Unterstützung*

KULTUR KONTAKT
Wien, Österreich

◆

OPEN SOCIETY FUND
Bratislava, Slovensko

◆

PRO HELVETIA Ost/West
Brarislava, Slovensko

◆

ZÁPADOSLOVENSKÉ ENERGETICKÉ ZÁVODY, š.p.
Bratislava, Slovensko

◆

Štátny fond kultúry
PRO SLOVAKIA
Bratislava, Slovensko

DARINA MÚDRA

Hudobný klasicizmus na Slovensku
v dobových dokumentoch

Musikalische Klassik in der Slowakei
in Zeitdokumenten

Vydalo vydavateľstvo Ister Science, spol. s r.o., Bratislava 1996
Herausgeber Verlag Ister Science, GmbH, Bratislava 1996
Zodpovedná redaktorka / Chefredakteurin *Juliana Szolnokiová*
Nemecký preklad redigovala / Deutsche Redaktion *Ingeborg Stahlová*
Grafická úprava / Graphische Gestaltung *Clara Design Studio, Bratislava*
Repro *MOOL Studio, Bratislava*
Tlač/Druck *Svornosť, Bratislava*

© PhDr. Darina Múdra 1996
Translation © Ute Kurdelová 1996
Cover and Layout © Clara Design Studio 1996
Photo ©
Margita Dominová
Thea Leixnerová
Tibor Szabó
Oľga Šilingerová
Elena Šišková
Jozef Šucha

ISBN 80-88683-15-7

Publikácia je súčasťou výskumnej úlohy
Inštrumentálna hudba 18. storočia na Slovensku, Ústav hudobnej vedy Slovenskej akadémie vied v rámci projektu VEGA č. 2/1199/94.

Všetky práva sú vyhradené. Žiadna časť tejto knihy nesmie byť reprodukovaná v nijakej forme,
ani elektronickým či mechanickým spôsobom, vrátane systému na ukladanie a vyhľadávanie informácií,
bez súhlasu vlastníkov copyrightu.

Alle Rechte vorbehalten. Ohne Zustimmung des Copyrightbesitzers darf kein Teil dieses Buches in irgendeiner Form, elektronisch oder
mechanisch, einschließlich Informationsspeicher- und Suchssysteme,
reproduziert werden.

Predslov

Vorwort

Hudobný klasicizmus bol veľkolepým obdobím novovekej európskej hudby. Za necelé storočie sa vykryštalizovali formy, ktoré dodnes vnímame ako základné piliere vážnej hudby. Tvorba troch velikánov viedenského klasicizmu – J. Haydna, W. A. Mozarta a L. v. Beethovena – sa natrvalo zapísala do pamäti ľudstva. Ako to však bolo na území dnešného Slovenska, ktoré bolo teritoriálne aj štátnomocensky tak úzko spojené s Viedňou? Aké boli podmienky na pestovanie hudobného umenia, akí skladatelia tu žili a za akých podmienok tvorili? Čím boli inšpirované ich diela a čo vniesli do pokladnice nadnárodného umeleckého štýlu?

Na tieto otázky priniesla odpoveď práca Klasicizmus, ktorá tvorí druhý diel akademických Dejín hudobnej kultúry na Slovensku (vyd. Slovenský hudobný fond, Bratislava 1993). Pri dvadsaťročnej výskumnej práci, ktorá predchádzala jej vzniku, sa nazhromaždil bohatý a cenný obrazový materiál, ktorý si priam žiadal prezentáciu v samostatnej publikácii. Tak vznikla základná idea knihy Hudobný klasicizmus na Slovensku v dobových dokumentoch.

Publikácia obrazom a slovom osvetľuje premeny hudobnej kultúry na Slovensku v rokoch asi 1760 až 1830 v kontexte vývoja európskej hudby. Obrazový materiál je usporiadaný v zhode s výsledkami výskumu, ktorý preukázal existenciu niekoľkých oblastí, kde mala hudobná kultúra svoje špecifické črty, vyrastala z odlišných tradícií a jej rozvoj ovplyvňovali svojské podmienky.

Tieto hudobnokultúrne okruhy sú prezentované v jednotlivých kapitolách, pričom množstvo dokumentov proporčne zodpovedá významu tej-ktorej oblasti. Koncepcia práce akcentuje skutočnosť, že dnešné územie Slovenska, najmä Bratislava, nebolo v dobe klasicizmu na periférii európskych

Die musikalische Klassik war eine großartige Epoche der neuzeitlichen europäischen Musik. In einem knappen Jahrhundert kristallisierten sich jene Formen heraus, die wir bis heute als Grundpfeiler der ernsten Musik wahrnehmen.
Das Schaffen der drei Giganten der Wiener Klassik – J. Haydn, W. A. Mozart und L.v. Beethoven – hat sich für immer in das Gedächtnis der Menschheit eingeschrieben. Wie aber war das auf dem Gebiet der heutigen Slowakei, die territorial und staatlich so eng mit Wien verbunden war? Wie waren die Bedingungen für die Musikpflege, welche Komponisten lebten und schufen hier und unter welchen Bedingungen? Wodurch wurden ihre Werke inspiriert und was legten sie in das Schatzkästchen des übernationalen künstlerischen Stils hinein?
Auf diese Fragen gibt die Arbeit „Die Klassik" eine Antwort, die den zweiten Teil der akademischen Geschichte der Musikkultur in der Slowakei bildet (Hrsg. Slovenský hudobný fond [Slowakischer Musikfonds], Bratislava 1993). Während der zwanzigjährigen Forschungsarbeit, die ihrer Entstehung vorausgegangen war, sammelte sich reiches und wertvolles Bildmaterial an, das geradezu nach einer selbständigen Publikation verlangte. So entstand die Grundidee zu dem Buch Musikalische Klassik in der Slowakei in Zeitdokumenten.
Die Publikation beleuchtet in Bild und Wort die Wandlungen der Musikkultur in der Slowakei etwa von 1760–1830 im Entwicklungskontext der europäischen Musik. Das Bildmaterial ist übereinstimmend mit den Ergebnissen der Forschung geordnet, die die Existenz mehrerer Gebiete nachwies, in denen die Musikkultur spezifische Züge aufwies, gewachsen aus unterschiedlichen Traditionen und ihre Entwicklung beeinflußt durch eigenartige Bedingungen.
Diese Musikkulturkreise werden in den einzelnen

kultúrnych snažení, ale naopak, patrilo k dôležitým oblastiam rozkvetu vtedajšieho európskeho hudobného života a hudobnej tvorby.

Dlhoročná výskumná práca priniesla nezvratné dôkazy o tom, že hudobný klasicizmus predstavoval na Slovensku bohaté a zaujímavé hudobnokultúrne obdobie, ktoré sa donedávna neprávom podceňovalo. Hudobný klasicizmus na Slovensku v dobových dokumentoch prezentuje hudobnú minulosť Slovenska v historicky neskreslenej podobe, a prispieva tým aj k obohateniu poznania európskeho hudobného klasicizmu.

Na záver si dovoľujem vysloviť úprimnú vďaku všetkým, ktorí akýmkoľvek spôsobom prispeli k vzniku a vydaniu tejto knihy. Moja vďaka patrí zosnulému PhDr. Ladislavovi Šáškymu, ďalej Mgr. Kataríne Závadovej, CSc., ktorej ďakujem za cenné pripomienky ku koncepcii práce a za pomoc pri výbere najvhodnejších grafických dokumentov, Mgr. Ladislavovi Kačicovi za poznámky k výberu hudobných pamiatok, Prof. Dr. Theophilovi Antonicekovi za odborné a jazykové pripomienky. Vďakou som zaviazaná osobnostiam a inštitúciám doma i v zahraničí za pomoc pri hľadaní prameňového materiálu, Múzeu Červený Kameň a Kláštoru uršulínok v Trnave za bezplatné zapožičanie obrazov na reprodukovanie, ako aj sponzorom a vydavateľstvu, bez ktorých aktívneho prispenia by táto kniha nebola uzrela svetlo sveta.

Kapiteln präsentiert, wobei die Menge der Dokumente proportional der Bedeutung der jeweiligen Gebiete entspricht. Die Konzeption der Arbeit akzentuiert die Tatsache, daß das heutige Gebiet der Slowakei, insbesondere Bratislava, in der Zeit der Klassik nicht an der Peripherie der europäischen Kulturbestrebungen stand, sondern im Gegenteil zu den wichtigen Gebieten der Blüte des damaligen europäischen Musiklebens und Musikschaffens gehört hat.

Die langjährige Forschungsarbeit brachte unwiderlegbare Beweise dafür, daß die musikalische Klassik in der Slowakei eine reiche und interessante Musikkulturperiode war, die bis vor kurzem noch zu Unrecht unterschätzt wurde. Die musikalische Klassik in der Slowakei in Zeitdokumenten präsentiert die musikalische Vergangenheit der Slowakei in historisch unverzerrter Form, und trägt damit auch zur Bereicherung der Kenntnis der europäischen musikalischen Klassik bei.

Zum Schluß möchte ich meinen aufrichtigen Dank all jenen aussprechen, die in irgendeiner Weise zur Entstehung und Herausgabe dieses Buches beigetragen haben. Mein Dank gilt dem verstorbenen PhDr. Ladislav Šášky, ferner Mgr. Katarína Závadová, CSc. für die wertvollen Anmerkungen zum Konzept der Arbeit und für die Hilfe bei der Auswahl der bestgeeigneten graphischen Dokumente und Mgr. Ladislav Kačic für seine Unterstützung bei der Auswahl der Musikdenkmäler, Prof. Dr. Theophil Antonicek für seine fachliche und sprachliche Unterstützung. Mit Dank bin ich Persönlichkeiten und Institutionen im In- und Ausland verbunden für die Hilfe beim Aufspüren von Quellenmaterial, dem Museum Červený Kameň und dem Ursulininnenkloster in Trnava für die unentgeltliche Bereitstellung der Bilder für die Reproduktion, sowie den Sponsoren und dem Verlag, ohne deren aktiven Beitrag dieses Buch nicht das Licht der Welt erblickt hätte.

Hudobný klasicizmus ako štýlová epocha
♦
Die musikalische Klassik als Stilepoche

Klasicizmus ako štýlovú epochu[21] historického vývoja európskej hudby môžeme *časovo ohraničiť* približne rokmi 1740–1810. Zmeny v *politickej a ekonomickej sfére*, v oblasti *sociálnej*, ako aj proces premeny feudálne chápanej *národnosti* v novodobý *národ* boli výrazom prechodu od feudalizmu na bázu kapitalizmu, ktorý tvoril základ všetkých zmien doby.[181] Zvlášť zložité procesy sa uskutočňovali v rovine *spoločenskej*. K významným zvláštnostiam tohto obdobia patrila skutočnosť, že osvietenstvo a racionalizmus ako *ideologicko-filozofické* prejavy[186] nastupujúcej buržoázie a meštianstva našli oveľa skôr uplatnenie v oblasti umenia a vedy než vo sfére sociálnej, politickej, hospodárskej, národnostnej alebo náboženskej. Hudbe navyše vtedy pripadla závažná úloha najreprezentatívnejšieho umeleckého druhu.

Ideálom doby sa stala dokonalá, antickému Grécku zodpovedajúca, „klasická" vyváženosť (odtiaľ je zrejme odvodené aj *pomenovanie*[21] doby, ktoré hudba prevzala od literatúry) prvkov racionálneho a emocionálneho, humánneho a etického, vonkajšieho a vnútorného, a snaha o presadenie prirodzeného, prostého, zrozumiteľného a pravdivého.

V novej *estetike hudby*[186], ktorá sa rodila a formovala v nemeckej, francúzskej, anglickej a talianskej teoretickej, filozofickej, literárnej a pedagogickej spisbe, sa stali smerodajné: v čase zrodu klasicizmu afektová teória, v dobe raného klasicizmu učenie o napodobňovaní a v priebehu vrcholného klasicizmu estetika výrazového princípu.

Hudobný klasicizmus ako štýlová epocha dejín hudby sa člení na dve *vývojové etapy*. Prvú etapu (asi v rokoch 1740–1770) označujeme termínom *raný klasicizmus*, druhú etapu (asi v rokoch 1770–1810) nazývame *vrcholným klasicizmom*.[186] Treba pripomenúť, že názvy rokoko, galantný štýl, citový štýl alebo búrka a vzdor[24], dodnes nevhodne uplatňované na raný klasicizmus, vystihujú iba niektorú stránku z jeho hudobného prejavu. Práve tak aj označovanie vrcholného klasicizmu ako viedenský klasicizmus zjavne zužuje problematiku vrcholného klasicizmu ako celku.

Hudba ako spoločenský fenomén nadobudla v klasicizme zásadne nové uplatnenie. Ak sledujeme *formy sociálnej funkcie hudby*[109], platné do doby klasicizmu,

Die Klassik als Stilepoche[21] der historischen Entwicklung der europäischen Musik können wir *zeitlich* annähernd mit den Jahren 1740–1810 *abgrenzen*. Die Veränderungen *im politischen und wirtschaftlichen Bereich, auf sozialem Gebiet* und der Wandlungsprozeß der feudal verstandenen *Nationalität* zu einer neuzeitlichen *Nation* waren ein Ausdruck des Übergangs vom Feudalismus zum Kapitalismus, der die Grundlage aller Wandlungen der Zeit bildete.[181] Besonders komplizierte Prozesse vollzogen sich auf der *gesellschaftlichen* Ebene. Zu den bedeutenden Besonderheiten dieser Periode gehörte die Tatsache, daß Aufklärung und Rationalismus als *ideologisch-philosophische Äußerungen*[186] der antretenden Bourgeoisie viel früher in Kunst und Wissenschaft zur Geltung kamen als im sozialen, politischen, wirtschaftlichen, nationalen oder religiösen Bereich. Der Musik fiel damals obendrein die bedeutsame Rolle der repräsentativsten Kunstgattung zu.

Das Zeitideal wurde die vollkommene, dem antiken Griechenland entsprechende „klassische" Ausgewogenheit (daher offenbar auch die *Benennung*[21] der Zeit, die die Musik von der Literatur übernahm) der Elemente des Rationalen und Emotionalen, des Humanen und Ethischen, des Äußerlichen und Innerlichen, und das Bestreben um die Durchsetzung des Natürlichen, Schlichten, Verständlichen und Wahrhaften.

In der aufkommenden neuen *Musikästhetik*[186], die sich in dem deutschen, französischen, englischen und italienischen theoretischen, philosophischen, literarischen und pädagogischen Schrifttum herausbildete, wurden richtunggebend: die Affektentheorie in der Entstehungszeit der Klassik, die Nachahmungslehre in der Zeit der Frühklassik und die Ästhetik des Ausdrucksprinzips im Verlauf der Hochklassik.

Die musikalische Klassik als Stilepoche der Musikgeschichte gliedert sich in zwei *Entwicklungsetappen*. Die erste Etappe (etwa 1740–1770) bezeichnen wir mit dem Begriff *Frühklassik,* die zweite Etappe (etwa 1770–1810) nennen wir *die Hochklassik.*[186] Dabei ist zu erwähnen, daß die bis heute für die Frühklassik unpassend gebrauchten Bezeichnungen Rokoko, Galanter Stil, Empfindsamer Stil oder Sturm und Drang[24], jeweils nur eine Seite ihres musikalischen Ausdrucks erfassen. Ebenso engt auch die Bezeichnung der Hoch-

musíme konštatovať dominantnosť úžitkového uplatnenia hudobného umenia. Až v období klasicizmu sa po prvý raz v histórii hudby stratila stáročia pretrvávajúca nadvláda účelovosti. Zrodila sa nová sociálna funkcia hudobného umenia, a to funkcia ušľachtilej zábavy. Prvýkrát sa teda estetické a umelecké aspekty stali dostačujúcim dôvodom pre samostatnú a nezávislú hudobnú tvorbu a reprodukciu hudobného diela, oslobodenú od rôznych mimohudobných faktorov. Sociálna funkcia hudby ako ušľachtilej zábavy zásadným spôsobom determinovala nielen *formy existencie hudobného umenia*[23], ale viedla k formovaniu nového hudobného prejavu.

Celkový trend doby smeroval k sprístupneniu hudobného umenia širokej verejnosti. Z rezidenčných *sídel šľachty* sa dostala hudba do *salónov meštianstva* a do verejných koncertných sietí, sprístupnených *širokej verejnosti*. Zmenil sa nielen adresát a okruh pôsobnosti hudby, ale aj formy jej uvádzania a spôsob organizovania. Účasť ochotníckych hudobníkov sa stala neodmysliteľnou nielen pri orchestrálnych verejných koncertoch, ale aj v rámci verejných predvedení hudobnoscénických diel. Novým prvkom bolo organizovanie takýchto akcií vznikajúcimi hudobnými spolkami meštianstva. Finančný výnos z podujatí sa obvykle venoval na dobročinné ciele.

Nadčasovosti myšlienkových ideálov doby klasicizmu zodpovedal v hudbe nadnárodný *charakter hudobnej reči*. Hoci na profilovaní hudobného prejavu tejto doby participovali mnohé národy Európy prvkami svojho národného, či regionálneho prejavu, ostala hudobná reč klasicizmu svojím prejavom *univerzálne nadnárodná*.

Premeny v myslení, ktoré priniesla doba klasicizmu, výrazne poznamenali všetky *hudobné vyjadrovacie prostriedky*.[201] Najmä v druhej, protišpekulatívnej fáze jeho štýlového vývoja a formovania nastal zlom v dovtedajšej nadvláde racionalizmu, konštruktivizmu, monumentalizmu a zložitosti baroka. Nástup filozofického senzualizmu (resp. empirizmu) priniesol zrozumiteľnú, prostú, vyrovnanú, prirodzenú a k ľudovému prejavu inklinujúcu reč hudby klasicizmu.

Dominantným elementom v klasicizme, a to po prvý raz v dejinách viachlasnej hudby, sa stala *melodika*, ktorá si podriadila všetky výrazové a technické zložky hudobného diela.[21] Základné stavebné prvky melodiky – motívy – sa združovali do symetrických melodických periód na princípe symetrie a kontrastu. Práca s témami, ktoré sa líšili myšlienkovým nábojom, sa stala novým a pre klasicizmus príznačným spôsobom rozvíjania obsahu diela.

Zatiaľ čo pre výstavbu motívu sa vyžadoval jasne sformovaný a dobre zapamätateľný melodický nápad, za hlavné kritérium v oblasti *metrorytmickej* platil princíp jednoty v rozmanitosti. Diferencovaný rytmus

klassik als Wiener Klassik die Problematik der Hochklassik als Ganzes deutlich ein.

Die Musik als gesellschaftliches Phänomen erlangte in der Klassik eine grundsätzlich neue Stellung. Betrachten wir die *Formen der sozialen Funktion der Musik*[109], die bis zur Zeit der Klassik galten, so müssen wir die Dominanz der Gebrauchsanwendung der Tonkunst feststellen. Erst in der Zeit der Klassik verliert sich zum ersten Mal in der Musikgeschichte die über Jahrhunderte bestehende Vorherrschaft der Zweckdienlichkeit. Es wird eine neue soziale Funktion der Tonkunst geboren und zwar die Funktion der erhabenen Unterhaltung. Zum ersten Mal wurden damit ästhetische und künstlerische Aspekte ein ausreichender Grund für ein selbständiges und von verschiedenen außermusikalischen Faktoren befreites, unabhängiges Musikschaffen und die Reproduktion eines musikalischen Werkes. Die soziale Funktion der Musik als einer erhabenen Unterhaltung determinierte grundsätzlich nicht nur die *Existenzformen der Tonkunst*,[23] sondern führte auch zur Herausbildung eines neuen Denkens hinsichtlich des musikalischen Ausdrucks.

Der allgemeine Zeittrend führte zu einer Erschließung der Musikkunst für eine breite Öffentlichkeit. Aus den Residenzen *des Adels* gelangte die Musik in die *Salons des Bürgertums* und in die öffentlichen Konzertsäle, die einem *breiten Publikum* zugänglich gemacht wurden. Es änderten sich nicht nur Adressat und Wirkungskreis der Musik, sondern auch die Formen ihrer Aufführung und Organisierung. Die Mitwirkung von Dilettanten war unvermeidlich nicht nur bei orchestralen öffentlichen Konzerten, sondern auch im Rahmen von öffentlichen Aufführungen musikalischer Werke. Ein neues Element war die Organisierung solcher Veranstaltungen durch die entstehenden Musikvereine des Bürgertums. Der finanzielle Ertrag aus den Veranstaltungen wurde gewöhnlich für wohltätige Ziele verwen-det.

Die Überzeitlichkeit der gedanklichen Ideale der Zeit der Klassik entsprach in der Musik dem übernationalen Charakter der *Musiksprache*. Obwohl an der Profilierung des musikalischen Ausdrucks dieser Zeit viele Völker Europas mit den Elementen ihres nationalen oder regionalen Ausdrucks beteiligt waren, blieb die Musiksprache der Klassik mit ihrem Ausdruck *universal übernational*.

Die Wandlungen im Denken, die die Zeit der Klassik mit sich brachte, kennzeichneten stark alle *musikalischen Ausdrucksmittel*.[201] Vor allem in der zweiten, antispekulativen Phase ihrer stilistischen Entwicklung und Formung, kam es zu einem Bruch in der bis dahin bestehenden Vorherrschaft von Rationalismus, Konstruktivismus, Monumentalismus und Kompliziertheit des Barock. Der Antritt des philosophischen Sensualismus (bzw. Empirismus) brachte eine verständliche, schlichte,

vedúceho melodického hlasu umocňovala prehľadná jednoduchosť rytmu sprievodných hlasov. Tento spôsob rytmického prejavu ostro kontrastoval s plynúcou motorickosťou, typickou pre barok.

Snaha o zrozumiteľné sprostredkovanie obsahu diela spočiatku viedla hudobníkov klasicizmu k obchádzaniu zložitých *kontrapunktických* kompozičných techník baroka. Klasicizmus si v oblasti *harmonickej* zvolil nadvládu jedného hlasu. Piliermi harmónie budovanej na báze durovomolového tonálneho systému boli základné funkcie: tonika, dominanta a subdominanta.

Myšlienkovú orientáciu epochy klasicizmu odrážala aj oblasť *formovej výstavby*[205] hudobných diel, najmä formové schémy inštrumentálnej hudby (symfónia a sonáta). Dopracovaná štvorčasťová cyklickosť týchto foriem a v rámci nich uplatnená moderná sonátová forma nielen najvýraznejšie reprezentovali nový štýl, ale predstavovali historicky najzávažnejší prínos epochy klasicizmu do hudobných dejín.

Úsilie presne fixovať výrazový zámer znížilo prvok *improvizácie* na minimum a viedlo k dôslednému uvádzaniu presného *reprodukčného aparátu* diel, *tempových* a *dynamických* údajov. Kontrasty terasovitej dynamiky baroka vystriedali odstupňované pružné dynamické línie klasicizmu. *Hudobný nástroj* sa svojimi technickými a zvukovými možnosťami stal nielen prostriedkom reprodukcie, ale i charakterizácie. Zloženie *orchestra*, ustálené v klasicizme, vytvorilo základ moderného symfonického orchestra.

ausgeglichene, natürliche und zum volkstümlichen Ausdruck hinneigende Sprache der Musik der Klassik.

Das dominierende Element in der Klassik wurde, und zwar zum ersten Mal in der Geschichte der mehrstimmigen Musik, die *Melodik*, die sich alle ausdrucksmäßigen und technischen Elemente des Musikwerkes unterordnete.[21] Die Grundbausteine der Melodik, die Motive, wurden zu symmetrischen melodischen Perioden vereinigt, nach dem Symmetrie- und Kontrastprinzip. Die Arbeit mit Themen, die sich im gedanklichen Inhalt unterschieden, wurde eine neue und für die Klassik kennzeichnende Art der Entwicklung eines Werkes.

Während für den Motivaufbau ein klar geformter und gut einprägsamer melodischer Einfall verlangt wurde, galt als Hauptkriterium im *metrisch-rhythmischen* Bereich das Prinzip der Einheit in der Vielfalt. Ein differenzierter Rhythmus der führenden melodischen Stimme potenzierte die übersichtliche Einfachheit des Rhythmus der Begleitstimmen. Diese Form des rhythmischen Ausdrucks kontrastierte scharf mit der fließenden Motorik, die für den Barockstil typisch war.

Das Streben nach einer verständlichen Vermittlung des Inhalts eines Werkes führte die Musiker der Klassik anfangs zur Umgehung der komplizierten *kontrapunktischen* Kompositionstechniken. Die Klassik wählte im *Harmoniebereich* die Vorherrschaft einer Stimme. Die Grundpfeiler der auf der Basis des Dur- und Moll-Tonalsystems aufgebauten Harmonie waren die Grundfunktionen der Tonika, Dominante und Subdominante.

Die gedankliche Orientierung der Epoche der Klassik spiegelte sich im *Formenaufbau*[205] der musikalischen Werke wider, vor allem in den formalen Schemen der Instrumentalmusik (Symphonie und Sonate). Die ausgebaute Vierteiligkeit dieser Formen und die in ihrem Rahmen verwendete moderne Sonatenform repräsentierten nicht nur am stärksten den neuen Stil, sondern verkörperten den historisch wichtigsten Beitrag der Epoche der Klassik zur Musikgeschichte.

Das Bestreben, die Ausdrucksabsicht genau zu fixieren, schränkte das *improvisatorische* Element auf ein Mindestmaß ein und führte zur konsequenten Einführung eines präzisen *Reproduktionsapparates* der Werke, mit Angaben zu *Tempo* und *Dynamik*. Die abgestuften flexiblen dynamischen Linien der Klassik lösten die Kontraste der terrassenförmigen Dynamik des Barocks ab. *Das Musikinstrument* mit seinen technischen und Klangmöglichkeiten wurde nicht nur ein Mittel der Reproduktion, sondern auch der Charakterisierung. Die in der Klassik stabilisierte Zusammensetzung des *Orchesters* schuf die Grundlage des modernen Symphonieorchesters.

I. kapitola

Znaky hudobného klasicizmu na Slovensku

❖

I. Kapitel

Merkmale der musikalischen Klassik in der Slowakei

Územie Slovenska²⁷⁷, označované ako Horné Uhorsko, zaberalo severnú časť niekdajšieho Uhorského štátu. *Územne* mu patrila asi pätina uhorskej krajiny a asi 24% všetkého obyvateľstva Uhorska, čo predstavovalo asi 1 945 000 ľudí. V dôsledku tureckých dobyvateľských vojen, ktoré trvali viac ako 150 rokov, presunulo sa od polovice 16. storočia ťažisko *hospodárskeho, politického* i kultúrneho *diania* uhorského štátu na slovenské územie.³⁵ Sem sa pred Turkami uchýlila aj podstatná časť uhorskej šľachty, väčšina inteligencie, umelcov, ale i remeselníkov a obchodníkov.

Po definitívnom odvrátení tureckého nebezpečenstva bola nádej, že 18. storočie prinesie Slovensku dobu pokoja a obnovy. Satumarským kompromisným mierom (1711) sa ukončila doba stavovských povstaní⁸⁷ uhorskej šľachty proti absolutisticko-centralizačným úsiliam rakúskych Habsburgovcov, ktoré sa odohrávali prevažne na území Slovenska.²¹⁸

Napriek pretrvávajúcim rozporom centralistickej Viedne a uhorských vládnucich tried treba najmä dobu vlády Márie Terézie (1740–1780) a Jozefa II. (1780 až 1790) označiť za pomerne konsolidovanú. Známe osvietenské teréziánske a jozefínske reformy, ktoré zasiahli všetky sféry života, reprezentujú špecifickú habsbursko-uhorskú formu aplikácií európskeho duchovného vývoja 18. storočia. Z množstva reforiem hospodárskeho, cirkevného, zdravotníckeho, školského a kultúrno-osvetového charakteru patrili k najdôležitejším zrušenie nevoľníctva (1785) a vydanie tolerančného patentu (1781).

Presun politického centra uhorského štátu z Bratislavy²³⁷ do Budína v 80. rokoch 18. storočia mal okrem iného negatívny vplyv aj na ďalší proces pretvárania

Das Gebiet der Slowakei,²⁷⁷ als Oberungarn bezeichnet, nahm den Nordteil des einstigen ungarischen Staates ein. *Territorial* gehörte zu ihm etwa ein Fünftel des ungarischen Landes und etwa 24% der Gesamtbevölkerung Ungarns, was etwa 1 945 000 Menschen waren. Infolge der türkischen Eroberungskriege, die über 150 Jahre dauerten, verlagerte sich ab der Mitte des 16. Jahrhunderts der Schwerpunkt des *wirtschaftlichen, politischen* und kulturellen *Geschehens* des ungarischen Staates auf das slowakische Territorium.³⁵ Hierher flüchtete vor den Türken auch ein wesentlicher Teil des ungarischen Adels, die Mehrheit der Intelligenz, Künstler, aber auch Handwerker und Kaufleute.

Nach der endgültigen Abwendung der türkischen Gefahr bestand die Hoffnung, daß das 18. Jahrhundert der Slowakei eine Zeit der Ruhe und Erneuerung bringen würde. Mit dem Kompromißfrieden zu Satu Mare (1711) wurde die Zeit der gegen die absolutistisch-zentralistischen Bestrebungen der österreichischen Habsburger gerichteten Standesaufstände⁸⁷ des ungarischen Adels beendet, die sich vorwiegend auf dem Gebiet der Slowakei abgespielt hatten.²¹⁸

Trotz der anhaltenden Widersprüche zwischen dem zentralistischen Wien und der regierenden ungarischen Klasse ist insbesondere die Zeit der Regierung Maria Theresias (1740–1780) und Josephs II. (1780–1790) als relativ konsolidiert zu bezeichnen. Die bekannten aufklärerischen Theresianischen und Josephinischen Reformen, die alle Bereiche des Lebens berührten, bilden die spezifische habsburgisch-ungarische Anwendungsform der europäischen geistigen Entwicklung des 18. Jahrhunderts. Von der Vielzahl der Reformen wirtschaftlichen, kirchlichen, gesundheitlichen, schulischen und kulturell-aufklärerischen Charakters gehörten zu den wichtigsten die Aufhebung der Leibeigenschaft (1785) und die Erlassung des Toleranzpatentes (1781).

Die Verlagerung des politischen Zentrums des ungarischen Staates von Bratislava (Preßburg)²³⁷ nach Buda (Ofen) in den 80er Jahren des 18. Jahrhunderts hatte unter anderem einen negativen Einfluß auch auf den weiteren Prozeß der Umformung der slowakischen *Nationalität*²⁵² zu einer neuzeitlichen bürgerlichen *Nation*.¹¹¹ In einer Konfliktsituation hinsichtlich der Natio-

slovenskej *národnosti*[252] v novodobý buržoázny *národ*[111]. V konfliktnom národnostnom postavení sa nachádzali mestá[236], ich nemecký patriciát a uhorská šľachta, ku ktorej patrilo v Uhorsku až päť šestín vládnucich feudálov.

Cieľ katolíckych Habsburgovcov *nábožensky* orientovať[238] obyvateľstvo Uhorska týmto smerom sa prejavil v celej kultúrno-osvetovej politike doby.

Školstvo a vzdelanosť naďalej boli takmer výlučne doménou cirkvi. Zrušenie rehole jezuitov (1773) a súbor osvietenských tereziánskych školských reforiem, známych v Uhorsku pod názvom Ratio educationis (1777), urýchlil proces ich laicizovania. Pýchou uhorského školstva a *vedy*[253] v stredoeurópskych reláciách boli hlavne Banská akadémia v Banskej Štiavnici, prvá svojho druhu v Európe, Trnavská univerzita s teologickou, filozofickou, neskôr i právnickou a lekárskou fakultou, založená v roku 1635, a bratislavské Evanjelické lýceum.

Vysoký stupeň závislosti na teológii vykazovala u nás *filozofi*.[166] Aj do nej prenikol – hoci s istým oneskorením – myšlienkový svet európskeho osvietenstva, hlavne idey, ktorých reprezentantmi boli Montesquieu, Rousseau a Voltaire.

V oblasti *literatúry*[234] mala z historického hľadiska najväčší význam nie prevažujúca oficiálna náboženská spisba, ale počtom neveľká svetská literárna produkcia, ktorá odrážala pohyb doby, hlavne národnoobrodenecké zápasy.[257] Tento prúd našej literatúry však nebol jednotný. V súlade s konfesionálnym rozdelením Slovákov sa členil na katolíckych stúpencov Antona Bernoláka (1762–1813)[251] a ním kodifikovanej podoby slovenského jazyka a na slovenských evanjelikov, ktorí zotrvávali na pozíciách tradičnej biblickej češtiny. Oba literárnojazykové hnutia slovenskej inteligencie nešľachtického pôvodu boli formou aplikácie západoeurópskej osvietenskej ideológie. Boli súčasťou veľkého obrodného procesu a pretvárania Slovákov v novoveký národ.

Najväčšiu mecenášsku závislosť prejavovala oblasť *výtvarného umenia*.[230] Veľké *architektonické*[2] projekty, hlavne sakrálnych stavieb prvej polovice 18. storočia, financovala ešte prevažne cirkev. Charakteritické pre klasicizmus sa stali početné prepychové rokokové a klasicistické paláce a kaštiele miest a vidieckych sídel. Nedávali ich však stavať finančne zväčša stagnujúce mestá, ale vzmáhajúca sa uhorská a rakúska šľachta.

Stavby týchto objektov vytvárali príležitosti pre uplatnenie mnohých výtvarníkov. V ich radoch si vedúcu pozíciu získali reprezentanti *maliarstva*[183] a *grafiky*. Menej preferovanou bola *plastika*. V sochárstve, na rozdiel od maliarstva, sa u nás nekonštituovala výraznejšia tvorivá skupina. Príčinou nebol nedostatok talentov, ale neustály migračný pohyb umelcov. V tom-

nalitäten befanden sich die Städte,[236] ihr deutsches Patriziat und der ungarische Adel, zu dem in Ungarn fast fünf Sechstel der herrschenden Feudalherren gehörten.

Das Ziel der katholisch orientierten Habsburger, die Bevölkerung Ungarns in ihrem Sinne *religiös* zu orientieren[238], wirkte sich in der gesamten kulturell-aufklärerischen Politik jener Zeit aus.

Schulwesen und *Bildung* waren weiterhin die Domäne der Kirche. Die Auflösung des Jesuitenordens (1773) und der Komplex der aufklärerischen Theresianischen Schulreformen, in Ungarn bekannt unter dem Namen Ratio educationis (1777), beschleunigte den Prozeß ihrer Laisierung. Der Stolz des ungarischen Schulwesens und *der Wissenschaft*[253] in mitteleuropäischen Relationen waren hauptsächlich die Bergakademie in Banská Štiavnica (Schemnitz), die erste ihrer Art in Europa, die 1635 gegründete Universität Trnava (Tirnau) mit einer theologischen, philosophischen, später auch juridischen und medizinischen Fakultät sowie das Evangelische Lyzeum in Preßburg.

Eine hohe Abhängigkeit von der Theologie wies bei uns die *Philosophie*[166] auf. Auch in sie drang – wenngleich mit einer gewissen Verspätung – die Gedankenwelt der europäischen Aufklärung ein, vor allem die Ideen, deren Repräsentanten Montesquieu, Rousseau und Voltaire waren.

Im Bereich der *Literatur*[234] hatte, historisch gesehen, die größte Bedeutung nicht das überwiegende offizielle religiöse Schrifttum, sondern die zahlenmäßig geringe weltliche Literaturproduktion, die die Bewegung der Zeit, vor allem die nationalen Befreiungskämpfe widerspiegelte.[257] Diese Literaturströmung war jedoch nicht einheitlich. Im Einklang mit der konfessionellen Gliederung der Slowaken gliederte sie sich in die katholischen Anhänger Anton Bernoláks (1762–1813)[251] und die durch ihn kodifizierte Form der slowakischen Sprache, und in die slowakischen evangelischen Gläubigen, die auf den Positionen des traditionellen Bibeltschechisch beharrten. Beide literarisch-sprachlichen Bewegungen der slowakischen Intelligenz nichtadeliger Herkunft, waren eine Anwendungsform der westeuropäischen Aufklärungsideologie. Sie waren Bestandteil des großen Wiedergeburtsprozesses und der Umformung der Slowaken zu einer neuzeitlichen Nation.

Am stärksten abhängig von Mäzenen war der Bereich der *bildenden Kunst*.[230] Die großen *architektonischen*[2] Projekte, insbesondere der Sakralbauten aus der ersten Hälfte des 18. Jahrhunderts, wurden noch vorwiegend durch die Kirche finanziert. Charakteristisch für die betrachtete Zeitepoche wurden die zahlreichen Rokoko- und klassizistischen Luxuspalais und Schlösser der Städte und Landresidenzen. Sie wurden jedoch nicht von den finanziell meist stagnierenden Städten in Auftrag gegeben, sondern von dem erstarkenden ungarischen und österreichischen Adel.

to smere bola rozdielna situácia v maliarstve. V ňom, obdobne ako v hudbe, sa u nás vytvorili dve maliarske centrá, resp. okruhy s vlastnou tradíciou. Prezentovali sa najmä maľbou portrétov a krajinomaľbou. Najväčší maliarsky potenciál sa sústredil, samozrejme, v Bratislave[182] a v bratislavskom tvorivom okruhu. Podnety prijímal hlavne z neďalekej Viedne. Druhé, spišské maliarske centrum rozvíjalo aj miestne tradície. Žiaľ, na rozdiel od maliarstva, v hudbe sa v domácej tvorbe nepodarilo zatiaľ doložiť spišské špecifikum, ale iba odlišnosti vývoja štruktúry dobového hudobného repertoáru.[130]

K druhu umenia, ktorý uprednostňovala doba, patrila aj na Slovensku *hudba*. Vďaka jej kozmopolitému charakteru hudobné mecenášstvo plynule[206] prešlo zo šľachty na meštianstvo, pričom mecenášska úloha cirkvi naďalej pretrvávala. V dobe klasicizmu sa tým hudbe umožnil nerušený vývoj, a to najmä v čase okolo prelomu storočí, keď nástup mecenášsky ešte nespôsobilého meštianstva mal za následok stagnáciu, až úpadok iných druhov umenia.[35] Prioritné postavenie hudby na Slovensku oslabilo na sklonku klasicizmu vzmáhajúce sa hnutie národného obrodenia[118], ktoré si za hlavný nástroj šírenia svojich ideí vybralo literatúru, divadlo a rôzne formy osvetovej činnosti.

Dobu trvania hudobného klasicizmu na Slovensku môžeme v súlade s najnovšími výskumami vymedziť *rokmi 1760–1830*.[160] Predel medzi *fázou* raného a vrcholného klasicizmu tvoril asi rok *1785*. Historicky podmienené špecifiká hospodárskeho, politického, náboženského a národnostného vývoja nášho teritória a spôsob, akým prijímalo a osvojovalo si ideové a kultúrne výdobytky doby, spôsobili istý časový sklz za európskym klasicizmom.[21]

Heteronómne činitele historického vývoja Uhorska vplývali aj na autonómny vývoj hudobného klasicizmu na Slovensku tak, že v jeho priebehu môžeme rozpoznať tri *vývojové etapy*.[160]

Najväčší historický prínos do dejín európskeho hudobného klasicizmu priniesla u nás *prvá etapa* vývoja tohto štýlu, teda obdobie medzi *rokmi 1760 až*

Diese Bauvorhaben schufen Gelegenheiten für viele bildende Künstler, ihr Können zu zeigen. Eine führende Position in ihren Reihen erwarben die Repräsentanten der *Malerei*[183] und *Graphik*. Eine weniger bevorzugte Rolle spielte die *Plastik*. In der Bildhauerei, im Unterschied zur Malerei, konstituierte sich bei uns keine stärkere kreative Gruppe. Die Ursache dafür war nicht der Mangel an Talenten, sondern die ständige Migrationsbewegung der Künstler. In dieser Hinsicht unterschied sich die Situation in der Malerei. Hier, ähnlich wie in der Musik, bildeten sich bei uns zwei Malerzentren bzw. Kreise eigener Tradition. Sie präsentierten sich vor allem mit Porträt- und Landschaftsmalerei. Das größte Malerpotential konzentrierte sich natürlich in Preßburg[182] und im Preßburger Schaffenskreis. Anregungen kamen vor allem aus dem nahen Wien. Das zweite Malerzentrum in der Region Spiš (damals die Zips), entwickelte in der Malerei auch lokale Traditionen. In der Musik ist es, im Unterschied zur Malerei, bisher nicht gelungen, das Zipser Spezifikum im Bereich des heimischen Schaffens zu belegen, sondern nur die Unterschiede in der Entwicklung der Struktur des musikalischen Zeitrepertoires der Zips.[130]

Zu den in der Zeit bevorzugten Kunstgattungen, gehörte auch in der Slowakei die *Musik*. Der kosmopolitische Charakter sicherte ihr die Kontinuität[206] des Übergangs des Mäzenatentums vom Adel auf das Bürgertum bei der weiterhin bestehenden Mäzenenrolle der Kirche. In der Epoche der Klassik wurde der Musik damit eine ungestörte Entwicklung ermöglicht, und zwar vor allem um die Jahrhundertwende, als das Bürgertum noch nicht in der Lage war, sich in anderen Kunstgattungen als Mäzen zu bewähren.[35] Die Vorrangstellung der Musik in der Slowakei wurde durch die an der Neige der Klassik erstarkende Bewegung der nationalen Wiedergeburt geschwächt,[118] die sich die Literatur, das Theater und verschiedene Formen der Aufklärungstätigkeit zum Hauptinstrument für die Verbreitung ihrer Ideen wählte.

Die Dauer der musikalischen Klassik in der Slowakei können wir – im Einklang mit den neuesten Forschungen mit den *Jahren 1760–1830* eingrenzen.[160] Die Grenze zwischen der Phase der Früh- und Hochklassik dürfte das *Jahr 1785* gewesen sein. Die historisch bedingten Spezifika der wirtschaftlichen, politischen, religiösen und nationalen Entwicklung unseres Territoriums und die Art, mit der die ideellen und kulturellen Errungenschaften der Zeit angenommen und angeeignet wurden, bewirkten einen bestimmten Zeitverzug hinter der europäischen Klassik.[21]

Die heteronomen Faktoren der historischen Entwicklung Ungarns beeinflußten auch die autonome Entwicklung der musikalischen Klassik in der Slowakei, so daß sich drei *Entwicklungsetappen* in ihrem Verlauf erkennen lassen.[160]

asi 1785. Boli to desaťročia vlády Márie Terézie, ktoré tvorili „zlatý vek" rozkvetu hudobnej kultúry klasicizmu, roky, keď Bratislava patrila medzi dôležité európske hudobné strediská.

Mesto reprezentovalo dobový progres, a to nielen viacerými novátorskými formami uplatnenia hudby. Prínosom bola aj domáca skladateľská produkcia. Prispela k štýlovému dotváraniu nadnárodnej hudobnej reči klasicizmu a obohatila európsky klasicizmus o špecificky „uhorské" hudobné znaky.

Druhú etapu – roky asi 1785 až 1810 – charakterizovalo ochabnutie, nie však prerušenie dovtedy veľmi intenzívneho hudobného diania, najmä v hudobných centrách krajiny. Tieto zmeny boli dôsledkom jozefínskych reforiem, prenesenia politického centra Uhorska do Budína, presúvania mecénstva zo šľachty na meštianstvo a v neposlednom rade dôsledkom rokov napoleonských vojen. Uvedené historické skutočnosti sa oveľa negatívnejšie prejavili v úrovni domácej skladateľskej produkcie než v rozsahu foriem pestovania hudobného umenia.

Tretia etapa, teda *roky 1810 – 1830*, bola naplnená povojnovou obnovou krajiny. Vďaka iniciatíve meštianstva sa hudobnému životu opäť vrátila značná aktivita, i keď už zďaleka nie v rozsahu, ktorý charakterizoval prvú etapu rozvoja hudobnej kultúry klasicizmu u nás. Po roku 1810 začala naša domáca hudobná tvorba zaostávať. Postupne sa stávala štýlovo eklektickou, a to najmä ku koncu obdobia klasicizmu, ale napokon aj v čase jeho štýlového doznievania v rámci romantizmu.

Hudobný život centier a vidieka sa realizoval v odlišných *formách uplatnenia hudobného umenia*. Na slovenskom vidieku, kde mecenášstvo hudby naďalej ostalo v rukách cirkvi, pretrvával ešte pomerne dlho *starý model hudobného života*. Jeho základ tvorili chóry kostolov a hudobne vyspelé kláštory. *Nový model* na dnešnom území Slovenska obsiahli v celej šírke iba dve hudobné centrá – Bratislava[134] a Košice[127], a to vďaka prítomnosti vysokej šľachty a početnej cirkevnej hierarchie. Predstavovali ho šľachtické rezidencie, opera, koncertné siene, meštianske hudobné salóny, kostoly, kláštory, hudobné školstvo, spolková činnosť a iné formy (napr. hudba hraná v hostincoch, pri jarmokoch, púťach, vojenská hudba a podobne). V ostatných mestských strediskách hudby na Slovensku, kde sídlili vyšší cirkevní hodnostári, ale kde chýbala vysoká šľachta, existovala kompromisná forma nového (hudba meštanov, príležitostné operné a koncertné predstavenia) a starého modelu hudobného života (hudba v kostoloch, kláštoroch, na rehoľných školách, rôzne mimochrámové sakrálne a menšie profánne hudobné podujatia).[160]

Pre hudobnú kultúru slovenského vidieka, a to počas celého klasicizmu, bol príznačný permanentný *po-*

Den größten historischen Beitrag zur Geschichte der europäischen musikalischen Klassik leistete bei uns die *erste Etappe* der Entwicklung der Musikkultur der Klassik, also die Periode *von 1760 bis etwa 1785*. Das waren die Jahrzehnte der Regierung Maria Theresias, die das „goldene Zeitalter" der Blüte der Musikkultur der Klassik bildeten, die Jahre, als Preßburg zu den wichtigen europäischen Musikzentren gehörte.

Die Stadt repräsentierte den Fortschritt der Epoche, und zwar nicht nur durch mehrere Neuerungen in der Anwendung der Musik. Ein Beitrag war auch das heimische kompositorische Schaffen. Es trug zur Stilvollendung der übernationalen musikalischen Sprache der Klassik bei und bereicherte die europäische Klassik durch spezifisch „ungarische" Musikmerkmale.

Die zweite Etappe – etwa die Jahre 1785 – 1810 war durch ein Abflauen, nicht aber eine Unterbrechung des bis dahin sehr intensiven musikalischen Geschehens insbesondere in den Musikzentren des Landes charakterisiert. Veränderungen traten als Folge der Josephinischen Reformen, der Übertragung des politischen Zentrums Ungarns nach Buda, der Verlagerung des Mäzenatentums vom Adel auf das Bürgertum und nicht zuletzt als Folge der Jahre der Napoleonischen Kriege ein. Die genannten historischen Tatsachen wirkten sich weit negativer in der heimischen kompositorischen Produktion als im Umfang der Musikpflege aus.

Die dritte Etappe, also *die Jahre 1810 – 1830*, war ausgefüllt mit der Nachkriegserneuerung des Landes. Dank der Initiative des Bürgertums wurde dem Musikleben eine beträchtliche Aktivität zurückgegeben, wenngleich schon nicht mehr in dem Umfang, der die erste Etappe der Entwicklung der Musikkultur der Klassik in der Slowakei charakterisiert hatte. Nach 1810 begann bei uns das heimische Musikschaffen zurückzubleiben. Allmählich wurde es stilelektisch, und zwar vor allem zum Ende der Periode der Klassik, aber letztlich auch in der Zeit ihres stilistischen Ausklingens im Rahmen der Romantik.

Das Musikleben der Zentren und der ländlichen Gebiete spielte sich in unterschiedlichen *Anwendungsformen der Musik* ab. Auf dem slowakischen Land, wo das Mäzenatentum der Musik nach wie vor in den Händen der Kirche lag, überlebte noch relativ lange das *alte Modell des Musiklebens*. Seine Grundlage bildeten die Kirchenchöre und die musikalisch hochentwickelten Klöster. *Das neue Modell* umfaßte in seiner ganzen Breite nur zwei Musikzentren auf dem heutigen Gebiet der Slowakei – Preßburg[134] und Košice (Kaschau)[127], und zwar dank der Präsenz des Hochadels und der zahlenmäßig starken Kirchenhierarchie. Es umfaßte Adelsresidenzen, Opernhäusern, Konzertsäle, bürgerliche Musiksalons, Kirchen, Klöster, Musikschulwesen, Vereinstätigkeit und andere Formen (etwa die in Wirtshäusern, auf Jahrmärkten, Wallfahrten prakti-

sun fáz rozvoja hudobného života a hudobnej tvorby voči európsky vyspelým centrám a krajinám.[160] Podľa súčasného stavu poznatkov možno súdiť, že na slovenskom vidieku bol hudobný život progresívnejší ako domáca tvorba. Hudobné dianie vidieka dosahovalo – najmä v prvej a tretej fáze rozvoja klasicizmu u nás – pomerne veľký rozsah a zdá sa, že i veľmi solídnu umeleckú úroveň. Súdobá skladateľská produkcia vidieckych hudobníkov, kvantitatívne často značne rozsiahla, však zväčša nedosahovala žiaducu kvalitatívnu úroveň. Príčinu vidíme nie tak v nedostatku talentu hudobníkov, ale v obvyklej absencii možností ich odborného školenia, ktoré spravidla nahradzovala empíria.[160]

Pre Slovensko *špecifickou formou* bolo *domáce pestovanie hudby šľachtou vo vidieckych rezidenciách*. Táto forma nebola v klasicizme nová, ale tradovala sa z predchádzajúceho obdobia.[36] Typické pre ňu boli malé inštrumentálne združenia, ktoré si šľachta mohla dovoliť vydržiavať. Práve finančná stránka nútila vidiecku šľachtu angažovať do týchto súborov zväčša iba hudobníkov z ľudu. Tí mali na jednej strane v sebe hlboko zakorenený ľudový hudobný prejav, na druhej strane boli pre svojich chlebodarcov nútení hrať dobovú hudobnú produkciu tzv. umelej, teda komponovanej hudby. Tak dochádzalo k vzácnemu, pre dobové Uhorsko, a teda aj pre naše teritórium špecifickému *spájaniu* prejavov *ľudovej* a *tzv. vysokej hudobnej kultúry*. Tak sa vytváral jedinečný „uhorský" hudobnoštýlový prejav, príznačný pre voľakedajšie Uhorsko, ktorý v žiadnom prípade nemožno chápať zúžene iba ako „maďarský".

Ďalšou, pre naše teritórium typickou formou pestovania hudby bola angažovanosť samotných príslušníkov vidieckej šľachty pri domácich hudobných produkciách. V rámci takto sa rozvíjajúceho a pre nás špecifického *hudobného diletantizmu* si členovia šľachtickej rodiny vymieňali úlohu interpretov a poslucháčov. Je samozrejmé, že schopnosti šľachtických interpretov ovplyvnili nielen výber diel hudobného repertoáru, ale i prácu skladateľov, pokiaľ diela vznikali na základe priamej objednávky.

Z foriem dobovej hudobnej kultúry klasicizmu, uplatnených na Slovensku, vyplývali aj možnosti a spô-

zierte Musik, Militärmusik und dgl.). In den übrigen städtischen Musikzentren in der Slowakei, in denen höhere Kirchenwürdenträger angesiedelt waren, der Hochadel hingegen fehlte, gab es eine Kompromißform aus dem neuen (Musik der Bürger, Gelegenheitsopern- und Konzertaufführungen) und dem alten Modell des Musiklebens (Musik in Kirchen, Klöstern, in Ordensschulen, verschiedene außerkirchliche sakrale und kleinere profane Musikveranstaltungen).[160]

Bezeichnend für die Musikkultur der slowakischen Landgegenden war während der gesamten Klassik die permanente *Verschiebung der Entwicklungsphasen des Musiklebens und Musikschaffens* gegenüber den fortgeschrittenen Zentren und Ländern Europas.[160] Der heutige Wissensstand läßt den Schluß zu, daß das Musikleben auf dem slowakischen Land progressiver als das heimische Musikschaffen war. Das Musikgeschehen des Landes erreichte – vor allem in der ersten und dritten Entwicklungsphase der Klassik – eine relative Breite und vermutlich auch ein sehr solides künstlerisches Niveau. Die zeitgenössische kompositorische Produktion der ländlichen Musiker, quantitativ oftmals recht umfangreich, erreichte in qualitativer Hinsicht allerdings meist nicht das erforderliche Niveau. Die Ursache dafür ist nicht so sehr im mangelnden Talent der Musiker als im allgemeinen Fehlen von Möglichkeiten für ihre fachliche Bildung zu sehen, die in der Regel durch Empirie ersetzt wurde.[160]

Eine spezifische Form für die Slowakei war die *häusliche Musikpflege durch den Adel in den Landresidenzen*. Diese Form war in der Klassik nicht neu, sondern eine Tradition aus der vorangegangenen Zeit.[36] Typisch dafür waren kleine Instrumentalvereinigungen, deren Unterhalt sich der Adel leisten konnte. Gerade die finanzielle Seite zwang den Landadel, in diesen Ensembles meist nur Musiker aus dem Volk zu engagieren. In ihnen war einerseits die volkstümliche Musik tief verwurzelt, andererseits mußten sie für ihre Brotherren die zeitgenössische Musikproduktion der sogenannten künstlichen, also komponierten Musik spielen. So kam es zu der für das damalige Ungarn und somit auch für das slowakische Territorium spezifischen *Verbindung* der Äußerungen der *volkstümlichen* mit der *sogenannten hohen Musikkultur*. Es entstand ein einzigartiger „ungarischer Musikstil", der für das einstige Ungarn bezeichnend und keinesfalls verengt nur als „magyarisch" zu verstehen ist.

Eine weitere, für unser Territorium typische Form der Musikpflege war das Engagement der Angehörigen des Landadels bei häuslichen Musikproduktionen. Im Rahmen des sich so entwickelnden und für uns spezifischen *musikalischen Dilettantismus* tauschten Mitglieder der Adelsfamilien die Rolle der Interpreten und Zuhörer. Selbstverständlich beeinflußten die Fähigkeiten der adligen Interpreten nicht nur die Auswahl

soby uplatnenia hudobníkov. *Rozvrstvením súdobých hudobných profesií* (skladateľ, interpret, pedagóg, organizátor, publicista, teoretik) a *sociálnym postavením hudobníkov*[160] sa Slovensko nelíšilo od krajín obdobnej hudobnej orientácie. Hlavným mecénom hudobníkov ostala na Slovensku aj v dobe klasicizmu cirkev. Výnimku tvorili iba hudobníci hlavných centier, ktorí si zarábali aj v orchestroch šľachty a divadiel. Iba najväčšie mestá mali k dispozícii mestom plateného učiteľa hudby. Obvyklou bola kumulácia hudobných funkcií, a tiež hudobných funkcií s nehudobnými. Vyskytovala sa nielen u hudobníkov-interpretov, ale aj u hudobníkov, ktorí sa angažovali skladateľsky. Skladatelia zastávali spravidla funkcie regenschoriho, organistu alebo kantora, prípadne orchestrálneho hráča alebo speváka. V centrách hudby býval skladateľ tiež kapelníkom, divadelným dirigentom alebo riaditeľom, pričom súčasne pôsobil aj ako pedagóg.

Nebývalá *skladateľská aktivita* hudobníkov klasicizmu[160] bola aj na Slovensku výrazom prioritného postavenia hudobného umenia v živote dobovej spoločnosti. Doterajšie výskumy umožnili spoznať tvorbu viac ako 160 skladateľsky činných hudobníkov. Ďalších viac než 100 skladateľov má zatiaľ nevyjasnenú tvorivú príslušnosť. Z dominantnosti hudobného mecénstva cirkvi vyplynula v oblasti domácej skladateľskej produkcie prevaha sakrálnej tvorby nad profánnymi hudobnými druhmi a formami, ktoré boli nositeľom dobového vývoja.

Je nevyhnutné zdôrazniť, že kritériá, ktoré sme uplatňovali pri posudzovaní *tvorby domácich skladateľov* obdobia klasicizmu na Slovensku, sú *hodnotovými kritériami dnešnej doby*. Sú to napr. miera umeleckých a estetických kvalít diela v službách umeleckého zámeru, originálnosť tvorby a ďalšie. Súčasníci totiž posudzovali tvorbu klasicizmu inak ako dnešný poslucháč. Za rozhodujúci znak kvalít diela platila v tom čase predovšetkým jeho úžitková hodnota. Na druhom mieste bola oceňovaná „normatívnosť" skladby, teda kvalita využitia platných dobových kompozičných noriem v štruktúre samotnej kompozície. Z hľadiska súčasných hodnotových kritérií možno v domácej skladateľskej produkcii obdobia klasicizmu rozpoznať tri skupiny autorov.[160]

Prvú skupinu reprezentujú *významné skladateľské osobnosti* späté svojou pôsobnosťou prevažne s Bratislavou a čiastočne s Košicami. Svojím hudobným dielom, ktoré bolo nositeľom individuálnych znakov, prispeli ku genéze hudobného prejavu európskeho klasicizmu. Tvorba tejto skupiny domácich komponistov našla vo svojej dobe európske, alebo aspoň stredoeurópske uplatnenie. Žiaľ, ich tvorivému odkazu sa nevenovala dosiaľ pozornosť adekvátna ich historickému významu.

Ďalšiu skupinu domácich autorov tvorili *skladatelia*
des Musikrepertoires, sondern auch die Arbeit der Komponisten, sofern die Werke aufgrund eines direkten Auftrages entstanden.

Aus den in der Slowakei verwendeten Formen der zeitgenössischen Musikkultur der Klassik ergaben sich auch Einsatzmöglichkeiten und – formen für die Musiker. In der *Schichtung* der zeitgenössischen *Musikberufe* (Komponist, Interpret, Pädagoge, Organisator, Publizist, Theoretiker) und *der sozialen Stellung der Musiker*[160] unterschied sich die Slowakei nicht von den Ländern mit einer ähnlichen Musikorientierung. Der Hauptmäzen der Musiker blieb in der Slowakei auch in der Zeit der Klassik die Kirche. Eine Ausnahme bildeten nur Musiker der Hauptzentren, die sich ihr Geld in den Orchestern des Adels und der Theater verdienten. Nur die größten Städte hatten einen von der Stadt besoldeten Musiklehrer. Eine allgemein übliche Erscheinung war die Anhäufung von musikalischen Funktionen und auch die Verbindung von musikalischen mit nicht musikalischen Funktionen. Dies kam nicht nur bei Musikern-Interpreten, sondern auch bei Musikern vor, die sich kompositorisch betätigten. Die Komponisten vertraten in der Regel die Funktionen des Regenschori (Chorleiters), des Organisten oder Kantors, beziehungsweise eines Orchesterspielers oder Sängers. In den Musikzentren war der Komponist meist auch Kapellmeister, Theaterdirigent oder Direktor, wobei er gleichzeitig auch als Pädagoge tätig war.

Die ungewöhnliche *kompositorische Aktivität* der Musiker der Klassik[160] war auch in der Slowakei der Ausdruck der Prioritätsstellung der Musik im Leben der damaligen Gesellschaft. Bisherige Untersuchungen ermöglichten, das Schaffen von über 160 kompositorisch tätigen Musikern kennenzulernen. Bei weiteren über 100 Komponisten besteht noch keine Klarheit über ihr Schaffen. Aus der Dominanz des Musikmäzenatentums der Kirche resultierte im Bereich der heimischen kompositorischen Produktion das Übergewicht der sakralen über die profanen Musikgattungen und Formen, welche die Träger der zeitgenössischen Entwicklung waren.

An dieser Stelle müssen wir betonen, daß die Kriterien, die wir bei der Beurteilung des *Schaffens der heimischen Komponisten* der Zeit der Klassik in der Slowakei verwendet haben, *Wertkriterien der heutigen Zeit* sind. So etwa der Maßstab für die künstlerischen und ästhetischen Qualitäten eines Werkes in den Diensten des künstlerischen Vorhabens, die Originalität des Schaffens und andere. Zeitgenossen beurteilten ja das Schaffen der Klassik anders als der heutige Zuhörer. Als entscheidendes Merkmal der Qualitäten eines Werkes galt in jener Zeit vor allem sein Gebrauchswert. An zweiter Stelle rangierte die „Normativität" einer Komposition, also die Art der Verwendung der geltenden zeitgenössischen Kompositionsnormen in der

regionálneho významu. Ich dielo si získalo obvykle regionálne, ale aj celoslovenské repertoárové rozšírenie. V tvorbe väčšiny z týchto hudobníkov absentujú výraznejšie individuálne znaky. Ide vo väčšej alebo menšej miere o dobovú tzv. typovú hudobnú produkciu. Častým znakom týchto diel je ich kolísavá kvalitatívna úroveň a dobe nie vždy zodpovedajúci stupeň štýlovej progresivity.

Poslednú skupinu skladateľov nášho územia zastupovali *skladatelia lokálneho významu*. Ich tvorba ostala spravidla obmedzená na miesto, resp. na okolie miesta ich pôsobenia. Hoci aj tu sú značné kvalitatívne rozdiely v hodnote tvorby, väčšinu autorov treba považovať iba za viac alebo menej zručných remeselníkov.

Skladatelia voľakedajšieho Horného Uhorska, teda tí, ktorí sa narodili, alebo istý (z hľadiska tvorby významný) čas žili na území dnešného Slovenska, prispeli rozhodujúcou mierou k štýlovému dotváraniu spomenutých *špecificky „uhorských" znakov hudby*.[36] Tie sa formovali na báze inštrumentálnej hudby tanečného typu v rámci tzv. *hungaresiek*. K ich charakteristickým znakom patrí predovšetkým bohatstvo melodických ozdôb, príznačný chorijambický bodkovaný rytmus, rapsodickosť prednesu a bravúrne pasáže odpočúvané z cigánskych interpretačných manier. Týmito špecificky „uhorskými" štýlovými elementami obohatili hungaresky nadnárodnú hudobnú reč klasicizmu.

Teritórium Slovenska nebolo v období klasicizmu hudobne kompaktným celkom. V nadväznosti na územné zvláštnosti, kultúrne, náboženské a národnostné tradície a v závislosti na hospodársko-politických danostiach tvorilo komplexy štyroch hudobne príbuzných, ale pritom svojrázných -*hudobnokultúrnych okruhov*,[136] ktoré sa tradovali z čias baroka.[206] Základom ich *vonkajšej organizácie* bol princíp hudobnej siete, teda systém centier a ich satelitov rôznej hudobnej závažnosti a závislosti. Podstatu ich *vnútorných rozdielov* tvoril v dobe klasicizmu *repertoárový svojráz*. Okruhy sa navzájom líšili zastúpením európskych skladateľov a oblastí skladateľského vplyvu, a aj tým, ako rýchlo prenikala ich tvorba do interpretačnej praxe príslušných regiónov. Vlastný profil mal hudobný repertoár v západnej časti Slovenska a na Spiši.

Závažným prínosom historického pramenného výskumu posledných rokov je poznanie, že *elementom*[136] *profilujúcim repertoár* na Slovensku v dobe klasicizmu nebola tvorba tzv. Kleinmeistrov, teda autorov druhej alebo tretej významovej kategórie, ako sa dosiaľ tvrdilo, ale tvorba vedúcich skladateľských osobností európskeho hudobného klasicizmu. Toto poznanie má zásadný význam aj pri posudzovaní otázky kvalít hudby vplývajúcej na formovanie vkusu dobových poslucháčov, na interpretačnú prax i tvorbu domácich skladateľov.

Struktur der eigentlichen Komposition. Aus der Sicht der heutigen Wertkriterien kann man in der heimischen kompositorischen Produktion der Zeit der Klassik drei Autorengruppen unterscheiden.[160]

Zur ersten Gruppe gehörten die *bedeutenden Komponistenpersönlichkeiten*, die durch ihr Wirken vorwiegend mit Preßburg und teilweise mit Kaschau verbunden waren. Mit ihrem musikalischen Werk, das Träger individueller Merkmale war, trugen sie zur Genese des musikalischen Ausdrucks der europäischen Klassik bei. Das Schaffen dieser Gruppe heimischer Komponisten kam in seiner Zeit in Europa oder zumindest in Mitteleuropa zur Geltung. Leider wurde ihrem schöpferischen Nachlaß bisher nicht die ihrer historischen Bedeutung entsprechende Aufmerksamkeit zuteil.

Eine weitere Gruppe heimischer Autoren bildeten *die Komponisten regionaler Bedeutung*. Ihr Werk fand gewöhnlich eine regionale, aber auch gesamtslowakische Verbreitung. Im Schaffen der Mehrheit dieser Musiker fehlen stärkere individuelle Merkmale. Es handelt sich mehr oder weniger um eine Produktion zeittypischer Musik. Ein häufiges Merkmal dieser Werke ist ihr schwankendes Qualitätsniveau und ein nicht immer der Zeit entsprechender Grad der stilistischen Progressivität.

Die letzte Komponistengruppe unseres Gebietes waren die *Komponisten von lokaler Bedeutung*. Ihr Schaffen blieb in der Regel auf den Wirkungsort bzw. seine Umgebung beschränkt. Obwohl auch hier bedeutende qualitative Unterschiede im Wert des Schaffens bestehen, ist die Mehrheit der Autoren jedoch nur als mehr oder minder gewandte Handwerker anzusehen.

Die Komponisten des einstigen Oberungarn, also jene, die auf dem Gebiet der heutigen Slowakei geboren wurden oder hier eine bestimmte (für ihr Schaffen wesentliche) Zeit gelebt haben, trugen in entscheidendem Maße zur Stilgestaltung der erwähnten *spezifisch „ungarischen" Merkmale der Musik* bei.[36] Diese formten sich auf der Basis der instrumentalen Tanzmusik im Rahmen der sogenannten *„Hungaresken" (ungarischen Tänze)*. Zu ihren charakteristischen Merkmalen gehören vor allem der Reichtum der melodischen Verzierungen, der charakteristische chorjambische punktierte Rhythmus, die Rhapsodik des Vortrages und bravouröse Passagen, die den Interpretationsmanieren der Zigeuner abgelauscht wurden. Mit diesen spezifisch „ungarischen" Stilelementen bereicherten die Hungaresken die übernationale Musiksprache der Klassik.

Das Territorium der Slowakei war in der Zeit der Klassik musikalisch kein kompaktes Ganzes. In Verbindung mit den territorialen Besonderheiten, den kulturellen, religiösen und nationalen Traditionen und in Abhängigkeit von den wirtschaftspolitischen Gegebenheiten, hatten sich bereits in der Zeit des Barock[206] vier charakteristische *Musikkulturkreise*,[136] herausgebil-

Ukazovateľom zmien, obrazu kvality a pozície hudobnej kultúry klasicizmu *na Slovensku v európskom kontexte* bol *migračno-emigračný pohyb hudobníkov*[160], a samozrejme aj pobyty hudobníkov európskeho významu u nás. Veľkým migračno-emigračným pohybom a prílivom hudobníkov z krajín strednej Európy[30] sa vyznačovala prvá etapa rozvoja hudobnej kultúry klasicizmu na Slovensku,[191] teda doba veľkej hudobnej konjunktúry mesta Bratislavy.[50] V tom čase k nám, najmä však do vtedajšieho hlavného mesta Uhorska prichádzalo veľké množstvo hudobníkov z Moravy, Čiech, Sliezska, Rakúska i z ďalších krajín. Mnohí z nich boli osobnosti európskeho mena. Podaktorí sa tu usadili natrvalo a splynuli s domácim prostredím. Ostatní v čase všeobecného emigračno-migračného pohybu, viazaného výrazne na obdobie po jozefínskych reformách a na dobu po prenesení politického centra krajiny z Bratislavy do Budína, opúšťali naše územie a hľadali nové existenčné možnosti v Nemecku, Poľsku, Rakúsku, v českých krajinách, ba dokonca až vo Francúzsku.[160] Najsilnejšia vlna imigrácie smerovala od nás do južných častí Uhorska, najmä do nového politického centra krajiny. Vo viacerých prípadoch zohrali hudobníci zo Slovenska v hudobnom dianí krajín, ktoré im poskytli priestor pre sebarealizáciu, kľúčovú úlohu.

det. Die Grundlage ihrer *äußeren Organisation* war das Prinzip des musikalischen Netzes, also ein System von Zentren und ihren Satelliten von unterschiedlicher musikalischer Bedeutung und Abhängigkeit. Das Wesen ihrer *inneren Unterschiedlichkeiten* bildete in der Zeit der Klassik die *Eigenart ihres Repertoires.* Die Kreise unterschieden sich voneinander im Ausmaß der Vertretung europäischer Komponisten und Bereiche des kompositorischen Einflusses sowie dadurch, wie rasch ihr Schaffen in die Interpretationspraxis der betreffenden Regionen eindrang. Ein eigenes Profil hatte das Musikrepertoire im Westteil der Slowakei und in der Zips (Spiš).

Ein wichtiger Beitrag der historischen Quellenforschung der letzten Jahre ist die Erkenntnis, daß in der Slowakei in der Zeit der Klassik nicht, wie bisher behauptet wurde, das Schaffen der sogenannten Kleinmeister, also der Autoren der zweiten oder dritten Bedeutungskategorie das *repertoireprofilierende Element*[136] waren, sondern das Schaffen der führenden Komponistenpersönlichkeiten der europäischen musikalischen Klassik. Diese Erkenntnis hat grundsätzliche Bedeutung auch bei der Beurteilung der Frage der Musikqualität, die auf die Formung des Geschmacks der zeitgenössischen Hörer, die Interpretationspraxis und das Schaffen der heimischen Komponisten Einfluß nahmen.

Ein Indikator der Veränderungen, des Bildes der Qualität und Position der musikalischen Kultur der Zeit der Klassik *in der Slowakei im europäischen Kontext* war *die Migrationsbewegung der Musiker* [160] und natürlich auch die Aufenthalte der Musiker europäischen Ranges bei uns. Durch eine große Migrationsbewegung und Zustrom von Musikern aus den Ländern Mitteleuropas[30] war die erste Etappe der Entwicklung der Musikkultur der Klassik in der Slowakei gekennzeichnet,[191] also die Zeit der großen Musikkultur der Stadt Preßburg.[50] In dieser Zeit kamen zu uns, vor allem aber in die damalige Hauptstadt Ungarns, unzählige Musiker aus Mähren, Böhmen, Schlesien, Österreich und weiteren Ländern. Manche ließen sich hier für immer nieder und verschmolzen mit dem heimischen Milieu. Die übrigen verließen unser Gebiet in dieser Zeit der allgemeinen Migrationsbewegung, die stark mit der Zeit nach den Josephinischen Reformen und nach der Verlegung des politischen Zentrums des Landes von Preßburg nach Buda verbunden war, und suchten neue Existenzmöglichkeiten in Deutschland, Polen, Österreich, in den böhmischen Ländern, ja selbst im fernen Frankreich.[160] Die stärkste Migrationswelle führte von uns in die Südteile Ungarns, vor allem in das neue politische Landeszentrum. In mehreren Fällen spielten die Musiker aus der Slowakei eine Schlüsselrolle im Musikgeschehen jener Länder, die ihnen Raum für die Selbstrealisierung boten.

II. kapitola

Bratislava

❖

II. Kapitel

Preßburg

𝓑*ratislava* (Posonium, Preßburg, Pozsony²³⁷) mala rozhodujúci význam nielen pre rozvoj hudobnej kultúry klasicizmu dnešného územia Slovenska (niekdajšieho Horného Uhorska) a celého súdobého Uhorska, ale patrilo jej dôležité miesto aj v kontexte dobových európskych hudobných dejín.⁴⁰ V kultúrnom povedomí nie je zatiaľ náležite rozšírený fakt, že práve v klasicizme dosiahlo mesto jeden z vrcholov svojich doterajších dejín.

Výnimočný historický význam Bratislavy bol po stáročia daný jej strategicky neobyčajne výhodnou *geografickou* polohou²⁷⁷ pri veľtoku rieky Dunaj v strede európskeho kontinentu a na križovatke frekventovaných obchodných ciest, ktoré spájali Jadran s Baltom a juhonemecké mestá s Orientom. Pre samotný vznik mesta a od 11. storočia i pre intenzívny rozvoj mestského útvaru (stopy osídlenia tu možno sledovať už od eneolitu) mal určujúci vplyv masívny, už v roku 907 spomínaný feudálny hrad, ktorý zohral závažnú úlohu v bojoch o uhorský trón. *Politický*³⁵, hospodársky, náboženský i kultúrny význam mesta stúpol v 16. storočí, keď Turci po víťaznej bitke pri Moháči v roku 1526 zaberali stále väčšie územia južnej časti Uhorska. Bratislava, ktorá sa stala útočiskom množstva takto ohrozeného obyvateľstva, bola v roku 1536 vyhlásená za hlavné mesto Uhorska.

V sledovanom období²³⁷, keď sa na tróne vládcov vystriedali Mária Terézia (1740–1780), Jozef II. (1780

𝓟reßburg (Posonium, Pozsony, das heutige Bratislava²³⁷) hatte eine entscheidende Bedeutung nicht nur für die Entwicklung der Musikkultur der Klassik im heutigen Territorium der Slowakei (einstmals Oberungarn) und des gesamten zeitgenössischen Ungarn, sondern ihm gehörte auch ein wichtiger Platz im Kontext der zeitgenössischen europäischen Musikgeschichte.⁴⁰ Im Kulturbewußtsein ist bislang die Tatsache noch nicht entsprechend verbreitet, daß die Stadt gerade in der Klassik einen der Höhepunkte ihrer bisherigen Geschichte erlangte.

Die besondere historische Bedeutung Preßburgs war für Jahrhunderte durch seine ungewöhnlich vorteilhafte *geographische Lage*²⁷⁷ am Strom der Donau in der Mitte des europäischen Kontinents und an der Kreuzung der frequentierten Handelsstraßen, die die Adria mit dem Baltikum und die süddeutschen Städte mit dem Orient verbanden, gegeben. Für die Entstehung der Stadt selbst und seit dem 11. Jahrhundert auch für die intensive Entwicklung des Stadtgebildes (Spuren einer Besiedlung gehen bis in das Neolithikum zurück), hatte die schon 907 erwähnte massive feudale Burg einen ausschlaggebenden Einfluß. Sie spielte eine bedeutsame Rolle in den Kämpfen um den ungarischen Thron. *Die politische*³⁵, wirtschaftliche, religiöse und kulturelle Bedeutung der Stadt stieg im 16. Jahrhundert, als die Türken nach der siegreichen Schlacht bei Mohács 1526 immer größere Gebiete des südlichen Teils Ungarns einnahmen. Preßburg, das Zufluchtstätte für viele der so bedrohten Bevölkerung wurde, wurde 1536 zur Hauptstadt Ungarns erklärt.

In dem untersuchten Zeitraum²³⁷, als Maria Theresia (1740–1780), Joseph II. (1780–1790), Leopold II. (1790–1792) und Franz I. (1792–1835) einander auf dem Herrscherthron ablösten, bildeten den Inhalt des politischen Geschehens in Preßburg Widersprüche zwischen den absolutistischen Zentralisationsbestrebungen Wiens und den feudalen Standesinteressen der herrschenden Klassen.

Zum „goldenen Zeitalter" der Stadt Preßburg zählten die Jahre der Herrschaft Maria Theresias. Die Stadt blühte damals *wirtschaftlich* auf.³⁵ Das Handwerk (von den nahezu 800 Werkstätten der Handwerker gehörten viele zu den bedeutendsten ihrer Art in Ungarn) und

až 1790), Leopold II. (1790–1792) a František I. (1792 až 1835), tvorili obsah politického diania Bratislavy rozpory medzi absolutisticko-centralizačnými snahami Viedne a stavovskými záujmami vládnucich tried.

K „zlatému veku" mesta Bratislavy patrili roky vlády Márie Terézie. Mesto prosperovalo vtedy *hospodársky*.[35] Darilo sa tu remeslám (z takmer 800 dielní remeselníkov mnohé patrili k svojho druhu najvýznamnejším v Uhorsku) i medzinárodne dôležitému obchodu. Rozvinuté bolo tiež školstvo, veda a umenie. Za Jozefa II., ktorý v roku 1784 premiestnil centrálne úrady, miestodržiteľstvo a časť šľachty do Budína a zrušil niektoré z reholí, došlo spolu s poklesom obyvateľstva k všestrannému úpadku Bratislavy. Krízovú situáciu nezlepšili ani roky vlády Leopolda II., ba naopak, ešte ju vystupňovali roky napoleonských vojen. Po ich utíchnutí, za vlády Františka I., sa na pozadí zmenenej sociálnej i národnostnej štruktúry obyvateľstva síce mnohé z predchádzajúcich aktivít mesta obnovili, ale už iba na úrovni župného centra.

V Bratislave ako v druhom najväčšom meste Uhorska žilo v roku 1787 28 500 obyvateľov. Boli nemeckej, slovenskej, maďarskej a chorvátskej *národnosti*.[277] Prevahu mali Nemci. Ostatné národnosti (Česi, Poliaci, Taliani a iní) boli len doplňujúcim elementom.

Z hľadiska *náboženskej*[238] štruktúry obyvateľstva bolo v Bratislave v prevahe rímskokatolícke vierovyznanie. Ďalšiu početnú skupinu obyvateľstva tvorili evanjelici a.v. a židovská náboženská obec. Ostatné zastúpené náboženstvá boli buď pozostatkom reformačných úsilí, alebo súviseli s predchádzajúcimi imigračnými pohybmi obyvateľstva.

Po stároča patrila Bratislava *významom kultúrnych tradícií* k najdôležitejším strediskám Uhorska. Na šírení vzdelanosti sa už od 12. storočia zúčastňovalo známe bratislavské *školstvo*.[218] Jeho pýchou bola Academia Istropolitana, založená v roku 1465, v tom čase jediná univerzita Uhorska, a evanjelické lýceum, ktorého činnosť sa začala roku 1606.

Bratislava už takmer od konca 15. storočia bola aj dôležitým *tlačiarenským*[277] centrom, v druhej polovici 18. storočia najdôležitejším v Uhorsku. S vyhlásením mesta za hlavné a korunovačné mesto súvisela aj vlna čulého *stavebného* ruchu,[260] ktorý pokračoval cez celé 17. a 18. storočie a dával početné príležitosti pre uplatnenie sa cudzím a domácim *výtvarným* umelcom[183] a remeselníkom. V oblasti *vedy*[253] mali v tom čase európsky význam práce Mateja Bela (1684–1749)[234], slovenského polyhistora činného v Bratislave. Už začiatkom 17. storočia uvádzali v Bratislave školské hry jezuiti. Tak ako *divadelné*[94], aj *hudobné umenie* bolo ešte dosť dlho závislé na mecénstve cirkvi.

Bratislava už od stredoveku patrila k dôležitým strediskám *hudby*.[206] V období klasicizmu, keď práve hudbe pripadla úloha jedného z najreprezentatív-

der international bedeutende Handel gediehen. Entwickelt waren auch Schulwesen, Wissenschaft und Kunst. Unter Joseph II., der 1784 die zentralen Ämter, die Statthalterei und damit einen Teil des Adels nach Buda verlegte und einige der geistlichen Orden auflöste, kam es zusammen mit dem Bevölkerungsrückgang zu einem allseitigen Verfall der Stadt. Die Krisensituation verbesserten auch die Regierungsjahre Leopolds II. nicht, sie wurde durch die Jahre der Napoleonischen Kriege sogar noch gesteigert. Nach ihrem Abklingen unter der Regierung Franz I. erneuerten sich zwar vor dem Hintergrund einer gewandelten sozialen und nationalen Struktur der Bevölkerung viele der früheren Aktivitäten der Stadt, aber nur noch auf dem Niveau eines Komitatszentrums.

In Preßburg als der zweitgrößten Stadt Ungarns lebten 1787 28 500 Einwohner. Sie waren deutscher, slowakischer, magyarischer und kroatischer *Nationalität*.[277] In der Überzahl waren die Deutschen. Andere Nationalitäten (Tschechen, Polen, Italiener und andere) bildeten nur ein ergänzendes Element.

Hinsichtlich der *Religionsstruktur*[238] der Bevölkerung überwog in Preßburg der römisch-katholische Glauben. Weitere zahlreiche Bevölkerungsgruppen bildeten die Protestanten A. B. und die jüdische Glaubensgemeinde. Die übrigen vertretenen Religionen waren entweder ein Überrest der Reformationsbestrebungen oder hingen mit den vorangegangenen Migrationsbewegungen der Bevölkerung zusammen.

Jahrhundertelang gehörte Preßburg mit seinen bedeutenten *Kulturtraditionen* zu den wichtigsten Zentren Ungarns. An der Verbreitung der Bildung war das schon seit dem 12. Jahrhundert bekannte Schulwesen von Preßburg beteiligt.[218] Sein Stolz war die Academia Istropolitana, gegründet 1465, in jener Zeit die einzige Universität Ungarns, und das evangelische Lyzeum, dessen Tätigkeit 1606 begann.

Preßburg war schon fast seit dem Ende des 15. Jahrhunderts ein wichtiges *Zentrum des Buchdrucks*[277], in der zweiten Hälfte des 18. Jahrhunderts das wichtigste in Ungarn. Mit der Erhebung der Stadt zur Haupt- und Krönungsstadt hing auch eine Welle reger *Bautätigkeit* zusammen,[260] die über das gesamte 17. und 18. Jahrhundert andauerte und zahlreiche Arbeitsgelegenheiten für fremde und heimische *bildende* Künstler[183] und Handwerker bot. Im Bereich der *Wissenschaft*[253] hatten in jener Zeit die Arbeiten des in Preßburg wirkenden slowakischen Universalgenies Matthias Bel (1684–1749)[234], europäische Bedeutung. Schon Anfang des 17. Jahrhunderts führten Jesuiten in Preßburg Schulspiele auf. So wie die *Theaterkunst*[94] war auch die *Tonkunst* noch recht lange vom Mäzenatentum der Kirche abhängig.

Preßburg zählte bereits seit dem Mittelalter zu den wichtigen Zentren der *Musik*.[206] In der Zeit der Klassik,

nejších a najvýznamnejších druhov umenia, priniesol nový spôsob myslenia a nazerania revolučné premeny v dobovom *sociálnofunkčnom*[150] *uplatnení hudby*. Vznikla historicky nová funkcia hudobného umenia, a to funkcia ušľachtilej zábavy, ktorou sa prelomil dovtedajší monopol účelového poslania hudby. Uvedený vývoj v takejto podobe môžeme na území dnešného Slovenska zaznamenať iba v Bratislave a Košiciach, kde bola v potrebnej miere koncentrovaná vysoká šľachta, cirkevná hierarchia a zámožné meštianstvo. Hudobné záujmy a mecénstvo týchto spoločenských vrstiev tu totiž umožnili prezentovať hlavné formy ušľachtilej zábavy hudby, a to koncertné a divadelné podujatia a domáce uvádzanie hudby. Samozrejme, naďalej sa v hudobnom prejave Bratislavy, ktorá je stredobodom našej pozornosti, uplatňovalo aj účelové poslanie hudby. Bolo to predovšetkým v sakrálnych hudobných produkciách bratislavských kostolov a kláštorov, pri tanečných podujatiach, v rámci hudby trubačov, stolovej a pochodovej hudby a podobne. Novú kvalitu nadobudla v Bratislave aj funkcia estetickovýchovná, a to v časovo skorom sprístupnení školského hudobnovýchovného procesu širokej verejnosti. Bratislava si teda nielen včas osvojila všetky dobové formy uplatnenia hudobného umenia, a to v podobe typickej pre hlavné európske centrá hudby, ale v niektorých jej dimenziách (demokratizácia koncertného života a formy hudobného vzdelávania) sa zaradila v podunajskej oblasti na popredné miesto v dobovom vývoji.

Tri etapy rozvoja hudobného klasicizmu v Bratislave predstavovali tri štádiá vývoja *hudobného mecénstva mesta*.[160] V tzv. zlatom veku spočívalo ťažisko hudobnej iniciatívy na príslušníkoch kráľovskej rodiny (A. Sasko-Tešínsky) a na ostatnej vysokej šľachte (Esterházyovci, Grassalkovichovci, Erdődyovci, Amadeovci, Apponyiovci, Pálffyovci, Balassovci, Csákyovci, Keglevichovci a Odescalchiovci, Szapáryovci, Viczayovci, Zichyovci a ďalší), na cirkevnej hierarchii (prímas J. Batthyány) a na ďalších reprezentantoch cirkvi (klérus pri dóme sv. Martina a ostatných kostoloch mesta, kláštory reholí františkánov, jezuitov, uršulínok, rehole Notre Dame, trinitárov, milosrdných bratov a iné). Po jozefínskych reformách sa úmerne zoslabujúcej iniciatíve šľachty (zánik divadla J. N. Erdődyho, zrušenie orchestra J. Batthyányho, zredukovanie grassalkovichovskej kapely) opätovne posilnil význam hudobných produkcií bratislavských kostolov a kláštorov. Do tohto obdobia spadajú výraznejšie prejavy hudobnej iniciatívy mesta a meštianstva (vybudovanie stáleho mestského divadla, založenie mestskej hudobnej školy, sporadické súkromné hudobné podujatia meštianstva a pod.). Po roku 1810 postupne nadobúdala prevahu koncepcia hudobného života meštianstva. Pretrvávajúca materiálna priazeň šľachty postupne slabla.

als gerade der Musik die Rolle einer der repräsentativsten und bedeutendsten Kunstgattungen zufiel, brachte die neue Denk- und Betrachtungsweise revolutionäre Wandlungen in der *soziofunktionalen*[150] *Anwendung der Musik* mit sich. Es entstand eine historisch neue Funktion der Musik, die Funktion der edlen Unterhaltung, mit der das bisherige Monopol der Zweckbestimmung der Musik gebrochen wurde. Die erwähnte Entwicklung in einer solchen Form ist auf dem Gebiet der heutigen Slowakei nur in Preßburg und Košice zu verzeichnen, wo der Hochadel, die Kirchenhierarchie und die reiche Bürgerschaft in dem erforderlichen Maße vertreten war. Die musikalischen Interessen und das Mäzenatentum dieser Gesellschaftsschichten ermöglichten hier die Präsentation der Hauptformen der edlen musikalischen Unterhaltung und zwar Konzert- und Theaterveranstaltungen sowie Hausmusikaufführungen. Natürlich kam im Musikleben Preßburgs, das Mittelpunkt unserer Aufmerksamkeit ist, auch weiterhin die Zweckbestimmung der Musik zur Geltung. Das betraf vor allem die sakralen Musikproduktionen der Kirchen und Klöster der Stadt, Tanzveranstaltungen, Musik der Trompeter (Turnermusiker), Tafel- und Marschmusik und dergleichen. Eine neue Qualität erhielt in Preßburg auch die ästhetisch-erzieherische Funktion und zwar in einer zeitlich frühen Erschließung der schulischen Musikerziehung für eine breite Öffentlichkeit. Preßburg eignete sich also nicht nur alle zeitgemäßen Formen der Anwendung der musikalischen Kunst der Klassik in ihrer für die europäischen Hauptzentren der Musik typischen Gestalt an, sondern belegte in einigen Dimensionen (Demokratisierung des Konzertlebens und Formen der musikalischen Bildung) im Donaugebiet einen führenden Platz in der historischen Entwicklung.

Die drei Entwicklungetappen der musikalischen Klassik in Preßburg stellen zugleich drei Entwicklungsstadien des *musikalischen Mäzenatentums der Stadt*[160] dar. Im sogenannten goldenen Zeitalter der Enwicklung der Musik Preßburgs ruhte der Schwerpunkt der musikalischen Initiative auf den Angehörigen der königlichen Familie (A. Sachsen-Teschen) und dem Hochadel (Esterházy, Grassalkovich, Erdődy, Amadé, Apponyi, Pálffy, Balassa, Csáky, Keglevich und Odescalchi, Szapáry, Viczay, Zichy und weiteren) sowie auf der Kirchenhierarchie (Primas J. Batthyány) und auf weiteren Repräsentanten der Kirche (der Klerus beim St. Martinsdom und anderen Kirchen der Stadt, die Klöster der Orden der Franziskaner, Jesuiten, Ursulinerinnen, Notre Dame, Trinitarier, der Barmherzigen Brüder und anderen). Nach den Josephinischen Reformen stärkte sich proportional zu der erlahmenden Initiative des Adels (Niedergang des Erdődy-Theaters, Auflösung des Batthyány-Orchesters, Reduzierung der Grassalkovich-Kapelle) erneut die Bedeutung der Musikproduktionen

Formami uplatnenia hudobného umenia[134] sa teda Bratislava v dobe klasicizmu ničím podstatným nelíšila od hlavných európskych centier hudby. Ťažiskovou formou pestovania hudby v prvých dvoch etapách rozvoja klasicizmu boli koncerty a divadelné produkcie. *Koncerty*[144], nazývané hudobnými akadémiami, mali najprv podobu súkromných podujatí. Prístupné boli pozvanému okruhu šľachtických a zámožných meštianskych poslucháčov (akadémie u Csákyovcov, Esterházyovcov, Grassalkovichovcov, Pálffyovcov, u Balassu a iné). Sprístupnenie takéhoto typu koncertov v 80. rokoch 18. storočia širokej verejnosti (letné koncerty J. Batthyányho) možno preto považovať za ojedinelú a veľmi demokratickú črtu hudobného života mesta. Koncertný život Bratislavy sa zo šľachtických palácov postupne presúval do priestorov mestského divadla a do meštianskych salónov (napr. koncerty poriadané v priestoroch bytu F. P. Riglera alebo u H. Kleina). Aj v zmenách programovej štruktúry sa po roku 1810 začal odzrkadľovať fakt, že ich organizovali spolky, ktoré boli zamerané spočiatku najmä na podpornú činnosť.

Súkromné *divadelné podujatia*[224] šľachty (Erdődy, Grassalkovich, Pálffy, Batthyány) sa uskutočňovali nielen v jej mestských, ale aj vidieckych sídlach. Tak ako koncerty, aj tieto hudobné produkcie boli určené výlučne pre pozvané publikum. Ostatné divadelné predstavenia[94] umožňovali vo vymedzených častiach hľadiska účasť aj širokej verejnosti. Poriadali sa najprv v rôznych priestoroch mesta a od roku 1776 v novej divadelnej budove. Samozrejme, na divadelných produkciách určených na pobavenie ľudu a uvádzaných spravidla v hostincoch alebo na voľných priestranstvách, boli v diváckej prevahe nižšie spoločenské vrstvy.

Vo formách uplatnenia, v spôsoboch predvádzania a v zložení publika neprišlo pri *sakrálnych* chrámových i mimochrámových *hudobných produkciách*[160] v období klasicizmu ani v Bratislave[144] k zásadnejším zmenám. K sympatickým črtám hudobného diania Bratislavy patrila angažovanosť mnohých hudobníkov a ich osobné umelecké kontakty s hlavnými predstaviteľmi hudobného klasicizmu, zamerané na vytváranie umelecky hodnotného a aktuálneho hudobného repertoáru.

Tradícia vysokej úrovne a dobrého mena bratislavského hudobného školstva siaha do poslednej tretiny 18. storočia, do čias pôsobenia F. P. Riglera a H. Kleina. Bratislava s časovým predstihom vyše pätnásť rokov vykročila pred Viedňou z rámca súkromnej výučby hudby na bázu verejne prístupného *školského systému*.[104] Vynikal nielen novou organizačnou formou, ale aj didaktickou modernosťou a patril v európskych reláciách k pokrokovým.

V zakladaní spolkov, založených spočiatku aj na podporu hudby a neskôr (zásluhou H. Kleina) výlučne na usmeňovanie hudobného života, bolo bratislavské

der Kirchen und Klöster Preßburgs. In diese Zeit fallen stärkere Äußerungen der musikalischen Initiative der Stadt und des Bürgertums (Aufbau eines ständigen Stadttheaters, Gründung einer städtischen Musikschule, sporadische private Musikveranstaltungen des Bürgertums und dgl.). Nach 1810 gewann das bürgerliche Konzept des Musiklebens allmählich die Oberhand. Die materielle Gönnerschaft des Adels flaute allmählich ab.

Mit den Anwendungsformen der Musik[134] unterschied sich Preßburg in der Zeit der Klassik nicht wesentlich von den europäischen Hauptmusikzentren. Die Schwerpunktform der Musikpflege in den ersten zwei Etappen der Entwicklung der Klassik waren Konzerte und Theaterproduktionen. *Die Konzerte,*[144] genannt musikalische Akademien, hatten zunächst die Form von Privatveranstaltungen. Zugänglich waren sie einem geladenen Kreis adliger und vermögender bürgerlicher Musikliebhaber (Akademien bei den Familien Csáky, Esterházy, Grassalkovich, Pálffy, bei Balassa und anderen). Die Zugänglichmachung derartiger Konzerte für die breite Öffentlichkeit in den 80er Jahren des 18. Jahrhunderts (die Sommerkonzerte J. Batthyánys) kann daher als ein vereinzelter und sehr demokratischer Zug des Musiklebens der Stadt gelten. Das Konzertleben Preßburgs verlagerte sich aus den Adelspalais allmählich in die Räume des Stadttheaters und die bürgerlichen Salons (etwa die Konzerte in den Wohnräumen von F. P. Rigler oder bei H. Klein). In den Veränderungen der Programmstruktur begann sich nach 1810 die Tatsache wiederzuspiegeln, daß solche Konzerte von Vereinen organisiert wurden, die anfangs vor allem auf eine fördernde Tätigkeit gerichtet waren.

Die privaten *Theaterveranstaltungen*[224] des Adels (Erdődy, Grassalkovich, Pálffy, Batthyány) fanden nicht nur in dessen Stadt-, sondern auch auf den Landsitzen statt. So wie die Konzerte, waren auch diese Musikproduktionen ausschließlich für ein geladenes Publikum bestimmt. Andere Theatervorstellungen[94] ermöglichten in abgegrenzten Teilen des Zuschauerraums auch die Teilnahme einer breiten Öffentlichkeit. Zunächst wurden sie in verschiedenen Räumen der Stadt veranstaltet, doch seit 1776 auch im neuen Theatergebäude. Natürlich waren bei Theaterproduktionen, die zur Unterhaltung des Volkes bestimmt waren und in der Regel in Wirtshäusern oder im Freien aufgeführt wurden, die Zuschauer aus den niederen Gesellschaftsschichten in der Mehrheit.

Hinsichtlich der Anwendungsformen, der Art und Weise der Darbietung und der Zusammensetzung des Publikums kam es bei den *sakralen* kirchlichen und außerkirchlichen *Musikproduktionen*[160] in der Zeit der Klassik auch in Preßburg[144] zu keinen wesentlichen Veränderungen. Zu den sympathischen Zügen des Musikgeschehens in Preßburg gehörten das Engagement

meštianstvo – v porovnaní s ostatnou Európou – trocha pozadu. Vážnou, ale typickou prekážkou pre plné rozvinutie *spolkovej činnosti*[9] boli hlavne financie.

Na množstve a aktuálnosti sprostredkovaných hudobných podnetov (notových materiálov, kníh o hudbe, informácií o hudobnom živote, tvorbe a pod.) mali prvoradú *zásluhu bratislavskí vydavatelia, tlačiari a kníhviazači*,[144] často v jednej osobe i obchodníci s knihami, ktorí v sledovanom období urobili z Bratislavy tlačiarenské centrum Uhorska. Pre celú podunajskú oblasť boli významné bratislavské noviny Preßburger Zeitung.

Bratislava sa v klasicizme preslávila v európskych reláciách aj *výrobou hudobných nástrojov*.[77] Známe sa stali predovšetkým dielne husliarov a výrobcov dychových hudobných nástrojov. Tunajší nástrojári vynikli nielen výrobou technicky dokonalých a zvukovo kvalitných inštrumentov,[44] ale aj vynálezmi nových typov a technickými zlepšeniami už existujúcich hudobných nástrojov.

Štruktúrou zastúpených *hudobných profesií*[160] sa Bratislava tiež ničím nelíšila od hlavných centier hudby Európy. Podstatná časť hudobníkov hrala v šľachtických alebo cirkevných hudobných združeniach. Iba najvýznamnejší z nich, ktorí spravidla boli aj kompozične aktívni, sa zaoberali výlučne hudbou. Ich počet v Bratislave – ako centre hudby Uhorska prvoradého významu – bol neporovnateľne vyšší ako v iných strediskách hudobného života na území Slovenska. Ostatní hudobníci zastávali u svojho chlebodarcu obvykle aj iné (alebo v prvom rade iné) funkcie, prevažne nehudobnej povahy. Ďalej tu boli hudobní pedagógovia,

vieler Musiker und ihre persönlichen künstlerischen Kontakte zu den Hauptvertretern der musikalischen Klassik, die auf die Schaffung eines künstlerisch wertvollen und aktuellen Musikrepertoires gerichtet waren.

Die Tradition des hohen Niveaus und guten Namens des Musikschulwesens der Stadt reicht in das letzte Drittel des 18. Jahrhunderts zurück, in die Zeit des Wirkens von F. P. Rigler und H. Klein. Preßburg trat mit einem zeitlichen Vorsprung von über fünfzehn Jahren vor Wien aus dem Rahmen des privaten Musikunterrichts heraus und schuf die Basis eines öffentlich zugänglichen *Schulsystems*[104]. Es zeichnete sich nicht nur durch eine neue Organisationsform, sondern auch durch didaktische Modernität aus und zählte in europäischen Relationen gesehen zu den forschrittlichen Schulsystemen.

Bei der Gründung von Vereinen, die anfangs noch für die Förderung der Musik und später (durch das Verdienst H. Kleins) ausschließlich für die Organisation des Musiklebens gegründet wurden, war das Bürgertum von Preßburg – im Vergleich zum übrigen Europa – etwas zurück. Ein ernstes, aber typisches Hindernis für die volle Entfaltung der *Vereinstätigkeit*[9] waren vor allem die Finanzen.

An der Menge und Aktualität der vermittelten musikalischen Anregungen (Notenmaterial, Bücher über die Musik, Informationen über das Musikleben, Schaffen u.ä.) hatten ein hervorragendes Verdienst die *Verleger, Drucker und Buchbinder Preßburgs,*[144] häufig in einer Person, und die Buchhändler, die Preßburg in dem untersuchten Zeitraum zum Zentrum des Buchdrucks Ungarns machten. Die Preßburger Zeitung war für das gesamte Donaugebiet von Bedeutung.

Preßburg wurde in der Klassik europaweit auch durch *den Bau von Musikinstrumenten* berühmt.[77] Bekannt waren insbesondere die Werkstätten der Geigenbauer und Blasinstrumentenbauer. Die hiesigen Instrumentenbauer taten sich nicht nur mit der Herstellung von technisch vollkommenen und klanglich hochwertigen Instrumenten hervor,[44] sondern auch mit Erfindungen neuer Typen und technischen Verbesserungen an bereits existierenden Musikinstrumenten.

Mit der Struktur der vertretenen *Musikberufe*[160] unterschied sich Preßburg ebenfalls in nichts von den Hauptmusikzentren Europas. Ein wesentlicher Teil der Musiker spielte in Adels- oder Kirchenmusikvereinigungen. Nur die bedeutendsten von ihnen, die in der Regel auch kompositorisch aktiv waren, widmeten sich ausschließlich der Musik. In Preßburg – als dem Musikzentrum Ungarns – war ihre Zahl unvergleichlich höher als in anderen Zentren des Musiklebens auf dem Gebiet der Slowakei. Die übrigen Musiker vertraten bei ihrem Brotgeber meistens (oder in erster Linie) auch andere Funktionen, vorwiegend nichtmusikalischer Natur. Ferner gab es hier Musikpädagogen, Theatermitarbeiter,

divadelní pracovníci, publicisti a organizátori hudobného života mesta.

Významnú súčasť hudobného života vtedajšej Bratislavy tvorili *hosťujúci hudobníci*.¹⁴⁴ S hudobnými dejinami starej Bratislavy sú spojené pobyty troch hlavných reprezentantov hudby klasicizmu – Josepha Haydna, Wolfganga Amadea Mozarta a Ludwiga van Beethovena. Cudzí hudobníci radi navštevovali Bratislavu nielen v rámci korunovačných slávností. Príležitosť tvorili hosťovania divadelných spoločností, početné koncertné podujatia, sakrálne a iné produkcie pri rôznych politických, cirkevných a spoločenských udalostiach. Do mesta prichádzali mnohí vynikajúci, európsky preslávení skladatelia, speváci, inštrumentalisti, pedagógovia, divadelní pracovníci a iní, ktorí hlavne v prvých dvoch etapách rozvoja hudobného klasicizmu pomáhali udržiavať vysoký štandard bratislavského *interpretačného umenia*.

Bratislava bola hlavným formovateľom *západoslovenského repertoárového typu*.¹⁵⁰ Ako autoritatívne centrum hudby Uhorska nielen získavala a sprostredkovávala podnety dobovej európskej hudby. Západoslovenský typ hudobného repertoáru¹³⁶ obdobia klasicizmu charakterizuje veľký podiel tvorby skladateľov Viedne a viedenského tvorivého okruhu, autorov Čiech, Moravy a Talianska a iba menšie zastúpenie komponistov Nemecka. Pomerne malý význam mali aj sporadicky zastúpené diela skladateľov z Francúzska, Anglicka, Poľska a jednotlivých častí niekdajšieho Uhorska. Treba pripomenúť, že to, čo pre Prahu predstavovala osobnosť a tvorba W. A. Mozarta, znamenali pre Bratislavu pobyty J. Haydna a jeho dielo. Tým, že v Bratislave našla v hojnej miere použitie profánna tvorba klasicizmu, bol bratislavský hudobný repertoár (na rozdiel od situácie na slovenskom vidieku) nanajvýš *aktuálny*, a to aj z hľadiska uplatnenia vývojovo ťažiskových hudobných druhov a foriem. V klasicizme ich reprezentovala hlavne sonátová forma využívaná najmä v symfóniach, koncertoch, komorných dielach a v sonátovej hudobnej literatúre.

K ďalšej osobitnej črte, ktorá odlišovala bratislavský hudobný repertoár klasicizmu od repertoáru ostatných miest na Slovensku, bola návratnosť importom získaných hudobných podnetov. Prostredníctvom diel bratislavských skladateľov, ktoré sa rozšírili do európskych hudobných centier, naši tvorcovia (A. Zimmermann, J. M. Sperger, F. P. Rigler, J. Chudý, J. Družecký, F. X. Tost a iní) *aktívne prispeli* aj do formovania nadnárodnej hudobnej reči klasicizmu.

Centrálna pozícia Bratislavy sa prejavila teda aj v oblasti vlastnej *skladateľskej tvorby*.¹⁶⁰ V období klasicizmu pôsobila v meste viac ako tretina všetkých skladateľov činných na území dnešného Slovenska. Zásluhu na tom mal nielen rozvinutý hudobný život, ale aj široká báza už spomenutého hudobného mecénstva,

Publizisten und Organisatoren des Musiklebens der Stadt.

Einen bedeutenden Bestandteil des Musiklebens des damaligen Preßburg bildeten die *gastierenden Musiker*.¹⁴⁴ Mit der Musikgeschichte des alten Preßburg verbinden sich die Aufenthalte der drei Hauptvertreter der Musik der Klassik – Joseph Haydn, Wolfgang Amadeus Mozart und Ludwig van Beethoven. Die fremden Musiker besuchten Preßburg nicht nur im Rahmen der Krönungsfeierlichkeiten. Eine Gelegenheit bildeten Gastspiele von Theatergesellschaften, die zahlreichen Konzertveranstaltungen, die sakralen und andere Produktionen zu verschiedenen politischen, kirchlichen und gesellschaftlichen Anlässen. In die Stadt kamen viele ausgezeichnete Komponisten, Sänger, Instrumentalisten, Pädagogen, Theaterleute europäischen Rufs und andere, die hauptsächlich in den ersten zwei Entwicklungsetappen der musikalischen Klassik halfen, den hohen Standard der Preßburger *Interpretationskunst* aufrechtzuerhalten.

Preßburg war Hauptgestalter des *westslowakischen Repertoiretypus*.¹⁵⁰ Als autoritatives Musikzentrum Ungarns erhielt und vermittelte es nicht nur Anregungen der zeitgenössischen europäischen Musik. Der westslowakische Typ des Musikrepertoires¹³⁶ in der Zeit der Klassik ist durch den hohen Anteil des Schaffens der Komponisten Wiens und des Wiener Schaffenskreises, der Komponisten aus Böhmen, Mähren und Italien und nur einer geringeren Vertretung der Komponisten Deutschlands charakterisiert. Eine relativ geringe Bedeutung hatten auch die sporadisch vertretenen Werke der Komponisten aus Frankreich, England, Polen und anderen Teilen des ehemaligen Ungarn. Hinzukommt, daß das, was für Prag die Persönlichkeit und das Schaffen W. A. Mozarts bedeutete, für Preßburg die Aufenthalte J. Haydns und dessen Werk waren. Dadurch, daß in Preßburg das profane Schaffen der Klassik reiche Verwendung fand, war das Musikrepertoire Preßburgs (im Unterschied zur Situation auf dem slowakischen Land) höchst *aktuell*, und zwar auch aus der Sicht der Durchsetzung von entwicklungsmäßig grundlegenden Musikgattungen und Formen. In der Klassik war dies vor allem die Sonatenform, die insbesondere in Symphonien, Konzerten, Kammermusikwerken und in der Sonatenliteratur Verwendung fand.

Ein weiteres besonderes Merkmal, das das Musikrepertoire Preßburgs in der Klassik von dem der übrigen Städte in der Slowakei unterschied, war der Rückfluß der durch Import gewonnenen musikalischen Anregungen. Mittels der Werke von Preßburger Komponisten, die sich in den europäischen Musikzentren verbreiteten, *trugen* unsere Komponisten (A. Zimmermann, J. M. Sperger, F. P. Rigler, J. Chudý, G. Družecký, F. X. Tost und andere) *aktiv* zur Formung der übernationalen Musiksprache der Klassik *bei*.

ktoré zabezpečilo spravidla dobré existenčné podmienky množstvu hudobníkov, od ktorých sa obvykle očakávali aj kompozičné príspevky do nimi predvádzaného hudobného repertoáru.

Časová *krivka skladateľskej aktivity* bratislavských hudobníkov bola priamo úmerná intenzite hudobného diania mesta. Najvyšší stupeň skladateľskej koncentrácie sa spájal s prvou fázou rozvoja hudobného klasicizmu v Bratislave. V tzv. zlatom veku trvalo alebo prechodne pôsobilo v meste vyše dvadsať skladateľov: P. Gaudentius Dettelbach OFM (1739–1818), Juraj Družecký (1745–1819), Franz Xaver Hammer (1741 až 1817), P. Thelesphor Hoffmann OFM (1752–1801), Jozef Chudý (1751?–1813), Jozef Kempfer, František Kurzweil (*1754), Theodor Lotz, P. Pantaleon Roškovský OFM (1734–1789), uršulínka sr. Mária Stanislava von Seydlová OSU (1752–1837), Johann Matthias Sperger (1750–1812), Anton Zimmermann (1741 až 1781) a ďalší. Po drastických zásahoch jozefínskych reforiem sa ich počet znížil viac ako o polovicu. V Bratislave žili a tvorili Heinrich Klein (1756–1832), Jakub Kunert (1748–1833), Ján Matolay (*1800), František Pfeiffer, František Pokorný, Franz Paul Rigler (1748? až 1796), František Rankl (*1761) a ďalší. Celková stabilita pomerov po roku 1810 a aktivita meštianskych spolkov opätovne stimulovali aj skladateľskú činnosť domácich hudobníkov, ku ktorým patrili Leopold von Blumenthal (*1790), Fr. Anton Čermák OFM (1780 až 1856), Václav Kaluš (*1801), Lukáš Mihalovič (1788 až 1853?), Fr. Ján Ceciliàn Plihal OFM (1809–1865), Jozef Tomaník (*1793), Michal Tomaník (*1797), František Xaver Tost (1754–1829) a mnohí ďalší.

Z hľadiska *zastúpených hudobných druhov a foriem* sa skladateľská tvorba bratislavských autorov zásadne líšila od súdobnej tvorby autorov ostatnej časti Slovenska vysokým percentom zastúpených svetských hudobných diel (A. Zimmermann, J. Družecký, J. M. Sperger, F. X. Tost, F. X. Hammer, J. Kempfer, F. Kurzweil, Th. Lotz, J. Zistler, F. Pfeiffer). V nej značnú časť tvorili

Die zentrale Position Preßburgs wirkte sich also auch im Bereich des eigenen *kompositorischen Schaffens*[160] aus. In der Zeit der Klassik wirkten in der Stadt über ein Drittel aller Komponisten, die auf dem Gebiet der heutigen Slowakei tätig waren. Ein Verdienst daran hatte nicht nur das entwickelte Musikleben, sondern auch die breite Basis des bereits erwähnten musikalischen Mäzenatentums, das in der Regel einer Vielzahl von Musikern gute Existenzbedingungen gewährte, von denen gewöhnlich auch eigene Kompositionsbeiträge zu dem von ihnen aufgeführten Musikrepertoire erwartet wurden.

Die *Zeitkurve der kompositorischen Aktivität* der Preßburger Musiker war direkt proportional zur Intensität des Musikgeschehens der Stadt. Die höchste Konzentration von Komponisten war mit der ersten Entwicklungsphase der musikalischen Klassik in Preßburg verbunden. In dem sogenannten goldenen Zeitalter wirkten in der Stadt ständig oder vorübergehend über zwanzig Komponisten: P. Gaudentius Dettelbach OFM (1739–1818), Georg Družecký (1745–1819), Franz Xaver Hammer (1741–1817), P. Thelesphor Hoffmann OFM (1752–1801), Josef Chudý (1751?–1813), Josef Kempfer, Franz Kurzweil (*1754), Theodor Lotz, P. Pantaleon Roškovský OFM (1734–1789), die Ursulinerin Sr. Maria Stanislava von Seydl OSU (1752–1837), Johann Matthias Sperger (1750–1812), Anton Zimmermann (1741–1781) und andere. Nach den drastischen Eingriffen der Josephinischen Reformen ging ihre Zahl um mehr als die Hälfte zurück. In Preßburg lebten und schufen Heinrich Klein (1756–1832), Jakob Kunert (1748–1833), Johann Matolay (*1800), Franz Pfeiffer, Franz Pokorný, Franz Paul Rigler (1748?–1796), Franz Rankl (*1761) und andere. Die allgemeine Stabilität der Verhältnisse nach 1810 und die Aktivität der bürgerlichen Vereine stimulierte erneut auch die kompositorische Tätigkeit der heimischen Musiker, zu denen Leopold von Blumenthal (*1790), Fr. Anton Čermák OFM (1780–1856), Wenzel Kaluš (*1801), Lukas Mihalovič (1788–1853?), Fr. Johann Cecilian Plihal OFM (1809–1865), Josef Tomaník (*1793), Michael Tomaník (*1797), Franz Xaver Tost (1754–1829) und viele andere gehörten.

Hinsichtlich der *vertretenen Musikgattungen und Formen* unterschied sich das kompositorische Schaffen der Autoren Preßburgs grundsätzlich von dem zeitgenössischen Schaffen der Autoren des übrigen Teils der Slowakei durch den hohen Anteil der vertretenen weltlichen Musikwerke (A. Zimmermann, G. Družecký, J. M. Sperger, F. X. Tost, F. X. Hammer, J. Kempfer, F. Kurzweil, Th. Lotz, J. Zistler, F. Pfeiffer). Einen beträchtlichen Anteil daran hatten gerade die entwicklungsmäßig wesentlichen Gattungen und Formen (Symphonien, Konzerte, Sonaten und Kammermusikwerke). Wichtig ist in diesem Zusammenhang die Tatsache, daß die

práve vývojovo podstatné druhy a formy (symfónie, koncerty, sonáty, komorná tvorba). Dôležitý je v týchto súvislostiach fakt, že bratislavskí autori sa podieľali tak na ich rozvoji (A. Zimmermann, F. P. Rigler, J. M. Sperger), ako aj na ich udomácnení v dobovej praxi. Takmer výlučné zameranie skupiny skladateľov (uršulínka M. S. v. Seydlová, františkáni Th. Hoffmann, J. C. Plihal, P. Roškovský a iní) na sakrálnu tvorbu bolo logickým dôsledkom ich uplatnenia ako cirkevných hudobníkov.

Tvorba bratislavských skladateľov klasicizmu má ešte ďalší osobitný znak. Z možnej rekonštrukcie dobového hudobného repertoáru na území dnešného Slovenska sa zdá, že iba skladby malej skupiny autorov Bratislavy ostali lokalizované na miesto svojho vzniku (M. S. v. Seydlová, F. Rankl, J. Tomaník, M. Tomaník, K. Schönwälder). Dielo podstatnej časti hudobníkov mesta *našlo uplatnenie* prinajmenej v západnej časti Slovenska (J. Čermák, V. Kaluš, J. Kunert, J. Matolay, Fr. J. C. Plihal OFM). Spravidla preniklo do dobového repertoáru ostatných hudobnokultúrnych okruhov Slovenska a presiahlo teritórium niekdajšieho Horného Uhorska (P. P. Roškovský OFM, J. Zistler, F. X. Hammer). Medzi skladateľské osobnosti európskeho významu, ktoré svojím dielom prispeli k rozvoju klasicistického hudobného štýlu (hudobnej syntaxe, hudobných druhov a foriem, dobového zvukového ideálu, interpretačného štýlu) patrili predovšetkým A. Zimmermann, F. P. Rigler, J. M. Sperger, J. Družecký, F. X. Tost, J. Chudý a do istej miery aj H. Klein. Ich tvorba sa stala súčasťou európskeho dobového repertoáru a svoju životnosť a opodstatnenosť si podržala i v dnešných časoch.

K *najvýznamnejším reprezentantom* hudobného klasicizmu na Slovensku, ktorý štýlovo stál medzi J. Haydnom a W. A. Mozartom, patril *Anton Zimmermann* (1741–1781)[187], ktorý sa začiatkom 70. rokov 18. storočia natrvalo usadil v Bratislave. Od roku 1776 sa tu uplatnil ako dvorský hudobník prímasa J. Batthyányho a od 1780 aj ako dómsky organista.[126] Historický význam tvorby A. Zimmermanna je predovšetkým v jeho symfonických dielach (prispel k formovaniu sonátového cyklu a formy), v koncertoch (obohatil nástrojový štýl a techniku hry na kontrabase) a v komornej tvorbe (hudobný nástroj považuje za neodmysliteľnú súčasť výrazu).

Príkladom vzájomného ovplyvňovania vysoko kultivovaného hudobného prostredia a skladateľského novátorstva je aj tvorba ďalšieho hudobníka európskeho mena, *Johanna Matthiasa Spergera* (1750–1812), ktorý ako vynikajúci kontrabasista a skladateľ bol v rokoch 1777–1783 činný v orchestri J. Batthyányho.[125] V kompozičnej aktivite skladateľa patrili bratislavské roky[138] k najproduktívnejším. Historický význam mali predovšetkým Spergerove koncerty pre kontrabas, a to pre dotvorenie formy koncertu a nástrojového štýlu.[125]

Preßburger Komponisten sowohl an ihrer Entwicklung (A. Zimmermann, F. P. Rigler, J. M. Sperger) als auch an ihrer Einbürgerung in der zeitgenössischen Praxis Anteil hatten. Die fast ausschließliche Ausrichtung einer Komponistengruppe (M. S. v. Seydl, Th. Hoffmann, J. C. Plihal, P. Roškovský und anderer) auf das sakrale Schaffen war eine logische Folge ihrer Tätigkeit als Kirchenmusiker.

Das Schaffen der Preßburger Komponisten der Klassik hatte noch ein weiteres besonderes Merkmal. Von der – soweit möglichen – Rekonstruktion des musikalischen Zeitrepertoires auf dem Gebiet der heutigen Slowakei her gesehen scheint es, daß die Werke nur einer kleinen Autorengruppe Preßburgs an ihrem Entstehungsort lokalisiert blieben (M. S. Seydl, F. Rankl, J. Tomaník, M. Tomaník, K. Schönwälder). Das Werk eines wesentlichen Teils der Musiker der Stadt *fand Verwendung* zumindest im westlichen Teil der Slowakei (J. Čermák, W. Kaluš, J. Kunert, J. Matolay, Fr. J. C. Plihal OFM). In der Regel drang es in das Zeitrepertoire der übrigen Musikkulturkreise der Slowakei ein und ging über das Territorium des damaligen Oberungarn hinaus (P. P. Roškovský OFM, J. Zistler, F. X. Hammer). Unter den Komponistenpersönlichkeiten europäischen Ranges, die mit ihrem Werk zur Entwicklung des klassizistischen Musikstils beitrugen (musikalische Syntax, Musikgattungen und Formen, zeitgenössisches Klangideal, Interpretationsstil) gehörten vor allem A. Zimmermann, F. P. Rigler, J. M. Sperger, G. Družecký, F. X. Tost, J. Chudý und in gewissem Maße auch H. Klein. Ihr Schaffen wurde Bestandteil des europäischen Zeitrepertoires und bewahrte sich seine Lebensfähigkeit und Berechtigung bis in die heutige Zeit.

Einer der *bedeutendsten Vertreter* der musikalischen Klassik in der Slowakei, der stilistisch zwischen J. Haydn und W. A. Mozart stand, war *Anton Zimmermann* (1741–1781)[187], der sich zu Beginn der 70er Jahre des 18. Jahrhunderts für ständig in Preßburg niederließ. Seit 1776 war er hier als Hofmusiker des Primas J. Batthyány und seit 1780 auch als Domorganist tätig.[126] Die historische Bedeutung des Schaffens A. Zimmermanns liegt vor allem in seinen symphonischen Werken (er trug zur Formung von Sonatenzyklus und Sonatenform bei), in den Konzerten (er bereicherte Instrumentalstil und Spieltechnik auf dem Kontrabaß) und im Kammermusikschaffen (er betrachtet das Musikinstrument als notwendigen Bestandteil des Ausdrucks).

Ein Beispiel für die gegenseitige Beeinflussung des hoch kultivierten musikalischen Milieus und kompositorischen Neuerungswesens ist das Schaffen eines weiteren Musikers europäischen Namens, *Johann Matthias Sperger* (1750–1812), der als ausgezeichneter Kontrabassist und Komponist in den Jahren 1777–1783 im Orchester J. Batthyánys tätig war.[125] Im Kontext der Kompositionstätigkeit des Komponisten gehörten die

Aj skladateľská produkcia reprezentanta obdobia tzv. Sturm und Drang *Franza Paula Riglera* (1748? až 1796)[189] bola v značnej časti výsledkom potrieb hudobného prostredia, v ktorom bol činný. Učebnica hudby[106], ktorá vznikla pre potreby ním založenej bratislavskej školy, patrila vo svojej dobe k najlepším.

Za prototyp „rakúsko-uhorského" hudobníka možno považovať českého rodáka *Juraja Družeckého* (1745–1819).[222] Asi v roku 1786 prijal miesto v bratislavskom orchestri A. Grassalkovicha II.. Bratislavská tvorba J. Družeckého nie je preskúmaná.[209] Zo skladateľského odkazu sú historicky vzácne jeho partity pre dychové nástroje pre neobyčajne nápaditú farebnosť a nové znaky v technike sadzby. Raritou, a to aj vo svojej dobe, bola aplikácia formy sólového koncertu na tympany.[188]

Z tvorby *Jozefa Chudého* (1751?–1813),[275] autora prvej maďarskej spevohry, sa zachoval, žiaľ, iba zlomok. Dobové literárne správy poukazujú na dobrú umeleckú úroveň diel tohto bratislavského skladateľa, ktorý v duchu viedenského singspielu nadviazal na domácu hudobnodramatickú produkciu.

Interpretačnú a poslucháčsku pozornosť súčasnosti by si zasluhoval skladateľský odkaz Mozartovho rovesníka *Heinricha Kleina* (1756–1832),[152] ktorého kvality už vo svojej dobe oceňovali vyznamenaniami.

Bratislavskí skladatelia zohrali dôležitú úlohu aj pri tvorbe a šírení *hungareskovej tanečnej tvorby*,[180] a to aj mimo územia niekdajšieho Uhorska, napr. skladby F. P. Riglera, F. X. Tosta, J. Družeckého, J. Kunerta, L. Mihaloviča, J. Tomaníka a ďalších.

Ani hudobný život Bratislavy sa nezaobišiel bez obvyklého *imigračného pohybu* profesionálnych hudobníkov, hoci práve v prvej fáze rozvoja hudobného klasicizmu existoval v meste relatívny dostatok pracovných príležitostí.

Najvýznamnejšou osobnosťou bratislavskej emigrácie čias klasicizmu bol tunajší rodák, skladateľ, klavírny virtuóz a pedagóg *Johann Nepomuk Hummel* (1778–1837).[19] Jeho cesta z Bratislavy viedla do Senca a po roku 1786 do centra klasicizmu – Viedne. Hummel sa v neskorších rokoch vracal do svojho rodiska už ako uznávaný klavírny virtuóz. Ohlas hudobného dedičstva bratislavského klasicizmu možno vystopovať napokon aj v Hummelovej klavírnej škole. Význam osobnosti J. N. Hummela pre ďalší rozvoj hudobnej kultúry Bratislavy už poznáme. Na zhodnotenie čaká však ešte ohlas jeho tvorby na ostatnom území Slovenska.

Z Bratislavy pochádza aj jeden z prvých životopiscov W. A. Mozarta a priateľ Mozartovho syna, lekár a skladateľ *Peter Lichtenthal* (1780–1853). Žil v Miláne, kde opera La Scala uviedla viaceré z jeho opier a baletov.

Osudy bratislavského rodáka, skladateľa *Jána Spe-*

Preßburger Jahre[138] zu den produktivsten. Historische Bedeutung hatten vor allem Spergers Konzerte für Kontrabaß, und zwar für die Weiterentwicklung der Konzertform und des Instrumentalstils.[125]

Auch die Kompositionen des Vertreters der sogenannten Sturm- und Drangzeit *Franz Paul Rigler* (1748?–1796)[189] waren zu einem erheblichen Teil das Ergebnis des Bedarfs des Musikmilieus, in dem er tätig war. Das Musiklehrbuch[106], das er für die von ihm gegründeten Preßburger Schule schuf, zählte zu den besten seiner Zeit.

Als Prototyp des „österreichisch-ungarischen" Musikers kann der gebürtige Tscheche *Georg Družecký* (1745–1819) gelten.[222] Etwa 1786 nahm er eine Stelle im Preßburger Orchester von A. Grassalkovich II. an. Das Preßburger Schaffen G. Družeckýs ist nicht erforscht.[209] Von dem kompositorischen Nachlaß sind historisch wertvoll seine Partiten für Blasinstrumente wegen der ungewöhnlich einfallsreichen Farbigkeit und der neuen Merkmale in der Satztechnik. Eine Rarität, und zwar auch in ihrer Zeit, war die Anwendung der Form des Solokonzerts für Pauken.[188]

Von dem Schaffen *Josef Chudýs* (1751?–1813),[275] des Autors des ersten ungarischen Singspiels, ist leider nur ein Bruchteil erhalten. Zeitgenössische literarische Berichte verweisen auf das hohe künstlerische Niveau der Werke dieses Preßburger Komponisten, der im Geiste des Wiener Singspiels an die heimische musikdramatische Produktion anknüpfte.

Das Interesse der Interpreten und Hörer der Gegenwart würde auch der kompositorische Nachlaß von Mozarts Altersgenossen *Heinrich Klein* (1756–1832)[152] verdienen, dessen Qualität schon zu seiner Zeit mit Auszeichnungen gewürdigt wurde.

Die Preßburger Komponisten spielten eine wichtige Rolle auch beim Schaffen und Verbreiten der *hungaresken Tanzformen*,[180] und zwar auch außerhalb des Territoriums des einstigen Ungarn, z.B. die Kompositionen von F. P. Rigler, F. X. Tost, G. Družecký, J. Kunert, L. Mihalovič, J. Tomaník und weiterer.

Auch das Musikleben Preßburgs kam nicht ohne die gewöhnliche *Emigrationsbewegung* der Berufsmusiker aus, obwohl es gerade in der ersten Phase der Entwicklung der musikalischen Klassik in der Stadt relativ genügend Arbeitsgelegenheiten gab.

Die bedeutendste Persönlichkeit dieser Emigration zur Zeit der Klassik war der hier gebürtige Komponist, Klaviervirtuose und Pädagoge *Johann Nepomuk Hummel* (1778–1837).[19] Sein Weg führte ihn von Preßburg nach Senec (Walterstorff) und nach 1786 in das Zentrum der Klassik – Wien. Hummel kehrte in späteren Jahren in seinen Geburtsort zurück, nun schon als anerkannter Klaviervirtuose. Das musikalische Erbe der Preßburger Klassik kann schließlich auch in Hummels Klavierschule aufgespürt werden. Die Bedeutung der

cha (1767 alebo 1769–1836) boli späté s Viedňou, Pešťou a Parížom. Ako úspešný autor piesní spájal štýl neskorého Mozarta a Schuberta s tradíciami hudby v Uhorsku.

V silnej európskej konkurencii sa výnimočne dobre uplatnil aj ďalší bratislavský rodák – klavírny virtuóz a skladateľ *Tadeus Amadé* (1783–1845). Povestný bol improvizáciou, v ktorej bol vážnym súperom J. N. Hummela.

Uvedené historické fakty sú zatiaľ iba príkladom málo preskúmanej problematiky hudobnej emigrácie z dnešného územia Slovenska.

Persönlichkeit J. N. Hummels für die Weiterentwicklung der Musikkultur Preßburgs kennen wir bereits. Auf eine Untersuchung wartet aber noch die Wirkung seines Schaffens auf dem übrigen Gebiet der Slowakei.

Aus Preßburg stammt auch einer der ersten Biographen W. A. Mozarts und Freund von Mozarts Sohn, der Arzt und Komponist *Peter Lichtenthal* (1780–1853). Er lebte in Mailand, wo das Opernhaus La Scala mehrere seiner Opern und Balette aufführte.

Die Schicksale des gebürtigen Preßburger Komponisten *Johann Spech* (1767 oder 1769–1836) waren mit Wien, Pest und Paris verbunden. Als erfolgreicher Liedautor verband er den Stil des späten Mozart und Schuberts mit den Musiktraditionen in Ungarn.

In der starken europäischen Konkurrenz setzte sich besonders gut auch ein weiterer gebürtiger Preßburger – der Klaviervirtuose und Komponist *Taddäus Amadé* (1783 –1845) durch. Er war ein berühmter Improvisator,und somit ein ernster Rivale von J. N. Hummel.

Die genannten historischen Fakten sind bislang nur ein Beispiel für die noch wenig untersuchte Problematik der Musikemigration vom heutigen Gebiet der Slowakei.

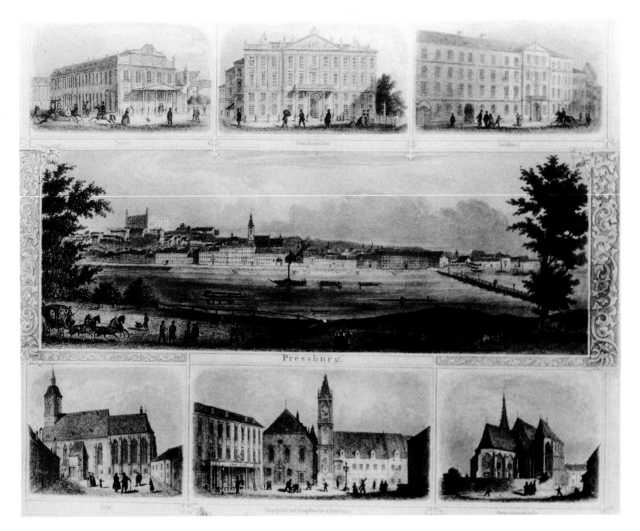

1. Bratislava (Preßburg, Pozsony)[237] bola v nami sledovanom období[105] *hlavným mestom Uhorska* a súčasne druhým najväčším mestom krajiny (v roku 1787 s 28 500 obyvateľmi).[277] Bola mestom[176], kde na hrade sídlil uhorský miestodržiteľ, mestom so stálym divadlom, bola tiež sídlom prímasa Uhorska a vysokej cirkevnej hierarchie a mestom, kde sa konali krajinské snemy. V bratislavskom dóme sv. Martina korunovali v rokoch 1563–1830 uhorských kráľov a kráľovné.[70] Bratislava bola sídlom početnej šľachty, ktorá si tu budovala prepychové paláce[260], schopnej mestskej rady a mnohých kráľovských úradníkov. Patrila k mestám, kde pôsobili rehole, kam ochotne prichádzali vedci a umelci, kde prosperovalo remeslo i obchod.[237]

1. Preßburg[237] war in der von uns untersuchten Zeit[105] die *Hauptstadt Ungarns* und gleichzeitig die zweitgrößte Stadt des Landes (1787 mit 28 500 Einwohnern).[277] Sie war eine Stadt[176], auf deren Burg der ungarische Statthalter residierte, eine Stadt mit einem ständigen Theater, sie war auch der Sitz des Primas von Ungarn und der hohen Kirchenhierarchie und eine Stadt, in der die Landtage abgehalten wurden. Im St. Martins-dom wurden 1563–1830 die ungarischen Könige und Königinnen gekrönt.[70] Preßburg war der Sitz eines zahlreichen Adels, der sich hier Luxuspaläste erbaute[260], eines fähigen Stadtrates und vieler königlicher Beamter. Sie zählte zu den Städten, wo geistliche Orden wirkten, wohin Wissenschaftler und Künstler bereitwillig kamen, und wo Handwerk und Handel blühten.[237]

2. Vláda *Márie Terézie* (1717–1780), od roku 1741 *uhorskej kráľovnej,* predstavovala „zlatý vek" politického, hospodárskeho, vedeckého i kultúrneho rozmachu Bratislavy.[112] V oblasti hudby dosiahlo mesto v tom čase jeden z vrcholov dovtedajšieho vývoja. Stalo sa centrom hudby klasicizmu Uhorska a získalo si významnú pozíciu aj v európskom hudobnom dianí.[40] Na niekdajšom lesku začalo strácať až za vlády Jozefa II. (1780–1790), ktorý po roku 1784 presťahoval správne a súdne úrady a časť šľachty do Budína a zrušil viaceré rehole. Po napoleonských vojnách sa spamätávala Bratislava iba pomaly. Jej hudobný život a tvorba už nezískali európsky význam.[144]

2. Die Herrschaft *Maria Theresias* (1717–1780), seit 1741 *ungarische Königin*, repräsentierte das „goldene Zeitalter" des politischen, wirtschaftlichen, wissenschaftlichen und kulturellen Aufschwungs Preßburgs.[112] Im Bereich der Musik erreichte die Stadt in jener Zeit einen der Höhepunkte der damaligen Entwicklung. Sie wurde das Zentrum der Musik der Klassik in Ungarn und erwarb eine bedeutende Position auch im europäischen Musikgeschehen.[40] Ihr einstiger Glanz begann erst unter der Herrschaft Josephs II. (1780–1790) zu verblassen, der nach 1784 die Verwaltungs- und Gerichtsämter und einen Teil des Adels nach Buda verlegte und mehrere relogiöse Orden auflöste. Nach den Napoleonischen Kriegen erholte sich Preßburg nur langsam. Sein Musikleben und Schaffen erlangten nicht mehr europäische Bedeutung.[144]

3. V roku 1765 vymenovala Mária Terézia knieža *Alberta Sasko-Tešínskeho* (1738–1822), ktorý rok predtým vstúpil do manželského zväzku s jej obľúbenou dcérou Máriou Kristínou, za *miestodržiteľa Uhorska*. Albert i jeho manželka mali záľubu v maliarstve a grafike, ale aj v hudbe.[237] Časté návštevy Márie Terézie na bratislavskom hrade sa stali príležitosťou pre okázalé divadelné podujatia.[50] Okrem opier a spevohier na nich predvádzali aj pantomímy a hry sprevádzané hudbou. Koncerty patrili k povinnostiam orchestra, ktorý si tu vydržiaval miestodržiteľ až do roku 1780.

3. 1765 ernannte Maria Theresia den Fürsten Albert von Sachsen-Teschen (1738–1822), der ein Jahr vorher in den ehelichen Bund mit ihrer Lieblingstochter Maria Christine getreten war, zum *Statthalter Ungarns*. Albert und seine Gemahlin hatten eine Vorliebe für Malerei und Graphik, aber auch für Musik.[237] Die häufigen Besuche Maria Theresias auf der Burg zu Preßburg wurden eine Gelegenheit für festliche, prunkvolle Theaterveranstaltungen.[50] Neben Opern und Singspielen wurden dabei auch Pantomimen und musikbegleitete Spiele aufgeführt. Die Konzerte zählten zu den Pflichten des Orchesters, das hier vom Statthalter bis 1780 unterhalten wurde.

4. *Mária Kristína* (1742–1798) a jej manžel Albert Sasko--Tešínsky boli častými hosťami hudobných produkcií, a to nielen koncertných, ale i divadelných.[224] Pre vybraný okruh poslucháčov ich vo svojich bratislavských[179] a okolitých vidieckych rezidenciách poriadala šľachta.[144] Azda najčastejšie vítali miestodržiteľa v tunajšom paláci Grassalkovichovcov, v ich letnom sídle v Ivanke pri Dunaji, v sále bratislavského pálffyovského divadla a v divadle J. N. Erdődyho.[224] V novinách Preßburger Zeitung sa zachovali záznamy o ich účasti na hudobných podujatiach Esterházyovcov a J. Batthyányho.[126] Miestom obvyklého stretávania hudobných záujmov vysokej šľachty bolo aj mestské divadlo[18] a bratislavské kostoly[160].

4. *Maria Christine* (1742–1798) und ihr Gemahl Albert von Sachsen-Teschen waren häufige Gäste der Musikproduktionen, und zwar nicht nur der Konzerte, sondern auch der Theatervorstellungen.[244] Der Adel veranstaltete diese für einen ausgewählten Zuhörerkreis in seinen Preßburger[179] und umliegenden ländlichen Residenzen.[144] Wohl am häufigsten wurde der Statthalter im Palais der Familie Grassalkovich und in ihrem Sommersitz in Ivanka an der Donau, im Saal des Preßburger Pálffy-Theaters und des Erdődy-Theaters empfangen.[224] In der Preßburger Zeitung sind Notizen über die Teilnahme des Statthalterpaares an den Musikveranstaltungen der Esterházys und J. Batthyánys erhalten.[126] Orte des Zusammentreffens des musikinteressierten Hochadels waren auch das Stadttheater[18] und die Preßburger Kirchen[160].

5. Sídlom druhého najvýznamnejšieho bratislavského orchestra – *grassalkovichovskej kapely* bol *bratislavský palác rodiny*.²²⁴ Súbor viedli renomovaní umelci. Do roku 1784 zastával funkciu hudobného riaditeľa husľový virtuóz Martin Schlesinger (1754–1818). Po ňom nasledoval Jozef Zistler (1744?–1794)²¹³ a český skladateľ František Krommer-Kramář (1759–1831)¹⁹¹. Členmi kapely bol napr. František Kurzweil (*1754), činný aj kompozične, violončelista Anton Kraft (1749–1820) i jeho syn Mikuláš.⁵⁰ Ako huslista tu účinkoval tiež Johann Hummel (*1754), otec bratislavského rodáka a skladateľa J. N. Hummela.¹⁹

5. Der Sitz des zweitbedeutendsten Preßburger Orchesters der Grassalkovich-Kapelle war *das Preßburger Palais der Familie*.²²⁴ Das Ensemble leiteten namhafte Künstler. Bis 1784 hatte die Funktion des musikalischen Direktors der Violinvirtuose Martin Schlesinger (1754–1818) inne. Ihm folgte Josef Zistler (1744?–1794)²¹³ und der tschechische Komponist Franz Krommer-Kramář (1759–1831).¹⁹¹ Mitglieder der Kapelle waren zum Beispiel Franz Kurzweil (*1754) auch kompositorisch tätig, der Violoncellist Anton Kraft (1749–1820) und sein Sohn Nikolaus.⁵⁰ Als Geiger wirkten hier auch Johann Hummel (*1754), der Vater von J. N. Hummel.¹⁹

6. Hudobné dejiny bratislavského paláca *Grassalkovichovcov*[224] boli v dobe klasicizmu spojené s troma generáciami tejto rodiny – otcom, synom a vnukom. Gróf *Anton I. Grassalkovich* (1694–1771), narodený v Urmíne (dnes Mojmírovce) v schudobnenej šľachtickej rodine, sa závratnou kariérou dopracoval k vysokým štátnickým funkciám. Ako zaangažovaný mecén architektonických pamiatok dbal aj o rozkvet hudobného umenia. Vydržiaval si orchester,[50] v roku 1782 24-členný, ktorý podľa všetkého participoval na pravidelných hudobných podujatiach. Grassalkovichova snaha vyrovnať sa aj v hudobnej oblasti Esterházyovcom mala pozitívny vplyv na umelecké kvality jeho orchestra.

6. Die Musikgeschichte des Preßburger *Grassalkovich*-Palais[224] war in der Zeit der Klassik mit drei Generationen dieser Familie – Vater, Sohn und Enkel – verbunden. Graf *Anton I. Grassalkovich* (1694–1771), geboren in Urmín (heute Mojmírovce) aus einer verarmten Adelsfamilie, arbeitete sich in einer atemberaubenden Karriere zu den höchsten Staatsfunktionen empor. Ein engagierter Mäzen architektonischer Denkmäler, sorgte er auch für die Blüte der Musikkunst. Er hielt sich ein Orchester,[50] 1782 mit 24 Mitgliedern, das allem Anschein nach an regelmäßigen Musikveranstaltungen teilnahm. Grassalkovichs Bestreben, auch auf musikalischem Gebiet den Esterházys gleich zu sein, hatte einen positiven Einfluß auf die künstlerische Qualität seines Orchesters.

7. Knieža Anton II. Grassalkovich (1734–1794) urobil rovnako skvelú kariéru ako jeho otec. Získal si priazeň Márie Terézie, pričom na dosiahnutie svojich zámerov[224] vhodne využíval aj svoje umelecké záujmy. Jedným z príkladov je i honosná slávnosť, ktorú usporiadal 20. septembra 1773 na počesť Alberta Sasko-Tešínskeho a jeho manželky v prekrásnej záhrade svojho letného sídla v neďalekej Ivanke pri Dunaji. Hlavným bodom programu bola plavba po jazere na bohato dekorovaných lodičkách, sprevádzaná okrem iného tzv. tureckou hudbou. V kaštieli sa konali aj divadelné predstavenia. Vystupovala tu aj známa operná spoločnosť Ludwiga Christopha Seippa.[28]

7. Fürst Anton II. Grassalkovich (1734–1794) machte eine ebenso hervorragende Karriere wie sein Vater. Er gewann die Gunst Maria Theresias, wobei er zur Erreichung seiner Ziele[224] auch seine künstlerischen Interessen vorteilhaft einzusetzen verstand. Eines von vielen Beispielen ist das prächtige Fest, das er am 20. September 1773 zu Ehren Alberts von Sachsen-Teschen und dessen Ehefrau in dem wunderschönen Garten seines Sommersitzes im nahen Ivanka an der Donau veranstaltete. Der Hauptprogrammpunkt war eine Fahrt auf dem See auf reich dekorierten Booten, begleitet unter anderem von einer sogenannten türkischen Musik. Im Schloß fanden auch Theatervorstellungen statt. Hier trat auch die bekannte Operngesellschaft des Ludwig Christoph Seipp auf.[28]

8. Nástup *Antona III. Grassalkovicha* (1771–1841)[224] k moci v roku 1794 mal pre pestovanie hudby negatívne dôsledky. Knieža totiž zredukoval orchester na súbor dychových nástrojov, tzv. harmóniu. Na jeho čelo ustanovil klarinetistu Raimunda Griessbachera.[213] Nie je zatiaľ známe, ako dlho si tento veľmi bohatý, ale ľahkomyseľný dedič vydržiaval hudobníkov. Tak ako jeho predkovia aj Anton III. Grassalkovich sa zdržiaval najprv prevažne v Bratislave. Po finančnom bankrote v roku 1827 častejšie navštevoval vidiecke rodinné sídlo v Gödöllő pri Budapešti.[264]

8. Der Machtantritt von *Anton III. Grassalkovich* (1771–1841)[224] 1794 hatte negative Folgen für die Musikpflege. Der Fürst reduzierte das Orchester auf ein Ensemble von Blasinstrumenten, die sogenannte Harmonie. An dessen Spitze stellte er den Klarinettisten Raimund Griessbacher.[213] Bislang ist nicht bekannt, wie lange sich dieser sehr reiche, aber leichtsinnige Erbe die Musiker hielt. So wie seine Vorfahren weilte auch Anton III. Grassalkovich zunächst vorwiegend in Preßburg. Nach dem finanziellen Bankrott 1827 suchte er häufiger den Landsitz der Familie in Gödöllő bei Budapest auf.[264]

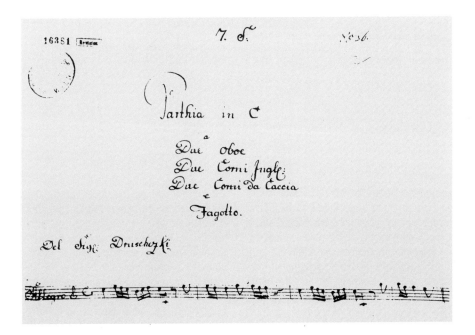

9. K najvýznamnejším členom grassalkovichovského orchestra patril český rodák *Juraj Družecký* (1745–1819).[222] Bol známy ako dobrý skladateľ, hobojista, trubkár i ako hráč na bicích nástrojoch. Do Bratislavy prišiel z Rakúska a asi v roku 1786 vstúpil do služieb Antona II. Grassalkovicha.[262] Rozsiahly, európsky známy skladateľský odkaz J. Družeckého zahŕňa symfónie, koncerty (zvláštnosťou sú koncerty pre tympany)[188], komorné kompozície, scénické diela a cirkevnú hudbu[209]. Bratislavské obdobie jeho tvorby je zatiaľ veľmi málo osvetlené a zhodnotené.

9. Zu den bedeutendsten Mitgliedern des Grassalkovich-Orchesters zählte der Tscheche *Georg Družecký* (1745–1819).[222] Er war bekannt als guter Komponist, Oboist, Trompeter und als Schlagzeuger. Nach Preßburg kam er aus Österreich, und etwa 1786 trat er in den Dienst bei Anton II. Grassalkovich.[262] Der umfangreiche, europaweit bekannte kompositorische Nachlaß G. Družekýs umfaßt Symphonien, Konzerte (eine Besonderheit sind die Paukenkonzerte)[188], Kammermusikkompositionen, Bühnenwerke und Kirchenmusik[209]. Seine Preßburger Schaffensperiode ist bisher wenig beleuchtet und bewertet.

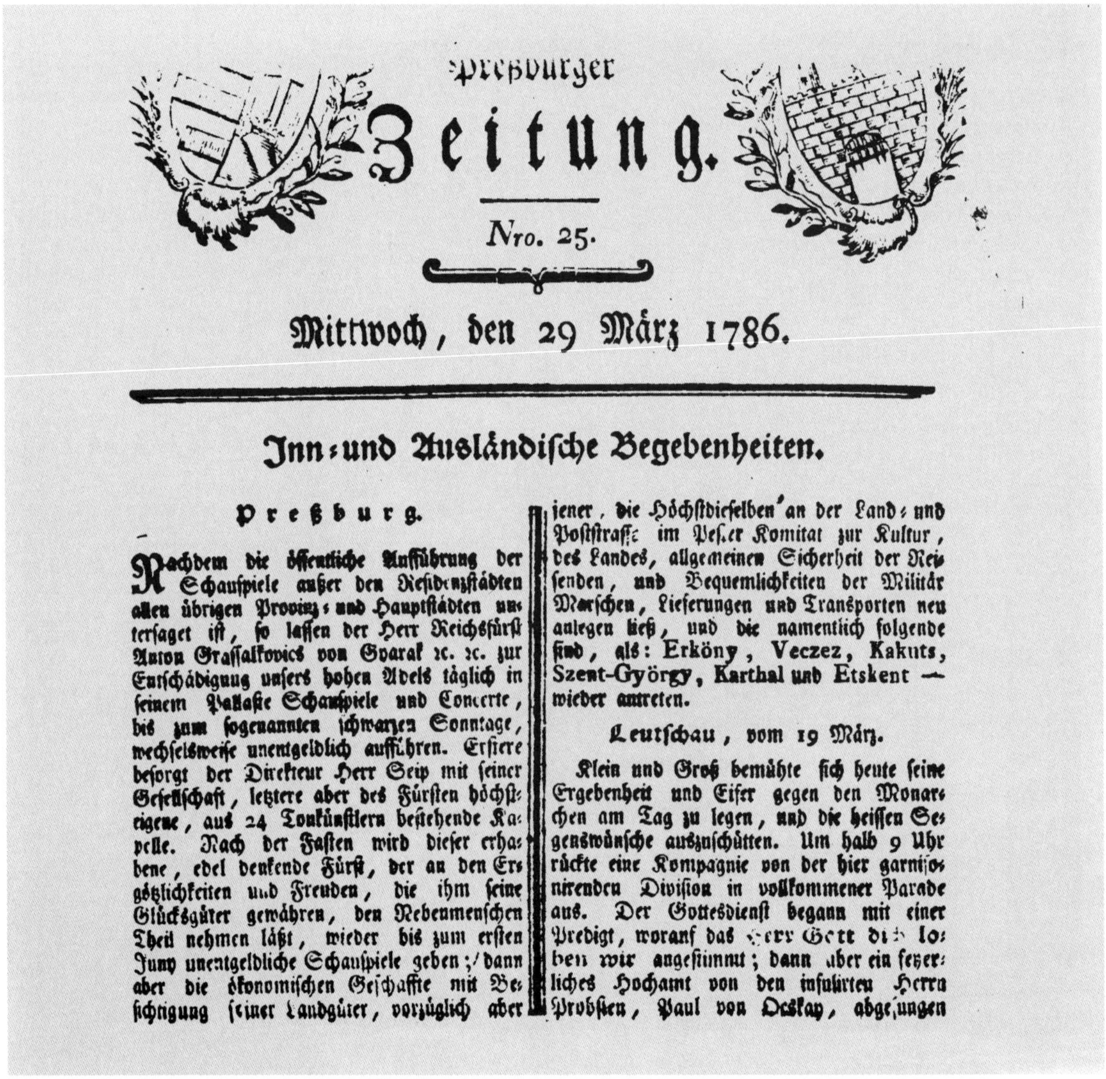

Preßburger Zeitung.

Nro. 25.

Mittwoch, den 29 März 1786.

Inn- und Ausländische Begebenheiten.

Preßburg.

Nachdem die öffentliche Aufführung der Schauspiele außer den Residenzstädten allen übrigen Provinz- und Hauptstädten untersaget ist, so lassen der Herr Reichsfürst Anton Grassalkovics von Gyarak ꝛc. ꝛc. zur Entschädigung unsers hohen Adels täglich in seinem Pallaste Schauspiele und Concerte, bis zum sogenannten schwarzen Sonntage, wechselsweise unentgeldlich aufführen. Erstere besorgt der Direkteur Herr Seip mit seiner Gesellschaft, letztere aber des Fürsten höchsteigene, aus 24 Tonkünstlern bestehende Kapelle. Nach der Fasten wird dieser erhabene, edel denkende Fürst, der an den Ergötzlichkeiten und Freuden, die ihm seine Glücksgüter gewähren, den Nebenmenschen Theil nehmen läßt, wieder bis zum ersten Juny unentgeldliche Schauspiele geben; dann aber die ökonomischen Geschäfte mit Besichtigung seiner Landgüter, vorzüglich aber jener, die Höchstdieselben an der Land- und Poststraße im Pester Komitat zur Kultur, des Landes, allgemeinen Sicherheit der Reisenden, und Bequemlichkeiten der Militär Märschen, Lieferungen und Transporten neu anlegen ließ, und die namentlich folgende sind, als: Erköny, Veczez, Kakuts, Szent-György, Karthal und Etskent — wieder antreten.

Leutschau, vom 19 März.

Klein und Groß bemühte sich heute seine Ergebenheit und Eifer gegen den Monarchen am Tag zu legen, und die heissen Segenswünsche auszuschütten. Um halb 9 Uhr rückte eine Kompagnie von der hier garnisonirenden Division in vollkommener Parade aus. Der Gottesdienst begann mit einer Predigt, worauf das Herr Gott dich loben wir angestimmt; dann aber ein feyerliches Hochamt von den infulirten Herrn Probsten, Paul von Oeslap, abgesungen

---

10. V bratislavskom paláci Grassalkovichovcov, kde sa najprv konali len koncertné podujatia, poriadali sa neskôr aj *divadelné predstavenia*. Neboli však také pravidelné ako u Esterházyovcov alebo Erdődyovcov. Keďže palác nemal samostatné divadelné priestory, slúžila týmto účelom niektorá z priestranných sál.[224] O činnosti grassalkovichovskej divadelnej scény sa písalo nielen v Gothaer Theater-Kalender. Referovali o nej aj miestne noviny Preßburger Zeitung napr. dňa 29. marca 1786.

10. Im Preßburger Palais der Familie Grassalkovich, wo zunächst nur Konzerte stattfanden, wurden später auch *Theatervorstellungen* veranstaltet. Sie waren nicht so regelmäßig wie bei der Familie Esterházy oder Erdődy. Da das Palais keine gesonderten Theaterräume besaß, diente für diesen Zweck einer der geräumigen Säle.[224] Über die Tätigkeit der Grassalkovich-Theaterbühne schrieb man nicht nur im Gothaer Theater-Kalender. Es berichtete darüber auch das Lokalblatt Preßburger Zeitung zum Beispiel am 29. März 1786.

11. S grassalkovichovským palácom bola spojená aj jedna z návštev *Josepha Haydna* (1732–1809) *v Bratislave*.[143] Uskutočnila sa dňa 16. novembera 1772. Anton II. Grassalkovich vtedy usporiadal na počesť Alberta Sasko-Tešínskeho a jeho manželky Márie Kristíny v priestoroch svojho bratislavského sídla nákladný ples, na ktorom účinkovala jeho a esterházyovská kapela.[76] Obe dirigoval J. Haydn. Bol zodpovedný za hudbu uvádzanú na podujatí.[97] Vieme, že úsilie Grassalkovicha získať v roku 1790 na čelo svojho orchestra J. Haydna bolo bezvýsledné.[190] Menej známy je fakt, že u tohto mecéna prechodne pôsobil aj ďalší významný hudobník – Karl Ditters von Dittesdorf (1739–1799).[42]

11. Mit dem Grassalkovich-Palais war auch einer der Besuche *Joseph Haydns* (1732–1809) in Preßburg verbunden.[143] Er fand am 16. November 1772 statt. Anton II. Grassalkovich veranstaltete damals zu Ehren Albert von Sachsen-Teschen und seiner Ehefrau Maria Christine in den Räumen seiner Preßburger Residenz einen aufwendigen Ball, an dem seine und die Esterházy-Kapelle mitwirkten.[76] Beide dirigierte J. Haydn. Er war für die auf der Veranstaltung dargebotene Musik verantwortlich.[97] Wir wissen, daß das Bestreben Grassalkovichs, 1790 Joseph Haydn an die Spitze seines Orchesters zu gewinnen, ergebnislos war.[190] Weniger bekannt ist die Tatsache, daß bei diesem Mäzen vorübergehend auch ein weiterer bedeutender Musiker – Karl Ditters von Dittersdorf (1739–1799) – wirkte.[42]

12. Rodina Hummelovcov, ktorej pôvod siaha do Nemecka, sa v generácii Caspara Melchiora Hummela (†1805) usadila v južnom Rakúsku. Syn Caspara – Johann Hummel (*1754) – sa dostal do Bratislavy z Viedne, kde sa vzdelával u jezuitov. Najprv prijal miesto huslistu v kapele Grassalkovichovcov. Jeho schopnosti neskôr ocenil Karl Wahr a v roku 1777 ho angažoval ako kapelníka bratislavského divadelného orchestra. Hmotne zabezpečený *Johann Hummel* sa ešte v tom istom roku oženil s *Margarétou Sommerovou*, dcérou bratislavského mešťana.[19]

12. Die Familie Hummel, deren Abstammung nach Deutschland reicht, ließ sich in der Generation Caspar Melchior Hummels (†1805) in Südösterreich nieder. Der Sohn Caspars – Johann Hummel (*1754) – gelangte nach Preßburg von Wien aus, wo er sich bei den Jesuiten bildete. Zunächst nahm er die Stelle eines Geigers in der Grassalkovich-Kapelle an. Seine Fähigkeiten würdigte später Karl Wahr und engagierte ihn 1777 als Kapellmeister des Preßburger Theaterorchesters. Der materiell gesicherte *Johann Hummel* heiratete noch im selben Jahr *Margarete Sommer*, die Tochter eines Preßburger Bürgers.[19]

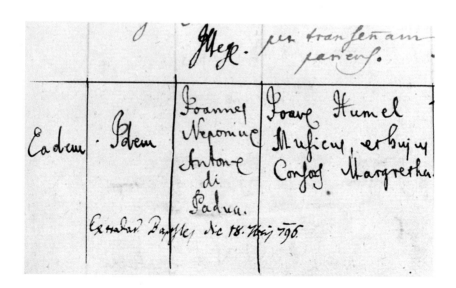

13. Z manželstva Johanna Hummela a Margaréty Hummelovej rod. Sommerovej sa v Bratislave narodil syn, ktorého Matthias König dňa 14. novembra 1778 pokrstil – ako to napokon dokladá *matričný zápis* v Matrike narodených rímskokatolíckej farnosti sv. Martina v Bratislave z roku 1778 (strana 10847) – menom *Johann Nepomuk Anton de Padua*.

13. Aus der Ehe zwischen Johann und Margarete Hummel, geborene Sommer, wurde in Preßburg ein Sohn geboren, den Matthias König am 14. November 1778 – wie das durch die *Matrikeleintragung* im Geburtenmatrikel der römisch-katholischen Pfarrei St.Martin in Preßburg von 1778 (Seite 10847) belegt wird – auf die Namen *Iohann Nepomuk Anton de Padua* taufte.

14. Rodný dom *Johanna Nepomuka Hummela* sa nachádzal na ulici, ktorá viedla pozdĺž mestských hradieb smerom k Michalskej bráne.[105] Dnes je objekt[69] ako Múzeum Johanna Nepomuka Hummela pietnou spomienkou na tohto významného bratislavského rodáka. V tomto dome prežil J. N. Hummel prvé roky života. Je známe, že od tretieho roku venoval J. Hummel pozornosť hudobnej výchove svojho syna. Ten už ako štvorročný čítal noty a hral na husliach. O rok neskôr hral aj na klavíri vlastné melódie.[19]

14. Das Geburtshaus *Johann Nepomuk Hummels* befand sich in der Straße, die entlang der Stadtmauern in Richtung zum Michaeler Tor führte.[105] Heute ist das Objekt[69] als Johann-Nepomuk-Hummel-Museum eine pietätvolle Erinnerung an diesen bedeutenden Bürger der Stadt. In diesem Haus verlebte J. N. Hummel die ersten Lebensjahre. Es ist bekannt, daß J. Hummel sich ab dem dritten Lebensjahr seines Sohnes dessen musikalischer Erziehung widmete. Dieser las schon als Vierjähriger Noten und spielte Violine. Ein Jahr später spielte er auch auf dem Klavier eigene Melodien.[19]

15. Po bratislavskom pobyte Hummelovcov nasledovali roky prežité v Senci. V roku 1786 sa rodina presťahovala do Viedne, kde sa Johann Nepomuk Hummel takmer dva roky školil ako klavirista a skladateľ u W. A. Mozarta. Ako desaťročný žal obdiv na európskych pódiách. *Johann Nepomuk Hummel sa vrátil do Bratislavy* ešte tri razy. Dvakrát v mladosti, a to v roku 1793 a 1796 počas zasadania uhorského snemu, keď koncertoval v Mestskom divadle. Tretí raz to bolo v roku 1834 v nadväznosti na viedenský pobyt skladateľa.[19]

15. Nach dem Preßburger Aufenthalt der Hummels folgten die in Senec verlebten Jahre. 1786 zog die Familie nach Wien, wo Johann Nepomuk Hummel fast zwei Jahre als Pianist und Komponist eine Ausbildung bei W. A. Mozart genoß. Als zehnjähriger erntete er Bewunderung auf den europäischen Podien. *Johann Nepomuk Hummel kehrte noch dreimal nach Preßburg* zurück, zweimal in seiner Jugend und zwar 1793 und 1796, während der Sitzung des ungarischen Landtages, als er im Stadttheater konzertierte, das dritte Mal 1834 im Anschluß an einen Wiener Aufenthalt des Komponisten.[19]

16. Známy mecén umenia knieža *Mikuláš I. Esterházy* (1714–1790), v rokoch 1761 až 1790 chlebodarca Josepha Haydna, opakovane navštevoval svoje bratislavské paláce.[190] Na cestách ho obvykle sprevádzali aj jeho hudobníci, ktorí účinkovali aj pri udalosti, akou bolo zasadanie krajinského snemu.[143] Z pera prvého Haydnovho životopisca A. Ch. Diesa sa zachoval o tom nasledujúci záznam: „Kedysi sa konal v Prešporku krajinský snem. Knieža Mikuláš nechal priviesť celý svoj orchester. Konali sa slávnosti, na ktorých sa zúčastnila cisárovná M. Terézia. Na jednej takej slávnosti dirigoval Haydn na koncerte jednoducho s husľami..."[41]

16. Der bekannte Kunstmäzen Fürst *Nikolaus I. Esterházy* (1714–1790), in den Jahren 1761–1790 Brotgeber und Gönner Joseph Haydns, besuchte wiederholt seine Paläste in Preßburg.[190] Auf den Reisen begleiteten ihn gewöhnlich auch seine Musiker, die auch bei einem Ereignis mitwirkten, wie es die Sitzung des Landtages war.[143] Aus der Feder des ersten Haydn-Biographen A. Ch. Dies ist folgende Notiz darüber erhalten: „Einst wurde zu Preßburg ein Landtag gehalten. Der Fürst Nicolaus hatte sein ganzes Orchester kommen lassen. Es wurden Feste gegeben, wobei die Kaiserin M. Theresia gegenwärtig war. An einem solchen Feste dirigierte Haydn in einem Konzerte gewöhnlich mit der Violine..."[41]

17. *Prvá správa v uhorskej tlači*, venovaná *W. A. Mozartovi*, pochádza z bratislavských novín Preßburger Zeitung. V čísle 103 zo dňa 24. decembra 1785 upozorňoval bratislavský vydavateľ a majiteľ obchodu s umeleckými predmetmi Johann Nepomuk Schauff záujemcov na šesť Mozartových sláčikových kvartet venovaných Josephovi Haydnovi. Ponúkanými kompozíciami[156] boli pravdepodobne Sláčikové kvartetá KV 421 (skomponované v roku 1783), alebo KV 387 (vytvorené v roku 1782), ktoré vydal tlačou vo Viedni Matthias Artaria v roku 1785 ako opus X. 1 a 2.[102]

17. *Der erste W. A. Mozart gewidmete Bericht in der ungarischen Presse* stammt aus der Preßburger Zeitung. In der Nummer 103 vom 24. Dezember 1785 verwies der Preßburger Herausgeber und Besitzer einer Kunsthandlung Johann Nepomuk Schauff die Interessenten auf sechs Mozartsche Streichquartette, die Joseph Haydn gewidmet waren. Die angebotenen Kompositionen[156] waren wahrscheinlich die Streichquartette KV 421 (komponiert 1783) oder KV 387 (komponiert 1782), die von Matthias Artaria 1785 in Wien als Opus X.1 und 2. herausgegeben wurden.[102]

18. *Wolfgang Amadeus Mozart* (1756–1791)[83] navštívil na území niekdajšieho Uhorska[121] jediné mesto, a to *Bratislavu*.[156] Pobyt vtedy šesťročného Mozarta sa uskutočnil pravdepodobne na pozvanie grófov *Leopolda a Jozefa Pálffyovcov* a baróna *Ladislava Amadé*,[168] a to v dňoch 11.–24. decembra 1762 v nadväznosti na prvé veľké koncertné turné chlapca na viedenskom cisárskom dvore. Návštevu dokladajú dva listy Leopolda Mozarta, napísané vo Viedni (10. a 29. 12. 1762) a adresované Leopoldovi Hagenauerovi do Salzburgu.[16] Známy nie je, žiaľ, ani repertoár, ani miesto účinkovania. Predpokladá sa, že ním mohol byť palác rodiny Pálffyovcov na Ventúrskej ulici.

18. *Wolfgang Amadeus Mozart* (1756–1791)[83] *besuchte* auf dem Gebiet des damaligen Ungarn[121] eine einzige Stadt, und zwar *Preßburg*.[156] Der Aufenthalt des damals sechsjährigen Mozart fand wahrscheinlich auf Einladung der Grafen *Leopold und Josef Pálffy* und des Barons *Ladislav Amadé*[168] statt, und zwar in den Tagen vom 11.–24. Dezember 1762 im Anschluß an die erste große Konzerttournee des Knaben am Wiener Kaiserhof. Den Besuch belegen zwei Briefe Leopold Mozarts, geschrieben in Wien (10. und 29. 12. 1762) und adressiert an Leopold Hagenauer in Salzburg.[16] Leider sind weder das Repertoire noch der Ort des Auftritts bekannt. Es wird angenommen, daß es das Palais der Familie Pálffy in der Venturgasse gewesen sein könnte.

19. Aj prvá cesta *Ludwiga van Beethovena* (1770 až 1827) do Uhorska viedla do Bratislavy.[51] Bolo to v roku 1796, teda len štyri roky potom, ako sa natrvalo usadil vo Viedni. Beethovenov pobyt dokumentuje *list*, ktorý napísal *v Bratislave dňa 19. novembra 1796*. Adresoval ho Johannovi Andreasovi Streicherovi do Viedne.[249] O bratislavskej návšteve skladateľa sa nezachovali žiadne podrobnosti. Zo zmieneného listu vyplýva, že bola spojená s jeho vystúpením na hudobnej akadémii, ktorá sa mala uskutočniť dňa 23. novembra 1796.[7]

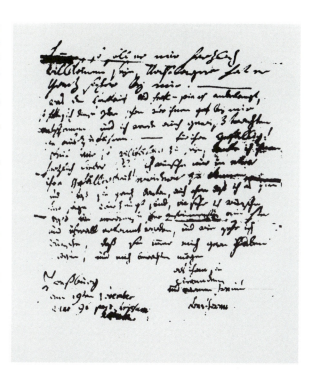

19. Auch die erste Reise *Ludwig van Beethovens* (1770–1827) nach Ungarn führte ihn nach Preßburg.[51] Das war 1796, also nur vier Jahre, nachdem er sich für ständig in Wien niedergelassen hatte. Beethovens Aufenthalt dokumentiert ein Brief, den er *in Preßburg am 19. November 1796* schrieb. Er adressierte ihn an Johann Andreas Streicher in Wien.[249] Von dem Preßburger Besuch des Komponisten sind keine Einzelheiten erhalten. Aus dem erwähnten Brief geht nur hervor, daß er mit einem Auftritt in einer musikalischen Akademie verbunden war, die am 23. November 1796 stattfinden sollte.[7]

20. Na prelome 18. a 19. storočia sa predpokladané ďalšie návštevy Ludwiga van Beethovena v západnej časti Slovenska[7] dávajú do súvislosti aj s rodinou Keglevichovcov, ktorej v Bratislave[8] patril palác na Panskej ulici. Dobrou hudobníčkou bola *Babetta Keglevichová* (1780–1813), ktorá sa vydala za mecéna hudby Innocenza d´Erba Odescalchiho (1778 až 1831), známeho podporovateľa činností hudobných spolkov v Bratislave.[10]

20. An der Wende des 18. und 19. Jahrhunderts werden vermutete weitere Besuche Ludwig van Beethovens im Westteil der Slowakei[7] auch mit der Familie Keglevich in Zusammenhang gebracht, der in Preßburg[8] das Palais in der Herrengasse gehörte. Eine gute Musikerin war *Babette Keglevich* (1780–1813), die den Musikmäzen Innocenz d´Erba Odescalchi (1778–1831), heiratete, einen namhaften Förderer der Tätigkeiten der Musikvereine in Preßburg.[10]

21. Babetta Keglevichová patrila k nadaným *viedenským žiačkam Ludwiga van Beethovena*.²⁴⁹ Výrazom ocenenia jej talentu i prejavom náklonnosti boli štyri závažné kompozície z rokov 1796–1802⁷, ktoré jej skladateľ venoval. Sú to Sonáta Es dur, op. 7, Koncert pre klavír a orchester č. 1 C dur, op. 15, Desať variácií B dur, WoO 73, a Šesť variácií F dur, op. 34.⁹⁸

21. Babette Keglevich zählte zu den begabten *Wiener Schülerinnen Ludwig van Beethovens*.²⁴⁹ Anerkennung ihres Talents und Ausdruck seiner Neigung zu ihr waren vier wichtige Kompositionen aus den Jahren 1796–1802⁷, die ihr der Komponist widmete: die Sonate Es-Dur, op. 7, das Konzert für Klavier und Orchester Nr. 1 C-Dur, op. 15, Zehn Variationen B-Dur, WoO 73, und Sechs Variationen F-Dur, op. 34.⁹⁸

Conspectus arcis regiæ Posonii in Hungaria versus Septentrionem, cum adjacente horto Com. de Palfi á Filia procerum celebri.

Prospect des König: Haupt Schloß zu Preßburg in Hungarn von Mitternacht anzusehen nebst dem untern Schloßberg gelegenen Palfischen garten, darin die große Linden zu sehen

22. *Divadelnú budovu* v záhrade (upravenej najprv vo francúzskom, neskôr v anglickom štýle) *bratislavského pálffyovského paláca* vybudovali pravdepodobne za grófa Mikuláša Pálffyho (1710–1773).²²⁴ Zo správ, ktoré pochádzajú z novín Preßburger Zeitung z rokov 1770 a 1776¹⁴⁴, vieme, že budovu využívala na operné predstavenia nielen rodina Pálffyovcov. Až do otvorenia stálej mestskej divadelnej scény slúžila aj pre verejnosť, a to na divadelné predstavenia, koncerty, bály a pod.²⁸ Podľa návrhov dekorácií Karola Maurera z roku 1825 sa zdá, že išlo o divadelnú scénu pomerne veľkých rozmerov. Budovu divadla zbúrali v roku 1893.

22. *Das Theatergebäude* im Garten (erst im französischen, später im englischen Stil gestaltet) des *Pálffy-Palais* war in Preßburg vermutlich unter Graf Nikolaus Pálffy (1710–1773) erbaut worden.²²⁴ Aus den Berichten der Preßburger Zeitung von 1770 und 1776¹⁴⁴ wissen wir, daß das Gebäude von der Familie Pálffy nicht für Opernvorstellungen benutzt wurde. Bis zur Eröffnung der ständigen Stadttheaterbühne diente es auch der Öffentlichkeit, und zwar für Theatervorstellungen, Konzerte, Bälle u.a.²⁸ Nach den Dekorationsentwürfen von Karl Maurer von 1825 scheint es sich um eine Theaterbühne relativ großer Dimensionen gehandelt zu haben. Das Theatergebäude wurde 1893 abgerissen.

23. O pestovaní hudby u Esterházyovcov svedčia mnohé záznamy novín Preßburger Zeitung.¹⁷⁹ Jedna zo zaujímavých správ, pripisovaná Heinrichovi Kleinovi uvádza, že v paláci grófa *Michala Esterházyho* na Ventúrskej ulici sa dňa 26. novembra 1820 v obedňajšom čase predstavil publiku deväťročný *Franz Liszt* (1811–1886).¹⁴⁴ Očaril prítomných nielen dokonalým prednesom diel pripraveného repertoáru, ale aj pohotovou hrou náhodne predložených skladieb. Traduje sa, že tak hostiteľ, ako aj grófske rodiny *Amadéovcov, Apponyiovcov, Szapáryovcov a Viczayovcov* majú zásluhu na finančnom zabezpečení, vďaka ktorému sa mohol Liszt ďalej hudobne vzdelávať.¹⁶⁸

23. Von der Musikpflege bei den Esterházys zeugen viele Notizen der Preßburger Zeitung.¹⁷⁹ Eine der interessanten Nachrichten, die Heinrich Klein zugeschrieben wird, führt an, daß im Palais des Grafen *Michael Esterházy* in der Venturgasse am 26. November 1820 sich zur Mittagszeit der neunjährige *Franz Liszt* (1811–1886) der Öffentlichkeit vorstellte.¹⁴⁴ Er bezauberte die Anwesenden nicht nur mit dem vollkommenen Vortrag der Werke des vorbereiteten Repertoires, sondern auch mit dem treffsicheren Spiel ihm zufällig vorgelegter Kompositionen. Es wird überliefert, daß sowohl der Gastgeber als auch die gräflichen Familien *Amadé, Apponyi, Szapáry und Viczay* ein Verdienst an der finanziellen Sicherung haben, dank derer Liszt sich musikalisch weiterbilden konnte.¹⁶⁸

24. Bratislavský palác *grófskej rodiny Zayovcov* (na Panenskej ulici) hostil v prvých septembrových dňoch roku 1808 počas korunovačných slávností[70] tretej manželky Františka I. Márie Ludoviky cisárskeho dvorského kapelníka a skladateľa *Antonia Salieriho* (1750–1825).[46] Do Bratislavy vtedy pricestoval aj ďalší známy viedenský hudobník, skladateľ Joseph Eybler (1765–1846). Dokladom pozitívneho vzťahu Zayovcov k hudbe je vzácny notový archív. Pochádza z kaštieľa rodiny v Uhrovci.[164]

24. Das Palais der *gräflichen Familie Zay* in Preßburg (in der Nonnenbahn) beherbergte in den ersten Septembertagen 1808 während der Krönungsfeierlichkeiten[70] der dritten Ehefrau Franz I., Maria Ludowika, den kaiserlichen Hofkapellmeister und Komponisten *Antonio Salieri* (1750–1825).[46] Nach Preßburg reiste damals auch der bekannte Wiener Musiker und Komponist Joseph Eybler (1765–1846). Beweis für die positive Beziehung der Familie Zay zur Musik ist das wertvolle Notenarchiv. Es stammt aus dem Schloß der Familie in Uhrovec.[164]

25. V paláci grófa *Jána Nepomuka Zichyho*[237] (na Ventúrskej ulici) pôsobil v rokoch 1817–1821 ako učiteľ hudby *Heinrich Marschner* (1795–1861).[168] V Bratislave, kde bol jeho priateľom a učiteľom Heinrich Klein[152], zažil nielen úspechy, ale aj tragédie v osobnom živote a rozčarovanie v povolaní. Krátko po uzavretí prvého manželstva v roku 1817 jeho žena Emília zomrela. O rok neskôr sa rozhodol vstúpiť do druhého manželstva s Františkou Jäggiovou. V Bratislave dozrel Marschner skladateľsky. Okrem kladnej odozvy na nové kompozície sa musel vyrovnať aj s nepriaznivou kritikou na operu Seidar und Zulima, ktorú v mestskom divadle uviedol dňa 26. októbra 1818 August Eckschlager.[144]

25. Im Palais des Grafen *Iohann Nepomuk Zichy*[237] (in der Venturgasse) wirkte in der Zeit von 1817–1821 als Musiklehrer *Heinrich Marschner* (1795–1861).[168] In Preßburg, wo Heinrich Klein[152] sein Freund und Lehrer war, erlebte er nicht nur Erfolge, sondern auch Tragödien im persönlichen Leben und berufliche Enttäuschungen. Kurz nach der ersten Eheschließung 1817 starb seine Frau Emilie. Ein Jahr später entschloß er sich, eine zweite Ehe einzugehen mit Franziska Jäggi. In Preßburg reifte Marschner kompositorisch. Außer dem positiven Widerhall auf neue Kompositionen mußte er auch die ungünstige Kritik der Oper Seidar und Zulima hinnehmen, die August Eckschlager am 26. Oktober 1818 im Stadttheater aufführte.[144]

26. K popredným dobovým európskym strediskám patrila bratislavská rezidencia kardinála a prímasa Uhorska, grófa *Jozefa Batthyányho* (1727–1799), známeho mecéna umenia.[224] Batthyányho orchester, ktorého zostavením poveril prímas v roku 1776 Antona Zimmermanna, mal charakter dvorskej kapely a patril k najlepším dobovým inštrumentálnym združeniam.[125] Zostava hráčov 21- až 24-členného orchestra sa od založenia až do zredukovania a potom rozpustenia v roku 1783 (na nátlak Jozefa II.) zásadnejšie nemenila.[126]

26. Zu den führenden zeitgenössischen europäischen Zentren gehörte die Residenz des Kardinals und Primas von Ungarn in Preßburg, des Grafen *Josef Batthyány* (1727–1799), eines bekannten Kunstmäzens.[224] Das Batthyány-Orchester, mit dessen Aufstellung der Primas 1776 Anton Zimmermann beauftragte, hatte den Charakter einer Hofkapelle und zählte zu den besten Instrumentalvereinigungen jener Zeit.[125] Die Zusammensetzung der 21 bis 24 Mitglieder des Orchesters änderte sich seit der Gründung bis zur Reduzierung und Auflösung 1783 (auf Drängen Joseph II.) nicht wesentlich.[126]

27. Orchester Jozefa Batthyányho účinkoval spravidla dvakrát do týždňa, najprv v starej arcibiskupskej kúrii a od roku 1780 v novej zimnej rezidencii prímasa,[237] známej dnes ako *Primaciálny palác*.[126] Pre koncertné účely tu slúžila tzv. zrkadlová sieň.[69] Umeleckým riaditeľom, kapelníkom a huslistom batthyányovského orchestra bol jeho zostavovateľ, hudobník európskeho mena Anton Zimmermann (1741 až 1781).[187] Funkciu administratívneho riaditeľa vykonával ďalší nadpriemerný hudobník, huslista Jozef Zistler (1744? až 1794), ktorý po náhlej smrti Zimmermanna prevzal aj umelecké vedenie súboru.[125]

27. Das Orchester Josef Batthyánys spielte in der Regel zweimal in der Woche, zuerst in der alten erzbischöflichen Kurie und seit 1780 in der neuen Winterresidenz des Primas,[237] heute bekannt als *Primatialpalais*.[126] Für Konzerte diente hier der sogenannte Spiegelsaal.[69] Der künstlerische Leiter, Kapellmeister und Geiger des Batthyány-Orchesters, der es auch zusammengestellt hatte, war Anton Zimmermann, ein Musiker von europäischen Ruf (1741–1781).[187] Die Funktion des Verwaltungsdirektors bekleidete ein weiterer überdurchschnittlicher Musiker, der Geiger Josef Zistler (1744?–1794), der nach dem plötzlichen Tod Zimmermanns auch die künstlerische Leitung des Ensembles übernahm.[125]

28. V bratislavskej kapele kardinála *Jozefa Batthyányho* účinkovali mnohí európsky známi hudobníci, ktorí nielen virtuózne ovládali hru na hudobných nástrojoch, ale boli vyhľadávaní aj ako skladatelia.[126] K takýmto patril kontrabasista Johann Matthias Sperger (1750–1812)[138], violončelista a gambista Franz Xaver Hammer (1741–1817), violončelista Jozef Kempfer, klarinetista Theodor Lotz, hornista a hráč na barytone Karol Franz (1738–1802), hobojista Albrecht Schaudig a častý sólista fagotových koncertov František Červenka[125], o ktorom jedinom nie je známe, že by bol aj komponoval.

28. In der *Kapelle* des Kardinals *Josef Batthyány* wirkten viele europäisch bekannte Musiker mit, die nicht nur das Spiel auf ihren Instrumenten virtuos beherrschten, sondern auch als Komponisten gesucht waren.[126] Zu diesen zählte der Kontrabassist Johann Matthias Sperger (1750–1812)[138], der Violoncellist und der Gambist Franz Xaver Hammer (1741–1817), der Violoncellist Josef Kempfer, der Klarinettist Theodor Lotz, der Hornist und Barytonspieler Karl Franz (1738–1802), der Oboist Albrecht Schaudig und der häufig als Solist von Fagottkonzerten aufgetretene Franz Červenka[125], von dem als einzigem nicht bekannt ist, ob er auch komponiert hat.

29. Jedným zo zdrojov našich poznatkov o programovej náplni batthyányovských hudobných podujatí je *katalóg nôt a hudobných nástrojov Jozefa Batthyányho* z roku 1798.[160] Aj z tohto dokumentu vyplýva, že predmetom interpretácie boli takmer výlučne svetské diela, a to symfónie, koncerty, komorná tvorba a operné diela. Obľube prímasa sa tešili partity, tance a prepisy diel pre dychovú harmóniu. Zastúpení boli hlavne skladatelia Viedne a Talianska, menej autori Čiech a Mannheimu. Sedem komponujúcich členov prímasovho orchestra zabezpečilo značnú repertoárovú nezávislosť batthyányovských hudobných produkcií.

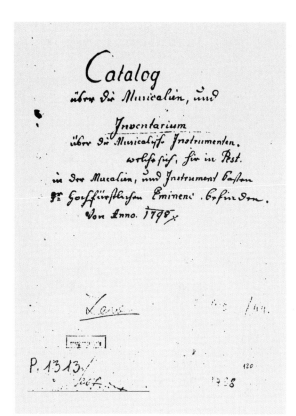

29. Eine der Quelle unserer Erkenntnisse über den Programminhalt der Batthyányschen Musikveranstaltungen ist der *Noten- und Musikinstrumentenkatalog Josef Batthyánys* von 1798.[160] Auch aus diesem Dokument geht hervor, daß fast ausschließlich weltliche Werke aufgeführt wurden, und zwar Symphonien, Konzerte, Kammermusik und Opernwerke. Der Vorliebe des Primas erfreuten sich Partiten, Tänze und Arrangements für die Bläserharmonie. Vertreten waren vor allem Komponisten aus Wien und Italien, weniger aus Böhmen und Mannheim. Sieben komponierende Mitglieder des Orchesters sicherten eine beträchtliche repertoiremäßige Unabhängigkeit der Battyányschen Musikproduktionen.

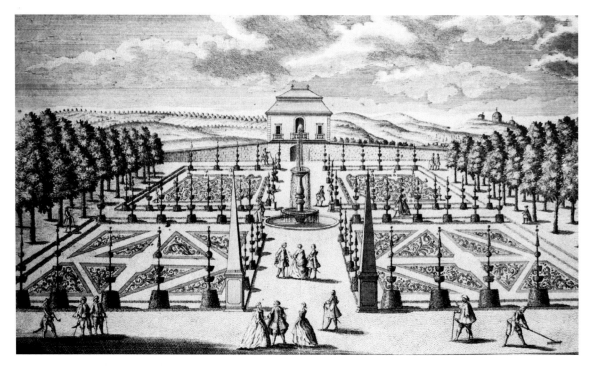

30. V letných mesiacoch sa koncerty konali aj v peknej *záhrade letného sídla* prímasa *Jozefa Batthyányho*. Na tieto koncerty, poriadané vždy v nedeľu, mala prístup aj široká verejnosť. Koncerty boli dostupné „každému slušne oblečenému".[224] Toto veľkorysé gesto J. Batthyányho bolo na svoju dobu ojedinelé a veľmi pokrokové. Nie je totiž známe, že by v podunajskej oblasti koncerty šľachtického typu, vyhradené pozvanému okruhu poslucháčov, boli prístupné širokému publiku.[20]

30. In den Sommermonaten fanden die Konzerte auch in dem hübschen *Garten der Sommerresidenz* des Primas *Josef Batthyány* statt. Zu diesen, stets sonntags veranstalteten Konzerten hatte auch die breite Öffentlichkeit Zutritt. Die Konzerte waren „jedem anständig Gekleideten" zugänglich.[224] Diese großzügige Geste J. Batthyánys war für ihre Zeit einzigartig und sehr progressiv. Es ist nicht bekannt, daß sonstwo im Donauraum die Adelskonzerte, die einem geladenen Zuhörerkreis vorbehalten waren, einem breiten Publikum zugänglich gewesen wären.[20]

31. Predpokladá sa, že aj *Kantáta*, ktorú prímasov kontrabasista *Johann Matthias Sperger* napísal v roku 1779 ako príspevok k oslavám menín svojho chlebodarcu, zaznela v letnej rezidencii Jozefa Batthyányho.²²⁴ V záhradnej budove tohto paláca, bohatého na hudobné dianie, hudobníci Mikuláša Esterházyho uviedli na fašiangy roku 1767 operu Josepha Haydna La Canterina, a to pod vedením samotného autora. Je zaujímavé, že hoci J. Batthyány si nevydržiaval vlastnú divadelnú spoločnosť, umožňoval hosťujúcim divadelníkom uvádzanie opier tak v tomto svojom sídle, ako aj v zámku v Podunajských Biskupiciach.²⁸

31. Es wird angenommen, daß auch *die Kantate*, die der Kontrabassist des Primas, *Johann Matthias Sperger*, 1779 als Beitrag zu den Namenstagsfeierlichkeiten seines Brotherrn verfaßt hatte, in der Sommerresidenz Josef Batthyánys erklang.²²⁴ Im Gartengebäude dieses Palais, reich an Musikgeschehen, führten die Musiker Nikolaus Esterházys zum Fasching 1767 die Oper Joseph Haydns La Canterina auf, und zwar unter der Führung des Autors selbst. Es ist interessant, daß, obwohl J. Batthyány keine eigene Theatergesellschaft unterhielt, er den gastierenden Theatergruppen die Aufführung von Opern sowohl in seiner Residenz als auch im Schloß in Podunajské Biskupice ermöglichte.²⁸

32. K prominentným batthyányovským hudobníkom patril *Johann Matthias Sperger* (1750–1812),⁴⁰ narodený v moravskorakúskej obci Valtice. Po viedenských štúdiách sa v roku 1777 zamestnal, a to už ako vychýrený kontrabasista a dobrý skladateľ, v orchestri J. Batthyányho.¹²⁶ Po likvidácii kapely odišiel do Fidischu pri Eberau a potom do Schwerinu. Zo Spergerovho skladateľského odkazu majú zásadný význam jeho *koncerty pre kontrabas,* ktorých bol sám aj interpretom. Historická hodnota koncertov spočíva predovšetkým vo vydarenom skĺbení špecificky kontrabasovej melodiky a figurácie so štýlom hudobného klasicizmu. Zásadný význam má aj Spergerov prínos k rozvoju techniky hry na tomto nástroji.¹²⁵

32. Zu den prominenten Batthyányschen Musikern gehörte *Johann Matthias Sperger* (1750–1812),⁴⁰ geboren in dem mährisch-österreichischen Ort Feldsberg. Nach seinem Wiener Studium nahm er eine Anstellung an, und zwar als damals schon berühmter Kontrabassist und guter Komponist im Orchester J. Batthyánys.¹²⁶ Nach der Auflösung der Kapelle ging er nach Fidisch bei Eberau und dann nach Schwerin. Von Spergers kompositorischem Nachlaß haben grundsätzliche Bedeutung seine *Konzerte für Kontrabaß*, deren Interpret er auch selber war. Der historische Wert der Konzerte liegt vor allem in der gelungenen Verbindung der spezifischen Kontrabaßmelodik und Figuration mit dem Stil der musikalischen Klassik. Grundsätzliche Bedeutung hat auch Spergers Beitrag zur Entwicklung der Spieltechnik auf diesem Instrument.¹²⁵

33. *Johann Matthias Sperger*, skladateľ európskeho významu, prežil – z hľadiska tvorby – najdôležitejšie tvorivé roky (1777–1783) v Bratislave.[138] Tu napísal prvých šesť koncertov pre kontrabas, deväť ďalších koncertov pre rôzne nástroje a menšie skladby. Z celkového počtu 45 *symfónií* vytvoril v Bratislave osemnásť.[125] Pre tieto symfónie je príznačné početné zastúpenie Batthyánym obľubovaných dychových nástrojov s technicky náročnými partami. Keďže party boli komponované pre vyspelých interpretov prímasovho orchestra, v prí-pade iných hráčov sa ich notový záznam buď zjednodušoval, alebo vôbec vynechával.[160]

33. *Johann Matthias Sperger*, ein Komponist europäischen Ranges, verlebte die hinsichtlich seines Schaffens wichtigsten Jahre (1777–1783) in Preßburg.[138] Hier schrieb er die ersten sechs Kontrabaßkonzerte, neun weitere Konzerte für verschiedene Instrumente und kleinere Kompositionen. Von der Gesamtzahl von 45 *Symphonien* schuf er achtzehn in Preßburg.[125] Bezeichnend für diese *Symphonien* ist die häufige Ausstattung der von Batthyány geliebten Blasinstrumente mit technisch anspuchsvollen Parts. Da diese Parts für die erfahrenen Interpreten des Primas-Orchesters komponiert waren, wurde ihre Notenaufzeichnung im Falle anderer Spieler entweder vereinfacht oder ganz weggelassen.[160]

34. *Anton Zimmermann* (1741–1781)[40] patril k najvýznamnejším hudobníkom nielen prímasovho orchestra a hudobnej kultúry klasicizmu na Slovensku, ale aj v celom dobovom Uhorsku. Narodil sa v Breitenau (dnes Široká Niva).[187] Študoval asi v rodnom Sliezsku. Najprv účinkoval ako biskupský organista v Hradci Králové a po začiatku 70. rokov sa usadil v Bratislave. V roku 1776 prijal miesto kniežacieho kapelníka u J. Batthyányho a v máji 1780 sa stal aj dómskym organistom. V *sonátach*[160] pre čembalo a husle, op. 1 a op. 2, uplatnil pre klasicizmus ťažiskovú hudobnú formu. V dielach je badateľný vplyv J. Haydna. Prvý opus, ktorý tlačou vyšiel vo Viedni (1799), venoval J. Batthyánymu, druhý bol vydaný v Lyone (1777).

34. *Anton Zimmermann* (1741–1781)[40] zählte zu den bedeutendsten Musikern nicht nur des Orchesters des Primas und der Musikkultur der Klassik in der Slowakei, sondern auch im gesamten historischen Ungarn. Er wurde in Breitenau (heute Široká Niva) geboren.[187] Er studierte wahrscheinlich im heimatlichen Schlesien. Zunächst wirkte er als bischöflicher Organistin Hradec Králové (Königgrätz), und in den frühen 70er Jahren ließ er sich in Preßburg nieder. 1776 nahm der die Stelle des fürstlichen Kapellmeisters bei J. Batthyány an und wurde im Mai 1780 auch Domorganist. In den *Sonaten*[160] für Cembalo und Violine, op. 1 und op. 2 verwendete er die repräsentative Form der Klassik. In seinen Werken ist ein merklicher Einfluß J. Haydns zu spüren. Das erste Opus, das in Wien im Druck erschien (1799), widmete er J. Batthyány, das zweite wurde in Lyon (1777) herausgegeben.

35. Pre klasicizmus rozhodujúcu hudobnú formu *symfónie*[40] Anton Zimmermann vhodne naplnil, a aj tvorivo rozvinul.[160] V jeho symfóniách nájdeme 3- aj 4-časťové členenie. Zimmermannova symfonická tvorba je zaujímavá nielen uplatnením scherza, ale aj tým, že rozvíjala pastorálny prvok. Napríklad v Sinfonii G dur nazvanej Pastoritia zužitkoval vo svojej dobe vzácnym spôsobom ľudový prejav Hanácka. „Programové" označovanie jeho symfónií – La Gratulatione, Echo a pod. – zodpovedalo dobovej móde. Spôsob Zimmermannovho hudobného prejavu bol aj v symfóniách blízky J. Haydnovi, čo viedlo aj k zámene ich skladieb.[114] Jeho štýlovo originálne a umelecky hodnotné symfonické diela, svojské v melodike a inštrumentácii, sa rozšírili po celej Európe.[136]

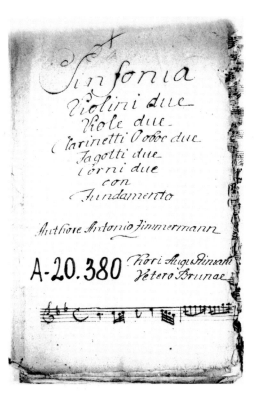

35. Die für die Klassik entscheidende Musikform der *Symphonie*[40] wurde von *Anton Zimmermann* entsprechend ausgestaltet und auch schöpferisch weiterentwickelt.[160] In seinen Werken finden wir die Drei- und Viersätzigkeit. Das symphonische Schaffen Zimmermanns ist nicht nur durch die Verwendung des Scherzos interessant, sondern auch dadurch, daß es das pastorale Element entwickelte. So zum Beispiel verwandte er in der Sinfonia G-Dur, genannt Pastoritia, in einer für seine Zeit seltenen Art Volksmusikelemente der Hanna. Die „Programmbezeichnung" seiner Symphonien – La Gratulatione, Echo u.a. – entsprach dem Zeitgeschmack. Die musikalische Ausdruckweise Zimmermanns stand auch in den Symphonien J. Haydn nahe, was mitunter zu einer Verwechslung ihrer Werke führte.[114] Seine stilistisch originalen und künstlerisch wertvollen symphonische Werke, eigenwillig in der Melodik und Instrumentation, verbreiteten sich in ganz Europa.[136]

36. Vývojovo prínosným prvkom *komornej tvorby Antona Zimmermanna* je, že v nich (ale nielen z nich) výrazne obmedzil spôsob nástrojového obsadenia „ad libitum", v jeho dobe ešte celkom bežný. Zimmermannove duá, triá, hlavne však kvartetá a kvintetá[40] sú blízke ranej tvorbe J. Haydna. Počítajú prevažne už s nemenným inštrumentálnym obsadením. V koncepcii diel je každý hudobný nástroj spravidla stabilným výrazovým elementom.

36. Ein entwicklungsförderndes Element *des Kammermusikschaffens Anton Zimmermanns* besteht darin, daß er (aber nicht nur hier) die in seiner Zeit noch ganz übliche Instrumentalbesetzung „ad libitum" stark einschränkte. Zimmermanns Duos, Trios, vor allem aber Quartette und Quintette[40] sind dem Frühschaffen J. Haydns nahe. Sie rechnen schon mit einer feststehenden Instrumentalbesetzung. In der Werkkonzeption ist jedes Musikinstrument in der Regel ein stabiles Ausdruckselement.

37. Z koncertnej tvorby A. Zimmermanna[160] sa zachovali husľový koncert, čembalové, fagotové a kontrabasové koncerty.[125] Vývojovo k najvýznamnejším patria koncerty pre kontrabas. Z nich koncert D dur č. 1 vznikol v Bratislave v roku 1779, teda necelých 20 rokov po zrode koncertu pre tento nástroj ako žánru. Zimmermann ním prispel k formovaniu nového nástrojového štýlu. Dielo premiérovo s úspechom uviedol v mestskom divadle na hudobnej akadémii dňa 19. novembra 1779 (v rámci osláv sviatku sv. Cecílie, patrónky hudby) bratislavský rodák, skladateľsky činný violončelový a kontrabasový virtuóz Jozef Kempfer, člen batthyányovského orchestra.[144]

37. Aus dem *Konzertschaffen A. Zimmermanns*[160] sind ein Violinkonzert sowie Cembalo-, Fagott- und Kontrabaßkonzerte erhalten.[125] Entwicklungsmäßig zu den bedeutendsten gehören die Konzerte für Kontrabaß. Von diesen entstand 1779 das Konzert D-Dur Nr. 1 in Preßburg, also knapp 20 Jahre nach der Entstehung des Konzerts für dieses Instrument als Gattung. Zimmermann trug damit zur Herausbildung eines neuen Instrumentalstils bei. Das Werk wurde mit Erfolg im Stadttheater in einer musikalischen Akademie am 19. November 1779 (im Rahmen der Feierlichkeiten zum Feiertag der hl. Cäcilie, der Schutzheiligen der Musik) von Josef Kempfer, dem in Preßburg gebürtigen kompositorisch tätigen Violoncello- und Kontrabaßvirtuosen und Mitglied des Batthyány-Orchesters, uraufgeführt.[144]

38. Dôležitými miestami pestovania hudby klasicizmu a miestami uplatnenia početných miestnych a hosťujúcich domácich i cudzích hudobníkov[144] boli *chóry bratislavských kostolov*.[160] Centrálne miesto patrilo, pochopiteľne, korunovačnému dómu sv. Martina. Vokálnoinštrumentálne hudobné produkcie máme v klasicizme doložené aj v kostole františkánov[92], jezuitov, milosrdných bratov, uršulínok, trinitárov a v evanjelickom a. v. kostole. Nepochybne sa príležitostne konali aj v kostole kapucínov, sv. Mikuláša, Notre Dame, sv. Alžbety a v blumentálskom kostole.

38. Wichtige Orte der Musikpflege der Klassik und Orte des Wirkens zahlreicher örtlicher und gastierender in- und ausländischer Musiker[144] waren *die Chöre der Preßburger Kirchen*.[160] Der zentrale Platz gehörte, verständlicherweise, dem Krönungsdom St. Martin. Vokal-instrumentale Musikproduktionen haben wir in der Klassik auch in der Kirche der Franziskaner[92], der Jesuiten, der Barmherzigen Brüder, der Ursulinerinnen, der Trinitarier und in der evangelischen Kirche A. B. dokumentiert. Zweifellos fanden sie gelegentlich auch in der Kapuzinerkirche, in St. Nikolaus, Notre Dame, St. Elisabeth und in der Blumenthalkirche statt.

39. Počas takmer troch storočí (1563–1830) sa v *dóme sv. Martina*[237] ako farskom a prepoštskom chráme uskutočnilo 23 *korunovácií* uhorských kráľov a kráľovien.[70] V nami sledovanom období boli korunovaní Mária Terézia (1741), Leopold II. (1790), Mária Ludovika (1808), Karolína Augusta (1825) a Ferdinand V. (1830). Neodmysliteľnou súčasťou korunovačného ceremoniálu bola hudba.[208] Hudobná stránka korunovácií obdobia klasicizmu však zatiaľ nebola predmetom výskumu.

39. Während nahezu dreier Jahrhunderte (1563–1830) fanden im *St. Martinsdom*[237] als Pfarr- und Probstkirche 23 *Krönungen* ungarischer Könige und Königinnen statt.[70] In der von uns betrachteten Zeit wurden Maria Theresia (1741), Leopold II. (1790), Maria Ludowika (1808), Karolina Augusta (1825) und Ferdinand V. (1830) gekrönt. Ein unentbehrlicher Bestandteil des Krönungszeremoniells war die Musik.[208] Die musikalische Seite der Krönungen der Zeit der Klassik ist allerdings bis jetzt noch nicht erforscht.

40. V dóme sv. Martina sa poriadali v nedele a vo sviatky pravidelné bohoslužby s tzv. figurálnou hudbou.[237] Ich hudobnú dominantu tvorili honosné novembrové *oslavy sviatku patrónky hudby sv. Cecílie*,[144] na ktoré sa prizývali renomovaní umelci, veľký reprodukčný aparát a vznikali nové reprezentatívne kompozície. Slávnosti bývali také veľkolepé, že ich zvykli komentovať aj noviny Preßburger Zeitung.[3] Správa zo dňa 24. novembra 1779 napr. chváli uvedenie novej omše Antona Zimmermanna, a to pod vedením samotného autora.

40. Im *St. Martinsdom* wurden sonn- und feiertags regelmäßige Gottesdienste mit sogenannter Figuralmusik abgehalten.[237] Ihre musikalische Dominaňte bildeten die prunkvollen November-*feierlichkeiten zum Fest der Schutzheiligen der Musik, der hl. Cäcilie*,[144] mit namhaften Künstlern und einem großen Reproduktionsapparat, für die auch neue repräsentative Kompositionen entstanden. Die Feierlichkeiten waren meist so großartig, daß sie auch von der Preßburger Zeitung kommentiert wurden.[3] Der Bericht vom 24. November 1779 etwa lobt die Aufführung der neuen Messe Anton Zimmermans, und zwar unter der Leitung des Autors selbst.

41. Z dómskych organistov obdobia klasicizmu (Ján Zirnhofer, Ján Andrej Šantroch, Sebastian Ruppert, František Rankl a Lukáš Mihalovič) najväčšmi obohatil dómsky repertoár svojou tvorbou *Anton Zimmermann*. Z jeho – dosiaľ známych – takmer 70 *sakrálnych diel* sa najviac hrávali omše, hymny (cenné je napr. Te Deum, v ktorom uplatnil dvojzborové obsadenie štyroch klarín a tympany), antifóny a árie. V reláciách domácej dobovej tvorby neobvyklý je u Zimmermanna rozsah, v akom sólisticky využíval neraz veľmi netradičné dychové hudobné nástroje (toccato). K zaujímavým patria aj jeho pastorálne omšové diela.[160]

41. Von den Domorganisten der Zeit der Klassik (Johann Zirnhofer, Johann Andreas Šantroch, Sebastian Ruppert, Franz Rankl und Lukas Mihalovič) bereicherte das Domrepertoire mit seinem Schaffen am stärksten *Anton Zimmermann*. Von seinen – bislang bekannten – fast 70 *sakralen Werken* wurden am meisten die Messen, Hymnen (wertvoll ist zum Beispiel das Te Deum, in dem er die zweichörige Besetzung von vier Clarini und Pauken verwendete), Antiphone und Arien gespielt. In den Relationen des heimischen Zeitschaffens ungewöhnlich ist bei Zimmermann der Umfang, in dem er solistisch nicht selten sehr untraditionelle Blasinstrumente (Toccato) verwendete. Interessant sind auch seine pastoralen Meßkompositionen.[160]

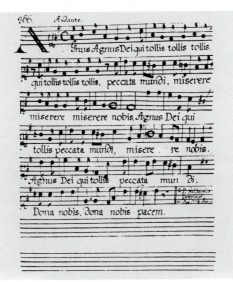

42. Bohatú hudobnú tradíciu[70] mal *kostol a kláštor františkánov*[92] mariánskej provincie. Na rozdiel od salvatoriánskej provincie sa hudobne neorientovala na domáce ľudové tradície, ale na európsku tvorbu. Veľký počet skladateľsky činných františkánov prispel k značnej autorskej sebestačnosti repertoáru kostola.[173] Z tunajších skladateľov treba spomenúť P. Thelesphora Hoffmanna OFM (1752–1801), Fr. Jozefa Řeháka OFM (1742–1815), Fr. Antona Čermáka OFM (1780–1856), Fr. Jána Ceciliána Plihala OFM (1809–1865)[11], ale najmä európsky významného P. Gaudentia Dettelbacha OFM (1739–1818)[93].

42. Eine reiche Musiktradition[70] hatten *Kirche* und *Kloster der Franziskaner*[92] der marianischen Provinz. Im Unterschied zur salvatorianischen Provinz orientierte sie sich nicht auf heimische Volkstraditinen, sondern auf das europäische Schaffen. Die große Anzahl kompositorisch tätiger Franziskaner trug wesentlich zur Eigenständigkeit des Repertoires der Kirche bei.[173] Von den hiesigen Komponisten sind P. Thelesphor Hoffmann OFM (1752–1801), Fr. Josef Řehák OFM (1742–1815), Fr. Anton Čermák OFM (1780–1856), Fr. Johann Cecilian Plihal OFM (1809–1865)[11] zu nennen, aber vor allem der europäisch bedeutende P. Gaudentius Dettelbach OFM (1739–1818)[93].

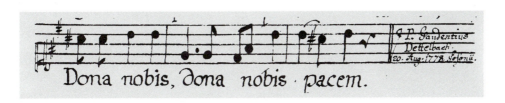

43. V *kostole jezuitov*[237] vnášala do pravidelných hudobných podujatí slávnostnú atmosféru prítomnosť významných umelcov. Výnimočná bola v tomto zmysle oslava sviatku zakladateľa rehole v júli 1791 (pod patronátom samotného J. Batthyányho), keď Juraj Družecký dirigoval svoju omšovú kompozíciu.[144] Nepochybne vďaka regenschorimu a organistovi kostola Jakubovi Kunertovi (1748–1833) a Gašparovi Löwovi odznela omša Josepha Antona Seylera (1778 až 1854) pod vedením samotného skladateľa. Jedným zo spoluúčinkujúcich bol bratislavský skladateľ a klavirista Lukáš Mihalovič (1788–1853?).[160]

43. In *der Jesuitenkirche*[237] erhielten die regelmäßigen Musikveranstaltungen durch die Präsenz bedeutender Künstler eine feierliche Atmosphäre. Außergewöhnlich war in diesem Sinne die Feier des Festes des Ordensgründers im Juli 1791 (unter der persönlichen Patronat von J. Batthyány), als Georg Družecký seine Messekomposition dirigierte.[144] Zweifellos dank des Regenschori und Organisten der Kirche, Jakob Kunert (1748–1833) und Caspar Löwe erklang die Messe Joseph Anton Seylers (1778–1854) unter der Leitung des Komponisten selbst. Einer der Mitwirkenden war der Preßburger Komponist und Pianist Lukas Mihalovič (1788–1853?).[160]

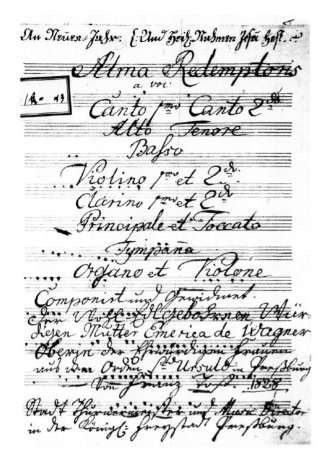

44. Vokálnoinštrumentálna hudba sa intenzívne pestovala v *kostole a kláštore uršulínok*. Bolo to zásluhou dlhoročnej organistky a vedúcej chóru (1805–1837), skladateľsky aktívnej sr. Márie Stanislavy (vlastným menom Kataríny) von Seydlovej OSU (1752–1837). Do repertoáru tohto kostola okrem nej prispievali mnohí z bratislavských skladateľov[134], a to A. Zimmermann, J. M. Sperger, J. Matolay i František Xaver Tost,[157] ktorý dokonca venoval viaceré zo svojich diel predstavenej kláštora sr. Emerici Wagnerovej OSU. Pri tvorbe časti z týchto diel mal Tost na zreteli ich pedagogické poslanie. Interpretkami skladieb boli totiž chovankyne školy rehole.[160]

44. Die Vokal- und Instrumentalmusik wurde in *Kirche* und *Kloster der Ursulinerinnen* intensiv gepflegt. Das war das Verdienst der kompositorisch tätigen langjährigen Organistin und Chorleiterin (1805–1837) Sr. Maria Stanislava (mit eigenem Namen Katharina) von Seydl OSU (1752–1837). Zum Repertoire dieser Kirche trugen überdies auch viele Preßburger Komponisten bei[134], und zwar A. Zimmermann, J. M. Sperger, J. Matolay und Franz Xaver Tost,[157] der sogar mehrere seiner Werke der Oberin des Klosters, Sr. Emerica Wagner OSU widmete. Beim Komponieren eines Teils dieser Werke hatte Tost pädagogische Ziele im Sinn. Interpretinnen der Werke waren die weiblichen Zöglinge der Ordensschule.[160]

Prospectus Posoniensis Xenodochii Fratrum misericordiae. — Prospect des Spittals von Barmherzigen Brüdern vor der Stadt Preßburg in Ungarn.

45. V *kostole a kláštore milosrdných bratov,* kde bol v roku 1823 k dispozícii 17-registrový organ a 14 ďalších hudobných nástrojov, sa hudbe venovali najmä dvaja frátri – Fr. Simplicianus O. Hosp., vlastným menom Ján Nepomuk Schreiner (*1781) a Fr. Alexius O. Hosp., občianskym menom Ján Baptista Weber (*1796).[160] Nepochybne zaujímavý je záznam v Beethovenovom konverzačnom zošite z druhej polovice januára 1823[219], ktorý dokladá nielen osobné kontakty Webera s L. v. Beethovenom, ale aj jeho úsilie o predvedenie skladateľovej omše (pravdepodobne Omše C dur, op. 86) v niektorom bratislavskom kostole.[7]

45. In *Kirche und Kloster der Barmherzigen Brüder*, wo 1823 eine Orgel mit 17 Registern und 14 weitere Musikinstrumente zur Verfügung standen, widmeten sich der Musik vor allem zwei Fratres – Fr. Simplicianus O. Hosp., mit eigenem Namen J. Nepomuk Schreiner (*1781) und Fr. Alexius O. Hosp., mit bürgerlichem Namen Johann Baptist Weber (*1796).[160] Eine unbestritten interessante Notiz befindet sich in Beethovens Konversationsheft von der zweiten Januarhälfte 1823[219], die nicht nur die persönlichen Kontakte Webers zu L. v. Beethoven, sondern auch seine Bemühungen um die Aufführung einer Messe des Komponisten (wahrscheinlich der Messe C-Dur, op. 86) in einer der Preßburger Kirchen bestätigte.[7]

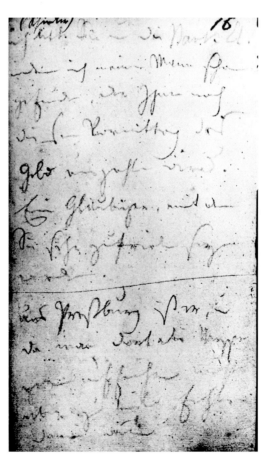

46. Významnou udalosťou, ktorú komentovali aj Preßburger Zeitung, bolo predvedenie v tej dobe veľmi populárneho oratória Josepha Haydna Die Worte des Erlösers am Kreuze (Hob. XX/2).[143] Dielo zaznelo v bratislavskom *kostole trinitárov* na Veľký piatok roku 1822 zásluhou hudobníkov mestského divadla a jeho riaditeľa a súčasne kapelníka Augusta Eckschlagera.[144] Zdá sa, že podnet na toto podujatie vyšiel od členov združenia Verein der Preßburger Freyen Künstler und Sprachlehrer.[10]

46. Ein wichtiges Ereignis, das auch in der Preßburger Zeitung kommentiert wurde, war die Aufführung des damals sehr populären Oratoriums Die Worte des Erlösers am Kreuze von Joseph Haydn (Hob. XX/2).[143] Das Werk erklang in der Preßburger *Trinitarierkirche* am Karfreitag des Jahres 1822 durch das Verdienst der Musiker des Stadttheaters und seines Direktors und gleichzeitig Kapellmeisters August Eckschlagers.[144] Die Anregung zu dieser Veranstaltung dürfte von den Mitgliedern des Vereins der Preßburger Freyen Künstler und Sprachlehrer ausgegangen sein.[10]

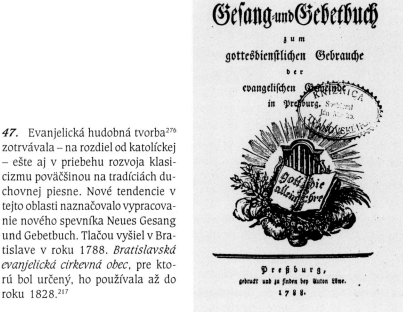

47. Evanjelická hudobná tvorba[276] zotrvávala – na rozdiel od katolíckej – ešte aj v priebehu rozvoja klasicizmu povačšinou na tradíciách duchovnej piesne. Nové tendencie v tejto oblasti naznačovalo vypracovanie nového spevníka Neues Gesang und Gebetbuch. Tlačou vyšiel v Bratislave v roku 1788. *Bratislavská evanjelická cirkevná obec*, pre ktorú bol určený, ho používala až do roku 1828.[217]

47. Das evangelische Musikschaffen[276] verharrte – im Unterschied zum katholischen – auch noch im Laufe der Entwicklung der Klassik meist auf den Traditionen des geistlichen Liedes. Neue Tendenzen auf diesem Gebiet deutete die Ausarbeitung des Neuen Gesang- und Gebetbuches an. Es erschien 1788 in Preßburg im Druck. *Die Preßburger evangelische Kirchengemeinde*, für die es bestimmt war, benutzte es bis zum Jahr 1828.[217]

48. Profesionálne divadlo, ktoré si v rokoch 1785–1789 vydržiaval v Bratislave gróf Ján Nepomuk Erdődy (1723–1789)²⁷, bolo po Esterháze (dnes Fertőd) druhou najvýznamnejšou šľachtickou divadelnou scénou v Uhorsku.⁹⁴ *Hochgräflich-Erdődischer Theaterallmanach auf das Jahr 1787*⁶⁸, vytlačený v Lipsku, je dôležitým zdrojom informácií o jeho činnosti. Erdődyho divadelníci účinkovali dvakrát týždenne, v pondelok a v piatok. Podľa J. M. Korabinského to bolo v paláci rodiny na Panskej ulici.¹⁰⁵ Niekedy sa predstavenia konali v mestskom divadle. Hralo sa prevažne pre pozvané publikum; na vyhradené predstavenia malo prístup aj bratislavské meštianstvo. Po smrti J. N. Erdődyho začiatkom roku 1789 sa bratislavská pôsobnosť divadla skončila.²²⁴

48. Das Berufstheater, das 1785–1789 in Preßburg Graf Johann Nepomuk Erdődy (1723–1789) unterhielt²⁷, wurde nach Esterháza (heute Fertőd) die zweitbedeutendste adelige Theaterbühne in Ungarn⁹⁴. *Der Hochgräflich-Erdődische Theaterallmanach auf das Jahr 1787*⁶⁸, gedruckt in Leipzig, ist eine wichtige Infomationsquelle über seine Tätigkeit. Erdődys Theaterleute traten zweimal wöchentlich, montags und freitags, auf. Nach J. M. Korabinský geschah das im Palais der Familie in der Herrengasse.¹⁰⁵ Mitunter fanden die Vorstellungen im Stadttheater statt. Gespielt wurde vorwiegend vor einem geladenen Publikum; zu bestimmten Vorstellungen hatten auch die Preßburger Bürger Zutritt. Mit dem Ableben J. N. Erdődys Anfang 1789 endete die Preßburger Zeit des Theaters.²²⁴

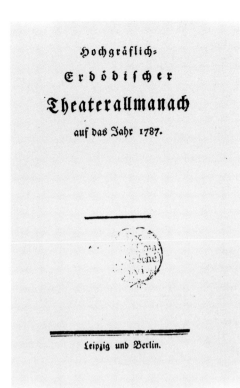

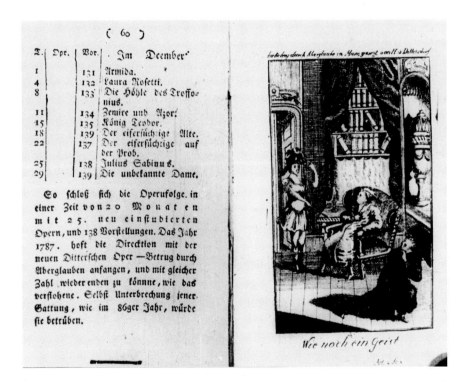

49. Bratislavská *operná scéna J. N. Erdődyho* ²³⁷ patrí k tým nemnohým dobovým divadlám, ktorých *repertoár* možno v úplnosti rekonštruovať.⁶⁸ Charakteristickým znakom erdődyovskej dramaturgie bola veľká aktuálnosť programu. Neobvyklým bolo uvádzanie opier výlučne v nemeckom jazyku. Z 30 zastúpených autorov sa najväčšej obľube tešili diela G. Paisiella, A. Salieriho, J. Haydna a K. Dittersa v. Dittersdorfa.²⁷ O niečo menej sa hrala hudba G. Sartiho, D. Cimarosu, P. Anfossiho, A. E. Grétryho a P. Wintera. Viaceré z hudobnoscénických diel tu mali svoju premiéru, alebo aspoň prvé uhorské uvedenie.²²⁴

49. Die Preßburger *Opernbühne von J. N. Erdődy*²³⁷ zählte zu jenen wenigen zeitgenössischen Theatern, deren *Repertoire* zur Gänze rekonstruiert werden kann.⁶⁸ Ein charakteristisches Merkmal der Erdődischen Dramaturgie war die hohe Aktualität des Programms. Ungewöhnlich war die Aufführung der Opern ausschließlich in deutscher Sprache. Von den 30 vertretenen Autoren erfreuten sich größter Beliebtheit die Werke von G. Paisiello, A. Salieri, J. Haydn und K. Ditters von Dittersdorf.²⁷ Etwas weniger wurde die Musik von G. Sarti, D. Cimarosa, P. Anfossi, A. E. Grétry und P. Winter gespielt. Mehrere der musikalischen Bühnenwerke erlebten hier ihre Premiere oder zumindest die ungarische Erstaufführung.²²⁴

50. Zostavením operného súboru a funkciou jeho riaditeľa poveril J. N. Erdődy tenoristu *Huberta Kumpfa* (1757–1811)[68], ktorý pochádzal z Mníchova, kde sa začala jeho divadelná kariéra. V Bratislave[27] účinkoval viackrát už aj pred rokom 1785; v roku 1778 ako člen spoločnosti Josepha Schmallöggera a v roku 1783 u Emanuela Schikanedera, s ktorým istý čas viedol aj mestské divadlo. Po Erdődyho smrti H. Kumpf presídlil s celou spoločnosťou do peštianskeho nemeckého divadla. Mal zásluhu na jeho ďalšej úspešnej činnosti.[224]

50. Mit der Zusammenstellung des Opernensembles und der Funktion seines Direktors betraute J. N. Erdődy den Tenor *Hubert Kumpf* (1757–1811)[68], der aus München stammte, wo er auch seine Theaterkarriere begann. In Preßburg[27] hatte er schon vor 1785 mehrmals gewirkt; 1778 als Mitglied der Gesellschaft Joseph Schmallöggers und 1783 bei Emanuel Schikaneder, mit dem er auch eine Zeit lang das Stadttheater leitete. Nach Erdődys Tod siedelte H. Kumpf mit der gesamten Gesellschaft in das Pester deutsche Theater um, wo er es weiter in verdienstvoller Weise erfolgreich führte.[224]

51. Druhou najvýznamnejšou osobnosťou divadla J. N. Erdődyho bol skladateľ[27] a v rokoch 1785–1788 uznávaný dirigent súboru *Jozef Chudý* (1751?–1813).[32] Po odchode z Bratislavy pôsobil od roku 1789 ako dirigent v nemeckom divadle v Pešti a napokon účinkoval v maďarskej divadelnej spoločnosti. Tá v roku 1793 uviedla v Budíne Chudého spevohru *Pikkó Hertzeg és Perzsi Jutka*[199] ako prvú maďarskú spevohru vôbec. Z Chudého tvorby sa zachovali zväčša iba libretá. Vieme, že skomponoval pantomímu Der Apfeldieb, spevohry Der Telegraph oder die Fernschreibmaschine, balet Hospital der Wahnsinnigen a komickú operu Der Doctor.[224]

51. Die zweitwichtigste Persönlichkeit des Edrődy-Theaters war der Komponist[27] und, in den Jahren 1785–1788, anerkannte Dirigent des Ensembles *Josef Chudý (1751?–1813)*.[32] Nach dem Weggang aus Preßburg wirkte er seit 1789 als Dirigent im deutschen Theater in Pest und schließlich in der ungarischen Theatergesellschaft. Diese führte 1793 in Buda Chudýs *Singspiel Pikkó Hertzeg és Perzsi Jutka*[199] als erstes ungarisches szenisches Musikwerk überhaupt auf. Von Chudýs Schaffen sind meist nur Libretti erhalten. Wir wissen, daß er die Pantomime Der Apfeldieb, das Singspiel Der Telegraph oder die Fernschreibmaschine, das Ballet Hospital der Wahnsinnigen und die komische Oper Der Doctor komponiert hat.[224]

52. Členmi erdődyovského speváckeho súboru (v roku 1785 mal 12 spevákov)[68] boli: speváčka subretových rol, Viedenčanka *Josepha Abecková* (*1760), ďalej *Marianna Hablová* (*1766), pôvodom z Bavorska, *Antonia Hoffmannová* (*1765), narodená v Hornom Rakúsku, ktorú obsadzovali zväčša do rol mileniek. Hlavné ženské postavy stvárňovala obvykle Mníchovčanka *Margareta Kaiserová* (*1760). Pražský rodák *Franz Xaver Girzik* (*1760) bol dobrým barytonistom a tiež autorom a prekladateľom libriet. Moravák *Johann Baptist Hübsch* (*1755) bol basista. Libretá vydávané tlačou korigoval basista *Johann Nepomuk Schüller* (*1758), pôvodom z Rakúska. K rutinovaným tenoristom súboru patril *Ferdinand Rotter* (*1758), angažovaný predtým v Brne, Viedni a v Hainburgu.[224]

52. Mitglieder des *Erdődischen Sängerensembles* (1785 hatte es 12 Sänger)[68] waren: die Sängerin von Soubrettenrollen, die Wienerin *Josepha Abeck* (*1760), ferner *Marianne Habl* (*1766), aus Bayern stammend, *Antonia Hoffmann* (*1765), geboren in Oberösterreich, meist mit den Rollen der Geliebten besetzt wurde. Die weiblichen Hauptrollen verkörperte gewöhnlich die Münchnerin *Margarete Kaiser* (*1760). Der gebürtige Prager *Franz Xaver Girzik* (*1760) war ein guter Bariton sowie Librettist und Übersetzer. Der Mährer *Johann Baptist Hübsch* (*1755) war Baßsänger. Die im Druck herausgegebenen Libretti korrigierte der österreichische Bassist *Johann Nepomuk Schüller* (*1758). Zu den routinierten Tenören des Ensembles gehörte *Ferdinand Rotter* (*1758), der zuvor Engagements in Brünn, Wien und Hainburg gehabt hatte.[224]

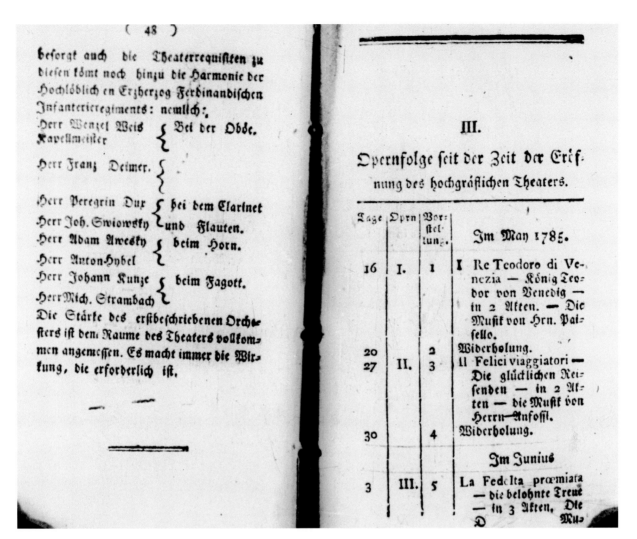

53. Erdődyovský orchester⁶⁸ mal pôvodne 11 stálych členov. Po roku 1788 sa rozrástol o ďalších 6 hudobníkov. Podľa záznamov Hochgräflich-Erdődischer Theaterallmanach patrili v roku 1786 k jeho členom huslisti *Anton Kraut*, *Franz Gülnreiner*, *Johann Rust* a *Franz Bernhofer*, violisti *Kajetán Zeys* a neskorší regenschori u jezuitov *Jakub Kunert*, violončelista *Franz Klety* a kontrabasista *Johann Baptist Panek*. Na trúbke hrali *Joseph Beck* a *Franz König* a na tympanoch rekvizitár *Georg Schantroch*. Hráči na ostatných dychových nástrojoch sa dopĺňovali z radov hudobníkov miestneho pešieho pluku.²²⁴

53. Das *Erdődy-Orchester*⁶⁸ hatte ursprünglich 11 ständige Mitglieder. Nach 1788 kamen weitere 6 Musiker hinzu. Nach den Aufzeichnungen des Hochgräflich-Erdődischen Theaterallmanachs zählten 1786 zu ihren Mitgliedern die Geiger *Anton Kraut, Franz Gülnreiner, Johann Rust* und *Franz Bernhofer*, die Bratschisten *Kajetan Zeys* und der spätere Regenschori bei den Jesuiten *Jakob Kunert*, der Violoncellist *Franz Klety* und der Kontrabassist *Johann Baptist Panek*. Die Trompete spielten *Joseph Beck* und *Franz König* und die Pauke der Requisiteur *Georg Schantroch*. Die Spieler der anderen Blasinstrumente wurden aus den Reihen der Musiker des hiesigen Infanterieregiments ergänzt.²²⁴

54. Začiatky opery na Slovensku sa viažu na Bratislavu[94] a na 40. roky 18. storočia. Bola to doba, keď sa vo všetkých väčších európskych mestách začali zakladať mestské divadlá. V *divadle*[237], ktoré dala v Bratislave *postaviť šľachta pri príležitosti korunovácie Márie Terézie* v roku 1741[70], vystupovala prvá operná spoločnosť, čo prišla do mesta. Bola to spoločnosť Pietra Mingottiho.[36] Na otváracom predstavení uviedla operu Johanna Adolfa Hasseho Artaxerxes.[75]

54. Die Anfänge der Oper in der Slowakei sind mit Preßburg[94] und den 40er Jahren des 18. Jahrhunderts verbunden. Das war eine Zeit, als man in allen größeren europäischen Städten Stadttheater zu gründen begann. In dem *Theater*[237], das *der Adel 1741 anläßlich der Krönung Maria Theresias errichten ließ*[70], trat die erste Operngesellschaft, die in die Stadt kam, auf. Es war die Gesellschaft Pietro Mingottis.[36] In der Eröffnungsvorstellung führte sie die Oper Artaxerxes von Johann Adolf Hasse auf.[75]

55. Po ukončení korunovačných slávností a zasadania krajinského snemu drevenú budovu divadla rozobrali.⁷⁰ Hosťujúce spoločnosti opäť vystupovali v hostincoch, alebo si prenajímali miestnosti snemovne.⁹⁴ Girolamo Bon bol prvým prenajímateľom dreveného, potrebám opery však nevyhovujúceho divadla, ktoré postavili pod Michalskou bránou v tzv. Streleckej priekope. Svojmu účelu slúžilo až do roku 1760. K vzácnym ukážkam dobového scénického umenia v Bratislave patria *divadelné dekorácie* viedenského maliara *Vinzenza Antona Josepha Fantiho* (1719–1776), ktoré vznikali v časovom rozpätí rokov asi 1770–1776.⁹⁹

55. Nach Beendigung der Krönungsfeierlichkeiten und Sitzung des Landtages wurde das Holzgebäude des Theaters zerlegt⁷⁰. Die gastierenden Gesellschaften traten wieder in Wirtshäusern auf oder mieteten sich Räume im Parlamentsgebäude.⁹⁴ Girolamo Bon war der erste Mieter des den Erfordernissen der Oper jedoch nicht genügenden Holztheaters, das unterhalb des Michaelertors im sogenannten Schützengraben errichtet worden war. Seinem Zweck diente es bis 1760. Zu den wertvollen Beispielen der zeitgenössischen Bühnenkunst, die in Preßburg gepflegt wurde, zählten die *Theaterdekorationen* des Wiener Malers *Vinzenz Anton Joseph Fanti* (1719–1776), die in der Zeitspanne zwischen 1770–1776 entstanden.⁹⁹

56. Pre potreby *divadla* bol adaptovaný zadný trakt domu (na rohu dnešnej Zelenej a Sedlárskej ulice) zvaného *Grünes Stübel* v centre mesta na Hlavnom námestí. Stalo sa tak na náklady šľachty. Táto divadelná budova bola v prevádzke už počas krajinského snemu v roku 1764, keď v Bratislave účinkovala okrem výbornej spoločnosti Josepha Felixa Kurza jun., nazývaného Bernardon,[75] aj talianska operná spoločnosť Domenica Zamperiniho.[28] V Grünes Stübel sa hralo až do roku 1775.[94]

56. Für die Bedürfnisse des *Theaters* wurde der hintere Trakt des Hauses (an der Ecke der heutigen Grünen und Sattler--Gasse), das *Grüne Stübel* genannt, im Stadtzentrum am Hauptplatz adaptiert. Das geschah auf Kosten des Adels. Dieses Theatergebäude war schon 1764 während des Landtages in Betrieb, als in Preßburg neben der hervorragenden Gesellschaft von Joseph Felix Kurz jun. genannt Bernardon[75] auch die italienische Operngesellschaft des Domenico Zamperini auftrat.[28] Im Grünen Stübel wurde bis zum Jahr 1775 gespielt.[94]

57. Bratislavské divadelníctvo obdobia klasicizmu dosiahlo najväčší rozkvet v 80. rokoch 18. storočia zásluhou mimoriadne schopného *divadelného riaditeľa* a umelca *Karla Wahra* (1745-asi 1798), ktorý pracoval v zimnom období pre Bratislavu[94] a v lete pôsobil v službách Mikuláša I. Esterházyho v Esterháze.[224] Ako osobný priateľ Josepha Haydna mal zásluhu na propagácii jeho scénickej tvorby u nás.[143] Vďaka nemu napr. s nebývalým úspechom zaznela v roku 1774 v Bratislave Haydnova opera Der Zerstreute.[144] Wahr okrem opery presadzoval umelecky progresívny singspiel.[75]

57. Das Preßburger Theaterwesen der Zeit der Klassik erreichte die höchste Blüte in den 80er Jahren des 18. Jahrhunderts durch das Verdienst des außerordentlich fähigen *Theaterdirektors* und Künstlers *Karl Wahr* (1745- etwa 1798), der im Winter für Preßburg[94] arbeitete und im Sommer in den Diensten Nikolaus I. Esterházy in Esterháza[224] wirkte. Als persönlicher Freund Joseph Haydns hatte er ein Verdienst an der Propagierung seines Bühnenschaffens in der Slowakei.[143] Dank ihm erklang zum Beispiel mit ungewöhnlichem Erfolg 1774 in Preßburg Haydns Oper Der Zerstreute.[144] Wahr setzte neben der Oper das künstlerisch progressive Singspiel durch.[75]

58. Po roku 1776 sa *v Bratislave*, a to aj napriek novej, modernej *divadelnej budove*,[94] nepodarilo dlhšie zotrvať žiadnej z divadelných spoločností. Dôvodom boli finančné ťažkosti provinčného mesta,[237] ktorým sa Bratislava po smrti Márie Terézie postupne stávala. V krátkych časových intervaloch sa tu vystriedali spoločnosti Josepha Schmallöggera, Emanuela Schikanedera, Ludwiga Christopha Seippa a Georga Junga. Jung na rozdiel od Seippa uvádzal okrem opier aj balety.[28] Činnosť divadla, ktoré sa od roku 1800 stalo majetkom mesta,[18] prerušili napoleonské vojny.

58. Nach 1776 gelang es trotz des neuen, modernen *Theatergebäudes*[94] keiner der Theatergesellschaften länger *in Preßburg* zu verweilen. Der Grund waren finanzielle Schwierigkeiten der Provinzstadt,[237] zu der Preßburg nach dem Tode Maria Theresias allmählich wurde. In kurzen Zeitintervallen wechselten hier die Gesellschaften des Joseph Schmallögger, Emanuel Schikaneder, Ludwig Christoph Seipp und Georg Jung einander ab. Jung führte im Unterschied zu Seipp außer Opern auch Ballette auf.[28] Die Tätigkeit des Theaters, das seit 1800 Eigentum der Stadt war,[18] wurde durch die Napoleonischen Kriege unterbrochen.

59. Budova Grünes Stübel postupne prestala vyhovovať potrebám divadelníkov.[75] Preto sa mestský magistrát rozhodol za výdatnej organizačnej i finančnej podpory veľkého *mecéna bratislavského divadelníctva grófa Juraja Csákyho*[95] postaviť novú budovu.[17] Podľa projektov Matthiasa Walcha vybudovali približne v priestoroch dnešnej starej opery Slovenského národného divadla nové divadlo s kapacitou 800 miest, ktoré slávnostne otvorili v roku 1776.[237] Základné dekorácie divadla boli dielom spomínaného V. A. J. Fantiho. Jeho prácu dokončil bratislavský maliar Franz Anton Hoffmann.[99]

59. Das Gebäude des Grünen Stübels genügte bald nicht mehr den Bedürfnissen der Theaterleute.[75] Deshalb beschloß der Stadtmagistrat, mit der ausgiebigen organisatorischen und finanziellen Unterstützung des *großen Preßburger Theatermäzens, des Grafen Georg Csáky*[95], den Bau eines neuen Gebäudes.[17] Nach den Plänen von Matthias Walch wurde annähernd auf dem Platz der heutigen alten Oper des Slowakischen Nationaltheaters ein neues Theatergebäude mit einem Fassungsvermögen von 800 Plätzen gebaut. Das neue Theater wurde 1776 fertiggestellt und feierlich eröffnet.[237] Die Hauptdekorationen des Theaters waren das Werk des erwähnten V. A. J. Fanti. Seine Arbeit beendete der Preßburger Maler Franz Anton Hoffmann.[99]

60. Hudobný repertoár bratislavského mestského divadla zahŕňoval nielen importovanú taliansku tvorbu a diela autorov viedenského tvorivého okruhu.[94] Do programu divadla prispievali – i keď len skromne – aj domáci skladatelia žijúci[144], alebo prechodne pôsobiaci v Bratislave. K autorom, ktorí sa najviac venovali hudobnoscénickému žánru, patril erdődyovský dirigent *Jozef Chudý* (1751?–1813).[275] Jeho trojdejstvovú *komickú operu Der Docktor* uviedol v novom bratislavskom divadle (v sezóne 1779/1780) Joseph Schmallögger. Z opery sa zachovalo iba libreto vydané J. M. Landererom v Bratislave.[224]

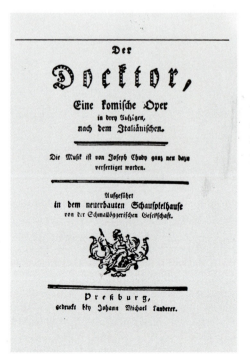

60. Das Musikrepertoire des Preßburger Stadttheaters umfaßte nicht nur importiertes italienisches Schaffen und Werke des Wiener Schaffenskreises.[94] Zum Programm des Theaters trugen – wenn auch nur bescheiden – auch einheimische Komponisten bei[144], die in Preßburg lebten oder vorübergehend wirkten. Zu den Autoren, die sich am stärksten dem musikalischen Bühnengenre widmeten, gehörte der Erdődische Dirigent *Iosef Chudý* (1751? –1813).[275] Seine *komische Oper in drei Akten Der Docktor* wurde von Joseph Schmallögger (in der Saison 1779/1780 im neuen Preßburger Theater aufgeführt. Von der Oper ist nur das von J. M. Landerer in Preßburg herausgegebene Libretto erhalten.[224]

61. Obohatením bratislavského divadelného repertoáru bolo aj uvedenie *spevohry Andromeda und Perseus Antona Zimmermanna*.[142] Dielo predviedli v mestskom divadle dňa 4. februára 1787 miestni „diletanti" s divadelným riaditeľom Rohrmeistrom.[144] Hoci sa noviny Preßburger Zeitung s uznaním vyslovili o premiére, zdá sa, že ani táto spevohra, ani iné Zimmermannove hudobnoscénické diela[40] – spevohra Narcis et Pierre (dielo uviedol sám skladateľ v roku 1772) a melodrámy Die Wilden (zaznela v Bratislave dňa 13. decembra 1777) a Zelmor und Ermide[160] – sa neudržali dlhšie na repertoári.

61. Eine Bereicherung für das Preßburger Theaterrepertoire war auch die Aufführung des *Singspiels Andromeda und Perseus von Anton Zimmermann*.[142] Das Werk wurde am 4. Februar 1787 von hiesigen Dilettanten im Stadttheater mit Theaterdirektor Rohrmeister aufgeführt.[144] Obwohl die Preßburger Zeitung sich anerkennend über die Premiere äußerte, scheinen weder dieses Singspiel noch andere musikalische Bühnenwerke Zimmermanns[40] – das Singspiel Narcis et Pierre (1772 vom Komponisten selbst aufgeführt) und die Melodramen Die Wilden (es erklang in Preßburg am 13. Dezember 1777) und Zelmor und Ermide[160] – sich nicht länger im Repertoire gehalten zu haben.

62. Po roku 1809 sa o stabilizáciu bratislavského divadelného repertoáru a umeleckej úrovne *operných predstavení*[28] zaslúžili viacerí riaditelia – Joseph Glöggl, *Karl Friedrich Hensler*, August Stöger, Ignác Hildebrandt, kapelník August Eckschlager a režisér Franz Xaver Neuwirth.[144] Do rokov ich pôsobnosti spadá prvé uvedenie opery Seidar und Zulima (1818) Heinricha Marschnera,[168] skomponovanej v Bratislave, úspešné predvedenia viacerých opier G. Rossiniho i bratislavská premiéra opery Der Freischütz (1825) Karla Mariu von Webera, a to už necelý rok po svetovej premiére v Berlíne.[179]

62. Nach 1809 machten sich um die Stabilisierung des Preßburger Theaterrepertoires und des künstlerischen Niveaus der Opernvorstellungen[28] mehrere Theaterdirektoren – Joseph Glöggl, *Karl Friedrich Hensler*, August Stöger, Ignaz Hildebrandt, der Kapellmeister August Eckschlager und der Regisseur Franz Xaver Neuwirth[144] verdient. In die Jahre ihres Wirkens fällt die Erstaufführung der in Preßburg komponierten Oper Seidar und Zulima (1818) von Heinrich Marschner,[168] die erfolgreichen Aufführungen mehrerer Opern G. Rossinis und die Preßburger Premiere des Freischütz (1825) von Karl Maria von Weber, und zwar schon ein knappes Jahr nach der Uraufführung in Berlin.[179]

63. Charakteristickým príkladom koncertného podujatia druhej polovice 18. storočia[160] je *hudobná akadémia*, ktorá sa uskutočnila v *mestskom divadle* dňa 15. marca 1778 pre „Kenner und Schätzer der Musik". Na koncerte, o ktorom priniesli obsiahlu a veľmi pochvalnú recenziu noviny Preßburger Zeitung, vystúpil 40-členný orchester. Ako sólisti vtedy účinkovali batthyányovskí virtuózi Jozef Kempfer, Albrecht Schaudig, Štefan Försch a Jozef Zistler. Rozsiahly, vo svojej dobe však dramaturgiou obvyklý program tvorili až 3 symfónie, 3 koncertné skladby pre sólové nástroje s orchestrom a dueto. Autormi diel boli G. Martini, A. Zimmermann, K. Ditters v. Dittersdorf, J. Kempfer a J. Zistler.[144]

63. Ein charakteristisches Beispiel einer Konzertveranstaltung der zweiten Hälfte des 18. Jahrhunderts[160] ist die *musikalische Akademie*, die im Stadttheater am 15. März 1778 für „Kenner und Schätzer der Musik" stattfand. In dem Konzert, das in der Preßburger Zeitung eine umfassende und sehr lobende Rezension erhielt, trat ein 40köpfiges Orchester auf. Als Solisten wirkten die Batthyányschen Virtuosen Josef Kempfer, Albrecht Schaudig, Stefan Försch und Josef Zistler. Das umfangreiche, damals jedoch in der Dramaturgie übliche Programm bildeten 3 Symphonien, 3 Konzertwerke für Soloinstrumente mit Orchester und ein Duett. Autoren der Werke waren G. Martini, A. Zimmermann, K. Ditters v. Dittersdorf, J. Kempfer. und J. Zistler.[144]

64. Príkladom veľmi skorého úsilia meštianstva o organizovanie vlastných koncertných podujatí, ktoré prevzali znaky palácových koncertov šľachty[160], bol aj *koncert* uskutočnený dňa 23. februára 1771. Vo svojom bratislavskom *byte* ho usporiadal *Franz Paul Rigler*.[48] Noviny Preßburger Zeitung číslo 17 zo dňa 26. februára 1777 o podujatí napísali: „23-ho večer o pol 6. hodine usporiadal pán Franz Rigler, jeden z najväčších klaviristov, vo svojom byte pri Laurinskej bráne náramne pompéznu inštrumentálnu akadémiu, na ktorej sa zišlo plno ľudí a tridsať najšikovnejších a najzručnejších hudobníkov...".[144] Koncert bol príležitosťou na prezentáciu skladateľského, interpretačného, a prostredníctvom žiakov aj pedagogického majstrovstva F. P. Riglera.

64. Ein Beispiel für die sehr frühen Bemühungen des Bürgertums um die Organisierung eigener Konzertveranstaltungen, die Merkmale der Palaiskonzerte des Adels[160] übernahmen, war auch das *Konzert* vom 23. Februar 1771, das *Franz Paul Rigler* in seiner Preßburger *Wohnung* veranstaltete.[48] Die Preßburger Zeitung Nr. 17 vom 26. Februar 1777 schrieb darüber: „Den 23-ten dieses abends um halb 6 Uhr veranstaltete Herr Franz Rigler einer der stärksten Klavierspieler in seinem Logie am Laurenzenthore alhier, eine überaus pompose Instrumental Akademie, bei welcher sich etlich und dreissig der geschicktesten und geübtesten Musikverständigen einfanden..."[144] Das Konzert war eine Gelegenheit für die Präsentation der kompositorischen, interpretatorischen und, über die Schüler, auch der pädagogischen Meisterschaft F. P. Riglers.

65. Výrečným dokladom zmien v sociálnej funkcii hudby v dobe klasicizmu a presunu mecenášstva zo šľachty na meštianstvo sú bratislavské *koncertné podujatia*.[144] Najčastejšie sa konali v mestskom divadle, v divadle Pálffyovcov,[224] v domoch mešťanov a neskôr v *sále uhorského snemu a mestskej reduty*.[237] Od druhého desaťročia 19. storočia sa čoraz častejšie poriadali koncerty, ktorých výnos bol určený na dobročinné ciele. K takým patrilo aj podujatie realizované dňa 5. novembra 1817 v prospech Pražského ústavu slepcov. Okrem iných na ňom účinkoval nevidiaci hudobník Josef Proksch (1794–1864)[179], odchovanec tohto ústavu.

65. Ein beredter Beweis für die Wandlungen in der sozialen Funktion der Musik in der Zeit der Klassik und der Verlagerung des Mäzenatentums vom Adel auf das Bürgertum sind die Preßburger *Konzertveranstaltungen*.[144] Sie fanden meist im Stadttheater, im Theater der Familie Pálffy[224], in den Bürgerhäusern und später im *Saal des ungarischen Landtags und der Stadtredoute* statt.[237] Seit dem zweiten Jahrzehnt des 19. Jahrhunderts wurden immer häufiger Konzerte veranstaltet, deren Ertrag für wohltätige Ziele bestimmt war. Zu diesen zählte auch die am 5. November 1817 zugunsten des Prager Blindeninstituts realisierte Veranstaltung. Unter anderen trat hier der blinde Musiker Josef Proksch (1794–1864)[179], ein Zögling des erwähnten Instituts, auf.

66. Po roku 1810 prechádzalo hudobné mecénstvo definitívne zo šľachty na meštianstvo a organizovanie hudobného života do kompetencie spolkov.[160] Prvý meštiansky spolok tohto typu vznikol v Bratislave pomerne neskoro, a to až v roku 1815. *Verein der Preßburger Freyen Künstler und Sprachlehrer* sa okrem podpornej činnosti venoval aj organizovaniu koncertov. Jeho zakladateľom bol hudobník Jozef Schodl.[9] K veľkým hudobným akciám združenia patrilo predvedenie oratória Josepha Haydna Die Schöpfung (Hob.XXI:2) v roku 1825.[144]

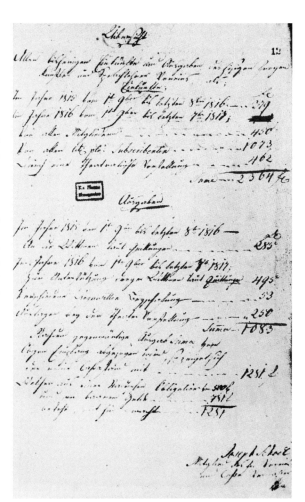

66. Nach 1810 ging das Musikmäzenatentum definitiv vom Adel auf das Bürgertum über und die Organisation des Musiklebens fiel in die Kompetenz der Vereine.[160] Der erste bürgerliche Verein dieser Art entstand in Preßburg verhältnismäßig spät, und zwar erst 1815. Der *Verein der Preßburger Freyen Künstler und Sprachlehrer* widmete sich neben der Fördertätigkeit auch der Organisierung von Konzerten. Sein Begründer war der Musiker Joseph Schodl.[9] Zu den großen musikalischen Aktionen der Vereinigung zählte 1825 die Aufführung des Oratoriums Die Schöpfung von Joseph Haydn (Hob. XXI:2).[144]

67. Zo spolku Verein der Preßburger Freyen Künstler und Sprachlehrer sa v roku 1828[9] – zásluhou angažovanosti Heinricha Kleina[152] – vyčlenili hudobníci a založili si pri dóme sv. Martina výlučne hudobný spolok – *Kirchenmusikverein*.[10] Z tlačou vydaného Plan zur Gründung eines Kirchen-Musik-Vereins...[184] sa okrem organizačnej štruktúry a predstáv o usporadúvaní cirkevných a svetských hudobných podujatí dozvedáme aj mená vedúcich činiteľov, subskribentov a vyše 50 členov združenia. Protektorom spolku sa stal knieža Innocenz d'Erba Odescalchi. Z významnejších členov spomenieme Václava Kaluša, Lukáša Mihaloviča, Františka Pfeiffera, Jakuba Kunerta a Františka Pokorného.[10]

67. Aus dem Verein der Preßburger Freyen Künstler und Sprachlehrer gliederten sich 1828[9] dank des Engagements Heinrich Kleins[152] die Musiker aus und gründeten beim St. Martinsdom den ausschließlich musikalischen *Kirchenmusikverein*.[10] Aus dem im Druck erschienenen Plan zur Gründung eines Kirchen-Musik-Vereins...[184] erfahren wir neben der Organisationsstruktur und den Vorstellungen über die Veranstaltung von kirchlichen und weltlichen Musikveranstaltungen auch die Namen der leitenden Funktionäre, Subskribenten und der über 50 Mitglieder des Vereins. Vereinsprotektor wurde der Fürst Innocenz d'Erba Odescalchi. Von den bedeutenderen Mitgliedern seien hier erwähnt Wenzel Kaluš, Lukas Mihalovič, Franz Pfeiffer, Jacob Kunert und Franz Pokorný.[10]

68. Spolok Kirchenmusikverein zanikol pre organizačné, a najmä hospodárske ťažkosti.[9] Na jeho tradíciách bol dňa 24. novembra 1833 založený nový spolok *Pressburger Kirchenmusikverein zu St. Martin*.[73] Pôsobil nepretržite až do roku 1950 a zohral rozhodujúcu úlohu pri ďalšom hudobnom rozvoji Bratislavy.[118] Predsedom spolku s viac ako 100 členmi sa stal Kazimír Esterházy de Galantha a prvým dirigentom Kleinov žiak Jozef Kumlik (1801–1869). Prehľad repertoáru, vybavenia notovým materiálom a inštrumentárom, ako aj obraz o hudobných kontaktoch v prvých rokoch činnosti spolku podáva aj najstarší inventár archívu spolku z roku 1846.[81]

68. Der Kirchenmusikverein ging wegen organisatorischer und vor allem wirtschaftlicher Schwierigkeiten ein.[9] Auf seinen Traditionen wurde am 24. November 1833 der neue *Pressburger Kirchenmusikverein zu St. Martin* gegründet.[73] Er wirkte ununterbrochen bis 1950 und spielte eine entscheidende Rolle bei der musikalischen Weiterentwicklung Preßburgs.[118] Der Vorsitzende des Vereins (mit über 100 Mitgliedern) wurde Kasimir Esterházy de Galantha und der erste Dirigent Josef Kumlik (1801–1869), ein Schüler Kleins. Einen Überblick über das Repertoire, die Ausstattung mit Notenmaterial und Instrumentarium sowie ein Bild von den Musikkontakten in den ersten Jahren der Tätigkeit des Vereins liefert auch das älteste Inventar des Vereinsarchivs von 1846.[81]

69. Kľúčový význam pre bratislavský hudobný život obdobia klasicizmu mala mnohostranná hudobná činnosť *Heinricha Kleina* (1756–1832).[152] Klein bol iniciátorom založenia a organizátorom činnosti prvých dvoch bratislavských hudobných spolkov.[10] Známe boli matiné poriadané v jeho byte za účasti H. Marschnera, J. E. Fussa, grófa Guadányho a iných.[47] H. Klein, sám výborný klavirista a organista, pracoval aj ako teoretik a konštruktér v oblasti hudobného nástrojárstva.[44] Ako publicista prispieval do novín Preßburger Zeitung i do lipských Allgemeine musikalische Zeitung. Bol v kontakte s mnohými európskymi hudobníkmi, aj s L. v. Beethovenom,[244] ktorého dielo u nás intenzívne propagoval.

69. Eine Schlüsselbedeutung für das Preßburger Musikleben zur Zeit der Klassik hatte die vielseitige musikalische Tätigkeit von *Heinrich Klein* (1756–1832).[152] Klein war nicht nur Initiator der Gründung und Organisator der Tätigkeit der ersten zwei Preßburger Musikvereine.[10] Bekannt waren die in seiner Wohnung veranstalteten Matineen unter Teilnahme von H. Marschner, J. E. Fuss, Graf Guadány und anderer.[47] H. Klein, selbst ein ausgezeichneter Pianist und Organist, arbeitete auch als Theoretiker und Konstrukteur im Bereich des Musikinstrumentenbaus.[44] Als Publizist schrieb er für die Preßburger Zeitung und die Leipziger Allgemeine musikalische Zeitung. Er stand mit vielen europäischen Musikern im Kontakt, auch mit L.v. Beethoven,[244] dessen Werk er bei uns intensiv propagierte.

70. Najpodstatnejšou dnes je pre nás *skladateľská činnosť Heinricha Kleina*.[152] Prejavom uznania jej kvalít bolo čestné členstvo Švédskej kráľovskej akadémie, ktoré mu udelili v roku 1805, i ocenenie od pápeža Pia VIII. za Te Deum.[32] Z Kleinovho kompozičného odkazu k menej početným patria *svetské diela*: nemecké piesne, klavírna fantázia, Abendlied für mein Trinchen a tri kantáty z rokov 1799, 1807 a 1816. Druhá z kantát (motivovaná výročím narodenia Františka I.) bola vydaná v Bratislave aj tlačou. Zaznela najprv pre mecéna hudby grófa Františka Balassu[117], ktorému bola dedikovaná, a potom na verejnom koncerte (12. 2. 1807) v mestskom divadle.

70. Für uns ist heute am wesentlichsten die *kompositorische Tätigkeit von Heinrich Klein*.[152] Ausdruck der Anerkennung seiner Qualitäten war die Ehrenmitgliedschaft der Schwedischen Königlichen Akademie, die ihm 1805 erteilt wurde, sowie die Würdigung von Papst Pius VIII. für das Te Deum.[32] Im kompositorischen Nachlaß Kleins sind weniger zahlreich *die weltlichen Werke*: deutsche Lieder, Klavierphantasie, Abendlied für mein Trinchen und drei Kantaten aus den Jahren 1799, 1807 und 1816. Die zweite der Kantaten (auf den Geburtstag Franz I.) wurde in Preßburg auch im Druck herausgegeben. Sie erklang zuerst für den Musikmäzen Graf Franz Balassa[117], dem sie gewidmet war, und dann in einem öffentlichen Konzert (12. 2. 1807) im Stadttheater.

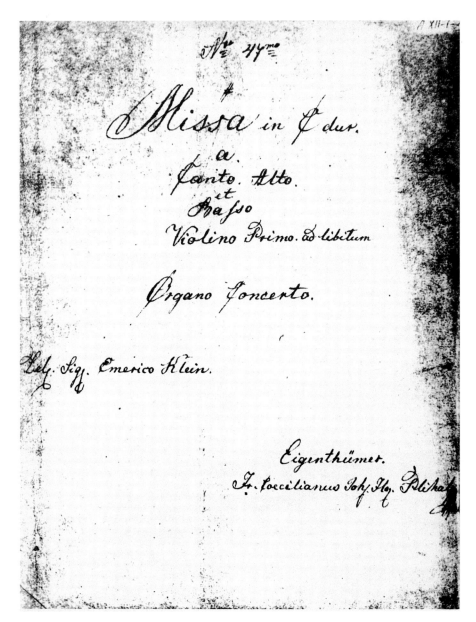

71. Z vyše tridsať známych *sakrálnych skladieb Heinricha Kleina*[160] sú umelecky najzaujímavejšie omše, ofertóriá a graduále. Skladateľské dielo H. Kleina je produktom práce talentovaného a rozhľadeného hudobníka, ktorý sa v neskoršej tvorivej fáze štýlovo orientoval na L. v. Beethovena. V začiatočnej etape sú badateľné vplyvy autorov českého raného klasicizmu a C. Ph. E. Bacha. Kleinove chrámové diela[152] boli obľúbené nielen na Slovensku. Prenikli aj do českých zemí a do hudobných stredísk, ktoré sa nachádzajú na území dnešného Rakúska a Maďarska.

71. Von den über dreißig bekannten *Sakralkompositionen von Heinrich Klein*[160] sind die künstlerisch interessantesten seine Messen, Offertorien und Gradualien. Das Kompositionswerk H. Kleins ist das Produkt der Arbeit eines talentierten und gebildeten Musikers, der sich in der späteren Schaffensphase stilistisch an L. v. Beethoven orientierte. In der Anfangsetappe sind Einflüsse von Komponisten der tschechischen Frühklassik und C. Ph. E. Bachs merkbar. Kleins Kirchenwerke[152] waren nicht nur in der Slowakei beliebt. Sie gelangten auch in die böhmischen Länder und die Musikzentren, die sich auf dem Gebiet des heutigen Österreich und Ungarn befinden.

und den erforderlichen Baumaterialien eines Baues, die auch zum Theil vorgezeiget wurden; von der Beschaffenheit der Theile eines Gebäudes; von der Toskanischen, Dorischen-jonischen und korinthischen Säulenordnung.

Den 14ten Vormittags folgten erstens die 4te, dann die zwo lateinischen Klassen.
1. Aus der Erdbeschreibung die Kenntniß der Kugelkarte, der Universalkarte Europens, und der Specialkarte Ungarns; bey dieser letztern sind historische Anmerkungen eingewebet und einige merkwürdigere Natur- und Kunstprodukte benennet worden, wo sie im Lande wachsen und zu haben sind.
2. Die erste lateinische Klasse handelte vom Abändern und kleinen Wortfügungen mit Anwendung der Nationalsprachen.
3. Die zweyte lateinische Klasse übersetzte aus der deutschen und den Nationalsprachen ins Latein.
4. Die Uebungen im Zeichnen wurden vorgenommen.

Nachmittag folgten die Uebungen in der Thonkunst mit sonderbarer Verwunderung aller anwesenden Kenner und Zuhörer.
1. Wurden die nöthigsten Fragen aus der Einleitung zur Musik überhaupt, und zum Gesange ins Besondere mit ausnehmender Fertigkeit und Munterkeit beantwortet.
2. Der Begrif vom Notenplane, Thonschlüßeln, Thonverhältniß, Umfang der Stimmen, Benennung und Gestalt der Noten deutlich auseinander gesetzt, und einige hier dienliche Beyspiele abgesungen.
3. Die Versetzungszeichen, Vorzeichnungen, Thonarten und Intervallen mit den dazu gehörigen Beyspielen angegeben.
4. Der Werth der Notengattungen, der Pausen und Verlängerungszeichen, wie auch
5. Das Nöthige vom Takte, den 3 Hauptbewegungen desselben, die Wiederholungen und

wörter angezeigt. Hierauf wurden
6. Vier deutsche Psalmen abgesungen, und mit etlichen Klavieren begleitet.
7. Sangen die Musikschüler sowohl einzeln als zusammen verschiedene Beyspiele ab, und spielten einige Klavierstücke. Diesem folgten
8. Zwey Kyrie mit Diskant und Alt, unter Begleitung eines Flügels.
9. Der Psalm De profundis vierstimmig unter der nämlichen Begleitung.
10. Der Psalm Lauda Sion mit Diskant, Alt, Baß, und zwey obligaten Klavieren.
11. Eine Singfuge mit 4 Stimmen, und dem unterlegten Texte Benedictus.

Bey Johann Michael Landerer hat ganz neu die Presse verlassen:
Compendiaria politioris literaturæ Notitia in usum nobilis Iuventutis Hungaricæ, conscripta ab Antonio Mancini A. S. Presbytero. Pars II. à 20 kr.

Preis der Feldfrüchte,
vom 11ten bis 16ten Oktober.

Metzen bester Waitzen 29 bis 30 Grosch.
— Ordinari detto   28 , 28
— Halbgetreid   23 , 25
— Korn, oder Rog.   21 , 22
— Gersten   20 , 21
— Haber   15 , 16

Diese Blätter kan man alle Tage im Zeitungskomtoir ohnweit dem neuerbauten Stadttheater bey Johann Michael Landerer einzeln bekommen.

---

72. Vysoké požiadavky na hudobné znalosti budúcich učiteľov (dokladá ich správa Preßburger Zeitung zo dňa 16. októbra 1779) sú v súlade so skutočnosťou, že *Bratislava* patrila v stredoeurópskom regióne v čase klasicizmu k predvoju v oblasti hudobného školstva a pedagogiky.[104] V rámci uskutočňovania školských reforiem Márie Terézie Ratio educationis založil Franz Paul Rigler v Bratislave už v roku 1775 pri Hlavnej národnej škole triedu hudobnej výchovy, nazývanú *Musikschule*.[106] Vyučoval na nej až do roku 1796. Táto škola patrila k najlepším v Uhorsku a bola vôbec prvou verejnou hudobnou školou v našej oblasti, a to v čase, keď ešte aj samotná Viedeň zotrvávala (až do roku 1816) len na báze súkromného vyučovania hudby.[20]

72. Die hohen Anforderungen an die musikalischen Kenntnisse künftiger Lehrer (das belegt eine Nachricht der Preßburger Zeitung vom 16. Oktober 1779) stehen im Einklang mit der Tatsache, daß *Preßburg* in der mitteleuropäischen Region zur Zeit der Klassik zur Vorhut im Musikschulwesen und der Musikpädagogik gehörte.[104] Im Rahmen der Verwirklichung der Schulreformen von Maria Theresias Ratio educationis gründete Franz Paul Rigler in Preßburg schon 1775 bei der Hauptnationalschule eine Klasse mit Musikerziehung, genannt *Musikschule*.[106] An dieser wurde bis 1796 unterrichtet. Diese Schule gehörte zu den besten in Ungarn und war überhaupt die erste öffentliche Musikschule in unserem Raum, und das in einer Zeit, als selbst Wien (bis 1816) noch immer auf der Basis des privaten Musikunterrichts verharrte.[20]

ANLEITUNG
ZUM
KLAVIER
für musikalische Privatlehrstunden,

VON

FRANZ P. RIGLER,

öffentlichen Tonlehrer der k. Hauptnationalfchule zu Prefsburg.

Erster Theil.

Zweite Auflage.

Presburg,
gedruckt und verlegt bey Johann Nep. Schauff.

---

73. Prvým pedagógom Hudobnej školy v Bratislave sa stal jej zakladateľ *Franz Paul Rigler*.[104] Jeho angažovanosť v prospech školy ho viedla k tomu, že v krátkom čase napísal učebnicu *Anleitung zum Klavier*.[106] Tlačou vyšla vo Viedni roku 1779, v Bratislave a vo Viedni roku 1791 a roku 1798 v Budíne v prepracovanej verzii. Práca patrila k najlepším dobovým školám pre klávesové nástroje. Okrem pokynov pre výučbu hry na klávesových nástrojoch, spevu, generálneho basu a kontrapunktu obsahuje, ako to bolo zvykom, aj základy kompozície. K textovej časti pripojil Rigler veľmi vydarené ukážky prednesových skladieb vlastnej kompozičnej produkcie, ale aj skladby iných autorov.[189]

73. Der erste Pädagoge der Musikschule in Preßburg wurde ihr Gründer *Franz Paul Rigler*.[104] Sein Einsatz zum Wohle der Schule brachte ihn dazu, daß er in kurzer Zeit das Lehrbuch *Anleitung zum Klavier* verfaßte.[106] Im Druck erschien es 1779 in Wien, in Preßburg und Wien 1791 und 1798 in Buda in überarbeiteter Fassung. Die Arbeit zählte zu den besten zeitgenössischen Schulen für Tasteninstrumente. Außer Hinweisen für die Unterweisung im Spiel auf Tasteninstrumenten, Gesang, Generalbaß und Kontrapunkt enthält sie, wie das der Brauch war, auch die Grundlagen der Komposition. Dem Textteil fügte Rigler sehr gelungene Beispiele von Vortragsstücken der eigenen Kompositionsproduktion, aber auch Werke anderer Autoren an.[189]

Anleitung
zum
Gesange, und dem Klaviere,
oder
die Orgel zu spielen;
nebst den ersten Gründen zur Komposizion;
als
Nöthige Vorkenntniße der freyen und gebundenen Fantasie; mit 2 Anhängen: der 33 Kirchenlieder; und 31 charakteristischen Tonstücken verschiedener Meister dieses Jahrhunderts.

Für Tonlehrer, Schulleute, und Musikliebhaber in dem Königreiche

Ungarn.

Vorzüglich aber zum allgemeinen Gebrauch der Tonschulen.

Verfasset:
von

Franz Paul Rigler,

gewesten öffentlichen Tonlehrer der königl. Hauptnazionalschule zu Preßburg.

OFEN,
im Verlage der königl. hungar. Universitätsbuchdruckerey.
1798.

74. Jedným z najzávažnejších tvorcov hudbnej kultúry klasicizmu na Slovensku bol *Franz Paul (Xaver) Rigler* (1748? až 1796). Patril k tým európsky uznávaným klavírnym virtuózom, pedagógom a skladateľom, ktorí najproduktívnejšie roky tvorby strávili v Bratislave. Rigler tu účinkoval nepretržite od polovice 70. rokov 18. storočia až do októbra 1796, keď odišiel do Viedne, kde zakrátko zomrel.[104] Riglerových *12 uhorských tancov*[180] patrí v dobe klasicizmu medzi prvé vzácne doklady verbunkového štýlu šľachtického typu. Skladateľ bol jedným z nemnohých hudobníkov, ktorí sa pokúsili vymedziť hungareskový štýl v hudbe aj verbálne a esteticky ho zhodnotiť.[110]

74. Einer der wichtigsten Schöpfer der Musikkultur in der Slowakei war *Franz Paul (Xaver) Rigler* (1748?–1796). Er zählte zu jenen europäisch anerkannten Klaviervirtuosen, Pädagogen und Komponisten, die ihre produktivsten Jahre in Preßburg verbrachten. Rigler wirkte hier kontinuierlich von der Mitte der 70er Jahre des 18. Jahrhunderts bis zum Oktober 1796, als er nach Wien ging, wo er kurz darauf starb.[104] Riglers *12 ungarische Tänze*[180] gehören in der Zeit der Klassik zu den ersten wertvollen Dokumenten des adligen Verbunkosstils. Der Komponist war einer der wenigen Musiker, die versuchten, den hungaresken Stil in der Musik zu definieren und ihn auch verbal und ästhetisch zu bewerten.[110]

75. Skladateľské dielo *Franza Paula Riglera*,[40] ktoré dosiaľ poznáme, je určené takmer výlučne pre klávesové nástroje (čembalo, klavír). Z dostupných informácií sa zdá, že vzniklo prevažne v rokoch jeho pobytu v Bratislave. K umelecky najhodnotnejším patria *sonáty*, ktoré vytvoril v rokoch 1778–1784.[189] Ich historická hodnota spočíva predovšetkým v skĺbení svojskej invencie a diferencovaného rytmu, a vo formovom dotváraní sonáty v súlade s jej aplikáciou na klávesové nástroje.[160]

75. Das kompositorische Werk *Franz Paul Riglers*,[40] soweit wir es bislang kennen, ist fast ausschließlich für Tasteninstrumente (Cembalo, Klavier) bestimmt. Aus zugänglichen Informationen scheint es, daß es überwiegend in den Jahren seines Aufenthalts in Preßburg entstanden ist. Zu den künstlerisch wertvollsten Werken gehören die *Sonaten*, die er in der Zeit von 1778–1784 schuf.[189] Ihr historischer Wert besteht vor allem in der Verknüpfung der eigenen Invention und des differenzierten Rhythmus sowie in der Formgestaltung der Sonate im Einklang mit ihrer Anwendung für Tasteninstrumente.[160]

76. Nástupcom F. P. Riglera na Hudobnej škole v Bratislave[104] sa stal *Heinrich Klein* (1756 až 1832). Hudobné vzdelanie získal ako „zázračné dieťa" na rodnej Morave. V roku 1784 sa natrvalo usadil v Bratislave.[32] Najprv bol učiteľom hudby v kláštornej škole pre šľachtičné Notre Dame, potom asistentom F. P. Riglera a napokon jeho nástupcom.[152] Známe boli Kleinove mimoriadne pedagogické úspechy. Svedectvo o nich vydávali jeho žiaci, ku ktorým patril napríklad Ferenc Erkel[275], tvorca maďarskej národnej opery, skladateľ Ladislav Füredy, významný bratislavský hudobník 19. storočia Jozef Kumlik a mnohí ďalší.[36]

76. Der Nachfolger F. P. Riglers in der Musikschule in Preßburg[104] wurde *Heinrich Klein* (1756–1832). Seine musikalische Bildung erhielt er als „Wunderkind" im heimatlichen Mähren. 1784 ließ er sich für ständig in Preßburg nieder.[32] Zunächst war er Musiklehrer an der Notre-Dame-Klostersterschule für adlige Mädchen, dann Assistent F. P. Riglers und schließlich dessen Nachfolger.[152] Bekannt waren Kleins hervorragende pädagogische Erfolge. Zeugnis dafür legten seine Schüler ab, zu denen etwa Ferenc Erkel[275] gehört hat, der Schöpfer der ungarischen Nationaloper, der Komponist Ladislav Füredy, der bedeutende Preßburger Musiker des 19. Jahrhunderts Josef Kumlik und viele andere.[36]

77. Dôkazom úspechu F. P. Riglera ako hudobného teoretika a pedagóga je fakt, že jeho klavírna škola našla uplatnenie v hlavných európskych hudobných centrách.[106] O kvalitách jeho práce však svedčí aj menej známa skutočnosť, že taký významný klavirista a pedagóg, akým bol *Johann Nepomuk Hummel* (1778–1837), „prevzal" takmer po polstoročí do svojej európsky známej Klavírnej školy *Ausführliche theoretisch-practische Anweisung zum Piano-Forte-Spiel* (1828) takmer kompletné Riglerove ukážky, žiaľ, bez udania jeho mena.[189]

77. Ein Beweis für den Erfolg F. P. Riglers als Musiktheoretiker und Pädagoge ist die Tatsache, daß seine Klavierschule in den europäischen Hauptmusikzentren Verwendung fand.[106] Die Qualitäten seiner Arbeit zeigt jedoch auch die weniger bekannte Tatsache, daß ein so bedeutender Pianist und Pädagoge wie *Iohann Nepomuk Hummel* (1778–1837) fast ein halbes Jahrhundert später die Riglerschen Beispiele fast komplett in seine europäisch bekannte Klavierschule *Ausführliche theoretisch-practische Anweisung zum Piano-Forte-Spiel* (1828) übernahm, leider ohne Angabe von Riglers Namen.[189]

Jubelfest und Belustigung des Volkes bey der Krönung des König's von Ungarn.

78. K služobným povinnostiam mestských trubačov patrilo organizovanie *zábavných hudobných podujatí*[237] v meste, na ktorých spravidla aj spoluúčinkovali. Kým na tanečné zábavy ľudovejšieho typu sa využívali hostince a v lete voľné priestranstvá mesta[94], honosné mestské plesy a iné tanečné večierky sa poriadli v Pálffyho divadelnej sále[224], v mestskom divadle, neskôr aj v redute a v zasadacích priestoroch snemovne[144]. K dobovým zvyklostiam patrilo, že k týmto udalostiam prispievali mestskí trubači vlastnými tanečnými skladbami. Najväčšia bola v tomto smere produkcia bratislavského trubača Františka Xavera Tosta.[157]

78. Zu den Dienstpflichten der Stadttrompeter gehörte die Organisierung von *unterhaltsamen Musikveranstaltungen*[237] in der Stadt, an denen sie in der Regel mitwirkten. Während zu volkstümlicheren Tanzvergnügen die Wirtshäuser und im Sommer die freien Plätze der Stadt genutzt wurden[94], fanden die prunkvollen Stadtbälle und andere Tanzabende im Pálffy-Theatersaal[224], im Stadttheater, später auch in der Redoute und in den Sitzungsräumen des Landtages statt.[144] Zu den zeitgenössischen Gewohnheiten gehörte es, daß die Stadttrompeter mit einen Tanzkompositionen zu diesen beitrugen. Am umfangreichsten war in dieser Hinsicht die Produktion des Preßburger Trompeters Franz Xaver Tost.[157]

79. Význam *mestských trubačov*, ktorí tvorili dovtedy dôležitú zložku mestskej hudobnej kultúry, po roku 1800 postupne klesal.[237] Ako mestskí zamestnanci plnili okrem trubačských povinností na *radničnej veži* aj ďalšie úlohy: zúčastňovali sa na zvyšovaní lesku korunovácií[208], rôznych svetských a cirkevných osláv, hrali na pravidelných sakrálnych podujatiach, na trubačských vežových koncertoch, plesoch, zábavách i na súkromných podujatiach. Úlohou tzv. vežových majstrov bolo vychovávať trubačský dorast. K známym mestským trubačom čias klasicizmu v Bratislave patril Michal Oetzel, František Xaver Tost, František Pfeiffer a Ján Pokorný.[160]

79. Die Bedeutung der *Stadttrompeter*, die damals einen wichtigen Bestandteil der zeitgenössischen städtischen Musikkultur bildeten, ging nach 1800 allmählich zurück.[237] Als Stadtangestellte erfüllten sie aber außer den Trompeterpflichten auf dem *Rathausturm* noch weitere Aufgaben: sie nahmen an der Erhöhung des Glanzes der Krönungen[208] und verschiedener weltlicher und kirchlicher Feierlichkeiten teil, sie spielten auf regelmäßigen sakralen Veranstaltungen, auf Turmbläserkonzerten, Bällen, Vergnügungen und privaten Veranstaltungen. Die Aufgabe der sogenannten Turnermeister war es, den Trompeternachwuchs heranzubilden. Zu den bekannten Stadttrompetern der Zeit der Klassik in Preßburg gehörten Michael Oetzel, Franz Xaver Tost, Franz Pfeiffer und Johann Pokorný.[160]

80. František Xaver Tost *(1754–1829)*[32] bol českého pôvodu. Patril nielen k dobrým výkonným hudobníkom, ale aj k popredným domácim skladateľom tohto obdobia. Najprv údajne účinkoval v kapele Mikuláša Esterházyho.[190] Asi od roku 1773 sa natrvalo usadil v Bratislave.[247] Pôsobil ako vežový trubač, huslista, neskôr ako hudobný riaditeľ a kapelník mestského divadla. Najviac diel sa zachovalo z Tostovej tanečnej tvorby. Vyše 130 *tanečných skladieb* obohacovalo hlavne bratislavské a košické zábavné podujatia. Historický význam majú Tostove hungaresky *Douze Nouvelles Danses Hongroises*, ktoré vyšli tlačou vo Viedni (1795–1808).[160]

80. Franz Xaver Tost *(1754–1829)*[32] war tschechischer Abstammung. Er gehörte nicht nur zu den guten ausübenden Musikern, sondern auch zu den führenden heimischen Komponisten dieser Zeit. Zuerst soll er angeblich in der Kapelle Nikolaus Esterházys gewirkt haben.[190] Etwa seit 1773 ließ er sich für ständig in Preßburg nieder.[247] Er wirkte als Turmbläser, Geiger, später als Musikdirektor und Kapellmeister des Stadttheaters. Am meisten ist von Tosts Tanzmusik erhalten. Über 130 *Tanzkompositionen* bereicherten vor allem Preßburger und Kaschauer Unterhaltungsveranstaltungen. Historische Bedeutung haben Tosts Hungaresken *Douze Nouvelles Danses Hongroises*, die in Wien im Druck erschienen (1795–1808).[160]

81. Skladateľský odkaz Františka Xavera Tosta[157] bol rozsiahly a mnohostranný. O existencii väčšej časti jeho tvorby však vieme len sprostredkovane, a to z *inzertnej ponuky*.[247] Tost ju *uverejnil v novinách Preßburger Zeitung číslo 3 dňa 17. apríla 1823*. F. X. Tost bol autorom opery Die Werbung auf dem Jahrmarkt, 6 spevohier a vlastenecky ladenej kantáty Aufruf an Ungarn edle Soehne.[275] Skomponoval aj 6 koncertov (pre husle, flautu a organ), kvartetá, sonáty, duetá a rad iných svetských diel. Spomenúť treba i jeho sakrálnu produkciu a diela s pedagogickým určením.[160]

81. Der *kompositorische Nachlaß von Franz Xaver Tost*[157] war umfangreich und vielseitig. Von der Existenz des größten Teils seines Schaffens wissen wir jedoch nur mittelbar, und zwar aus einem *Inseratangebot*.[247] Tost veröffentlichte sie *in der Preßburger Zeitung Nr. 3 am 17. April 1823*. Tost schuf die Oper Die Werbung auf dem Jahrmarkt, 6 Singspiele und die patriotisch gestimmte Kantate Aufruf an Ungarns edle Soehne.[275] Er komponierte auch 6 Konzerte (für Violine, Flöte und Orgel), Quartette, Sonaten, Duette und eine ganze Reihe anderer weltlicher Werke. Zu erwähnen sind auch seine sakrale Produktion und die Werke mit pädagogischer Bestimmung.[160]

82. V klasicizme sa Bratislava preslávila aj *výrobou hudobných nástrojov*[77], zvlášť *huslí*[120]. Vynikli celé rodiny husliarov, napr. Leebovci, Thierovci, v 19. storočí to boli Ertlovci a Hambergerovci. Povesť najlepšieho husliara Uhorska získal Bratislavčan Johann Georg II. Leeb (asi 1740-asi 1813), ktorý pracoval podľa modelov J. Steinera a N. Amatiho. Aj husle jeho syna boli vysoko cenené. Z Thierovcov vyhľadávali najmä nástroje Antona I. Thiera (†1796) a Andreasa Thiera (1765–1798). Medzi husliarsku elitu patril aj Jakub Ertl[108], pôvodom z Moravy.

82. In der Klassik wurde Preßburg auch durch den *Musikinstrumentenbau*[77], besonders *den Geigenbau*[120] berühmt. Ganze Geigenbauerfamilien taten sich hervor, z.B. Leeb, Thier, im 19. Jahrhundert Ertl und Hamberger. Den Ruf des besten Geigenbauers von Ungarn erwarb der Preßburger Johann Georg II. Leeb (etwa 1740- etwa 1813), der nach den Modellen J. Steiners und N. Amatis arbeitete. Auch die Geigen seines Sohnes wurden hochgeschätzt. Von den Thiers waren besonders die Instrumente von Anton I. Thier (†1796) und Andreas Thier (1765–1798) begehrt. Zur Geigenbauerelite gehörte auch der aus Mähren stammende Jakob Ertl[108].

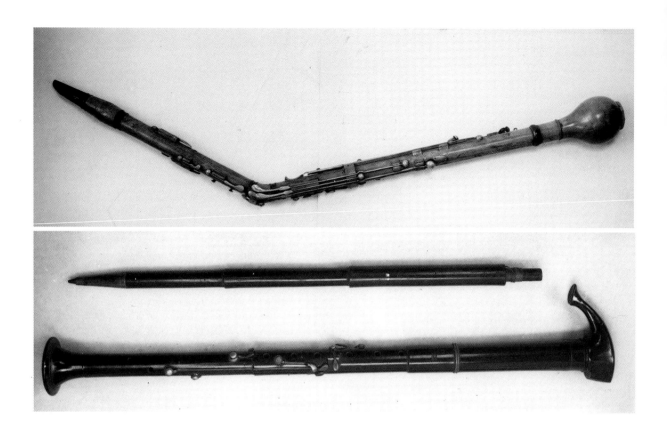

83. V 18. storočí bola Bratislava známa aj *výrobou dychových nástrojov a strún*[44], menej klavírov. Presláveným nástrojárom bol Theodor Lotz (1748–1820). V roku 1782 zlepšil mechanizmus basetového rohu, ktorý skonštruovali v Pasove v roku 1770. Európsku povesť dosiahli dielne Franza Schöllnasta (1775–1844). Na objednávky z celej Európy vyrábal v rôznych úpravách flauty, hoboje, klarinety, fagoty a lesné rohy. K Schöllnastovým vynálezom patrila hlboká flauta – furollya a medený dychový nástroj – tritonikon. Zdokonalil aj palicovú flautu – čakan.[77]

83. Im 18. Jahrhundert war Preßburg auch durch *die Herstellung von Blasinstrumenten und Saiten*[44] bekannt, weniger von Klavieren. Ein berühmter Instrumentenbauer war Theodor Lotz (1748–1820). 1782 verbesserte er den Mechanismus des Bassethorns, das 1770 in Passau konstruiert wurde. Europäischen Ruf erlangten die Werkstätten von Franz Schöllnast (1775–1844). Für Bestellungen aus ganz Europa baute er in verschiedenen Ausführungen Flöten, Oboen, Klarinetten, Fagotte und Waldhörner. Zu Schöllnasts Erfindungen gehörte die tiefe Flöte-Furollya und das kupferne Blasinstrument Tritonikon. Er vervollkommnete auch die Stockflöte – Czakan.[77]

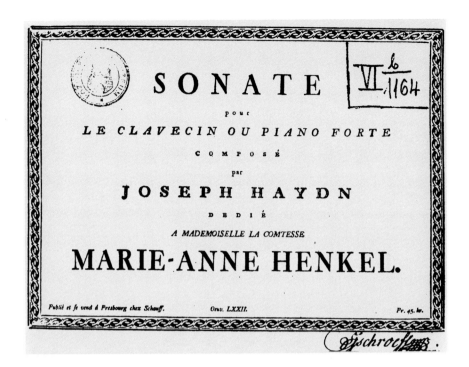

84. Bratislavskí vydavatelia[160], ktorí boli obvykle zainteresovaní aj na nákupe a predaji notového materiálu a kníh o hudbe, stáli v tieni viedenského vydavateľského monopolu. Napriek tomu boli dôležití nielen pre samotné centrum hudby Uhorska – Bratislavu, ale aj pre jeho ostatné kultúrne strediská. Okrem vydavateľskej činnosti spĺňali totiž dôležitú sprostredkovateľskú úlohu.[20] K popredným bratislavským hudobným vydavateľom patrili predovšetkým Johann Michael Landerer (1750–1795) a Johann Nepomuk Schauff (1786 až 1801). Boli tu však aj ďalší: Karl Gottlieb Lippert, Paul Struck, Nikolaus Meidinger, Karl Fähnrich, Karl Streibig a iní.[144]

84. Die *Preßburger Verleger*[160], die gewöhnlich auch an Kauf und Verkauf von Notenmaterial und Büchern über Musik interessiert waren, standen im Schatten des Wiener Verlegermonopols. Dennoch waren sie wichtig, nicht nur für das eigentliche Musikzentrum Ungarns, Preßburg, sondern auch für seine übrigen Kulturzentren. Außer der Verlegertätigkeit nahmen sie ja noch eine Vermittlerrolle war.[20] Zu den führenden Preßburger Musikverlegern gehörten vor allem Johann Michael Landerer (1750–1795) und Johann Nepomuk Schauff (1786–1801). Es gab hier auch noch weitere: Karl Gottlieb Lippert, Paul Struck, Nikolaus Meidinger, Karl Fähnrich, Karl Streibig und andere.[144]

85. Nedoceniteľným, často jediným zdrojom informácií o hudobnom dianí Bratislavy a Uhorska v dobe klasicizmu, ale aj celej podunajskej oblasti[179] sú *bratislavské noviny Preßburger Zeitung*. Ako najstaršie nemecké noviny v Uhorsku vychádzali nepretržite od roku 1764 až do roku 1929. Ich prvým vydavateľom bol Johann Michael Landerer (1725 až 1795), po ňom Karl Windisch (1722–1793) a Ján Matej Korabinský (1740–1811). Noviny, ktoré venovali hudbe značnú pozornosť[144], sa tak stali kronikou bohatej bratislavskej hudobnej kultúry doby klasicizmu, dnes, žiaľ, známej iba z malej časti.

85. Eine unschätzbare, häufig die einzige Informationsquelle nicht nur über das Musikgeschehen in Preßburg und Ungarn in der Zeit der Klassik, sondern des gesamtem Donauraums[179] ist die *Preßburger Zeitung*.[179] Als älteste deutsche Zeitung in Ungarn erschien sie ununterbrochen von 1764 bis 1929. Ihr erster Verleger war Johann Michael Landerer (1725–1795), nach ihm Karl Windisch (1722–1793) und Johann Matthias Korabinský (1740–1811). Die Zeitung, die der Musik erhebliches Augenmerk widmete[144] wurde so zur Chronik der reichen Preßburger Musikkultur der Klassik, die heute leider nur zu einem geringen Teil bekannt ist.

III. kapitola

Západoslovenský hudobnokultúrny okruh

❖

III. Kapitel

Westslowakischer Musikkulturkreis

Západoslovenský hudobnokultúrny okruh ako teritoriálne najrozsiahlejší sa rozprestieral na *území*[277] štyroch historicky dôležitých stolíc – Bratislavskej, Nitrianskej, Komárňanskej a Trenčianskej. Výnimku z prevažne nížinného rázu krajiny, kde sa darilo poľnohospodárstvu, vinohradníctvu a ovocinárstvu, tvorila len hornatá, málo výnosná severná časť Trenčianskej stolice. Čulý obchod priaznivo vplýval na rozvinutú remeselnú výrobu a vznikajúce manufaktúry, viazané spravidla na mestské trhové centrá a mestečká. Ich prosperitu a význam znásobovali diaľkové obchodné cesty medzinárodného významu, ktoré viedli a križovali sa v tejto časti voľakedajšieho Horného Uhorska.

Národnostné pomery[277] územných častí stolice, ktoré tvorili západoslovenský hudobnokultúrny okruh, boli zložité. Na tvorbe materiálnych a duchovných hodnôt tu participovalo slovenské, maďarské a nemecké obyvateľstvo a Chorváti, ktorí sa zväčša asimilovali. Slovenské etnikum prevládalo v Trenčianskej a Nitrianskej stolici. V Komárňanskej stolici, prevažne maďarskej, bolo v citeľnej menšine, alebo tvorilo dokonca len jazykové ostrovy. Nemecké obyvateľstvo, početnejšie zastúpené v Bratislavskej stolici a v Hornonitrianskej kotline, sa koncentrovalo hlavne v mestách.

Obyvateľstvo územia západoslovenského hudobnokultúrneho okruhu bolo *konfesionálne*[238] pomerne homogénne. V prevahe bolo katolícke vierovyznanie. Jeho tradíciu tu podporovala silná pozícia rímskokatolíckej cirkvi a blízkosť centra rekatolizácie v Uhorsku – Trnavy. Evanjelické a.v. konfesionálne ostrovy boli hlavne v malokarpatskej oblasti a na Záhorí. V Komárňanskej stolici sa časť obyvateľstva orientovala na kalvinizmus. Väčšie židovské komunity, najmä v západnej časti dnešného Slovenska, mali prepojenie na bratislavskú židovskú náboženskú obec.

Nositeľom dávnych a bohatých *kultúrnych tradícií*[218] boli v západoslovenskom hudobnokultúrnom okruhu mestá (hlavne mestá Bratislavskej a Nitrianskej stolice, niektoré z nich celouhorského významu), známe cirkevné centrá, mnohé bohaté kláštory a kostoly a v neposlednom rade početné sídla drobnej, ale i vysokej šľachty. Pre južnú a západnú časť dnešného územia Slovenska[277] bola totiž príznačná vysoká koncentrácia šľachty. V roku 1785 tvorila napr. v Nitrianskej stolici

Der territorial ausgedehnteste *ist der westslowakische Musikkulturkreis*. Er erstreckte sich auf dem *Gebiet*[277] vier historisch wichtiger Verwaltungsbezirke – der Komitate Preßburg, Nitra (Neutra), Komárno (Kommorn) und Trenčín (Trentschin). Eine Ausnahme in dem sonst überwiegenden Niederungscharakter der Landschaft, wo die Landwirtschaft, der Wein- und Obstbau gediehen, bildete nur der bergige, wenig ertragsfähige Nordteil des Trentschiner Komitats. Der rege Handel hatte einen günstigen Einfluß auf die entwickelte Handwerksproduktion und die aufkommenden Manufakturen, die in der Regel an städtische Marktzentren und Kleinstädte gebunden waren. Ihre Prosperität und Bedeutung vervielfältigten die internationalen Handelsfernstraßen, die sich in diesem Teil des einstigen Oberungarn kreuzten.

Die *Nationalitätenverhältnisse*[277] der Gebietsteile der Komitate, die den westslowakischen Musikkulturkreis bildeten, waren recht kompliziert. An der Schöpfung materieller und geistiger Werte waren hier die slowakische, magyarische und deutsche Bevölkerung sowie Kroaten, die sich größtenteils assimiliert hatten, beteiligt. Die deutsche Bevölkerung, zahlreicher vertreten im Preßburger Komitat und im Becken von Obernitra, war vor allem in den Städten konzentriert.

Die Bevölkerung des Gebietes des westslowakischen Musikkulturkreises war *konfessionell*[238] relativ homogen. Es überwog der katholische Glaube. Seine Tradition wurde hier durch die Position der römisch-katholischen Kirche und die Nähe des Zentrums der Rekatholisierung in Ungarn, Trnava, gestärkt. Die evangelischen Glaubensinseln waren hauptsächlich im Gebiet der Kleinen Karpaten und Záhorie angesiedelt. Im Komitat Komárno orientierte sich ein Teil der Bevölkerung am Kavinismus. Die größten jüdischen Gemeinden, vor allem im Westteil der heutigen Slowakei, hatten Verbindung zur jüdischen Glaubensgemeinde Preßburgs.

Träger der alten und reichen *Kulturtraditionen*[218] waren im westslowakischen Musikkulturkreis die Städte (vor allem die Städte der Komitate Preßburg und Nitra, einige davon mit gesamtungarischer Bedeutung), die bekannten Kirchenzentren, viele reiche Klöster und Kirchen und nicht zuletzt die zahlreichen Residenzen des Klein- und Hochadels. Für den Süd- und Westteil

3,24% a v Komárňanskej stolici až 14,5% mužského obyvateľstva. Vyspelé školstvo univerzitného a technicko-ekonomického zamerania a známe stredné školy katolíkov, evanjelikov i kalvínov, kníhtlačiarstvo a ďalšie aktivity šľachtických, cirkevných a meštianskych intelektuálov a umelcov vytvárali prajné podhubie rozvinutého, žiaľ, dnes iba čiastočne známeho hudobného diania tohto územia.

Západoslovenský hudobnokultúrny okruh, ktorý bol z hľadiska repertoáru jednotným celkom, sa podľa intenzity a charakteru hudobného života členil na tri *geografické oblasti*, štruktúrované na princípe siete s gravitačnými centrami.

Prvou oblasťou bolo Záhorie,[137] rozložené v západnej časti Bratislavskej a Nitrianskej stolice. Hudobný život Záhoria – s nadradenou funkciou slobodného kráľovského mesta Skalice[231] – sa uskutočňoval hlavne na báze hudbe priaznivo naklonených farských kostolov (Skalica, Veľké Leváre, Stupava, Šaštín, Senica, Myjava a ďalšie), kláštorov a kostolov reholí františkánov, jezuitov a paulínov (Marianka, Malacky, Skalica) a sídel šľachty (Holíč, Červený Kameň). K úrovni pestovania hudby prispievali intenzívne kontakty Záhoria s hudobným dianím susednej Moravy.

Druhou oblasťou bola južná časť Bratislavskej a Nitrianskej stolice a severná časť bývalej Komárňanskej stolice. Okrem farských kostolov (Šamorín, Dunajská Streda, Bernolákovo, Sládkovičovo, Galanta, Sereď, Komárno a iné) tu mali rozhodujúci podiel na hudobnom živote početné šľachtické rezidencie (Bernolákovo, Sereď, Galanta, Želiezovce, Lehnice, Gabčíkovo).[170] Hudobné produkcie šľachty (Esterházyovci, Illésházyovci, Amadéovci, Pálffyovci) v nich, vďaka činnosti stálych orchestrálnych združení hudobníkov (Bernolákovo),[169] dosiahli profesionálnu úroveň. Rozšírené bolo aj pre Uhorsko typické šľachtické amatérske pestovanie hudby. Šľachtické rodiny často angažovali ako pedagógov popredných skladateľov. Príkladom je pôsobenie F. Schuberta v Želiezovciach.[39] Mozaiku hudobného života i v tejto časti západného Slovenska dopĺňala činnosť reholí,[238] hlavne jezuitov a františkánov.[92]

Tretia, hudobne najvýznamnejšia *oblasť* západoslovenského hudobnokultúrneho okruhu sa nachádzala na osi Bratislava – Hlohovec, na území Bratislavskej a Nitrianskej stolice. Smerom na sever na ňu nadväzovali lokality Považia v Trenčianskej stolici a strediská Nitrianskej stolice pozdĺž rieky Nitry a na východ od nej.

K zaujímavostiam hudobného diania klasicizmu v tejto teritoriálnej oblasti patril vcelku vyrovnaný podiel účasti cirkevných stredísk rozhodujúceho významu (Trnava[25], Nitra[223]), farských (Pezinok, Modra[13], Leopoldov, Trenčín[135], Nové Mesto nad Váhom[160], Dubnica[243], Ilava[160], Púchov[245], Považská Bystrica a ďalšie) a rehoľných kostolov, kláštorov (Trenčín[135], Žilina[6], Svätý

des heutigen Gebiets der Slowakei[277] war die hohe Konzentration des Adels kennzeichnend. 1785 bildete er etwa in den Komitaten Nitra 3,24% und Komárno sogar 14,5% der männlichen Bevölkerung. Das hochentwickelte Schulwesen mit Universitäts- und technisch-ökonomischer Ausrichtung und die bekannten Mittelschulen der Katholiken, der Protestanten und Kalvinisten, der Buchdruck und weitere Aktivitäten adliger, kirchlicher und bürgerlicher Intellektueller und Künstler schufen einen günstigen Nährboden für das hochentwickelte, heute leider nur teilweise bekannte, Musikgeschehen dieses Gebiets. Der westslowakische Musikkulturkreis, der hinsichtlich des Repertoires ein einheitliches Ganzes bildete, gliederte sich nach Intensität und Charakter des Musiklebens in drei *geographische Gebiete*, die nach dem Prinzip eines Netzes mit Gravitationszentren aufgebaut waren.

Das erste Gebiet war Záhorie,[137] das sich im Westteil des Verwaltungsbezirks Preßburg und Nitra ausbreitete. Das Musikleben von Záhorie – mit der königlichen Freistadt Skalica (Skalitz) als Hauptort[231] – vollzog sich vor allem auf der Basis der musikfreundlichen Pfarrkirchen (Skalica, Veľké Leváre (Gros-Schützen), Stupava (Stompfen), Šaštín (Schossberg), Senica (Senitz), Myjava (Miawa) u.a.), der Klöster und Kirchen des Franziskaner-, Jesuiten- und Paulinerordens (Marianka, Malacky, Skalica) und der Adelsresidenzen (Holíč (Hollitsch), Červený Kameň (Rotherstein)). Zu dem hohen Niveau der Musikpflege trugen die intensiven Kontakte von Záhorie zum Musikgeschehen des benachbarten Mähren bei.

Das zweite Gebiet war der Südteil der Komitate Preßburg und Nitra und der Nordteil des ehemaligen Komitats Komárno. Neben den Pfarrkirchen Šamorín (Somerein), Dunajská Streda, Bernolákovo (Lanschitz), Sládkovičovo, Galanta, Sereď, Komárno und anderen) hatten hier zahlreiche Adelsresidenzen einen entscheidenden Anteil am Musikleben (Bernolákovo, Sereď, Galanta, Želiezovce, Lehnice, Gabčíkovo).[170] Die Musikproduktionen des Adels (der Familien Esterházy, Illésházy, Amadé, Pálffy) erreichten hier dank der Tätigkeit ständiger Musikkapellen (Bernolákovo)[169] ein professionelles Niveau. Außerdem realisierten sie sich musikalisch in der für Ungarn typischen Form der adligen Amateurmusikpflege. Zur Sicherung seiner musikalischen Fähigkeiten holte sich der Adel gewöhnlich führende Komponisten als Pädagogen. Ein Beispiel ist das Wirken F. Schuberts in Želiezovce (Zelizow).[39] Das Mosaik des Musiklebens ergänzte auch in diesem Teil der Westslowakei die Tätigkeit der Orden,[238] vor allem der Jesuiten und Franziskaner.[92]

Das dritte, musikalisch bedeutendste *Gebiet* des westslowakischen Musikkulturkreises lag an der Achse Preßburg – Hlohovec (Freystadtl), auf dem Gebiet der Komitate Preßburg und Nitra. In nördlicher Richtung

Jur[160], Trnava[45], Hlohovec[92], Prievidza[31], Pruské[216], Nitra[145] a iné), mestských centier (Trnava[25], Nitra[145], Trenčín[160], Žilina[6], Prievidza[124], Modra[13], Ilava[151]) a šľachtických rezidencií (Dolná Krupá[7], Hlohovec[213], Uhrovec[164], Zemianske Podhradie[245], neskôr Brestovany, Veľké Uherce, Brodzany[170] a iné), hoci práve činnosť týchto máme najmenej dokumentovanú.

Na Záhorí a na Žitnom Ostrove mali kľúčový hudobný význam mestá Skalica a Komárno. Ostatné územie západoslovenského hudobnokultúrneho okruhu usmerňovali *nadradené centrá hudby*, a to Trnava, Nitra, Trenčín, Žilina a Prievidza. Osobitné miesto v kontexte dejín hudby Uhorska patrilo univerzitnému mestu Trnava. Štruktúrou a významom hudobného diania (divadlo, meštiansky hudobný spolok, vydavateľská činnosť) bolo blízke modelu hlavných dobových centier hudby na Slovensku.

V západoslovenskom hudobnokultúrnom okruhu participovali na hudobnom živote a tvorbe klasicizmu desiatky *hudobníkov*. Medzi profesionálnych hudobníkov, ktorých význam presiahol lokálne hranice miesta ich pôsobiska, patrili aj tu vedúci chórov a organisti, napr. veľkolevársky Jozef Langer[137], skalický Martin Gučík[170], trnavský Anton Belohlávok[25], nitriansky Jozef Vavrovič[145]. V hudobnom živote Trenčína mali významnú pozíciu Ján Ignác Ambro a P. Augustín Smehlik SchP[135], v Ilave Ján Cserney[160], v Pruskom Michal a Ján Strofinskovci[216] a v Púchove František Xaver Jozef Hlbocký[245]. Tak ako na iných miestach, aj v tejto časti Uhorska sa hudobne angažovali celé rodiny: pezinskí Ružičkovci, na Záhorí rodiny Bureš, Dualský, Fiala a Pithort[137], v okolí Trnavy a Trenčína hudobníci mien Augustíni, Fučík, Zlatník, Mihalovič, Pokorný a ďalší[135].

Vo *formách pestovania hudby*[160] prevládal v západoslovenskom hudobnokultúrnom okruhu ešte dosť dlho starý model, v rámci ktorého sa hudobný život odohrával predovšetkým v kostoloch, cirkevných centrách, hudobne vyspelých kláštoroch, a až potom v sídlach šľachty a mešťanov a v mestských ustanovizniach.

Z hľadiska *sociálnej funkčnosti*[150] bola v západoslovenskom hudobnokultúrnom okruhu dominujúcou interpretačná funkcia hudby a funkcia slávnostnosti, ktoré reprezentovala sakrálna tvorba.[137] Na západnom Slovensku sa vo väčšej miere ako na ostatnom vidieku uplatnila funkcia hudby ako ušľachtilej zábavy, a to hlavne v koncertných a divadelných (verejných, súkromných a školských) produkciách. V profesionálnom, najmä však v amatérskom pestovaní hudby šľachtou aj tu prichádzalo ku kombinácii funkcie účelovosti a ušľachtilej zábavy. Samozrejme, úžitkové poslanie pretrvávalo naďalej v hudbe trubačov, v tanečných, pochodových a iných príležitostných dielach. Širšie uplatnenie v tomto okruhu našla esteticko-výchovná funkcia hudby v didakticko-pedagogickej činnosti reholí, mestských škôl a ku sklonku klasicizmu aj hudobných škôl.

schlossen daran die Lokalitäten des Waagtals im Trentschiner Komitat sowie die Zentren des Komitats Nitra entlang des Flusses Nitra und ostwärts von ihm an.

Zu den Besonderheiten des Musikgeschehens der Klassik in diesem Gebiet gehörte der recht ausgeglichene Anteil der bedeutendsten kirchlichen Zentren (Trnava[25], Nitra[223]), der Pfarrkirchen (Pezinok (Bösing), Modra (Modern)[13], Leopoldov (Leopold-Neustadtl), Trenčín[135], Nové Mesto nad Váhom (Neustadtl)[160], Dubnica (Dubnitz)[243], Ilava (Illau)[160], Púchov (Puchow)[245], Považská Bystrica (Bistrica) und weiterer sowie der Ordenskirchen und -klöster (Trenčín[135], Žilina (Silein)[6], Svätý Jur (St. Georgen)[160], Trnava[45], Hlohovec[92], Prievidza (Priwitz)[31], Pruské (Prusskau)[216], Nitra[145] u.a., der Stadtzentren (Trnava[25], Nitra[145], Trenčín[160], Žilina[6], Prievidza[124], Modra[13], Ilava[151]) und der Adelsresidenzen Dolná Krupá (Unter-Krupa)[7], Hlohovec[213], Uhrovec[164], Zemianske Podhradie[245], später Brestovany, Veľké Uherce, Brodzany[170] u.a., wobei die Tätigkeit der letztgenannten am wenigsten dokumentiert ist.

In Záhorie und auf der Schüttinsel (Žitný Ostrov) hatten die Städte Skalica und Komárno eine Schlüsselbedeutung für die Musik. Das übrige Gebiet des westslowakischen Musikkulturkreises wurde von den *übergeordneten Musikzentren* Trnava, Nitra, Trenčín, Žilina und Prievidza gelenkt. Ein besonderer Platz im Kontext der Musikgeschichte Ungarns gehörte der Universitätsstadt Trnava. Mit der Struktur und der Bedeutung des Musikgeschehens (Theater, bürgerlicher Musikverein, Verlegertätigkeit) stand sie dem Modell der zeitgenössischen Hauptmusikzentren in der Slowakei nahe.

Im westslowakischen Musikkulturkreis partizipierten am Musikleben und Schaffen der Klassik zahlreiche *Musiker*. Zu den Berufsmusikern, deren Bedeutung die lokalen Grenzen ihres Wirkungsortes sprengte, gehörten auch hier die Chorleiter und Organisten, etwa Josef Langer aus Veľké Leváre[137], Martin Gučík aus Skalica[170], Anton Belohlávok aus Trnava[25], Josef Vavrovič aus Nitra[145]. Im Musikleben Trenčíns hatten eine wichtige Position Johann Ignaz Ambro und P. Augustin Smehlik SchP[135], in Ilava Johann Cserney[160], in Pruské Michael und Johann Strofinský[216] und in Púchov Franz Xaver Josef Hlbocký[245]. So wie andernorts engagierten sich auch in diesem Teil Ungarns ganze Familien musikalisch: so die Familie Ružička aus Pezinok, die Familien Bureš, Dualský, Fiala und Pithort in Záhorie[137], in der Umgebung von Trnava und Trenčín Musiker der Namen Augustíni, Fučík, Zlatník, Mihalovič, Pokorný u.a.[135]

Bei den *Formen der Musikpflege*[160] überwog im westslowakischen Musikkulturkreis noch ziemlich lange das alte Modell, in dessen Rahmen das Musikleben sich vor allem in den Kirchen, Kirchenzentren, musikalisch hochentwickelten Klöstern und erst dann in den Residenzen des Adels, der Bürger und in den städtischen Institutionen abspielte.

Západoslovenský hudobnokultúrny okruh plnil aj v klasicizme (pre hudobné dianie celého Uhorska významnú) úlohu sprostredkovávateľa *hudobného repertoáru*.[160] Z hľadiska štruktúry hudobného repertoáru sa tu uplatnil západoslovenský model. Blízkosť nielen českých zemí, ale hlavne centra hudobného klasicizmu – Viedne – a ním sprostredkovávané kontakty s Talianskom mali rozhodujúci podiel na tom, že *západoslovenský repertoárový model*[136] bol časovosťou štýlovo aktuálnych a vývojovo nosných elementov progresívnejší ako spišský model. Významnou črtou hudobného repertoáru západoslovenských lokalít bol významný podiel skladieb domácich autorov.

Z dnes rekonštruovateľného *rozsahu vplyvu* tvorby jednotlivých *skladateľských osobností* sa v západoslovenskom hudobnokultúrnom okruhu javí ako rozhodujúci vplyv vedúcich tvorcov európskeho hudobného klasicizmu. Z viedensko-rakúskych komponistov k nim patrili J. Haydn, W. A. Mozart, J. B. Schiedermayr, A. Diabelli, J. K. Vaňhal, L. v. Beethoven, M. Haydn, K. Ditters v. Dittersdorf a iní. Z autorov českých zemí sa na západnom Slovensku veľkej obľube tešili skladby F. X. Brixiho, R. Führera, D. Brosmanna, J. N. Voceta, J. L. Oehlschlägela, A. Šenkýřa a iných. Tvorbu Talianska zastupovali F. Giardini, D. Cimarosa, D. Scarlatti, A. Caldara, G. Tartini a ďalší. Nemecká sakrálna hudba baroka tu znela predovšetkým prostredníctvom skladieb B. Fasolda, B. Geisslera, G. J. J. Hahna, M. Königspergera, L. Krausa, J. J. A. Kobricha a V. Rathgebera.

Hudobné lokality západoslovenského hudobnokultúrneho okruhu sa vyznačovali nielen bohatým a rozvinutým hudobným dianím, ale i rozsiahlou *skladateľskou činnosťou*[160] miestnych hudobníkov. Okrem dvoch hlavných centier hudby (Bratislava, Košice) patril práve západoslovenský hudobnokultúrny okruh ku skladateľsky najproduktívnejším. V tejto oblasti pôsobila takmer štvrtina všetkých zatiaľ známych domácich skladateľov z dnešného územia Slovenska. Výhodná geografická poloha západnej časti Slovenska, umožňujúca bezprostredné hudobné kontakty s Viedňou, bohatý kraj a kultúrne tradície miest, cirkevných rezidencií, kláštorov, kostolov a početných vidieckych sídel šľachty tu dokázali zabezpečiť *existenciu* a možnosti umeleckého rastu a sebarealizácie mnohým talentovaným *hudobníkom*.

Skladateľský potenciál západoslovenského hudobnokultúrneho okruhu sa uplatnil v súlade s *krivkou skladateľskej aktivity* hlavných centier hudby niekdajšieho Horného Uhorska. Dobou najväčšieho rozkvetu domácej skladateľskej tvorby i tu boli roky asi 1760 až asi 1785 a potom prvé desaťročia 19. storočia. Zásadné premeny v *mecénstve* hudby teda ani tu neostali bez vplyvu na kompozičnú oblasť. Hlavnými iniciátormi domácej tvorby na západnom Slovensku boli

Hinsichtlich der *sozialen Funktion*[150] standen im westslowakischen Musikkulturkreis die Interpretation der Musik und die Funktion der Feierlichkeit, die das sakrale Schaffen verkörperte, im Vordergrund.[137] In der Westslowakei kam stärker als in der übrigen Provinz die Funktion der Musik als einer edlen Unterhaltung zur Geltung, besonders in den (öffentlichen, privaten und schulischen) Konzert- und Theaterproduktionen. In der beruflichen, vor allem aber in der Amateurmusikpflege durch den Adel kam es auch hier zu einer Verbindung von Zweckmäßigkeit und edler Unterhaltung. Natürlich bestand die Gebrauchsfunktion weiter in der Musik der Trompeter, in Tanz-, Marsch- und anderen Gelegenheitswerken. Eine breitere Anwendung fand die ästhetisch-erzieherische Funktion der Musik in der didaktisch-pädagogischen Tätigkeit der Orden, Stadtschulen und, schon gegen Ende der Periode, auch der Musikschulen.

Der westslowakische Musikkulturkreis spielte auch in der Klassik die (für das Musikgeschehen Gesamtungarns wesentliche) Rolle eines Vermittlers des *Musikrepertoires*[160] und Modells für dessen Struktur. Die Nähe nicht nur der böhmischen Länder, sondern vor allem Wiens, des Zentrums der musikalischen Klassik, und die über dieses vermittelten Kontakte zu Italien hatten einen entscheidenden Anteil daran, daß das *westslowakische Repertoiremodell*[136] mit der Aktualität der stilistischen und entwicklungstragenden Elemente progressiver als das Zipser Modell war. Ein wesentlicher Zug des Musikrepertoires der Westslowakei war der hohe Anteil von Werken einheimischer Komponisten.

Vom heute rekonstruierbaren *Umfang des Einflusses* des Schaffens der einzelnen *Komponistenpersönlichkeiten* zeigt sich im westslowakischen Musikkulturkreis ein entscheidender Einfluß der führenden Schöpfer der europäischen musikalischen Klassik. Von den Wiener-österreichischen Komponisten waren das J. Haydn, W. A. Mozart, J. B. Schiedermayr, A. Diabelli, J. B. Vaňhal, L. v. Beethoven, M. Haydn, K. Ditters v. Dittersdorf u.a. Aus den böhmischen Ländern erfreuten sich in der Westslowakei besonderer Beliebtheit die Werke von F. X. Brixi, R. Führer, D. Brosmann, J. N. Vozet, J. L. Oehlschlägel, A. Šenkýř u.a. Das Schaffen Italiens vertraten F. Giardini, D. Cimarosa, D. Scarlatti, A. Caldara, G. Tartini u.a. Die deutsche Sakralmusik des Barock erklang hier vor allem durch die Werke von B. Fasold, B. Geissler, G. J. J. Hahn, M. Königsperger, L. Kraus, J. J. A. Kobrich und V. Rathgeber.

Die Musikstandorte des westslowakischen Musikkulturkreises zeichneten sich nicht nur durch ein reiches und entwickeltes Musikgeschehen, sondern auch durch die umfangreiche *kompositorische Tätigkeit*[160] der örtlichen Musiker aus. Neben den zwei Hauptmusikzentren (Preßburg, Košice) gehörte gerade der westslowakische Musikkulturkreis zu den kompositorisch

kláštory, sídla cirkevnej hierarchie, chóry (spravidla farských) kostolov, menej mestské centrá. K skladateľsky najaktívnejším rehoľiam tu patrili piaristi a františkáni, menej jezuiti a uršulínky. Odlišnosti v poslaní týchto spoločenstiev sa do istej miery prejavili v charaktere vlastnej hudobnej tvorby.

Pedagogicky orientovaní piaristi urobili zo svojich kláštorov (Trenčín, Nitra, Prievidza, Svätý Jur) strediská hudobnej tvorby. Skladateľský prejav *piaristov* (P. C. Brandis, P. I. Egelský, P. Thomas, Fr. A. Schlieszter, P. N. Schreier[159], P. A. Smehlik, P. H. Thumar a iní) a ďalších skladateľov[36], ktorí pre túto rehoľu komponovali (J. Fučík, T. F. Fučík)[135] charakterizovalo plné využívanie všetkých dobových kompozičných a výrazových prostriedkov. Piaristi ako pedagogicky orientovaná rehoľa sa v oveľa väčšom rozsahu než iné rehole venovali komponovaniu svetských, hlavne inštruktívnych diel (P. A. Smehlik, P. N. Schreier, T. F. Fučík a iní). Príkladom vydareného spojenia talentu a vzdelania je barokovo-ranoklasicistické dielo svätojurského piaristu P. Heinricha Thumara (1723–1798). K hodnotným patrí aj skladateľský odkaz nitrianskych piaristov P. Norberta Schreiera (1744–1811) a Fr. Alojza Schlieszterа (1746–1823)[159], ktorí štýlovou príslušnosťou predstavovali prechod od raného k vrcholnému klasicizmu. Spomenúť treba tiež trenčianskeho magistra hudby, skladateľa P. Augustína Smehlika (1765–1844).[149]

V dejinách hudobnej kultúry majú špecifické miesto *františkáni*. V tejto reholi platil totiž od roku 1730 zákaz predvádzania (s výnimkou veľkých slávností) tzv. figurálnej vokálnoinštrumentálnej hudby. V hudbe františkánov[92] sa prelínali dve štýlové tendencie. Boli závislé od príslušnosti františkánskych skladateľov k niektorej z dvoch provincií v Uhorsku. Kláštory rehole v Nitre, Malackách a v Trnave patrili k tzv. mariánskej provincii. Jej príslušníci, ktorí nadväzovali na tolerantnejšie tradície konventuálov, uplatňovali hudbu talianskeho vrcholného a neskorého baroka, a to ešte aj dosť dlho počas klasicizmu. Tzv. salvatoriáni s kláštormi v Skalici, Hlohovci, Pruskom, Beckove a v Žiline presadzovali prostý, na ľudové tradície nadväzujúci prejav. Barokové vplyvy nájdeme v skladateľskom prejave františkánov spätých so západným Slovenskom, a to u P. Thelesphora Hoffmanna (1752 až 1801), P. Michala Krausa (1720–1798), P. Juraja Zruneka (1736–1789) a do značnej miery i u Fr. Jozefa Řeháka (1742–1815).[92] K najvýznamnejším domácim skladateľom tejto rehole patrili P. Gaudentius Dettelbach (1739–1818)[94], P. Pantaleon Roškovský (1734 až 1789)[88] a P. Paulín Bajan (1721–1792)[90]. Pokračovateľmi františkánskych tradícií boli Fr. Václav Malinský (1780–1838), Fr. Anton Čermák (1780–1856)[92] a Fr. Ján Cecilián Plihal (1809–1865)[11].

Ostatnú časť domácich skladateľov západoslovenského hudobnokultúrneho okruhu tvorili *laickí skla-*

produktivsten. In diesem Gebiet wirkte fast ein Viertel aller bislang bekannten einheimischen Komponisten des heutigen Gebietes der Slowakei. Die vorteilhafte geographische Lage des Westteils der Slowakei, die unmittelbare Kontakte zu Wien ermöglichte, das reiche Land und die Kulturtraditionen der Städte, Kirchenresidenzen, Klöster, Kirchen und zahlreichen adligen Landsitze konnten hier *Existenz* und Möglichkeiten des künstlerischen Wachstums und der Selbstrealisierung für viele talentierte *Musiker* gewährleisten.

Das kompositorische Potential des westslowakischen Musikkulturkreises kam im Einklang mit der *Kurve der Kompositionsaktivität* der Hauptmusikzentren des einstigen Oberungarn zum Tragen. Die Zeit der höchsten Blüte des heimischen kompositorischen Schaffens waren auch hier die Jahre von etwa 1760 bis etwa 1785 und dann die ersten Jahrzehnte des 19. Jahrhunderts. Die grundsätzlichen Veränderungen im *Mäzenatentum* für die Musik blieben auch hier nicht ohne Einfluß auf den Kompositionsbereich. Hauptinitiatoren des heimischen Schaffens in der Westslowakei waren Klöster, Sitze der Kirchenhierarchie, die Chöre der (meist Pfarr-) Kirchen, weniger die Stadtzentren. Zu den kompositorisch aktivsten Orden gehörten hier die Piaristen und Franziskaner, weniger die Jesuiten und Ursulinerinnen. Die Unterschiede im Anliegen dieser Gemeinschaften äußerten sich in gewissem Maße auch im Charakter des eigenen Musikschaffens.

Die pädagogisch orientierten Piaristen machten aus ihren Klöstern (Trenčín, Nitra, Prievidza, Svätý Jur) Zentren des Musikschaffens. Die kompositorische Ausrichtung der *Piaristen* (P. C. Brandis, P. I. Egelský, P. Thomas, Fr. A. Schlieszter, P. N. Schreier[159], P. A. Smehlik, P. H. Thumar u. a.) und weiterer Komponisten[36], die für diesen Orden komponierten (J. Fučík, T. F. Fučík)[135], charakterisierte die volle Anwendung aller zeitgenössischen Kompositions- und Ausdrucksmittel. Dieser pädagogisch orientierte Orden widmeten sich stärker als andere dem Komponieren weltlicher, vor allem instruktiver Werke (P. A. Smehlik, P. N. Schreier, T. F. Fučík u. a.). Ein Beispiel für die gelungene Verbindung von Talent und Bildung ist das barock-frühklassische Werk des Piaristen P. Heinrich Thumar aus Svätý Jur (1723–1798). Wertvoll ist auch der kompositorische Nachlaß der Piaristen P. Norbert Schreier (1744–1811) und Fr. Alois Schlieszter (1746–1823)[159] aus Nitra, die in der Stilzugehörigkeit den Übergang von der Früh- zur Hochklassik darstellten. Zu erwähnen ist auch der Magister der Musik, der Komponist P. Augustin Smehlik (1765–1844).[149]

In der Geschichte der Musikkultur nehmen die *Franziskaner* einen spezifischen Platz ein. In diesem Orden galt seit 1730 das Verbot der Aufführung der Figuralmusik (mit Ausnahme großer Festlichkeiten). In der Musik der Franziskaner[92] überschnitten sich

datelia. Činní boli prevažne ako regenschori alebo organisti. Hudobné produkcie kostolov, ktoré profilovali dramaturgicky a interpretačne, obohacovali aj vlastnými skladbami. Pravdepodobne ranoklasicistický charakter mala tvorba skalického regenschoriho Martina Gučíka (†1770).[170] Ranému klasicizmu zodpovedal hudobný prejav pruštianskych skladateľov Jozefa Vavríka a Juraja Vojtecha Červenčíka[216], a aj ilavského Jána Cserneya[160]. Na tradíciu barokovej árie nadviazal Jozef Pispeky.[245] Odlišného adresáta i prostriedky výrazu mala v 19. storočí tvorba trnavského Františka Xavera Albrechta (†1846).[25] Autorom obdobia doznievania klasicizmu bol profesionálne školený modranský skladateľ František Peregrin Hrdina (1793–1866).[36]

K dnešnému územiu západného Slovenska sa viazal pôvod, školenie a prvé roky pôsobenia reprezentantov *verbunkového štýlu* v hudbe,[36] ktorí mali pre dejiny maďarskej hudby začiatku 19. storočia veľký význam. Do južnej časti niekdajšieho Uhorska viedla od nás cesta rodáka z Veľkého Blahova, huslistu Jána Biháriho (1764–1827), Jána Lavottu (1764–1820), pochádzajúceho z Pustých Úľan, i pezinského rodáka Ignáca Ružičku (1777–1833), ktorý sa uplatnil ako huslista vo Veszpréme. Historický význam tvorby týchto hudobníkov bol nielen v úspešnom presadení verbunkového štýlu do sólistickej, komornej a orchestrálnej tvorby, ale aj v jeho včlenení do kontextu európskej dobovej hudobnej kultúry.

zwei Stiltendenzen. Sie waren abhängig von der Zugehörigkeit der Komponisten zu einer der zwei Provinzen in Ungarn. Die Ordensklöster in Nitra, Malacky (Malatzka) und Trnava gehörten zur sogenannten Marienprovinz. Ihre Angehörigen, die an tolerantere Traditionen der Konventualen anknüpften, richteten sich nach der Musik des italienischen Hoch- und Spätbarock, und das noch recht lange während der Klassik. Die sogenannten Salvatorianer mit Klöstern in Skalica, Hlohovec, Pruské, Beckov und in Žilina pflegten einen einfachen, schlichten, an die Volkstraditionen anknüpfenden Stil. Barocke Einflüsse finden wir im kompositorischen Schaffen der Franziskaner P. Thelesphor Hoffmann (1752–1801), P. Michael Kraus (1720–1798), P. Georg Zrunek (1736–1789) und in beträchtlichem Maße auch bei Fr. Josef Řehák (1742–1815).[92] Zu den bedeutendsten einheimischen Komponisten dieses Ordens gehörten P. Gaudentius Dettelbach (1739–1818)[94], P. Pantaleon Roškovský (1734–1789)[88] und P. Paulin Bajan (1721–1792)[90]. Fortsetzer der Franziskaner Traditionen waren Fr. Wenzel Malinský (1780–1838), Fr. Anton Čermák (1780–1856)[92] und Fr. Johann Cecilian Plihal (1809–1865).[11]

Den übrigen Teil der einheimischen Komponisten der Westslowakei bildeten *weltliche Komponisten.* Sie waren überwiegend Chorleiter oder Organisten. Die Musikproduktionen der Kirchen, die sie dramaturgisch und interpretarorisch prägten, bereicherten sie auch mit eigenen Werken. Wahrscheinlich frühklassischen Charakter hatte das Schaffen des Regenschori Martin Gučík aus Skalica (†1770).[170] Der Frühklassik entsprach der musikalische Ausdruck der Komponisten Josef Vavrík, Georg Adalbert Červenčík aus Pruské[216] und Johann Cserney[160] aus Ilava. An die Tradition der barocken Arie knüpfte Josef Pispeky an.[245] Einen anderen Adressaten und Ausdrucksmittel hatte im 19. Jh. das Schaffen des Trnavaer Franz Xaver Albrecht (†1846).[25] Autor der Zeit der ausklingenden Klassik war der professionell ausgebildete Komponist Franz Peregrin Hrdina aus Modra (1793–1866).[36]

An das heutige Gebiet der Westslowakei gebunden waren Herkunft, Ausbildung und die ersten Schaffensjahre der Vertreter des *Verbunkos*-Stils in der Musik.[36] Sie hatten eine große Bedeutung für die Geschichte der ungarischen Musik vom Anfang des 19. Jh. In den Südteil des ehemaligen Ungarn führte von uns der Weg des Geigers Johann Bihári (1764–1827), gebürtig in Veľké Blahovo, Johann Lavotta (1764–1820) aus Pusté Úľany und Ignaz Ružička (1777–1833), gebürtig in Pezinok, der sich als Geiger in Veszprém verdingte. Die historische Bedeutung dieser Musiker lag nicht nur in der erfolgreichen Durchsetzung des Verbunkos-Stils in der Solo-, Kammer- und Orchestermusik, sondern auch in seiner Eingliederung in den Kontext der europäischen zeitgenössischen Musikkultur.

86. Hudobné stredisko Záhoria – *Skalica*[160] – sa výrazne obohacovalo podnetmi z Moravy. Hudobný život tohto mesta[232] bohatého na kultúrne tradície sa sústreďoval hlavne v kostoloch, a to vo farskom, františkánskom a jezuitskom (po roku 1773 paulínskom).[231] Kým jezuiti venovali pozornosť predovšetkým divadelným hrám s účasťou hudby, paulíni – tak ako aj hudobníci farského a františkánskeho kostola – kládli väčší dôraz na chrámové vokálnoinštrumentálne hudobné produkcie.[170] Dokladajú to údaje o notových zbierkach a inštrumentároch chórov. V 80. rokoch 18. storočia mali hudobníci v týchto kostoloch k dispozícii 12- a 16-registrové organy.[137] Zatiaľ nepotvrdené sú správy o existencii hudobnej školy.

86. Das Musikzentrum von Záhorie – *Skalica*[160] – wurde stark durch Anregungen aus Mähren bereichert. Das Musikleben dieser Stadt[232], reich an kulturellen Traditionen, konzentrierte sich hauptsächlich in den Kirchen, und zwar in der Pfarr-, der Franziskaner- und der Jesuitenkirche (nach 1773 Pauliner).[231] Während die Jesuiten sich vor allem den Theaterspielen mit Musikbeteiligung widmeten, legten die Pauliner, so wie die Musiker der Pfarr- und der Franziskanerkirche, größeren Wert auf vokal-instrumentale Kirchenmusikproduktionen.[170] Das belegen Angaben über Notensammlungen und Instrumentarien der Chöre. In den 80er Jahren des 18. Jahrhunderts hatten diese Kirchen Orgeln mit 12 und 16 Registern.[137] Noch unbestätigt sind Berichte über die Existenz einer Musikschule.

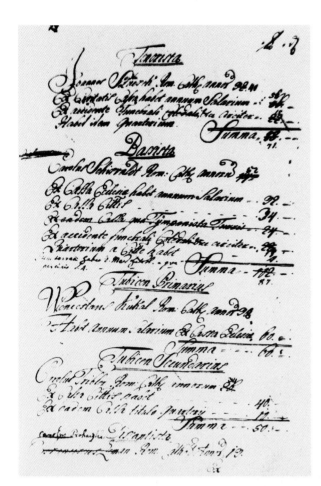
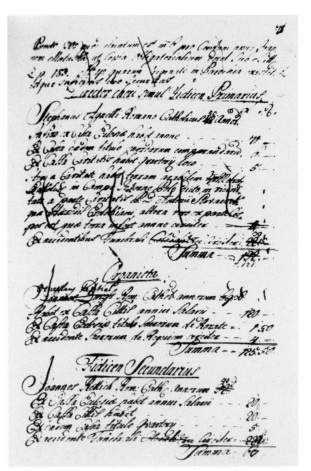

87. Vďaka záznamom kanonických vizitácií poznáme viaceré mená *skalických hudobníkov* farského kostola. Na začiatku klasicizmu to boli regenschori, huslista a skladateľ Martin Gučík (†1770), organista Ján Bureš, huslista Ján Remetaz, speváci Imrich Etej a Ignác Bil a trubači Václav Zeman a Ján Ruber. Ako uvádza citovaný archívny dokument z roku 1788, skalickým regenschorim bol v tom čase Štefan Angelli, organistom Ján Bureš (po ňom Václav Kukal), huslistom Ján Retig, spevákmi František Zeman, Peter Paper, Ján Suček a Karol Schisvaldt a trubačmi Václav Kukal a Karol Tribler.

87. Dank der Aufzeichnungen der kanonischen Visitationen kennen wir mehrere Namen von *Musikern* der Pfarrkirche *von Skalica*. Zu Beginn der Klassik waren das der Regenschori, Geiger und Komponist Martin Gučík (†1770), der Organist Johann Bureš, der Geiger Johann Remetaz, die Sänger Emmerich Etej und Ignaz Bil sowie die Trompeter Wenzel Zeman und Johann Ruber. Wie das zitierte Archivdokument von 1788 anführt, war zu dieser Zeit Regenschori Stefan Angelli von Skalica, Organist Johann Bureš (nach ihm Wenzel Kukal), Geiger Johann Retig, Sänger Franz Zeman, Peter Paper, Johann Suček und Karl Schisvaldt und Trompeter Wenzel Kukal und Karl Tribler.

88. Obdobím živého záujmu o hudbu boli vo *Veľkých Levároch*[160] roky pôsobenia najvýznamnejšieho miestneho hudobníka obdobia klasicizmu – Jozefa Langera.[137] Rekonštruovateľná časť jeho repertoáru prezrádza, že vo výbere autorov uprednostňoval diela skladateľov rakúskeho a česko-moravského tvorivého okruhu. Podobne boli orientovaní aj Langerovi nástupcovia – organisti a rektori Matej Mecser a Leopold Szikkay.[81] Na existenciu mimochrámových hudobných podujatí vo Veľkých Levároch poukazujú symfónie, najmä však kasácie a koncerty pre čembalo, zastúpené v notovej zbierke.

88. Eine Zeit des lebhaften Musikinteresses waren in *Veľké Leváre*[160] die Jahre des Wirkens des bedeutendsten Musikers der Epoche der Klassik, Josef Langer.[137] Der rekonstruierbare Teil seines Repertoires verrät, daß er bei der Wahl der Autoren Werke der Komponisten des österreichischen und böhmisch-mährischen Schaffenskreises bevorzugte. Ähnlich orientiert waren auch Langers Nachfolger, die Organisten und Rektoren Matthias Mecser und Leopold Szikkay.[81] Auf die Existenz von außerkirchlichen Musikveranstaltungen in Veľké Leváre verweisen die Symphonien, vor allem aber die in der Notensammlung vertretenen Kassationen und Konzerte für Cembalo.

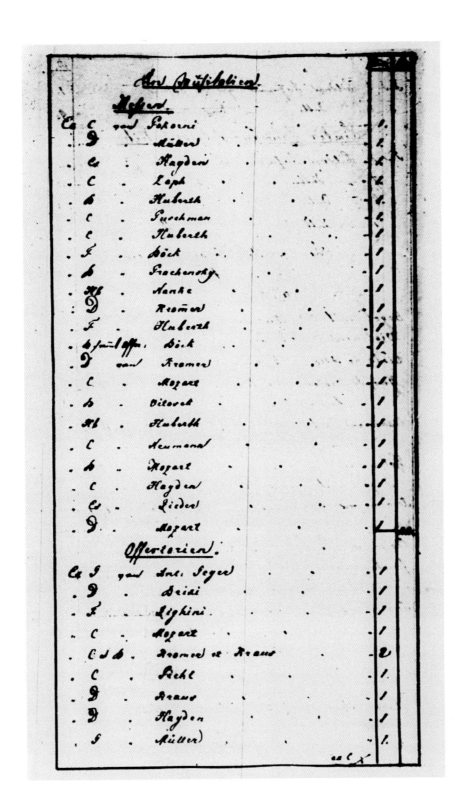

89. Objavený inventárny zoznam hudobných nástrojov a hudobnín zo *Šaštína*[160] z roku 1823 dokumentuje, že inštrumentár chóru farského kostola (5 huslí, viola, kontrabas, 2 flauty, 6 klarinetov, 1 fagot, 11 klarín, 4 lesné rohy, 2 tympany a organ s 24 registrami) bol na vidiecke pomery rozsiahly a umožňoval organistovi a súčasne vedúcemu chóru[137] Ladislavovi Pithortovi (*1782) uvádzať aj náročné diela tzv. figurálnej hudby. Zvláštnosťou šaštínskeho repertoáru boli diela zriedkavo hraných, alebo dosiaľ neznámych autorov.

89. Das Inventarverzeichnis der Musikinstrumente und Musikalien aus *Šaštín*[160] von 1823 dokumentiert das für ländliche Verhältnisse umfangreiche Instrumentarium der Pfarrkirche (5 Violinen, Viola, Kontrabaß, 2 Flöten, 6 Klarinetten, 1 Fagott, 11 Clarini, 4 Waldhörner, 2 Pauken und eine Orgel mit 24 Registern), das dem Organisten und zugleich Chorleiter[137] Ladislav Pithort (*1782) die Möglichkeit gab, auch anspruchsvollere Werke der sogenannten Figuralmusik aufzuführen. Eine Besonderheit des Šaštiner Repertoires waren die Werke selten gespielter oder bis dahin unbekannter Autoren.

90. Príkladom vyspelej hudobnej kultúry klasicizmu šľachtickej vidieckej rezidencie na Slovensku je kaštieľ Františka Esterházyho v *Bernolákove* (Čeklís).[169] Gróf si tu vydržiaval od roku 1800 (asi až do svojej smrti v roku1815) 8-člennú kapelu exteriérového typu, tzv. harmóniu. Súbor účinkoval aj v kaštieli rodiny v Seredi a sprevádzal majiteľa na cestách. V jeho vedení sa vystriedali Wilhelm Merkopf, Wilhelm Went a Juraj Libich. Repertoár tvorili komorné skladby alebo úpravy väčších diel W. A. Mozarta, L. Koželuha, J. Haydna, L. v. Beethovena a iných, najmä viedenských autorov, pre tzv. harmóniu.

90. Ein Beispiel für die hochentwickelte Musikkultur der Klassik einer adligen Landresidenz in der Slowakei ist das Schloß Franz Esterházys in *Bernolákovo* (Čeklís).[169] Der Graf unterhielt hier seit 1800 (etwa bis zu seinem Tod 1815) eine 8köpfige Harmoniemusik. Das Ensemble wirkte auch im Familienschloß in Sereď und begleitete den Besitzer auf Reisen. In seiner Führung wechselten sich Wilhelm Merkopf, Wilhelm Went und Georgs Libich ab. Das Repertoire bildeten Kammermusikwerke, oder Bearbeitungen größerer Werke W. A. Mozarts, L. Koželuhs, J. Haydns, L. v. Beethovens und anderer, vor allem Wiener Komponisten für die sogenannte Harmonie.

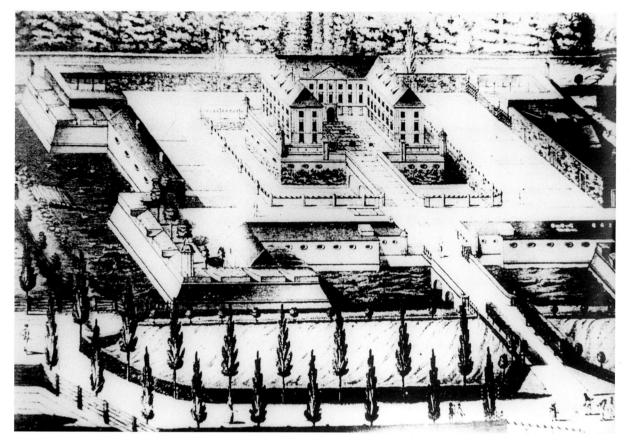

91. Kaštieľ v *Holíči*⁹⁴ odkúpil v roku 1736 od rodiny Czoborovcov František Lotrinský, manžel Márie Terézie. V tomto ich obľúbenom luxusnom letnom sídle sa na rozptýlenie spoločnosti uskutočňovali divadelné predstavenia. Hrávali sa komédie s účasťou hudby a malé komické opery, a to vo francúzskom jazyku.²⁸ Dokumentované je ich uvádzanie v rokoch 1746, 1747, 1749 a v roku 1756.²²⁴ Okrem služobníctva zvykla v nich účinkovať aj šľachta. Zo spomienok kniežaťa Johanna Josepha Khevenhüllera-Metsa vieme, že predstavenia sa konali v niektorej z väčších sál, keďže zámok nemal stále javisko.⁹⁷

91. Das Schloß in *Holíč*⁹⁴ erwarb 1736 von der Familie Czobor Franz von Lothringen, der Gemahl Maria Theresias. In diesem ihrem beliebten luxuriösen Sommersitz wurden zur Erbauung der Gesellschaft Theatervorstellungen organisiert. Es wurden Komödien mit Musikbeteiligung und kleine komische Opern gespielt, und zwar in französischer Sprache.²⁸ Dokumentiert sind solche Aufführungen in den Jahren 1746, 1747, 1749 und 1756.²²⁴ Außer der Dienerschaft wirkte in ihnen gewöhnlich auch der Adel selbst mit. Aus den Erinnerungen des Fürsten Johann Joseph Khevenhüller-Metsch wissen wir, daß die Vorstellungen in einem der größeren Säle stattfanden, da das Schloß keine ständige Bühne hatte.⁹⁷

92. Vo *Svätom Jure*, kde pôsobili piaristi ako jedna z hudobne najaktívnejších reholí na Slovensku, patrili štyridsiate až osemdesiate roky 18. storočia k desaťročiam najväčšieho hudobného rozkvetu. Pričinil sa o to i svätojurský piarista P. Heinrich Thumar SchP (1723–1798), ktorý aj sám komponoval. Jeho skladateľský prejav patril v podstatnej miere ešte do obdobia baroka. Rovesníkom P. Heinricha bol Pavel Lisý, ktorého vo funkciách regenschoriho a organistu farského kostola vystriedali Anton Winkler a neskôr Jozef Stachovič.[160]

92. In *Svätý Jur*, wo die Piaristen als einer der musikalisch aktivsten Orden in der Slowakei wirkten, gehörten die vierziger bis achtziger Jahre des 18. Jahrhunderts zu den Jahrzehnten der höchsten Blüte der Musik. Dazu trug auch P. Heinrich Thumar SchP aus Svätý Jur (1723–1798), bei, der auch selbst komponierte. Sein kompositorisches Schaffen zählte in einem wesentlichen Maße noch zur Epoche des Barocks. Altersgenosse von P. Heinrich war Paul Lisý, den Anton Winkler und später Josef Stachovič[160] in den Funktionen des Regenschori und Organisten der Pfarrkirche ablösten.

93. Zdá sa, že v dobe klasicizmu žil *Pezinok* primerane rozvinutým hudobným životom.[160] Podľa vzoru väčších miest sa tu už od osemdesiatych rokov 18. storočia osamostatnili funkcie regenschoriho a organistu. Pezinok získal v klasicizme aj dva nové organy.[60] Jeden do evanjelického a. v. kostola, postaveného v roku 1783, a druhý do barokového, pôvodne kapucínskeho chrámu. Miestom uvádzania školských hier[170] bolo gymnázium, od roku 1753 jezuitské.[94] Okolo roku 1750 sa tu narodil hudobník, františkán P. Zebedeus Svrčič OFM (†1817).[52]

93. *Pezinok* hatte, so scheint es, in der Zeit der Klassik ein entsprechend entwickeltes Musikleben.[160] Nach dem Vorbild der größeren Städte verselbständigten sich hier schon seit den achtziger Jahren des 18. Jahrhunderts die Funktionen des Regenschori und Organisten. Pezinok erwarb in der Klassik auch zwei neue Orgeln,[60] eine für die 1783 errichtete evangelische Kirche A.B. und die zweite für die barocke, ursprünglich Kapuzinerkirche. Aufführungsort der Schulspiele[170] war seit 1753 das jesuitische Gymnasium.[94] Um 1750 wurde hier der Musiker, der P. Zebedeus Svrčič OFM (†1817) geboren.[52]

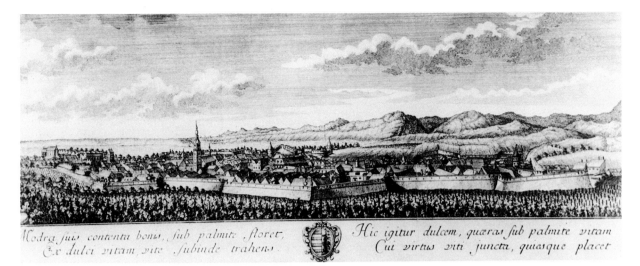

94. Na hudobnom živote *Modry*[13] participovali viacerí hudobníci českého pôvodu. Patrili k nim organisti Matej Kozler a Jozef Vondráček a basista Mikuláš Kristen. K najvýznamnejším patril na sklonku klasicizmu rodák z Jičína *František Peregrin Hrdina* (1793–1866).[32] Ako učiteľ účinkoval najprv v Horných Orešanoch a od roku 1816 pôsobil v Modre. Hudobné vzdelanie získané na učiteľskom ústave a na organovej škole[36] sa odzrkadlilo aj na úrovni jeho skladateľskej činnosti.[81] Štýlovo patrila obdobiu dozievajúceho klasicizmu. Jeho sakrálne diela a úpravy skladieb iných autorov zaznievali nielen na Slovensku, ale aj v českých zemiach.

94. Am Musikleben von *Modra*[13] partizipierten mehrere Musiker tschechischer Abstammung. Zu ihnen zählten die Organisten Matthias Kozler und Josef Vondráček und der Bassist Nikolaus Kristen. Zu den bedeutendsten gehörte gegen Ende der Klassik der in Jičín (Jitschin) gebürtige *Franz Peregrin Hrdina* (1793–1866).[32] Als Lehrer wirkte er zunächst in Horné Orešany (Ober-Nuszdorff) und ab 1816 in Modra. Seine musikalische Bildung, erworben am Lehrerinstitut und an der Orgelschule[36], spiegelte sich auch im Niveau seiner kompositorischen Tätigkeit wider.[81] Stilistisch gehörte er in die Zeit der ausklingenden Klassik. Seine sakralen Werke und Werkbearbeitungen anderer Autoren erklangen nicht nur in der Slowakei, sondern auch in den böhmischen Ländern.

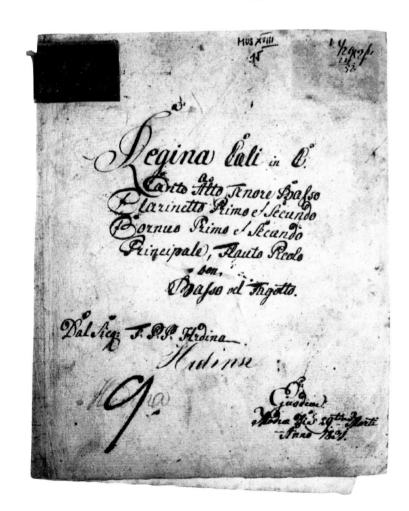

95. *Karolína Esterházyová*, tak ako jej sestra Mária, bola žiačkou Franza Schuberta (1797–1828). Ich otec, gróf Karol Esterházy, vlastník panstva v Galante a letného sídla v *Želiezovciach*[39], v snahe zabezpečiť svojim dcéram solídne hudobné vzdelanie požiadal svojho viedenského priateľa Karola Ungera o vyhľadanie vhodného učiteľa hudby. F. Schubert, ktorý v tom čase zápasil s finančnými ťažkosťami, rád prijal ponuku a 7. júla 1818 pricestoval po prvýkrát do Želiezoviec. Zdržal sa tu päť mesiacov.[170]

95. *Karolina Esterházy* war, wie ihre Schwester Maria, Schülerin bei Franz Schubert (1797–1828). Ihr Vater, Graf Karl Esterházy, Besitzer des Herrengutes in Galanta und des Sommersitzes in *Želiezovce*[39], bestrebt, seinen Töchtern eine solide musikalische Bildung zu geben, bat seinen Wiener Freund Karl Unger, doch nach einem geeigneten Musiklehrer Ausschau zu halten. F. Schubert, der in dieser Zeit mit finanziellen Schwierigkeiten rang, nahm das Angebot gerne an und reiste am 7. Juli 1818 zum ersten Mal nach Želiezovce. Er verweilte hier fünf Monate.[170]

96. Ako to dosvedčuje *list Franza Schuberta*, napísaný *v Želiezovciach*[39], vrátil sa skladateľ k rodine Esterházyovcov ešte raz v roku 1824. Zatiaľ čo prvý pobyt F. Schuberta na Slovensku nebol z hľadiska jeho tvorby príliš bohatý, v priebehu druhej návštevy vznikli viaceré závažné diela, inšpirované tamojším prostredím, a najmä ľudovým hudobným prejavom. Bolo to Divertimento à la Hongroise, op. 54 (venoval ho Karolíne Esterházyovej), ktoré neskôr prepracoval Franz Liszt. Ďalej to boli Grand duo, op. 140, Sonáta, op. 30, pochody pre klavír na 4 ruky a ďalšie skladby.[38]

96. Wie aus einem in Želiezovce[39] geschriebenen *Brief Franz Schuberts* hervorgeht, kehrte der Komponist 1824 noch einmal zur Familie Esterházy zurück. Während der erste Aufenthalt Schuberts in der Slowakei schaffensmäßig nicht so ergiebig gewesen war, entstanden dagegen im Laufe seines zweiten Besuchs mehrere bedeutende Werke, inspiriert durch die dortige Umgebung und vor allem die Volksmusik. Das war das Divertimento à la Hongroise, op. 54 (er widmete es Karolina Esterházy), das später von Franz Liszt überarbeitet wurde, ferner das Grand Duo, op. 140, die Sonate, op. 30, Märsche für Klavier zu vier Händen und andere.[38]

97. V *Komárne*, sídle bývalej župy, máme pestovanie tzv. figurálnej hudby doložené od druhej polovice 18. storočia. Zloženie obyvateľstva si vynútilo, aby sa po Karolovi Schmelzerovi obsadila funkcia organistu dvoma hudobníkmi. „Ludirector hungarus" sa stal František Remetay a František Herle bol ustanovený ako „Ludirector germanus". K opätovnému zjednoteniu úradu organistu došlo asi okolo roku 1800. V tom čase tu bol činný Gašpar Kungl a po ňom Jozef Stokalivý [?][160], pochádzajúci z Olomouca.

97. In *Komárno*, dem Sitz der ehemaligen Gespanschaft ist die Pflege der sogenannten Figuralmusik ab der zweiten Hälfte des 18. Jahrhunderts belegt. Die Bevölkerungsstruktur machte es notwendig, daß nach Karl Schmelzer die Funktion des Organisten mit zwei Musikern besetzt wurde. Der „Ludi--rector hungarus" wurde Franz Remetay, und Franz Herle wurde als „Ludi-rector germanus" bestellt. Zur erneuten Vereinigung des Organistenamtes kam es erst um das Jahr 1800. In dieser Zeit war hier Kaspar Kungl tätig und nach ihm Josef Stokalivý [?][160] aus Olomouc (Ölmütz).

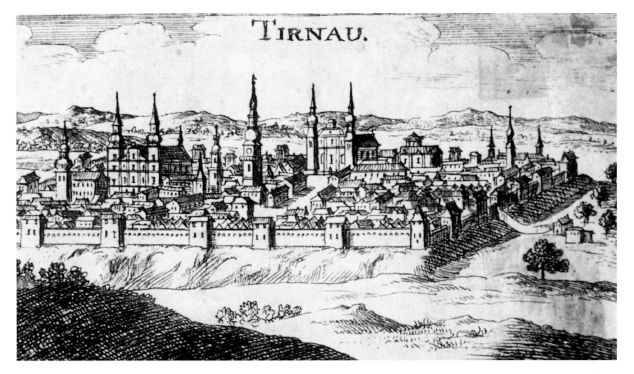

98. Univerzitné mesto *Trnava* patrilo ku kultúrnym centrám Uhorska prvoradého významu.[218] Predpokladom kvalít hudobného zázemia bola pozornosť venovaná *hudbe na školách*, vrátane univerzity.[207] Okrem toho to boli tradičné jezuitské školské hry s hudbou a pravidelné sakrálne produkcie viacerých trnavských *kostolov*.[25] Centrálne miesto medzi nimi patrilo univerzitnému kostolu a chrámu sv. Mikuláša, kde sa o výrazné úspechy pričinil regenschori Anton Belohlávok (†1840). Z hudobníkov kostola františkánov[92] spomenieme rehoľných skladateľov Fr. Jozefa Řeháka OFM (1742–1815) a Fr. Václava Malinského OFM (1780–1838). Tzv. figurálna hudba znela aj v kostole uršulínok.[139]

98. Die Universitätsstadt *Trnava* gehörte zu den Kulturzentren Ungarns mit erstrangiger Bedeutung.[218] Voraussetzung für die Qualitäten als Hinterland der Musik war das der *Musik an den Schulen*, einschließlich der Universität[207] gewidmete Augenmerk. Außerdem gab es die traditionellen Jesuitenschulspiele mit Musik und die regelmäßigen sakralen Produktionen mehrerer *Kirchen* von Trnava.[25] Der zentrale Platz unter ihnen gehörte der Universitäts- und der St. Nikolauskirche, wo sich der Regenschori Anton Belohlávok (†1840) sehr erfolgreich verdient gemacht hat. Von den Musikern der Franziskanerkirche[92] seien die Ordenskomponisten Fr. Josef Řehák OFM (1742–1815) und Fr. Wenzel Malinský OFM (1780–1838) erwähnt. Die sogenannte Figuralmusik erklang auch in der Kirche der Ursulinerinnen.[139]

99. Novú, stálu *divadelnú budovu*⁹⁴ sprístupnili v *Trnave* verejnosti dňa 26. decembra 1831. Prvé tri roky tu účinkovala spoločnosť Daniela Mangoldta, ktorá uvádzala i opery.²⁵ Budovu využíval však aj hudobný spolok na poriadanie vlastných operných predstavení a na pravidelné koncertné podujatia. O šírke hudobných záujmov a hodnote predvádzaného repertoáru svedčí rozsiahla notová zbierka Cirkevného hudobného spolku⁴⁵, ktorá patrí k vzácnym prameňom poznatkov o hudbe klasicizmu nielen v Trnave, ale i v Uhorsku.

99. Das neue ständige *Theatergebäude*⁹⁴ in *Trnava* wurde am 26. Dezember 1831 der Öffentlichkeit zugänglich gemacht. Die ersten drei Jahre wirkte hier die Gesellschaft Daniel Mangoldt, die auch Opern aufführte.²⁵ Das Gebäude benutzte jedoch auch der Musikverein zur Veranstaltung eigener Opernvorstellungen und für regelmäßige Konzertveranstaltungen. Von der Breite der Musikinteressen und dem Wert des aufgeführten Repertoires zeugt die umfangreiche Notensammlung des Kirchenmusikvereins⁴⁵, die zu den wertvollen Quellen der Erkenntnisse über die Musik der Klassik nicht nur in Trnava, sondern überhaupt in Ungarn gehört.

100. Dlhú tradíciu mala v *Trnave* výroba hudobných nástrojov.⁴⁴ *Organárstvo*⁶⁰, ktorého dejiny tu siahajú až do polovice 16. storočia, reprezentovali v 18. storočí Ján Negele, mohučský organár Valentin Arnold a na prelome storočí jeho syn Jozef. V. Arnoldovi, ktorého v roku 1776 prijali za občana mesta, zverili tiež stavbu dvoch reprezentatívnych organov vo farskom kostole sv. Mikuláša.⁶¹ Pre prospekty jeho nástrojov je charakteristické svojské skĺbenie prvkov klasicizmu a štýlu Louis-seize. Aj umiestnenie hodín nad pozitívom u väčšieho z Arnoldových nástrojov, ktorý mal 26 registrov, bolo u nás zvláštnosťou.

100. Eine lange Tradition hatte in *Trnava* der Musikinstrumentenbau.⁴⁴ Den *Orgelbau*⁶⁰, dessen Geschichte hier bis in die Mitte des 16. Jahrhunderts zurückgeht, repräsentierten im 18. Jahrhundert Johann Negele, Valentin Arnold aus Mainz und an der Jahrhundertwende sein Sohn Josef V. Arnold, der 1776 als Stadtbürger aufgenommen wurde. Ihm wurde auch der Bau zweier repräsentativer Orgeln in der St. Nikolaus-Pfarrkirche anvertraut.⁶¹ Charakteristisch für die Projekte seiner Instrumente ist die eigenwillige Verknüpfung von Elementen des Klassizismus und des Louis-seize-Stils. Auch die Anbringung einer Uhr über dem Positiv bei dem größeren der Arnoldschen Instrumente, das 26 Register hatte, war bei uns eine Besonderheit.

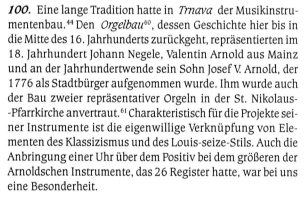

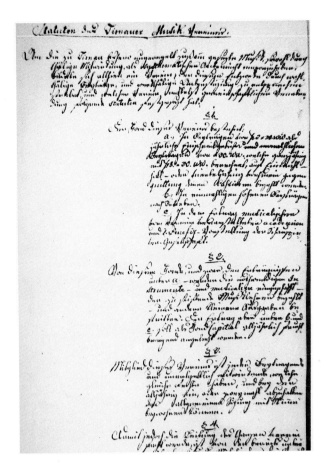

101. Výsledkom cieľavedomých snáh trnavských mešťanov bolo založenie hudobného spolku *Musikverein*, ktorý vznikol v *Trnave* v roku 1833.[45] Združenie, podobné bratislavskému, bolo jedným z nemnohých na Slovensku. Za predsedu trnavského spolku zvolili Jána Pitroffa. Zbormajstrom sa stal skladateľ František Xaver Albrecht (†1846) a dirigentom orchestra Trnavčan Ján Czarda, absolvent viedenského konzervatória. Czardu ako kvalifikovaného poverili v roku 1833 aj vedením novozaloženej trnavskej[139] *Mestskej hudobnej školy*.

101. Ergebnis der zielstrebigen Bemühungen der Bürger Trnavas war die Gründung des *Musikvereins* in *Trnava* 1833.[45] Die Vereinigung, ähnlich der in Preßburg, war eine der wenigen in der Slowakei. Zum Vorsitzenden des Musikvereins wurde Johann Pitroff gewählt. Chormeister wurde der Komponist Franz Xaver Albrecht (†1846) und Dirigent des Orchesters Johann Czarda aus Trnava, Absolvent des Wiener Konservatoriums. Czarda als qualifizierter Musiker wurde 1833 auch mit der Leitung der neugegründeten *Städtischen Musikschule* Trnava[139] beauftragt.

102. Je známe, že *brunswickovský kaštieľ v Dolnej Krupej* patril k popredným hudobným šľachtickým rezidenciám v Uhorsku.[7] Predpokladaný pobyt Ludwiga van Beethovena na Slovensku sa okrem Bratislavy dáva do súvislosti aj s rodinou Brunswickovcov, ktorá mala sídlo v Dolnej Krupej. Okrem toho sa zvykne spájať tiež s menom grófky Márie Erdődyovej.[213] Neďaleké Piešťany sa spomínajú zase v spojitosti s listom „nesmrteľnej milej". Jeho súvislosť s Piešťanmi (prípadne s Teplicami v Čechách) ostáva pre nedostatok dôkazového materiálu zatiaľ nedoriešená.

102. Bekanntlich gehörte das *Brunswicksche Schloß in Dolná Krupá* zu den führenden adligen Musikresidenzen in Ungarn.[7] Der angenommene Aufenthalt Ludwig van Beethovens in der Slowakei wird außer mit Preßburg auch mit der Familie Brunswick in Verbindung gebracht, die eine Residenz in Dolná Krupá hatte. Außerdem wird ein Zusammenhang mit der Gräfin Maria Erdődy vermutet.[213] Das nahe gelegene Piešťany (Püstin) wird wieder im Zusammenhang mit dem Brief an die „unsterbliche Geliebte" erwähnt. Sein Zusammenhang mit Piešťany (eventuell mit Teplice in Böhmen) bleibt in Ermangelung von Beweismaterial bislang ungelöst.

103. K blízkym priateľom Ludwiga van Beethovena patrili z *Brunswickovskej rodiny*[7] hlavne syn a dcéry Antona Brunswicka jun. (1745–1792) *František* (1777–1849), Charlotta a najmä dcéry *Terézia* (1775–1861) a *Jozefína* (1779–1821), ktoré patrili k viedenským žiačkam skladateľa. Spomenúť treba aj ich príbuznú Giuliettu Guicciardi. Prejavmi skladateľovej náklonnosti sú venovania závažných klavírnych diel Brunswickovcom. Terézii určil L. v. Beethoven Sonátu, op. 78, Františkovi Sonátu, op. 57, zvanú Appassionata a Fantáziu, op. 77 a Giuliette Guicciardi Sonátu, op. 27 č. 2, známu ako Sonáta mesačného svitu.[98]

103. Zu den nahen Freunden von Ludwig van Beethoven gehörten aus der *Familie Brunswick*[7] vor allem Sohn und Tochter Anton Brunswicks jun. (1745–1792) *Franz* (1777–1849) und Charlotte und vor allem die Töchter *Therese* (1775–1861) und *Josephine* (1779–1821), die zu den Wiener Schülerinnen des Komponisten gehörten. Zu erwähnen ist auch ihre Verwandte Giulietta Guicciardi. Ausdruck der Zuneigung des Komponisten sind die Widmungen der wichtigen Klavierwerke für die Brunswicks. Für Therese bestimmte L.v. Beethoven die Sonate op. 78, für Franz die Sonate op. 57, die Appassionata und die Phantasie, op. 77 und für Guilietta Guicciardi die Sonate op. 27 Nr. 2, bekannt als Mondscheinsonate.[98]

104. Empírové divadlo v Hlohovci²²⁴ nechal v roku 1802 postaviť (k zamýšľanej návšteve Františka I.) v záhrade svojej rezidencie gróf Jozef Erdődy (1754–1824), syn zakladateľa bratislavského divadla J. N. Erdődyho. V priestore neveľkého divadla účinkovali okrem ochotníkov aj talianski divadelníci z Viedne s módnymi drámami a komédiami. Z dosiaľ málo známych hudobných dejín hlohoveckej rezidencie²¹³ vieme, že J. Erdődy prechodne zamestnával bratislavských hudobníkov Antona Mikuša, Martina Schlesingera (1754–1818) a Leopolda von Blumenthala (*1790), ktorý pochádzal z Belgicka.

104. Das Empiretheater in Hlohovec²²⁴ ließ 1802 (für den beabsichtigten Besuch Franz I.) Graf Josef Erdődy (1754–1824), Sohn des Gründers des J. N. Erdődy-Theaters in Preßburg, im Garten seiner Residenz erbauen. In dem Raum des kleinen Theaters wirkten außer Laienschauspielern auch italienische Schauspieler aus Wien mit modischen Dramen und Komödien. Aus der bislang wenig bekannten Musikgeschichte der Residenz Hlohovec²¹³ wissen wir, daß J. Erdődy vorübergehend die Preßburger Musiker Anton Mikuš, Martin Schlesinger (1754–1818) und Leopold von Blumenthal (*1790), der aus Belgien stammte, bei sich beschäftigte.

105. Hlavným strediskom hudby Považia bol *Trenčín*.[137] O vysokú umeleckú úroveň chrámových produkcií sa tu zaslúžili hudobníci farského kostola, hlavne však rehoľa jezuitov a po jej zrušení piaristi. Vďaka početným, veľmi cenným trenčianskym notovým pamiatkam[240] poznáme nielen zloženie hudobného repertoáru a zmeny v jeho orientácii, ale aj mená mnohých hudobníkov[135], ktorí sa zúčastňovali v klasicizme na jeho realizácii. Menovite treba spomenúť Jána Ignáca Ambra (1718–1804), Jozefa Schreiera, Hieronyma Hybnera, Václava Leva a Jozefa Parbusa.

105. Hauptzentrum der Musik des Waagtals war *Trenčín*.[137] Um das hohe künstlerische Niveau der Kirchenproduktionen machten sich Musiker der Pfarrkirche verdient, vor allem aber der Jesuitenorder und, nach seiner Auflösung, die Piaristen. Dank der vielen, sehr wertvollen Trenčiner Notendenkmäler[240] kennen wir nicht nur die Zusammensetzung des Musikrepertoires und die Wandlungen in seiner Orientierung, sondern auch die Namen vieler Musiker,[135] die in der Klassik an seiner Realisierung teilnahmen. Namentlich sind zu nennen Johann Ignaz Ambro (1718–1804), Josef Schreier, Hieronymus Hybner, Wenzel Lev und Josef Parbus.

106. Hlavnou osobnosťou trenčianskeho hudobného života v rokoch 1800–1844 bol moravský rodák, piarista *P. Augustin Smehlik SchP* (1765–1844)[135], vlastným menom František. Ako odchovanec piaristov v Podolínci bol najprv profesorom na gymnáziu v Nitre a potom účinkoval až do smrti ako regenschori a učiteľ hudby u trenčianskych piaristov. Jeho skladateľská činnosť nebola zatiaľ predmetom výskumu.[149] Prínos Smehlika treba vidieť nielen v úspechoch jeho pedagogickej práce, ale i v náročnosti a koncepčnosti ním budovaného hudobného repertoáru, ktorý vo veľkej miere preberali aj ostatné lokality stredného Považia.[160]

106. Die Hauptpersönlichkeit des Trenčiner Musiklebens in den Jahren 1800–1844 war der in Mähren gebürtige Piarist *P. Augustin Smehlik SchP* (1765–1844)[135], mit Taufnamen Franz. Als Zögling der Piaristen in Podolínec (Pudlein) war er zunächst Professor am Gymnasium in Nitra und wirkte dann bis zu seinem Tod als Regenschori und Musiklehrer bei den Trenčiner Piaristen. Seine kompositorische Tätigkeit war bisher noch nicht Gegenstand der Forschung.[149] Den Beitrag Smehliks muß man nicht nur in den Erfolgen seiner pädagogischen Arbeit, sondern auch in dem anspruchsvollen Niveau und der Konzeptionalität des von ihm gestalteten Musikrepertoires sehen, das auch andere Lokalitäten des mittleren Waagtals weitgehend übernahmen.[160]

107. Významným znakom hudobného repertoáru Trenčína[137] v období klasicizmu bolo nápadné množstvo diel skladateľov pôsobiacich na Slovensku a miestnych hudobníkov.[135] K tým patrili napríklad skladateľa P. Ignác Egelský SchP (1743 až 1831), P. Thomas SchP a dvaja iniciatívni trenčianski hudobníci – huslista u piaristov *Tobiaš František Fučík* a *Ján Fučík*, hudobník farského chrámu. Tvorba Fučíkovcov[160] bola lokálneho významu a má prevažne znaky raného klasicizmu. Nový štýl sa u nich najvýraznejšie prejavil v melodike a v zmenách zvukového ideálu.

107. Ein wesentliches Merkmal des Musikrepertoires von Trenčín[137] in der Epoche der Klassik war die auffallende Menge von Werken in der Slowakei wirkender Komponisten und örtlicher Musiker.[135] Zu ihnen gehörten etwa P. Ignaz Egelský SchP (1743–1831) und P. Thomas SchP und zwei initiative Trenčiner Musiker, der Geiger bei den Piaristen *Tobias Franz Fučík* und *Johann Fučík*, ein Musiker der Pfarrkirche. Das Schaffen der Fučíks[160] war von lokaler Bedeutung und trägt überwiegend Züge der Frühklassik. Der neue Stil äußerte sich bei ihnen am stärksten in der Melodik und in den Wandlungen des Klangideals.

108. V dejinách hudobnej pedagogiky[160] patrí osobitná pozornosť vysokej úrovni *výučby hudby na trenčianskom piaristickom gymnáziu*. Žiaci tu dosahovali stupeň znalostí dnešných nižších ročníkov konzervatória. Získané teoretické vedomosti si overovali pri repertoárovo náročných vystúpeniach *sólistov, zboru a orchestra školy*, ktorého činnosť sa datuje od roku 1777.[240] Úspechy mladých hudobníkov boli výsledkom práce magistrov hudby[135] – P. Cypriana Brandisa SchP (1745–1809), rodáka z Gajar, P. Ignáca Egelského SchP (1743–1831), činného od roku 1788 a P. Augustína Smehlika SchP (1765–1844), ktorý tu účinkoval v rokoch 1800 až 1843.[149]

108. In der Geschichte der Musikpädagogik[160] gehört besonderes Augenmerk dem hohen Niveau des *Musikunterrichts am Trenčiner Piaristengymnasium*. Die Schüler erreichten hier die Wissensstufe der heutigen unteren Jahrgänge des Konservatoriums. Das erworbene theoretische Wissen erprobten sie bei repertoiremäßig anspruchsvollen Auftritten *der Solisten, des Chors und des Schulorchesters,* dessen Tätigkeit seit 1777 datiert.[240] Die Erfolge der jungen Musiker waren das Ergebnis der Arbeit der Magister der Musik[135] P. Cyprian Brandis SchP (1745–1809), gebürtig in Gajary (Gairing), P. Ignaz Egelský SchP (1743–1831), tätig seit 1788, und P. Augustin Smehlik SchP (1765–1844), der hier in den Jahren 1800–1843 wirkte.[149]

109. V *Ilave*[81] sú zvlášť zjavné sekularizačné tendencie chrámového hudobného repertoáru[151], ktoré boli príznačné pre regenschorich oblasti Považia. Predstaviteľmi týchto snáh v Ilave[160] sa stali organisti Ján Boletovič, Juraj Tass a najschopnejší z nich *Ián Cserney*, ktorý aj komponoval. Ako súčasť pravdepodobne mimochrámových hudobných produkcií zaradili do repertoáru okrem sinfonií, divertiment, partít aj koncert pre čembalo, duetá pre husle, pastorálnu sonátu a pastorelu pre hoboj, husle a continuo. Autormi týchto diel boli prevažne skladatelia z česko-moravsko-viedenského tvorivého okruhu.[136]

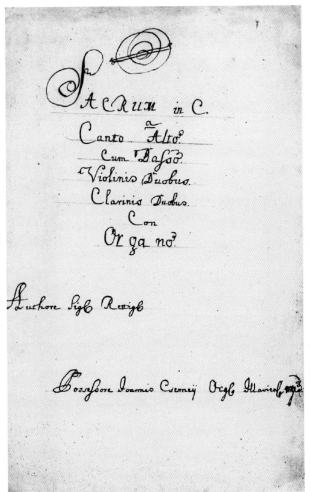

109. In *Ilava*[81] sind besonders die Säkularisierungstendenzen des Kirchenmusikrepertoires[151] deutlich, die für die Regenteschori des Waagtals kennzeichnend waren. Vertreter dieser Bestrebungen in Ilava[160] wurden die Organisten Johann Boletovič, Georg Tass und der fähigste von ihnen, *Johann Cserney*, der auch komponierte. Als Teil der wahrscheinlich außerkirchlichen Musikproduktionen nahmen sie in das Repertoire außer Symphonien, Divertimenti, Partiten auch ein Konzert für Cembalo, Duos für Geigen, Pastoralsonate und Pastorale für Oboe, Violine und Continuo auf. Autoren dieser Werke waren überwiegend Komponisten aus dem böhmisch-mährisch-wienerischen Schaffenskreis.[136]

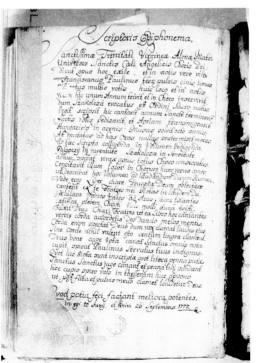

110. Františkáni, ktorých v *Pruskom*[216] usadil biskup Juraj Jakučič, preslávili zanedlho kláštor ako stredisko literatúry a hudby. Z členov rehole k najvýznamnejším v tomto smere patril P. Hugolín Gavlovič OFM (1712 až 1787), činný viac literárne a P. Paulín Bajan OFM (1721–1792), hudobník a významný kazateľ, ktorý v Pruskom vstúpil do rehole františkánov. V roku 1777 v Skalici vytvoril pre pruštiansky kláštor tretí zväzok diela Harmonia Seraphica.[92]

110. Die Franziskaner, die Bischof Georg Jakučič in *Pruské*[216] ansiedelte, machten schon bald das Kloster als Zentrum der Literatur und Musik berühmt. Von den Ordensmitgliedern gehörte in dieser Hinsicht zu den bedeutendsten P. Hugolin Gavlovič OFM (1712–1787), der mehr literarisch tätig war, und P. Paulin Bajan OFM (1721–1792), ein Musiker und bedeutender Prediger, der in Pruské dem Franziskanerorden beitrat. 1777 schuf er in Skalica für das Kloster in Pruské den dritten Band des Werkes „Harmonia Seraphica".[92]

111. Dokladom intenzívneho záujmu o hudbu klasicizmu v *Novom Meste nad Váhom*[160] boli jednak čulé hudobné kontakty dlhoročného regenschoriho prepoštského chrámu Šimona Pellera s okolitými lokalitami, ale tiež ochota predstavených mesta znášať finančnú záťaž spojenú s vydržiavaním (v roku 1780 iba štyroch a o osem rokov až desiatich) stálych hudobníkov.[170] Orientácia tunajšieho repertoáru[81] na tvorbu česko-taliansko-viedenských skladateľov bola typická pre celý západoslovenský hudobno-kultúrny okruh.[136]

111. Ein Beleg für das intensive Musikinteresse der Klassik in *Nové Mesto nad Váhom*[160] waren einerseits die regen Musikkontakte des langjährigen Regenschori der Probstkirche Simon Peller zu den umliegenden Lokalitäten, aber auch die Bereitwilligkeit der Stadtväter, die mit der Haltung von (1780 nur vier und acht Jahre später schon zehn) ständigen Musikern verbundenen finanziellen Belastungen zu tragen.[170] Die Orientierung des hiesigen Repertoires[81] auf das Schaffen der böhmisch-italienisch-Wiener Komponisten war typisch für den gesamten westslowakischen Musikkulturkreis.[136]

112. Zriedkavým, a preto vzácnym príkladom *uplatnenia slovenského jazyka* v tzv. figurálnej hudbe 18. storočia je Ária Kde si, kde si, slncze gasne Jozefa Pispekyho.[160] Skladba pochádza z púchovskej notovej zbierky, ktorú profiloval regenschori a organista František Xaver Jozef Hlbocký.[245] Prečo v roku 1762 odišiel z Pruského, kde mal k dispozícii 6-registrový organ a až 33 hudobných nástrojov, do Beluše, potom do Považskej Bystrice a napokon v roku 1767 do Púchova, kde boli pre hudbu oveľa horšie podmienky, zatiaľ nevieme. Repertoár F. X. J. Hlbockého[81] je príkladom postupného prerastania baroka v raný klasicizmus na západnom Slovensku.[151]

112. Ein seltenes und deshalb wertvolles Beispiel für die *Anwendung der slowakischen Sprache* in der sogenannten Figuralmusik des 18. Jahrhunderts ist die Arie Kde si, kde si slncze gasne von Josef Pispeky.[160] Die Komposition stammt aus der Púchover Notensammlung, die der Regenschori und Organist Franz Xaver Josef Hlbocký prägte.[245] Warum er 1762 aus Pruské, wo er eine 6-Register-Orgel und immerhin 33 Musikinstrumente zur Verfügung hatte, nach Beluša (Bellusch), dann nach Považská Bystrica und schließlich 1767 nach Púchov ging, wo viel schlechtere Bedingungen für die Musik herrschten, wissen wir bislang nicht. Das Repertoire F. X. J. Hlbockýs[81] ist ein Beispiel für das allmähliche Hinüberwachsen des Barocks in die Frühklassik in der Westslowakei.[151]

113. Nitra sa v oblasti hudobnovýchovnej, ale i koncertnej činnosti približovala úrovni väčších centier hudby na Slovensku.[223] Bolo to zásluhou intenzívneho pestovania hudobného umenia u pedagogicky zameranej rehole piaristov.[159] Piaristi pre svoju potrebu sústredili vyše 170 svetských diel.[240] Hrali ich na koncertoch a v rámci školských divadelných hier s hudbou.[94] Náročné sólistické a komorné diela, symfónie, ba i koncerty pre sólové nástroje s orchestrom[31] poukazujú na moderné metódy vo výučbe hudby a pozoruhodnú úroveň znalostí chovancov piaristického gymnázia.

113. Nitra näherte sich im Bereich der Musikerziehung, aber auch der Konzerttätigkeit dem Niveau der größten Musikzentren in der Slowakei.[223] Das war das Verdienst der intensiven Pflege der Musik bei dem pädagogisch ausgerichteten Piaristenorden.[159] Die Piaristen trugen für ihren Bedarf über 170 weltliche Werke zusammen.[240] Sie spielten diese in Konzerten und im Rahmen der schulischen Theaterspiele mit Musik.[94] Die anspruchsvollen Solo- und Kammermusikwerke, Symphonien, ja selbst Konzerte für Soloinstrumente mit Orchester[31] verweisen auf die modernen Methoden im Musikunterricht und den bemerkenswerten Wissensstand der Kenntnisse der Zöglinge des Piaristengymnasiums.

114. K najdôležitejším skladateľom Nitry v období klasicizmu patril moravský rodák *P. Norbert* (vlastným menom Ján) *Schreier SchP* (1744 až 1811). Študoval teológiu a filozofiu v Nitre, kde v seminári neskôr aj sám prednášal. Bol mnohostrannou osobnosťou[12] s vedeckými i umeleckými ambíciami. Ako člen Bernolákovho Slovenského učeného tovarišstva sa preslávil ako básnik. Zanechal tiež práce z oblasti filozofie a jazykovedy.[107] Pozoruhodný intelekt a talent prezrádza i Schreierova ranoklasicistická hudobná tvorba[159] s prvkami hudobnej reči vrcholného klasicizmu.[160]

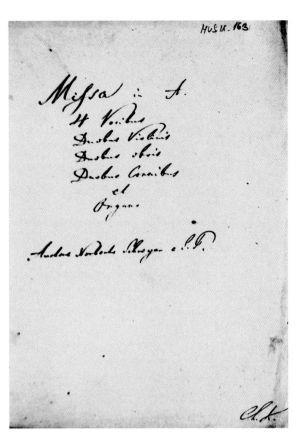

114. Zu den wichtigsten Komponisten Nitras in der Zeit der Klassik gehörte der aus Mähren gebürtige *P. Norbert Schreier SchP* (1744–1811), mit Taufnamen Johann. Er studierte Theologie und Philosophie in Nitra, wo er im Seminar später auch selbst *Vorlesungen* hielt. Er war eine vielseitige Persönlichkeit[12] mit wissenschaftlichen und künstlerischen Ambitionen. Als Mitglied der Bernolakschen Slowakischen Gelehrten-Gesellschaft wurde er als Dichter berühmt. Er hinterließ auch Arbeiten aus dem Bereich der Philosophie und Sprachwissenschaft.[107] Einen beachtlichen Intellekt und Talent verrät auch Schreiers frühklassisches Musikschaffen[159] mit Elementen der Musiksprache der Hochklassik.[160]

115. K skladateľom regionálneho významu patril nitriansky piarista, rodák z bratislavskej stolice *Fr. Alojz* (vlastným menom Juraj) *Schlieszter SchP* (1746–1823).[32] Ako člen rehole piaristov pôsobil najprv v Nitre, neskôr v Prievidzi.[31] Na rozdiel od N. Schreiera bol autorom výlučne cirkevných skladieb.[159] Umeleckou úrovňou svojej tvorby reprezentuje solídny priemer slovenského vidieka.[160]

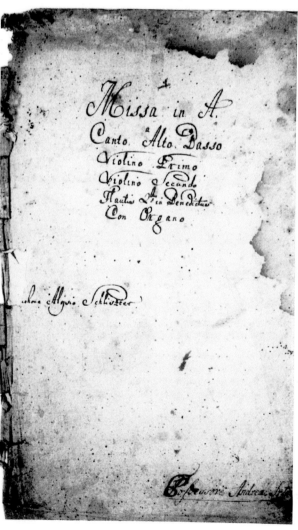

115. Zu den Komponisten regionaler Bedeutung im Komitat Preßburg zählte der aus Nitra stammende Piarist, *Fr. Alois* (Taufname Georg) *Schlieszter SchP* (1746–1823).[32] Als Mitglied des Piaristenordens wirkte er zunächst in Nitra, später in Prievidza.[31] Im Unterschied zu N. Schreier war er Autor ausschließlich kirchlicher Kompositionen.[159] Mit dem künstlerischen Niveau seines Schaffens repräsentiert er den soliden Durchschnitt der slowakischen Provinz.[160]

Index Instrumentorum.

Instrument	Count
Clarinetta	7
Oboe	7
Flauto Travera	4
Fagotta	4
Picolo	4
Flautino	3
Cornu di Passeto	4
Flauto Travera di Viola de Amor	2
Thalie Majores	2
Thalie Minores	2
Cornua Anglicana	3
Clarini	4
Trombone	3
Cornua	6
Luna Turcica	1
Piatti	4
Tamburo Turco	1
Tamborino	1
Violoncello	3
Violini	11
Alto Viola	2
Forte Piano	1
Clavicordium	1

116. Prekvitajúci hudobný život sa v *Nitre*[223] sústreďoval okolo *biskupského chrámu* (s dávnou hudobnou minulosťou), a to hlavne zásluhou organistu Jozefa Vavroviča. Jeho pričinením tu vznikla v celoslovenských, ba i uhorských reláciách jedinečná zbierka nôt a hudobných nástrojov.[145] K jej pozoruhodnostiam patrí skorý výskyt tvorby vývojovo podstatných autorov (už v roku 1801 tu napr. hrali dielo L. v. Beethovena), početné zastúpenie vývojovo nosných hudobných druhov a foriem a moderných pedagogických príručiek. Zaujímavé je aj zloženie súboru hudobných nástrojov, medzi ktorými nechýbali inštrumenty (cimbal, čembalo) vhodné skôr pre mimochrámové, koncertné alebo pedagogické účely.[160]

116. Das blühende Musikleben in *Nitra*[223] konzentrierte sich um die *Bischofskirche* (mit langer Musiktradition), und zwar hauptsächlich durch das Verdienst des Organisten Josef Vavrovič. Durch sein Zutun entstand hier eine in gesamtslowakischen, ja ungarischen Relationen einzigartige Noten- und Musikinstrumentensammlung.[145] Zu ihren Besonderheiten gehört das frühe Auftreten des Schaffens entwicklungsbestimmender Autoren (schon 1801 spielte man hier die Werke L. v. Beethovens), die zahlreiche Vertretung entwicklungstragender Musikgattungen und Formen sowie moderner pädagogischer Handbücher. Interessant ist auch die Zusammensetzung des Ensembles der Musikinstrumente, unter denen solche nicht fehlten (Cimbal, Cembalo), die eher für außerkirchliche Konzert- und pädagogische Zwecke geeignet waren.[160]

117. V *Prievidzi*[124], kde spolutvorcami zatiaľ málo osvetlených hudobných dejín boli mnohí českí a moravskí speváci a inštrumentalisti, súperili hudobníci farského a piaristického kostola nielen v predvádzaní tzv. figurálnej hudby.[31] Predmetom súťaže bolo aj rozsiahle mimoškolské vyučovanie hudby (neraz to bolo až 50 žiakov), ktoré zabezpečovali vedúci chórov oboch kostolov. Z tvorby miestneho piaristu P. Dionýza Kubíka SchP (1749–1811) sa do dejín zapísala zbierka Cantiones Slavonicae (1791). Charakteristická je záujmom o ľudovú, najmä ale umelú študentskú a mestskú pieseň.[129]

117. In *Prievidza*[123], wo viele tschechische und mährische Sänger und Instrumentalisten Mitgestalter der bislang wenig beleuchteten Musikgeschichte waren, wetteiferten die Musiker der Pfarr- und Piaristenkirche nicht nur in der Darbietung der sogenannten Figuralmusik[31], sondern auch auf dem Gebiet des umfangreichen außerschulischen Musikunterrichts (nicht selten bis zu 50 Schüler), der von den Chorleitern beider Kirchen sichergestellt wurde. Aus dem Schaffen des hiesigen Piaristen P. Dionys Kubík SchP (1749–1811) ist die Sammlung Cantiones Slavonicae (1791) in die Geschichte eingegangen. Charakteristisch ist sie durch das Interesse am Volkslied, insbesondere aber am Studenten- und Stadtkunstlied.[129]

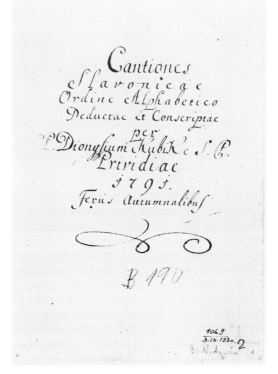

118. Notové pamiatky *šľachtickej rodiny Zayovcov z Uhrovca* dokladajú intenzívne pestovanie hudby v tejto rodine.[164] K historicky najstarším pamiatkam zbierky, ktorú dopĺňovali viaceré generácie, patria dva rukopisné zborníky: Uhrovecká zbierka piesní a tancov (1730)[206] a Uhrovecká zbierka tancov (1742). Vzácny je tiež súbor odpisov diel z druhej polovice 18. storočia autorov J. Haydna[185], L. Hoffmanna a A. Zimmermanna. Prevažnú časť repertoáru Zayovcov zo začiatku 19. storočia tvorili skladby módnych skladateľov[160], vydané vo Viedni. Určené boli pre klavír alebo pre spev a klavír.

118. Die Notendenkmäler der *Adelsfamilie Zay aus Uhrovec* belegen die intensive Musikpflege in dieser Familie.[164] Zu den historisch ältesten Denkmälern der Sammlung, die von mehreren Generationen zusammengetragen wurde, gehörten zwei handschriftliche Sammelwerke: Die Uhrovecer Lied- und Tanzsammlung (1730)[206] und die Uhrovecer Tanzsammlung (1742). Wertvoll sind auch die Abschriften der Werke aus der zweiten Hälfte des 18. Jahrhunderts von J. Haydn,[185] L. Hoffmann und A. Zimmermann. Den überwiegenden Teil des Repertoires der Familie Zay vom Beginn des 19. Jahrhunderts bildeten in Wien erschienene Kompositionen von Modekomponisten.[160] Sie waren für Klavier oder für Gesang und Klavier bestimmt.

119. Z notového archívu rodiny Zayovcov z Uhrovca[164] pochádza aj jedna z najcennejších haydnovských notových pamiatok na Slovensku – *odpis Symfónie (Hob. I:48)*, nazývanej *Mária Terézia*[67]. Odpis vyhotovil v roku 1769 Haydnov kopista Joseph Elssler sen. Unikátnosť pamiatky[185] je nielen v tom, že ide o najstarší zachovaný autorizovaný, a tým i najautentickejší zápis tohto diela, ktorého autograf sa nezachoval, ale datovaný odpis prameňa sa naviac stal dôležitým príspevkom k chronológii symfónií Josepha Haydna.

119. Aus dem Notenarchiv der Familie Zay aus Uhrovec[164] stammt auch eines der wertvollsten Haydnschen Notendenkmäler der Slowakei *die Abschrift der Sinfonie* genannt *Maria Theresia*[67] *(Hob. I:48)*. Die Abschrift fertigte 1769 Haydns Kopist Joseph Elssler sen. an. Das Unikate dieses Denkmals[185] besteht nicht nur darin, daß es sich um die älteste erhaltene autorisierte und damit auch authentischste Aufzeichnung dieses Werkes handelt, dessen Autograph nicht erhalten ist, sondern auch darin, daß die datierte Abschrift der Quelle ein wichtiger Beitrag zur Chronologie der Symphonien von Joseph Haydn wurde.

120. Hudobnú kultúru františkánov v *Žiline* v dobe klasicizmu symbolizuje františkánsky hudobník P. Edmund Pascha OFM (*1714).⁹⁰ V Žiline prežil posledné obdobie života a tu aj zomrel dňa 4. mája 1772.²⁰⁶ Okrem kostolov, z ktorých farský mal viacerých platených hudobníkov, našla hudba v Žiline uplatnenie aj v meštianskych salónoch a pri rôznych spoločenských príležitostiach poriadaných mestom (plesy, tanečné zábavy a iné). Z pedagogických pracovníkov sa hudbe venoval organista Anton Klobúcky (†1825). Koncom klasicizmu tu účinkovala údajne aj mestská kapela.⁶

120. Die Musikkultur der Franziskaner in *Žilina* in der Epoche der Klassik symbolisiert der Franziskaner-Musiker P. Edmund Pascha OFM (*1714).⁹⁰ In Žilina verbrachte er seinen letzten Lebensabschnitt bis zu seinem Tod am 4. Mai 1772.²⁰⁶ Außer den Kirchen, von denen die Pfarrkirche mehrere bezahlte Musiker hatte, fand die Musik in Žilina Anwendung auch in den bürgerlichen Salons und bei verschiedenen, von der Stadt veranstalteten gesellschaftlichen Anlässen (Bälle, Tanzvergnügen u.a.). Von den pädagogischen Mitarbeitern widmete sich der Musik der Organist Anton Klobúcky (†1825). Ende der Klassik soll hier auch eine Stadtkapelle gewirkt haben.⁶

IV. kapitola

Stredoslovenský hudobnokultúrny okruh

❖

IV. Kapitel

Mittelslowakischer Musikkulturkreis

Stredoslovenský hudobnokultúrny okruh patril ku *geograficky*[277] najdiferencovanejším. Čiastočne alebo úplne sa rozprestieral na území až ôsmich stolíc niekdajšieho Horného Uhorska, ktoré sa značne líšili politickými, hospodárskymi a kultúrnymi danosťami, a mali aj rozdielne národnostné zloženie obyvateľstva. Po hudobnej stránke ho tvorili štyri teritoriálne oblasti, ktoré sa výrazne líšili podmienkami pestovania hudby a formami jej uplatnenia.

Najrozvinutejší bol hudobný život v materiálne prevažne dobre situovaných kultúrnych centrách a strediskách Zvolenskej (Banská Bystrica, Radvaň, Zvolen, Krupina, Brezno), Tekovskej (Kremnica, Nová Baňa, Hronský Beňadik, Levice) a Hontianskej (Banská Štiavnica, Banská Belá) stolice. Hlavným *zdrojom bohatstva* väčšiny týchto miest bolo okrem poľnohospodárstva prekvitajúce baníctvo a hutníctvo a na ne nadväzujúce remeslá a obchod. To platí predovšetkým o slobodných kráľovských banských mestách celouhorského (Kremnica, Banská Bystrica) a európskeho (Banská Štiavnica) významu, v ktorých, tak ako aj v ich okolí, malo prevahu nemecké obyvateľstvo. Inak slovenské *osídlenie*[277] územia doplňovali na juhu oblasti Maďari. Za čias tureckých vojen sa tu vo väčšom počte usadila uhorská šľachta. Výskumy posledného obdobia dokázali, že napriek spomenutému vplyvu etnicky cudzích elementov – či už v rámci kolonizačných pohybov, alebo v dôsledku tureckého tlaku – sa národnostné zloženie obyvateľstva vyvíjalo v prospech slovenského etnika. Z hudobného hľadiska je v týchto súvislostiach zaujímavý fakt, že stredoslovenské banské mestá, napriek mnohým vývojovým príbuznostiam s kultúrnymi centrami Spiša, sa charakterom hudobného repertoáru podobali viac západnej časti Slovenska než Spišu.

Hudobný život klasicizmu stredoslovenského hudobnokultúrneho okruhu sa skoncentroval v troch banských mestách s bohatou *hudobnou minulosťou* – v Kremnici[274], Banskej Štiavnici[154] a v Banskej Bystrici[79]. Prevaha nemeckého obyvateľstva mala za následok, že v ťažiskovej forme dobového pestovania hudby týchto miest prišlo k odčleneniu tzv. nemeckých (spravidla farských) a slovenských kostolov. Nemecké boli zamerané na predvádzanie tzv. figurálnej hudby, kým v slo-

Der mittelslowakische Musikkulturkreis zählte zu den *geographisch*[277] differenziertesten. Er breitete sich teilweise oder völlig auf dem Territorium von 8 Komitaten des einstigen Oberungarn aus, die sich in ihren politischen, wirtschaftlichen und kulturellen Gegebenheiten beträchtlich unterschieden und auch ein unterschiedliches Nationalitätengefüge der Bevölkerung aufwiesen. In musikalischer Hinsicht bestand dieser Kulturkreis aus vier territorialen Gebieten, die sich wiederum wesentlich unterschieden in den Bedingungen für Pflege und Anwendungsformen der Musik.

Am weitesten entwickelt war das Musikleben in den materiell überwiegend gut situierten Kulturzentren und Zentren der Komitate Zvolen (Altsohl) (Banská Bystrica (Neusohl), Radvaň, Zvolen, Krupina (Karpfen), Brezno (Briesen)), Tekov (Kremnica (Kremnitz), Nová Baňa (Königsberg), Hronský Beňadik (St. Benedikt), Levice (Lebentz)) und Hont (Banská Štiavnica, Banská Belá (Düllen). Die *Hauptquelle des Reichtums* der Mehrheit dieser Städte waren neben der Landwirtschaft der blühende Bergbaus und das Hüttenwesen und das daran anschließenden Handwerk und der Handel. Das gilt vor allem von den königlichen freien Bergbaustädten gesamtungarischer (Kremnica, Banská Bystrica) und europäischer (Banská Štiavnica) Bedeutung, in denen, so wie in ihrer Umgebung, die deutsche Bevölkerung überwog. Die ansonsten slowakische *Besiedlung*[277] des Gebietes ergänzten im Süden die Magyaren. Während der Türkenkriege ließ sich hier in größerer Anzahl der ungarische Adel nieder. Jüngste Untersuchungen haben nachgewiesen, daß trotz des erwähnten Einflusses fremder ethnischer Elemente – sei es im Rahmen der Kolonisationsbewegungen oder infolge des türkischen Drucks – die ethnische Bevölkerungsstruktur sich zugunsten des slowakischen Ethnikums entwickelte. Aus musikalischer Sicht ist in diesem Zusammenhang die Tatsache interessant, daß die mittelslowakischen Bergbaustädte trotz vieler Entwicklungsverwandtschaften mit den Kulturzentren der Zips mit der Beschaffenheit ihres Musikrepertoires eher dem westlichen Teil der Slowakei als der Zips entsprachen.

Das Musikleben der Klassik des mittelslowakischen Musikkulturkreises konzentrierte sich in drei Bergbaustädten mit reicher *musikalischer Vergangenheit*, in

venských kostoloch zaznievali zväčša iba slovenské duchovné piesne sprevádzané organom.

Absencia stálych sídel vysokej šľachty v centrách hudby stredného Slovenska bola jednou z príčin toho, že napriek úsiliu o znaky mestského *hudobného života*[160] typu európskych centier hudby (pre dosiahnutie tohto cieľa vynakladali mestské magistráty dosť úsilia i finančných prostriedkov), mestský hudobný model sa tu nedosiahol. Mestá sa k nemu iba približovali. Prejavom týmto smerom zacielenej iniciatívy bolo napr. založenie a úspešné pôsobenie viacfunkčného orchestra kremnickej mincovne, úsilie o vlastnú hudobnoscénickú tvorbu v Banskej Štiavnici, ktorá mala stimulujúco pôsobiť na sporadické divadelné dianie mesta, vysoké náklady určené štiavnickým magistrátom na vydržiavanie profesionálnych hudobníkov, ktorí mali zabezpečiť rast umeleckého štandardu hudobných podujatí, produkcie koncertného a tanečného charakteru banskobystrických vežových trubačov a s tým spojená skladateľská činnosť a podobne.

Druhú rozsiahlu *oblasť* stredoslovenského hudobnokultúrneho okruhu tvoril Liptov[146] a Orava[158]. Hospodárska zaostalosť Liptovskej a Oravskej stolice mala negatívny dopad i na oblasť hudby. Prevažne slovenské obyvateľstvo stolíc, ktoré sa živilo roľníctvom, drevorubačstvom a chovom oviec a príliš často zápasilo so základnými existenčnými problémami, sa hudobne viac realizovalo v ľudovom prejave. Jeho pestovanie si totiž nevyžadovalo osobitné finančné zázemie a kultúrne kontakty nevyhnutné pre uvádzanie komponovanej európskej a domácej dobovej hudobnej tvorby. K zaujímavým znakom hudobnej činnosti kantorov tu patril zvýšený záujem o ľudovú hudbu. V tomto smere sa angažoval už začiatkom 19. storočia organista a „ludirektor" v Námestove a neskôr v Dolnom Kubíne Andrej Žaškovský sen. (1794–1866).[32] Oravskými ľudovými piesňami prispieval do zbierky Jána Kollára Národnie spiewanky, ktorá vyšla tlačou v Budíne (1834/1835).

Silné zastúpenie slovenského elementu, charakteristické pre Liptovskú a Oravskú stolicu, sa prejavilo aj medzi kantormi-organistami. Zdá sa, že v rokoch 1750 až 1830 zastávali na Liptove tento úrad prevažne učitelia slovenského pôvodu. Svedčia o tom napokon aj ich priezviská – Janík, Zvada, Kolárik, Lackovský, Nižník, Slušný, Strnisko, Zelenický, Zlatovský, Zorkovský a ešte iné.[146] Predpokladáme, že táto skutočnosť neostala bez vplyvu ani na rozvoj zatiaľ veľmi málo preskúmanej slovenskej duchovnej piesne.

Na území Liptova a Oravy sa vytvorilo niekoľko vyspelejších hudobných stredísk (Lipovský Hrádok, Liptovský Mikuláš[37], Ružomberok, Dolný Kubín), ktorým poskytla materiálne zázemie predovšetkým remeselná výroba typická pre túto oblasť (súkenníctvo, garbiarstvo). Na formy hudobného prejavu týchto stolíc

Kremnica[274], Banská Štiavnica[154], und in Banská Bystrica[79]. Die Dominanz der deutschen Bevölkerung hatte zur Folge, daß es in der Schwerpunktbildung der zeitgenössischen Musikpflege dieser Städte zu einer Trennung in deutsche (in der Regel Pfarrkirchen) und slowakische Kirchen kam. Die deutschen Kirchen waren auf die Aufführung der sogenannten Figuralmusik orientiert, während in den slowakischen Kirchen meist nur slowakische geistliche Lieder mit Orgelbegleitung erklangen.

Das Fehlen von ständigen Residenzen des Hochadels in den Musikzentren der Mittelslowakei war eine der Ursachen dafür, daß hier trotz des Strebens nach den Vorbildern des städtischen *Musiklebens*[160] vom Typ der europäischen Musikzentren (auf die Erreichung dieses Ziels verwandten die Stadtmagistrate beträchtliche Mühe und finanzielle Mittel) das städtische Musikmodell nicht bzw. nur annähernd erreicht wurde. Ausdruck der in diese Richtung zielenden Initiative waren etwa die Gründung und das erfolgreiche Wirken des mehrfunktionalen Orchesters der Kremnitzer Münze, das Streben nach einem eigenen szenischen Musikschaffen in Banská Štiavnica, das stimulierend auf das sporadische Theatergeschehen der Stadt einwirken sollte, die hohen Summen, die der Magistrat dieser Stadt für die Unterhaltung von Berufsmusikern vorsah, die das künstlerische Niveau der Musikveranstaltungen heben sollten, die Konzert- und Tanzproduktionen der Turmbläser von Banská Bystrica und die damit verbundene kompositorische Tätigkeit und dgl.

Das zweite *Gebiet* des mittelslowakischen Musikkulturkreises bildeten Liptov (Liptau)[146] und Orava (Arwa)[158]. Die wirtschaftliche Rückständigkeit dieser Komitate hatte auch eine negative Auswirkung auf die Musik. Die überwiegend slowakische Bevölkerung der Komitate, die sich von Ackerbau, Holzfällen und Schafzucht ernährte und zu oft mit grundlegenden Existenzproblemen rang, realisierte sich eher in der Volkskunst. Ihre Pflege erforderte keinen besonderen finanziellen Aufwand und keine kulturellen Kontakte, die für die Aufführung des komponierten europäischen und heimischen zeitgenössischen Musikschaffens notwendig waren. Zu den interessanten Merkmalen der Musiktätigkeit der Kantoren gehörte hier das erhöhte Interesse an der Volksmusik. In dieser Hinsicht engagierte sich schon Anfang des 19. Jahrhunderts der Organist und „ludirektor" (Volksschuldirektor) in Námestovo und später in Dolný Kubín Andreas Žaškovský sen. (1794–1866).[32] Mit Volksliedern aus Orava trug er zur Sammlung Johann Kollárs „Národnie spiewanky" (Volksweisen) bei, die in Buda im Druck erschien (1834/1835).

Die starke Vertretung des slowakischen Elements, charakteristisch für Liptov und Orava, äußerte sich auch unter den Kantoren-Organisten. In Liptov scheinen in der Zeit von 1750–1830 vorwiegend Lehrer

vplývali v neposlednom rade i náboženské pomery. V podstatnej časti Liptova a na južnej Orave, kde prevažovala evanjelická a.v. *konfesia*²², boli dominujúce tradičné formy protestantského hudobného prejavu.

Tretiu oblasť zaberalo územie Turca¹⁶⁰ s prevahou slovenského etnika. Od liptovskej a oravskej stolice sa neodlišovalo zásadne lepšími podmienkami pre pestovanie hudby. Svojráz hudobných lokalít Turčianskej stolice (Kláštor pod Znievom, Martin) spočíval vo väčšej otvorenosti v prijímaní západoslovenských hudobných vplyvov.

Do stredoslovenského hudobnokultúrneho okruhu gravitačne smerovalo hudobné dianie dosiaľ málo osvetlených lokalít južného Hontu (Pukanec, Šahy), Novohradskej stolice (Cinobaňa, Halíč, Lučenec, Fiľakovo) a západnej časti Gemerskej stolice a Malohontu (Tisovec, Rimavská Sobota).

V *sociálnofunkčnom*¹⁶⁰ uplatnení hudobného umenia bola aj v stredoslovenskom hudobnokultúrnom okruhu primárna slávnostná funkcia hudby, teda hudba používaná na zvýraznenie lesku cirkevných obradov. Druhé najbežnejšie využitie našli hudobné diela pri zábavných, zvlášť tanečných podujatiach. Ostatné formy ušľachtilej hudobnej zábavy, typické pre obdobie hudobného klasicizmu (koncerty, divadelné predstavenia), boli len príležitostné a viazali sa iba na najvýznamnejšie mestá okruhu. Hudobná pedagogika sa tu uplatnila na báze laicizovaného mestského školstva, na platforme škôl evanjelikov alebo prostredníctvom katolíckych učilíšť reholí jezuitov a piaristov.

Hudobné strediská stredoslovenského hudobnokultúrneho okruhu v *repertoárovej oblasti* nevykazujú vý-

slowakischer Herkunft dieses Amt bekleidet zu haben. Darauf verweisen letztlich auch ihre Familiennamen – Janík, Zvada, Kolárik, Lackovský, Nižník, Slušný, Strnisko, Zelenický, Zlatovský, Zorkovský und andere.¹⁴⁶ Wir nehmen an, daß diese Tatsache auch nicht ohne Einfluß auf die Entwicklung des bislang wenig erforschten slowakischen geistlichen Liedes gewesen ist.

Im Raum Liptov und Orava entstanden mehrere blühende Musikzentren (Liptovský Hrádok, Liptovský Mikuláš³⁷ (Sanctus Nicolaus), Ružomberok (Rosenberg), Dolný Kubín), denen vor allem die für dieses Gebiet typische handwerkliche Produktion (Tuchweberei, Gerberei) den materiellen Hintergrund bot. Auf die Formen der musikalischen Äußerung dieser Gebiete wirkten sich nicht zuletzt die religiösen Verhältnisse aus. In einem wesentlichen Teil Liptovs und in Süd-Orava, wo die evangelische *Konfession*²² des Augsburger Bekenntnisses (A. B.) überwog, waren die traditionellen Formen der protestantischen Musikpflege dominierend.

Das dritte Gebiet war das Territorium von Turiec¹⁶⁰ mit Dominanz des slowakischen Ethnikums. Von Liptov und Orava unterschied es sich durch keine wesentlich besseren Bedingungen für die Musikpflege. Die Eigenart der Musikzentren des Turotzer Komitats (Kláštor pod Znievom (Kloster), Martin) bestand in einer größeren Öffnung für die westslowakischen musikalischen Einflüsse.

In den mittelslowakischen Musikkulturkreis drängte gravitationsmäßig das Musikgeschehen der bisher wenig beleuchteten Lokalitäten von Süd-Hont (Pukanec (Pukkanz), Šahy (Schag)), des Neograder Komitats (Cinobaňa, Halíč (Gacsch), Lučenec (Lossoncz), Fiľakovo (Filek) und des Westteils des Gömörer Komitats und Malohont (Tisovec (Teisolcz), Rimavská Sobota (Gross-Steffelsdorf).

In der *soziofunktionalen*¹⁶⁰ Wirkung der Tonkunst war auch im mittelslowakischen Musikkulturkreis die festliche Funktion primär, also die zur Betonung des Glanzes der Kirchenrituale verwendete Musik. An zweiter Stelle stehen Vergnügungs-, besonders Tanzveranstaltungen. Die übrigen Formen der edlen musikalischen Unterhaltung, typisch für die Zeit der musikalischen Klassik (Konzerte, Theatervorstellung), waren nur gelegenheitsgebunden, und nur in den bedeutendsten Städten dieses Kreises zu finden. Die Musikpädagogik wurde hier auf der Basis des laisierten Stadtschulwesens praktiziert, auf der Ebene der evangelischen Schulen oder in den katholischen Schulen des Jesuiten- und Piaristenordens.

Die Musikzentren des mittelslowakischen Musikkulturkreises weisen im *Repertoirebereich* keine stärkeren Besonderheiten auf.¹³⁶ Im Unterschied zum westslowakischen und Zipser Gebiet bildeten sie keinen besonde-

raznejšie zvláštnosti.[136] Na rozdiel od západoslovenskej a spišskej oblasti nevytvorili osobitný model, či typ dobového hudobného repertoáru. Orientovali sa, a to aj napriek už spomínaným príbuznostiam (hospodárskeho, národnostného i kultúrneho vývoja) stredospišskej a stredoslovenskej oblasti, viac na hudobné dianie západného Slovenska, najmä na Bratislavu. Jej prostredníctvom prijímali nové hudobné podnety. Stredoslovenský hudobný repertoár druhej polovice 18. storočia a začiatku 19. storočia charakterizuje početné zastúpenie skladateľov Čiech a Moravy, ktoré bolo príznačné pre západné Slovensko. So spišskou hudobnou orientáciou ho spájal iba nepatrný záujem o autorov prezentujúcich taliansku tvorivú oblasť.

Pre stredoslovenskú oblasť sa stalo príznačným amatérske pestovanie hudobného umenia vo vidieckych sídlach šľachty. K vzácnym príkladom hudobného repertoáru[136] šľachtických rodín patria stredoslovenské notové archívy rodiny Révayovcov z Turčianskej Štiavničky, Ostrolúckovcov z Ostrej Lúky pri Zvolene, Pálffyovcov z Bojníc a čiastočne zachované hudobniny z pozostalosti rodiny Radvanskovcov z Radvane. Tieto notové pamiatky sú nielen dokladom záujmu šľachty o domácu hudobnú produkciu klasicizmu (F. X. Tost, F. P. Rigler, F. X. Zomb, A. J. Hiray a ďalší), ale dokumentujú aj repertoár *šľachtického hudobného diletantizmu*, typického pre Uhorsko. Zameraný bol na tvorbu pre klávesové nástroje (čembalo, klavír), spev, husle, dychové nástroje (hlavne flautu), prípadne pre menšie inštrumentálne súbory. V repertoári šľachty tu neprevažovala sonátová literatúra, ale prepisy orchestrálnych a operných diel pre klavír alebo pre menšie súbory a tanečné skladby. S obľubou sa hrávali najmä nemecké tance, ländlery, mazurky, polonézy, redutové tance a tzv. uhorské tance.

Skladateľská činnosť[160] hudobníkov stredoslovenského hudobnokultúrneho okruhu bola rozsahom a významom na pomedzí tvorby autorov západného Slovenska a Spiša. Z doterajších výskumov vyplýva, že sa skoncentrovala takmer výlučne v stredoslovenských mestách prvoradého hudobného významu (Kremnica, Banská Bystrica, Banská Štiavnica, menej vo Zvolene a v Krupine).

S výnimkou banskoštiavnického radcu banského súdu Františka Hrdinu[160], ktorý bol na Slovensku v dobe klasicizmu zatiaľ azda jediným známym ekonomicky nezávislým hudobníkom, boli ostatní stredoslovenskí skladatelia činní v službách cirkvi (ako regenschori, organisti, členovia orchestra alebo zboru, učitelia) alebo mesta (trubač). Tento fakt zásadne ovplyvnil ich skladateľské dielo. Podstatnú časť v ňom tvorili skladby určené pre sakrálne produkcie. Výnimkou bola len tanečná tvorba Antona Júliusa Hiraya (jej komponovanie patrilo k Hirayovým služobným povinnostiam ako mestského trubača) a didakticky zameraná

ren Typus des zeitgenössischen Musikrepertoires. Sie orientierten sich, und zwar trotz der genannten Gemeinsamkeiten (der wirtschaftlichen, ethnischen und kulturellen Entwicklung) des Mittelzipser und mittelslowakischen Gebietes, mehr auf das Musikgeschehen der Westslowakei, vor allem auf Preßburg. Über Preßburg nahmen sie neue musikalische Anregungen auf. Das mittelslowakische Musikrepertoire aus der zweiten Hälfte des 18. und Anfang des 19. Jahrhunderts ist durch die zahlreiche Vertretung von Komponisten aus Böhmen und Mähren charakterisiert, wie sie für die Westslowakei kennzeichnend war. Mit der Zipser Musikorientierung hatte es das nur geringfügige Interesse an Autoren, die das italienische Schaffensgebiet vertraten, gemein.

Für das mittelslowakische Gebiet wurde die amateurmäßige Musikpflege in den Landresidenzen des Adels kennzeichnend. Zu den wertvollen Beispielen des Musikrepertoires[136] der adeligen Musikfamilien gehören die mittelslowakischen Notenarchive der Familien Révay aus Turčianská Štiavnička (Stawniczka), Ostrolúcky aus Ostrá Lúka bei Zvolen, Pálffy aus Bojnice (Weinitz) und die zum Teil erhaltenen Musikalien aus dem Nachlaß der Familie Radvanský aus Radvaň (Radvan). Diese Notendenkmäler sind nicht nur ein Beweis für das Interesse des Adels an der Hausmusikproduktion des Klassik (F. X. Tost, F. P. Rigler, F. X. Zomb, A. J. Hiray und weitere), sondern dokumentieren auch das Repertoire des für Ungarn typischen *adligen musikalischen Dilettantismus*. Dieses war auf das Schaffen für Tasteninstrumente (Cembalo, Klavier), den Gesang, Violine, Blasinstrumente (vor allem Flöte), eventuell für kleinere Instrumentalgruppen gerichtet. Im Repertoire des Adels überwog hier nicht die Sonatenliteratur, sonder Adaptationen orchestraler und Opernwerke für Klavier oder kleinere Ensembles und Tanzkompositionen. Mit Vorliebe spielte man vor allem deutsche Tänze, Ländler, Mazurkas, Polonaisen, Redoutentänze und sogenannte ungarische Tänze.

Die *kompositorische Tätigkeit*[160] der Musiker des mittelslowakischen Musikkulturkreises stand in Umfang und Bedeutung zwischen dem Schaffen der Autoren der Westslowakei und der Zips. Aus den bisherigen Untersuchungen folgt, daß sie sich nahezu ausschließlich in den mittelslowakischen Städ-ten mit vorrangiger Musikbedeutung konzentrierte (Kremnica, Banská Bystrica, Banská Štiavnica, weniger in Zvolen und in Krupina).

Mit Ausnahme des Berggerichtsrates Franz Hrdina[160] aus Banská Štiavnica, der in der Slowakei in der Zeit der Klassik bislang der einzige bekannte, ökonomisch unabhängige Musiker war, waren die übrigen mittelslowakischen Komponisten in den Diensten der Kirche (als Chorleiter, Organisten, Orchester oder Chormitglieder, Lehrer) oder der Stadt (Trompeter) tätig.

klavírne kompozície zvolensko-kremnického kantora Antona Wurma.[274]

Hoci stredoslovenskí skladatelia dobou pôsobnosti pokrývali celé obdobie trvania hudobného klasicizmu na Slovensku, štýlový prejav väčšiny autorov lokálneho významu zostal prevažne na úrovni vyjadrovacích prostriedkov raného klasicizmu. Do tejto skupiny môžeme zaradiť regenschoriho banskobystrického farského kostola Jána Vachovského, Jozefa Feldmanna (1747–1821), do značnej miery Antona Gutwilla, a aj kremnických hudobníkov Antona Bernhardta a Antona Wurma.[56] Skladateľská aktivita v Krupine činných Vincenta Gurského a Antona Woldana nie je zatiaľ spoľahlivo doložená.[36]

Viacerí stredoslovenskí skladatelia mali viac než regionálny význam. Solídny kompozičný štandard dobovej tvorby na Slovensku prezentujú barokovo-ranoklasicistické diela banskoštiavnického Jána Jozefa Richtera (*1724?)[161] a vydarené kompozície reprezentanta galantného štýlu, kremnického hudobníka Václava Jozefa Ružičku[274]. Obľube sa tešilo, a to nielen v Banskej Štiavnici a v strediskách hudby dnešného územia Slovenska, ale aj v českých zemiach, hudobné dielo Františka Hrdinu. Štýlovo je na prechode od raného k vrcholnému klasicizmu. Profánna tvorba bystricko-štiavnického skladateľa Antona Júliusa Hiraya (1770 až 1842)[160] nedosahuje úroveň obdobnej európskej dobovej produkcie.

Medzi skladateľské osobnosti prvoradého významu treba zaradiť dosiaľ nedoceneného rovesníka J. Haydna, Antona Aschnera (1732–1793), ktorý pochádzal z Tirolska. V Kremnici účinkoval ako kapelník a regenschori.[274] Bol nadaným, skladobne i technicky erudovaným ranoklasicistickým autorom. Jeho štýlový prejav sa približuje k tvorbe predchodcov viedenského klasicizmu.

Okrem menovaných skladateľov participovalo na hudobnom dianí stredoslovenského hudobnokultúrneho okruhu ešte množstvo ďalších, dnes iba čiastočne menovite známych *hudobníkov*. Pochádzali (pokiaľ to súčasný stav výskumu dovoľuje stanoviť) najmä zo stredného a západného Slovenska. Vo väčších hudobných centrách (Kremnica, Banská Štiavnica, Ružomberok, Zvolen) sa usadili viacerí moravskí hudobníci. Aj v tejto časti Slovenska profilovali hudobný život klasicizmu (počas dvoch až troch generácií) mnohé hudobnícke, hlavne kantorské rodiny. V Kremnici to boli Ružičkovci, Aschnerovci a Valeryovci[274], v Krupine Fábryovci, v Halíči rodina Rovňanskovcov, na Orave rodiny Bocko, Čurjak, Hamuljak[158].

Zo stredného Slovenska pochádzali niekoľkí *emigrovaní* hudobníci, ktorí sa úspešne uplatnili mimo nášho územia, a to v krajinách strednej Európy. Ojedinelým prípadom uplatnenia slovenského skladateľa v Prahe bol banskoštiavnický rodák Ján Jozef Rösler (1771–1813).[32] Z oravských Leštín pochádzal Mikuláš

Diese Tatsache hatte einen wesentlichen Einfluß auf ihr kompositorisches Schaffen. Einen beträchtlichen Teil davon bildeten Werke, die für sakrale Produktionen bestimmt waren. Eine Ausnahme waren nur Tanzkompositionen von Anton Julius Hiray (ihre Komposition gehörte zu Hirays Dienstpflichten als Stadttrompeter) und didaktisch orientierte Klavierkompositionen des Zvolener-Kremnitzer Kantors Anton Wurm.[274]

Obwohl das Wirken der mittelslowakischen Komponisten den gesamten Zeitraum der musikalischen Klassik in der Slowakei umfaßten, blieb die Stilhaltung der meisten Autoren lokaler Bedeutung auf dem Niveau der Ausdrucksmittel der Frühklassik. Dieser Gruppe können wir den Regenschori der Pfarrkirche von Banská Bystrica Johann Vachovský, Josef Feldmann (1747–1821), in hohem Maße Anton Gutwill und auch die Kremnitzer Musiker Anton Bernhardt und Anton Wurm[56] zuordnen. Die kompositorische Aktivität von Vinzent Gurský und Anton Wodan, die in Krupina tätig waren, ist bislang nicht zuverlässig belegt.[36]

Mehrere mittelslowakische Komponisten hatten mehr als nur regionale Bedeutung. Einen soliden Kompositionsstandard des zeitgenössischen Schaffens in der Slowakei präsentieren die Übergangswerke vom Barock zur Frühklassik von Johann Josef Richter (*1724?)[161] und die gelungenen Kompositionen des Repräsentanten des galanten Stils, des Kremnitzer Musikers Wenzel Josef Ružička[274]. Großer Beliebtheit erfreute sich, und das nicht nur in Banská Štiavnica und in den Musikzentren des heutigen Gebietes der Slowakei, sondern auch in den böhmischen Ländern das Musikwerk Franz Hrdinas. Stilistisch gesehen steht es am Übergang von der Früh- zur Hochklassik. Das profane Schaffen des Komponisten Anton Julius Hiray aus Banská Štiavnica (1770–1842)[160] erreicht nicht das Niveau der analogen europäischen zeitgenössischen Produktion.

Zu den Komponistenpersönlichkeiten mit erstrangiger Bedeutung ist der bislang unterschätzte Altersgenosse J. Haydns, Anton Aschner (1732–1793), der aus Tirol stammte, zu rechnen. In Kremnica wirkte er als Kapellmeister und Regenschori.[274] Er war ein begabter, technisch gebildeter frühklassischer Autor. Sein Stil steht dem Schaffen der Vorgänger der Wiener Klassik nahe.

Außer den genannten Komponisten partizipierten am Musikgeschehen des mittelslowakischen Musikkulturkreises noch eine Menge weiterer, heute nur teilweise namentlich bekannter *Musiker*. Sie stammten (sofern das der heutige Stand der Forschung festzustellen erlaubt) vor allem aus der Mittel- und Westslowakei. In den größeren Musikzentren (Kremnica, Banská Štiavnica, Ružomberok, Zvolen) ließen sich mehrere mährische Musiker nieder. Auch in diesem Teil der Slowakei sind Musikerfamilien über zwei bis drei Generationen

Zmeškal (1759–1833)[259], často spomínaný v súvislosti s L. v. Beethovenom. Ako jedna z mála osobností zo Slovenska si získal meno vo Viedni. Stredné Slovensko opustil aj žarnovický rodák Tomáš Gabrielli (1758 až1858).[32] Ako mácsajský farár a vacovský kanonik sa venoval aj komponovaniu. Neskôr to boli Dolnokubínčania bratia František Žaškovský (1819–1887) a Andrej Žaškovský jun. (1824–1882)[275], ktorí sa usadili v Jágri. Upozornili na seba úsilím o zjednotenie cirkevného spevu v Uhorsku.

Hranice Uhorska presiahlo aj známe stredoslovenské *nástrojárske umenie*,[4] hlavne organy z dielní[58] banskobystrickej rodiny Podkonickovcov a kremnickej rodiny Zorkovskovcov.

hin zu beobachten, vor allem Kantorfamilien. In Kremnica waren das die Familien Ružička, Aschner und Valery[274], in Krupina die Familie Fábry, in Halíč die Familie Rovňanský, im Gebiet Orava die Familien Bocko, Čurjak, Hamuljak[158].

Aus der Mittelslowakei stammten mehrere *emigrierte* Musiker, die sich erfolgreich jenseits unseres Territoriums durchsetzten, und zwar in den Ländern Mitteleuropas. Ein Einzelfall hinsichtlich der Durchsetzung eines slowakischen Komponisten in Prag war der in Banská Štiavnica gebürtige Johann Josef Rösler (1771–1813)[32]. Aus Leštiny in Orava stammte Nikolaus Zmeškal (1759–1833)[259], häufig erwähnt im Zusammenhang mit L. v. Beethoven. Als eine der wenigen Persönlichkeiten aus der Slowakei erwarb er sich einen Namen in Wien. Die Mittelslowakei verließ auch der in Žarnovica gebürtige Thomas Gabrielli (1758–1858).[32] Als Pfarrer in Mácsa und Kanonikerin Vács widmete er sich auch dem Komponieren. Später waren es die Gebrüder Franz Žaškovský (1819–1887) und Andreas Žaškovský jun. (1824–1882)[275] aus Dolný Kubín, die sich in Erlau niederließen. Sie machten durch das Bestreben um die Vereinheitlichung des Kirchengesanges in Ungarn auf sich aufmerksam.

Über die Grenzen Ungarns hinaus war auch die mittelslowakische *Instrumentenbaukunst*[4] bekannt, hauptsächlich Orgeln aus den Werkstätten[58] der Familie Podkonický aus Banská Bystrica und der Familie Zorkovský aus Kremica.

121. V *Banskej Bystrici*[79] sa sporadicky konali divadelné[26] a koncertné podujatia, poriadané mestom alebo jezuitskou rehoľou. Oficiálnymi strediskami hudby teda i tu boli chrámy. Najvyššiu úroveň mali produkcie figurálnej hudby[56] vo farskom (nemeckom) kostole za čias Jozefa Engelbauera, skladateľsky činného Jána Vachovského, Jozefa Feldmanna, Antona Wernera a Antona Júliusa Hiraya.[160] Je zarážajúce, že jezuitský, po roku 1776 biskupský chrám nemal stáleho organistu. V slovenskom kostole zneli zväčša iba slovenské duchovné piesne s organovým sprievodom. Hudbe sa už tradične venovali na školách tak evanjelici, ako aj katolíci.

121. In *Banská Bystrica*[79] fanden sporadisch Theater-[26] und Konzertveranstaltungen statt, die von der Stadt oder dem Jesuitenorden organisiert wurden. Offizielle Musikzentren waren somit auch hier die Kirchen. Das höchste Niveau hatten die Produktionen der Figuralmusik[56] in der (deutschen) Pfarrkirche zur Zeit Josef Engelbauers, des kompositorisch tätigen Johann Vachovský, Josef Feldmann, Anton Werner und Anton Julius Hiray.[160] Es ist verwunderlich, daß die Jesuitenkirche, nach 1776 Bischofskirche, keinen ständigen Organisten hatte. In der slowakischen Kirche erklangen meist nur slowakische geistliche Lieder mit Orgelbegleitung. Der Musik an den Schulen widmeten sich schon traditionsgemäß sowohl Protestanten als auch Katholiken.

122. Dňa 21. októbra 1842 zomrel v Banskej Štiavnici vo veku 72 rokov slovenský klasicistický skladateľ regionálneho významu *Anton Július Hiray*.[32] Životné osudy Hiraya, narodeného v roku 1770 v Novej Bani, boli až do roku 1820 späté s Banskou Bystricou.[160] Tu sa po vyučení trubačskému remeslu uplatnil najprv ako trubačský majster a od roku 1800 ako regenschori. Pravdepodobne kvôli spoluúčasti na podnikaní v baníctve presídlil do Banskej Štiavnice, kde v rokoch 1820–1841 zastával úrad regenschoriho v nemeckom kostole.[162]

122. Am 21. Oktober 1842 starb in Banská Štiavnica im Alter von 72 Jahren der slowakische klassizistische Komponist regionaler Bedeutung *Anton Julius Hiray*.[32] Die Lebensschicksale Hirays, geboren 1770 in Nová Baňa, waren bis 1820 mit Banská Bystrica verbunden.[160] Hier verdingte er sich nach dem Erlernen des Trompeterhandwerks zunächst als Trompetermeister und ab 1800 als Regenschori. Wahrscheinlich wegen einer Unternehmensbeteiligung im Bergbau übersiedelte er nach Banská Štiavnica, wo er von 1820–1841 das Amt des Regenschor in der deutschen Kirche innehatte.[162]

123. Anton Július Hiray (1770–1842) skomponoval mnoho tanečných skladieb (nemeckých tancov, trií, ländlerov, menuetov, polonéz)[119] najmä preto, že ako majster mestských trubačov v Banskej Bystrici[79] mal na starosti aranžovanie plesov. Účel ovplyvnil nielen výber hudobných foriem, ale aj variabilné inštrumentálne obsadenie diel. Hirayova tanečná tvorba, melodicky ľúbivá a formovo uhladená, bola príkladom meštianskeho pestovania hudby.[160]

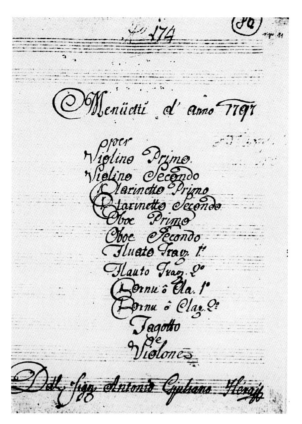

123. Anton Julius Hiray (1770–1842) schuf viele Tanzkompositionen (Deutsche Tänze, Trios, Ländler, Menuette, Polonaisen)[119] vor allem deshalb, weil ihm als dem Magister der Stadttrompeter in Banská Bystrica[79] das Arrangement von Bällen oblag. Der Zweck beeinflußte nicht nur die Wahl der Musikformen, sondern auch die variable Instrumentalbesetzung der Werke. Hirays Tanzmusikschaffen, melodisch anmutig und formal gefällig, war ein Beispiel für die bürgerliche Musikpflege.[160]

124. Pochod Antona Júliusa Hiraya *Civitatis Neosoliensis Militare Marsch* pre 2 klarinety, 2 lesné rohy a 2 fagoty patril k ojedinelým dielam svojho druhu nielen v dobovej svetskej produkcii domácich autorov obdobia klasicizmu,[239] ale aj v Hirayovom skladateľskom odkaze. Hiray ako skladateľ bol totiž takmer výlučne orientovaný na tanečnú a sakrálnu vokálnoinštrumentálnu tvorbu. Pochod skomponoval k slávnostnému privítaniu uhorského palatína v Banskej Bystrici dňa 27. júla 1798.[80]

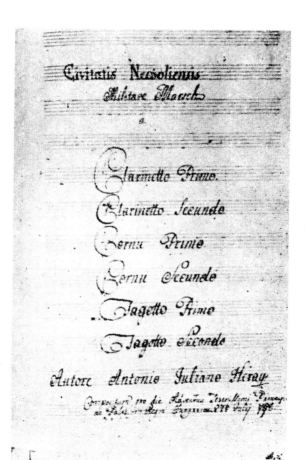

124. Der Marsch von Anton Julius Hiray *Civitatis Neosoliensis Militare Marsch* für 2 Klarinetten, 2 Waldhörner und 2 Fagotte gehörte zu den seltenen Werken ihrer Art nicht nur in der zeitgenössischen weltlichen Produktion der heimischen Autoren der Zeit der Klassik,[239] sondern auch in Hirays kompositorischem Nachlaß. Als Komponist war Hiray fast ausschließlich auf die Tanz- und sakrale Vokal-Instrumentalmusik orientiert. Den Marsch komponierte er zu einem festlichen Empfang des ungarischen Palatins in Banská Bystrica am 27. Juli 1798.[80]

125. Medzi najstaršie samostatné práce banskobystrického organárskeho majstra *Michala Podkonického* (1753–1816) patril *organ rímskokatolíckeho farského kostola* (nemeckého) v Banskej Bystrici s 24 registrami[58], dokončený v roku 1779. Tento impozantný nástroj mal hlavný stroj a pedál pozdĺž západného okna a pozitív na balustráde. Pôvodná dispozícia organu sa nezachovala. V historickej spisbe však existujú informácie o tom, že súčasníci považovali tento nástroj za majstrovské dielo.[61]

125. Zu den ältesten selbständigen Arbeiten des Orgelbaumeisters aus Banská Bystrica *Michael Podkonický* (1753–1816) gehörte die *Orgel der* (deutschen) *römisch-katholischen Pfarrkirche* in Banská Bystrica mit 24 Registern[58], fertiggestellt 1779. Dieses imposante Instrument hatte das Hauptwerk und das Pedal entlang des Westfensters und das Positiv an der Brüstung der Empore. Die ursprüngliche Disposition der Orgel ist nicht erhalten. In historischen Dokumenten gibt es aber Informationen darüber, daß die Zeitgenossen dieses Instrument als Meisterwerk ansahen.[61]

126. K *špecifikám* zvukovej vybavenosti *organov Michala Podkonického* patril,[58] a to aj pri malých pozitívoch, osemstopový register – portunal. Typickými vonkajšími znakmi jeho organárskej dielne boli ozdobne vyrezávané spodné okraje klávesov a tmavá stredná čiara pri obrátenej farbe tastatúry.[61]

126. Zu den *Spezifika* der Klangausstattung der *Orgeln des Meisters Michael Podkonický* gehörte[58], und zwar auch bei kleinen Positiven, das 8'- Register Portunal. Typische äußere Merkmale der Arbeit seiner Orgelbauwerkstatt waren die geschnitzten dekorativen Unterränder der Tasten und die dunkle Mittellinie bei umgekehrter Farbe der Tastatur.[61]

127. K rozvoju hudby v *Banskej Bystrici* výrazne prispela známa slovenská *nástrojárska rodina Podkonickovcov*,[61] a to v rokoch 1736–1770 Martin Podkonický (1710–1771), rodom z Podkoníc, a v rokoch 1773–1812 jeho syn Michal. Po jeho smrti viedol dielňu ním vyškolený Michal Kyseľ (1787 až 1871). Bolo všeobecne známe, že Michal Podkonický nedodržiaval dohodnuté termíny a objednávatelia ho museli často urgovať. Napriek tomu organársku dielňu Podkonickovcov vyhľadávali záujemcovia z celého Uhorska, a to pre kvalitu práce a zvukovú ušľachtilosť vytvorených organov.[58]

127. Zur Entwicklung der Musik in *Banská Bystrica* leistete die bekannte slowakische *Instrumentenbauerfamilie Podkonický* einen wesentlichen *Beitrag*,[61] und zwar in der Zeit von 1736–1770 Martin Podkonický (1710–1771), der Geburt nach aus Podkonice (Potkonicz), und 1773–1812 sein Sohn Michael. Nach seinem Tod führte die Werkstatt der von ihm ausgebildete Michael Kyseľ (1787–1871) weiter. Es war allgemein bekannt, daß Michael Podkonický die vereinbarten Termine nicht einhielt und die Auftraggeber ihn häufig mahnen mußten. Dennoch suchten Interessenten aus ganz Ungarn die Orgelbauwerkstatt der Familie Podkonický auf, und zwar wegen der Arbeitsqualität und dem Wohlklang der gebauten Orgeln.[58]

128. Hudobné dejiny ďalšieho hudobne dôležitého stredoslovenského mesta – *Banskej Štiavnice*[154]–profilovali v klasicizme v časovej následnosti tri skladateľské osobnosti.[160] Boli to *Ján Jozef Richter* (*1724?)[274], *František Hrdina*[32] a v rokoch 1820–1841 *Anton Július Hiray*. Hirayov hudobný repertoár prezrádza veľkú rozhľadenosť. Bol to práve Hiray, ktorému sa podarilo dosiahnuť u magistrátu, že mesto zaťažilo svoju pokladnicu vydržiavaním až 15 stálych hudobníkov. Viacerí z hudobníkov z čias pôsobenia A. J. Hiraya boli pôvodom z Čiech alebo z Moravy.[161]

128. Die Musikgeschichte einer weiteren musikalisch wichtigen mittelslowakischen Stadt – *Banská Štiavnica*[154]– profilierte sich in der Klassik in einer zeitlichen Aufeinanderfolge von drei Komponistenpersönlichkeiten.[160] Das waren *Johann Josef Richter* (*1724?)[274], *Franz Hrdina*[32] und in der Zeit von 1820–1841 *Anton Julius Hiray*. Hirays Musikrepertoires verrät eine große Erfahrenheit. Es war gerade Hiray, dem es gelang, beim Magistrat durchzusetzen, daß die Stadt ihre Kasse mit dem Unterhalt von 15 ständigen Musikern belastete. Mehrere der Musiker aus der Wirkungszeit A. J. Hirays waren der Herkunft nach aus Böhmen oder Mähren.[161]

Pfarrkirche zu Maria Himmelfahrt.

129. Slobodné kráľovské mesto *Banská Štiavnica*[235], známe ako európske centrum pre výskum baníctva a hutníctva, preslávené aj prvou vysokou školou tohto zamerania v Európe, žilo, zdá sa, i rozvinutým hudobným životom.[154] Okrem príležitostných svetských podujatí[163], akými boli divadelné predstavenia kočujúcich divadelných spoločností, meštianske koncerty a tanečné zábavy rôzneho druhu, sa v Banskej Štiavnici konali aj pravidelné, často umelecky náročné sakrálne vokálnoinštrumentálne produkcie.[86] Do ich repertoáru[162] prispeli významnou mierou miestni hudobníci, najmä spomenutý F. Hrdina[161], o niečo menej J. J. Richter a A. J. Hiray[160].

129. Die königliche Freistadt *Banská Štiavnica*[235], bekannt als europäisches Zentrum für Bergbau- und Hüttenforschung, berühmt auch durch die erste Hochschule dieser Ausrichtung in Europa, hatte, so scheint es, auch ein reges Musikleben.[154] Außer den weltlichen Gelegenheitsveranstaltungen[163], wie es die Theatervorstellungen der wandernden Schauspieltruppen, Bürgerkonzerte und Tanzvergnügen verschiedener Art waren, fanden in Banská Štiavnica auch regelmäßige, häufig künstlerisch anspruchsvolle sakrale Vokalinstrumentalproduktionen statt.[86] Zu ihrem Repertoire[162] trugen in bedeutendem Maße die örtlichen Musiker bei, vor allem der erwähnte F. Hrdina[161], etwas weniger J. J. Richter und A. J. Hiray.[160]

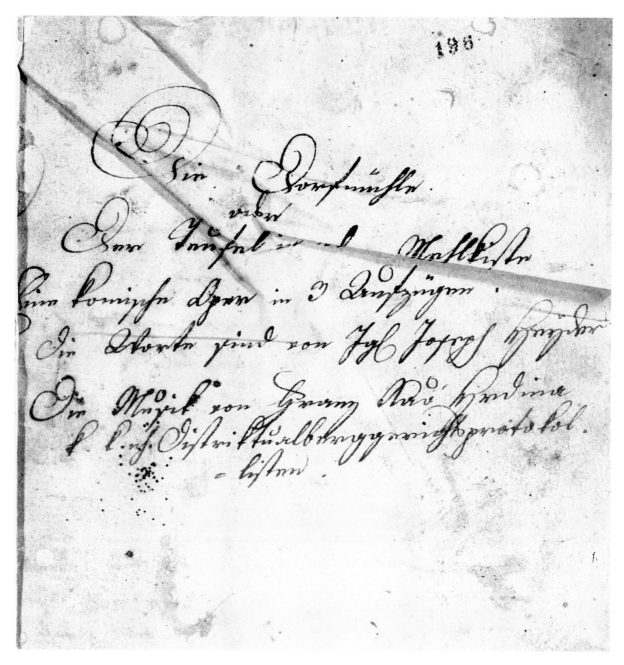

130. Existenčná a umelecká nezávislosť podnietila *Františka Hrdinu*[129], radcu banskoštiavnického súdu[32], aj k tvorbe *hudobnoscénického žánru*. Spevohru *Der Bettelstudent*, s podtitulom *Die Dorfmühle, oder Der Teufel in der Mehlkiste*[117], vytvoril pred rokom 1806 ako „malú komickú operu"[49]. Dielo vzniklo na základe rovnomennej veselohry viedenského dramatika Paula Weidmanna, ku ktorej libretista diela Ignác Jozef Heyder pridal tretie dejstvo. Spevohra má znaky nemeckého singspielu. Badateľný je aj vplyv talianskej, francúzskej a anglickej dobovej spevohernej tvorby. Hrdinova spevohra je porovnateľná s tvorbou nemeckých a rakúskych tzv. Kleinmeistrov. V domácej skladateľskej produkcii (ako dielo vidieckeho hudobníka) je svojho druhu ojedinelá.[160]

130. Die existenzielle und künstlerische Unabhängigkeit *Franz Hrdinas*[129] als Gerichtsrat von Banská Štiavnica[32] regte ihn auch zum Schaffen im *musikalisch-szenischen Genre* an. Das Singspiel *Der Bettelstudent* mit dem Untertitel *Die Dorfmühle, oder Der Teufel in der Mehlkiste*[117] schuf er vor dem Jahr 1806 als „kleine komische Oper".[49] Das Werk entstand auf der Grundlage des gleichnamigen Lustspiels des Wiener Dramatikers Paul Weidmann, zu dem der Librettist des Werkes Ignaz Josef Heyder den dritten Akt hinzufügte. Das Singspiel weist Merkmale des deutschen Singspiels auf. Spürbar ist auch der Einfluß des italienischen, französischen und englischen zeitgenössischen Singspielschaffens. Hrdinas Singspiel ist dem Schaffen der deutschen und österreichischen Kleinmeister vergleichbar. In der heimischen Produktion (als Werk eines Provinzmusikers) ist es in seiner Art einzigartig.[160]

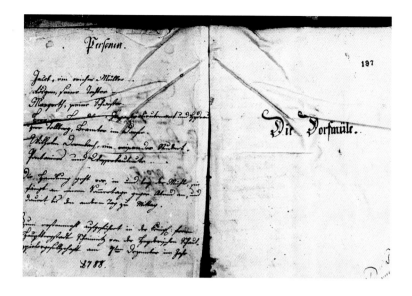

131. Predpokladáme, že premiéra *spevohry Františka Hrdinu Der Bettelstudent* bola v spoločenskom živote Banskej Štiavnice významnou udalosťou. Je zaujímavé, že I. J. Heyder[49] do istej miery modifikoval pôvodnú verziu textu veselohry P. Weidmanna z roku 1776. Tým dielo nielen obsahovo aktualizoval, ale vytvoril väčší priestor pre uplatnenie spevných častí. Vo výstavbe spevohry sa F. Hrdina usiloval zachovať istú symetrickosť. Každé dejstvo uvádza duetom, potom nasledujú sólové čísla, terceto a nakoniec finálové vystúpenie všetkých účinkujúcich. Skladateľova invencia sa najpregnantnejšie prejavila v melodike. Funkcia orchestra je sprevádzajúca, len výnimočne charakterizačná.

131. Wir nehmen an, daß die Premiere des *Singspiels von Franz Hrdina Der Bettelstudent* im gesellschaftlichen Leben Banská Štiavnicas ein bedeutsames Ereignis war. Interessant ist, daß I. J. Heyder[49] die ursprüngliche Textversion des Lustspiels P. Weidmanns von 1776 in gewisser Weise modifizierte. Damit aktualisierte er das Werk nicht nur, sondern schuf einen größeren Raum für die gesungenen Teile. Im Aufbau des Singspiels bemühte sich F. Hrdina, eine gewisse Symmetrie beizuhalten. Jeden Akt leitet er mit einem Duett ein, danach folgen Solonummern, ein Terzett und schließlich der Finalauftritt aller Mitwirkenden. Die Erfindungsgabe des Komponisten zeigte sich am prägnantesten in der Melodik. Die Funktion des Orchesters ist begleitend, nur ausnahmsweise charakterisierend.

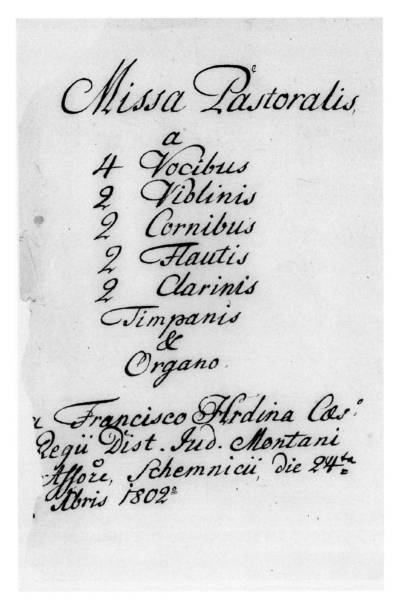

132. Stálou súčasťou repertoáru banskoštiavnického farského, tzv. nemeckého, kostola[162] sa stali *chrámové diela* miestneho skladateľa *Františka Hrdinu*.[161] Jeho skladby[32] (2 omše, 3 ofertóriá, 18 graduálov a pravdepodobne ešte i ďalšie skladby, ktorých autorstvo sa zatiaľ nepodarilo jednoznačne stanoviť) sa hrávali aj mimo stredoslovenského hudobnokultúrneho okruhu.[154] Hrdinova Pastorálna omša g mol, ale hlavne jeho graduále sú v domácej tvorbe typickým príkladom obohacovania (najmä harmonického slovníka a tonálneho plánu) hudobnej reči raného klasicizmu smerom k vrcholnému klasicizmu.[160]

132. Ein ständiger Bestandteil des Repertoires der Pfarrkirche von Banská Štiavnica, genannt die deutsche Kirche[162] wurden die *Kirchenwerke* des hiesigen Komponisten *Franz Hrdina*.[161] Seine Werke[32] (2 Messen, 3 Offertorien, 18 Gradualien und wahrscheinlich auch noch weitere Werke, deren Autorschaft bisher nicht eindeutig ermittelt werden konnte) wurden auch außerhalb des mittelslowakischen Musikkulturkreises gespielt.[154] Hrdinas Pastoralmesse g-Moll, vor allem aber seine Gradualien sind im heimischen Schaffen ein typisches Beispiel für die Bereicherung (vor allem hinsichtlich der Harmonik und des tonalen Planes) der Musiksprache der Frühklassik in Richtung zur Hochklassik.[160]

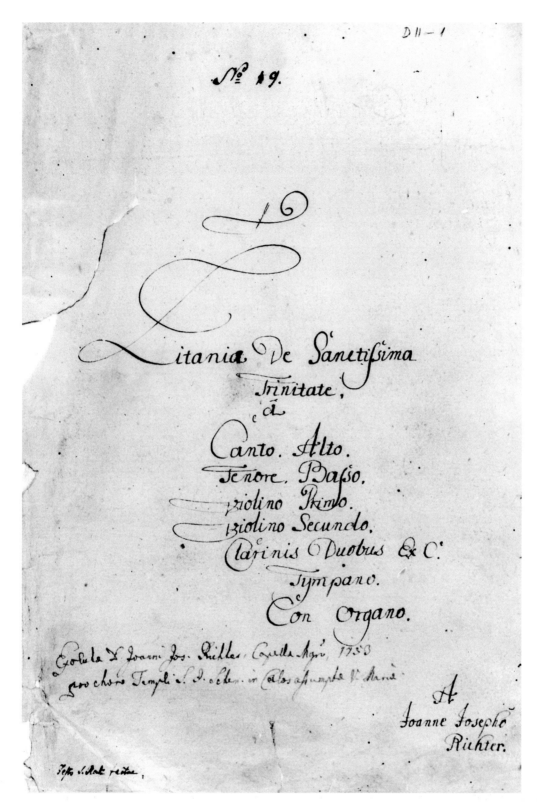

133. Popri F. Hrdinovi a A. J. Hirayovi bol *Ján Jozef Richter* (*1724?)[161] treťou najdôležitejšou osobnosťou hudobného života Banskej Štiavnice v dobe klasicizmu. Ako pôvodne kremnický kantor[274] prevzal ku koncu päťdesiatych rokov 18. storočia funkciu regenschoriho a organistu štiavnického farského (nemeckého) kostola. Ním predvádzaný hudobný repertoár dokladá nielen vysoké interpretačné nároky a pohotovosť pri získavaní diel, ale i Richterovu orientáciu obzvlášť na tvorbu českých, moravských a viedenských skladateľov.[160]

133. Neben F. Hrdina und A. J. Hiray war *Johann Josef Richter* (*1724?)[161] die drittwichtigste Persönlichkeit des Musiklebens Banská Štiavnicas in der Zeit der Klassik. Als ursprünglich Kremnitzer Kantor[274] übernahm er Ende der fünfziger Jahre des 18. Jahrhunderts die Funktion des Regenschori und Organisten der Pfarrkirche von Banská Štiavnica. Das von ihm aufgeführte Musikrepertoire belegt nicht nur hohe Interpretationsansprüche und Flexibilität bei der Erweiterung von Werken, sondern auch Richters Orientierung besonders am Schaffen tschechischer, mährischer und Wiener Komponisten.[160]

134. Ján Jozef Richter bol činný aj ako skladateľ.[36] Jeho tvorba je doložená zatiaľ výlučne *sakrálnymi dielami*.[161] Kompozície J. J. Richtera mali lokálne rozšírenie. Prezrádzajú záľubu autora v plnom a sýtom zvuku a charakterizuje ich úhľadný neskorobarokovo-ranoklasicistický hudobný prejav.[274] Richter patril ku generácii skladateľov Slovenska, ktorú reprezentovali dôležití františkánski hudobníci, skladatelia P. P. Bajan, P. G. Dettelbach a P. P. Roškovský.[206]

134. Johann Josef Richter war auch als Komponist tätig.[36] Sein Schaffen ist bislang ausschließlich mit *sakralen Werken*[161] belegt. Richters Kompositionen hatten lokale Verbreitung. Sie verraten die Vorliebe des Autors für einen vollen und satten Klang und sind durch den gefälligen spätbarock-frühklassischen musikalischen Stil charakterisiert.[274] Richter gehörte zu der Komponistengeneration der Slowakei, die durch die bedeutenden Franziskaner-Komponisten P. P. Bajan, P. G. Dettelbach und P. P. Roškovský repräsentiert wurden.[206]

135. Archívy stredoslovenských banských miest[79] vydávajú svedectvo o pestovaní svetskej hudby rôzneho typu.[160] *Stolová hudba*, tzv. Tafelmusik, ktorá mala spríjemniť čas stolovania[274], tu našla uplatnenie hlavne pri príležitosti významných návštev, pri rodinných slávnostiach a svadbách. V roku 1753 kremnický vežový trubač Jozef Joachim Ružička napr. zaznamenal, že počas návštevy kniežaťa Révaya a grófa Batthyányho ju bolo možné počuť dvakrát denne po dobu štyroch dní. V rámci stolovej hudby vtedy účinkoval súbor desiatich hudobníkoch; hrali na rôznych, bližšie nemenovaných hudobných nástrojoch.

135. Die Archive der mittelslowakischen Bergbaustädte[79] zeugen von der Pflege der weltlichen Musik verschiedenster Art.[160] *Die Tafelmusik*, die die Zeit des „Tafelns"[274] angenehmer machen sollte, fand hier vor allem anläßlich wichtiger Besuche, Familienfeste und Hochzeiten Verwendung. 1753 notierte der Turmbläser Josef Joachim Ružička zum Beispiel, daß man sie während des Besuchs von Fürst Révay und Graf Batthyány vier Tage lang zweimal täglich hören konnte. Im Rahmen der Tafelmusik wirkte damals ein Ensemble von zehn Musikern; sie spielten auf verschiedenen, nicht näher genannten Musikinstrumenten.

136. Historické mesto *Kremnica*[274], zámožné najmä vďaka remeselnej výrobe nadväzujúcej na ťažbu zlata a striebra, sa usilovalo o formy uplatnenia hudby, typické pre významnejšie dobové strediská. Svedčia o tom nielen zachované notové zbierky[5], ale aj celý rad iných dokumentov. Okrem chrámových podujatí tu k pravidelným patrili produkcie vežových trubačov, tanečné zábavy, plesy a meštianske hudobné večierky. Zriedkavosťou neboli ani koncerty a divadelné predstavenia.[28] Dobré zázemie mala hudba aj na mestských školách. Kremnicu preslávila aj organárska dielňa Zorkovskovcov, v ktorej sa organárske umenie dedilo po dobu takmer 200 rokov.[58]

136. Die historische Stadt *Kremnica (Kremnitz)*[274] wohlhabend vor allem dank der Handwerksproduktion in Anknüpfung an die Gold- und Silbergewinnung, bemühte sich um Anwendungsformen der Musik, die für die bedeutenderen zeitgenössischen Zentren typisch waren. Das zeigen nicht nur die erhaltenen Notensammlungen[5], sondern auch eine ganze Reihe anderer Dokumente. Außer Kirchenveranstaltungen fanden hier regelmäßig Produktionen der Turmbläser, Tanzvergnügungen, Bälle und bürgerliche Musikabende statt. Keine Seltenheit waren Konzerte und Theatervorstellungen.[28] Eine gute Grundlage hatte die Musik in den Stadtschulen. Kremnica war auch durch die Orgelbauerwerkstatt der Familie Zorkovský berühmt, in der die Orgelbauerkunst fast 200 Jahre weitervererbt wurde.[58]

137. Centrom hudby *Kremnice* bol predovšetkým *farský kostol*.[274] Jeho regenschori mal k dispozícii na slovenský vidiek pomerne veľký počet platených profesionálnych hudobníkov: kantora, organistu, diskantistu, tenoristu, basistu, trubačského majstra a troch jeho pomocníkov. Funkciu kantora vždy zastávali vzdelaní, spravidla aj skladateľsky činní hudobníci. Boli to Ján Jozef Richter (*1724?), Anton Aschner (1732–1793), Ferdinand Aschner a Anton Bernhardt. V troch generáciách tu účinkovala hudobnícka rodina Ružičkovcov, pôvodom z Modry. Z jej členov najviac vynikol reprezentant galantného štýlu, skladateľ Václav Jozef Ružička.

137. Das Musikzentrum von *Kremnica* war vor allem die *Pfarrkirche*.[274] Ihr Regenschori hatte eine für das slowakische Land relativ große Anzahl bezahlter Berufsmusiker zur Verfügung: Kantor, Organist, Diskantist, Tenorist, Bassist, Trompetermeister und seine drei Gehilfen. Die Funktion des Kantors hatten stets ausgebildete, in der Regel auch kompositorisch tätige Musiker inne. Das waren Johann Josef Richter (*1724?), Anton Aschner (1732–1793), Ferdinand Aschner und Anton Bernhardt. In drei Generationen wirkte hier die Musikerfamilie Ružička, der Herkunft nach aus Modra. Von ihren Mitgliedern ragte am meisten der Repräsentant des galanten Stils, der Komponist Wenzel Josef Ružička heraus.

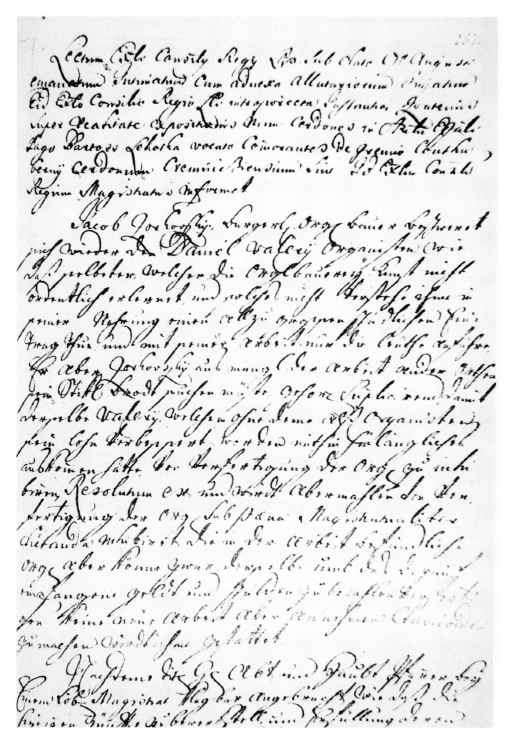

138. Kremnické *organárstvo*[58] svojou tradíciou siahalo do polovice 16. storočia. V 18. storočí ho preslávili *Martin Zorkovský sen.* (1659–1746) a jeho *synovia Martin jun.* a *Jakub*. K charakteristickým znakom nástrojov organárskej dielne Zorkovskovcov patria svieže principály a mixtúry umožňujúce príznačnú spevnosť a jas zvuku. V spisoch mestského magistrátu sa nie ojedinele vyskytuje Zorkovského meno; zväčša v súvislosti s nedodržaním výrobných termínov, alebo v spojitosti s úsilím o udržanie sféry profesionálnej pôsobnosti dielne. Takýto charakter mala i sťažnosť Jakuba Zorkovského na organistu Daniela Valeryho, podaná dňa 16. augusta 1756.[274]

138. Der Kremnitzer *Orgelbau*[58] reichte mit seiner Tradition bis in die Mitte des 16. Jahrhunderts zurück. Im 18. Jahrhundert machten ihn *Martin Zorkovský sen.* (1659–1746) und seine *Söhne Martin jun.* und *Jakob* berühmt. Zu den charakteristischen Merkmalen der Instrumente der Orgelbauerwerkstatt der Zorkovskýs gehören die frischen Prinzipale und Mixturen, die eine charakteristische Sangbarkeit und klangliche Klarheit ihrer Orgeln ermöglichten. In den Akten des Stadtmagistrates kommt der Name Zorkovský nicht selten vor; meist im Zusammenhang mit der Nichteinhaltung von Terminen, oder in Verbindung mit dem Bestreben um die Erhaltung des Bereichs des professionellen Wirkens der Werkstatt. Einen solchen Charakter hatte auch die Beschwerde von Jakob Zorkovský gegen den Organisten Daniel Valery, eingereicht am 16. August 1756.[274]

139. *Kremnica,* ako všetky väčšie mestá v Uhorsku, si vydržiavala *trubačov.* Nazývali ich Trompeter, Kunstpfeifer alebo Turnermeister. Keďže reprezentovali mesto, dbalo sa na kvalitu ich vzdelania a schopnosti. Tie sa potom zohľadňovali aj v honorári, ktorý mali trubači iba o málo nižší ako organisti. Trubačský majster sa staral aj o školenie trubačských učňov. Svoje vedomosti a stavovské výsady si trubači chránili na spôsob remeselníckych cechových združení. K povinnostiam kremnických trubačov[274] patrilo vytrubovanie časových signálov každú hodinu, ďalej ráno, na obed a večer trúbenie žalmov a chorálov a znelky k nástupu baníkov do šácht. Ich povinnosťou bolo aj štyrikrát denne bubnovať na veži a účinkovať pri hudobných podujatiach v kostole.

139. *Kremnica* hielt sich wie alle größeren Städte in Ungarn *Trompeter.* Man nannte sie Stadttrompeter, Kunstpfeifer oder Turnermeister. Da sie die Stadt repräsentierten, achtete man auf die Qualität ihrer Ausbildung und Fähigkeiten. Diese wurden dann auch im Honorar berücksichtigt, das bei den Trompetern um nur etwas geringer als bei den Organisten ausfiel. Wissen und Standesprivilegien bewahrten sich die Trompeter nach der Art der Handwerkszunftvereinigungen. Zu den Pflichten der Kremnitzer Trompeter[274] gehörte das Blasen von Zeitsignalen jede volle Stunde, ferner morgens, mittags und abends das Blasen von Psalmen und Chorälen und von Fanfarensignalen zum Einfahren der Bergleute in die Schächte. Ihre Pflicht war es auch, viermal täglich auf dem Turm zu trommeln und bei Musikveranstaltungen in der Kirche mitzuwirken.

140. Medzi vážených obyvateľov Kremnice patril *Anton Aschner* (1732–1793)³⁶, pochádzajúci z Tirolska. V Kremnici, kde sa napokon natrvalo usadil, sa uplatnil ako kapelník, huslista a od roku 1762 ako vedúci chóru farského chrámu. Aschnerove celoživotné zásluhy o kultúrny život mesta ocenila Kráľovská miestodržiteľská komora udelením vyznamenania. Z kompozičnej tvorby tohto hudobníka poznáme zatiaľ 35 sakrálnych diel. A. Aschner patril k talentovaným ranoklasicistickým skladateľom Slovenska. Výrazovo bol blízky tvorbe predchodcov viedenského klasicizmu.²⁷⁴

140. Zu den geachteten Einwohnern von Kremnica gehörte *Anton Aschner* (1732–1793)³⁶, der aus Tirol stammte. In Kremnica, wo er sich schließlich für ständig niederließ, war er als Kapellmeister, Geiger und seit 1762 als Chorleiter der Pfarrkirche angestellt. Aschners Verdienste um das Kulturleben der Stadt würdigte die Königliche Statthalterkammer mit der Überreichung einer Auszeichnung. Vom Kompositionsschaffen dieses Musikers kennen wir bislang 35 sakrale Werke. A. Aschner gehörte zu den talentierten frühklassischen Komponisten der Slowakei. Ausdrucksmäßig stand er dem Schaffen der Vorgänger der Wiener Klassik nahe.²⁷⁴

141. V celoslovenských reláciách ojedinelou bola existencia *orchestra kremnickej mincovne*, nazývaného *Kammerkapella* alebo *Cammeral Capella*.³⁶ K povinnostiam kapely, ktorú si vydržiavala táto najvýznamnejšia mincovňa Uhorska, patrilo uvádzanie hudby vo františkánskom kostole. Kapelníci orchestra boli spravidla kantori. Bolo samozrejmosťou, že súbor participoval aj na svetských hudobných podujatiach, poriadaných mestom.²⁷⁴ Potešiteľným pritom bol rozsah podielu domácich skladateľov¹⁶⁰ na tvorbe kremnického hudobného repertoáru.⁵

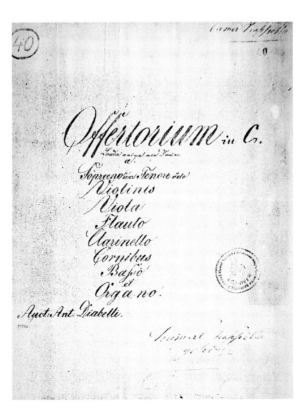

141. In gesamtslowakischen Relationen einzigartig war die Existenz des *Orchesters der Kremnitzer Münze*, genannt *Kammerkapella* oder *Cammeral Capella*³⁶. Zu den Pflichten der Kapelle, die sich diese bedeutendste Münzstätte Ungarns hielt, gehörte die Aufführung von Musik in der Franziskanerkirche. Die Kapellmeister des Orchesters waren in der Regel Kantoren. Es war eine Selbstverständlichkeit, daß das Ensemble auch an den von der Stadt veranstalteten weltlichen Musikveranstaltungen teilnahm.²⁷⁴ Erfreulich war dabei der Umfang des Anteils der heimischen Komponisten¹⁶⁰ am Schaffen des Kremnitzer Musikrepertoires.⁵

142. Hudobný život *Zvolena*, ktorý inklinoval k stredoslovenským hudobným strediskám, usmerňoval asi osem rokov učiteľ a skladateľsky činný organista *Anton Wurm* (†1840).[36] Najprv účinkoval v Čechách, odkiaľ aj pochádzal. Do Kremnice[274] bol povolaný za trubačského majstra, kantora a kapelníka, teda do funkcií, ktoré sa na Slovensku často kumulovali do povinností jedného hudobníka. Inštruktívny charakter má Wurmova Sonatína B dur pre klavír.[160]

142. Das Musikleben *Zvolens,* das sich an den mittelslowakischen Musikzentren orientierte, leitete etwa acht Jahre der Lehrer und kompositorisch tätige Organist *Anton Wurm* (†1840).[36] Er wirkte zu erst in Böhmen, von wo er auch stammte. Nach Kremnica[274] wurde er als Trompetenmeister, Kantor und Kapellmeister berufen, also in Funktionen, die in der Slowakei häufig zu den Pflichten eines Musikers kumuliert wurden. Instruktiven Charakter hat Wurms Sonatine B-Dur für Klavier.[160]

143. Rodina *Ostrolúckovcov z Ostrej Lúky*, kde sa takmer všetci členovia zaujímali o literatúru, divadlo alebo hudbu, sa v čase klasicizmu orientovala predovšetkým na klavírnu a sláčikovú komornú hudobnú tvorbu.[119] Zvlášť početne sú v zbierke zastúpené dobové tlače diel I. J. Pleyela, L. v. Beethovena, W. A. Mozarta, J. Haydna a A. Diabelliho. Nechýbali však ani domáci autori, napr. A. J. Hiray a F. X. Tost.[160] Tieto skladby mala neskôr k dispozícii aj *Adela Ostrolúcka* (1824 až 1853), dcéra vládneho komisára Zvolenskej stolice Mikuláša Ostrolúckeho, ktorá bola žiačkou Ferenca Erkela.

143. Die Familie *Ostrolúcky aus Ostrá Lúka*, wo fast alle Mitglieder sich für Literatur, Theater oder Musik interessierten, konzentrierte sich in der Zeit der Klassik vor allem auf das Kammermusikschaffen für Klavier und Streicher.[119] Besonders zahlreich vertreten sind in der Sammlung die zeitgenössischen Drucke der Werke von I. J. Pleyel, L. v. Beethoven, W. A. Mozart, J. Haydn und A. Diabelli. Auch fehlten nicht heimische Autoren wie A. J. Hiray und F. X. Tost.[160] Diese Kompositionen hatte später auch *Adela Ostrolúcka* (1824–1853), die Tochter des Regierungskommissars des Sohler Komitats, zur Verfügung, die eine Schülerin von Ferenc Erkel war.

144. K tradovaným[206] špecifikám pestovania hudby na Slovensku patril v klasicizme hudobný diletantizmus. Hlavne na vidieku, kde obvykle neboli vytvorené existenčné podmienky pre profesionálnych hudobníkov (šľachte často chýbali finančné prostriedky pre ich vydržiavanie), boli interpretmi hudobných diel samotní šľachtickí, neskôr meštianski obdivovatelia hudobného umenia. Dokladom tejto skutočnosti je *notový archív Ostrolúckovcov* z Ostrej Lúky[119], ako aj notová zbierka *Révayovcov* z Turčianskej Štiavničky[242].

144. Zu den traditionellen[206] Spezifika der Musikpflege in der Slowakei gehörte in der Klassik der Musikdilettantismus. Hauptsächlich auf dem Land, wo gewöhnlich die Existenzbedingungen für Berufsmusiker fehlten (dem Adel fehlten oftmals die finanziellen Mittel für ihren Unterhalt), waren Musikinterpreten Adelige selbst, später bürgerliche Bewunderer der Musikkunst. Ein Beweis für diese Tatache sind die *Notenarchive der Familie Ostrolúcky* aus Ostrá Lúka[119], und der Familie *Révay* aus Turčianska Štiavnička.[242]

145. Ružomberok[146] bol v čase klasicizmu – popri Spišskej Kapitule[130] – druhým školiacim strediskom pre učiteľov-organistov z územia Liptova a Oravy.[158] Zásluhu na tom mala rehoľa piaristov. Dosiaľ málo osvetlenému hudobnému životu mesta[160] vtlačili pečať dvaja hudobníci farského chrámu, ktorí pochádzali z Moravy. Jozef Smrček sa stal ružomberským rektorom a organistom 1. septembra 1788. Nástup druhého z nich, Jozefa Langera, potvrdil mestský magistrát v máji 1812. Langer pracoval pre mesto až do roku 1830, teda plných osemnásť rokov.

145. Ružomberok[146] war während der Klassik – neben Spišská Kapitula (Zipser Kapitel)[130] – das zweite Ausbildungszentrum für Lehrer-Organisten aus den Gebieten Liptov und Orava.[158] Ein Verdienst daran hatte der Piaristenorden. Das bislang wenig durchforschte Musikleben der Stadt[160] prägten zwei aus Mähren stammende Musiker der Pfarrkirche. Josef Smrček wurde am 1. September 1788 Rektor und Organist von Ružomberok. Den Antritt des zweiten von ihnen, Josef Langer, bestätigte der Stadtmagistrat im Mai 1812. Langer arbeitete für die Stadt bis 1830, also volle achtzehn Jahre lang.

146. Mikuláš Zmeškal (1759 až 1833)³², rodák z *oravských Leštín,* patril k tým nemnohým hudobníkom zo Slovenska¹⁶⁰, ktorí vo Viedni dokázali v silnej konkurencii na seba upútať pozornosť verejnosti. M. Zmeškal sa popri funkcii sekretára viedenskej maďarskej dvorskej kancelárie intenzívne venoval hudbe.²⁵⁹ Bol nielen uznávaným violončelistom, ale aj invenčným skladateľom komornej hudby určenej hlavne pre sláčikové nástroje.

146. Nikolaus Zmeškal (1759–1833)³², gebürtig aus *Leštiny (Leschtine) in Orava,* zählte zu jenen wenigen Musikern der Slowakei¹⁶⁰, die in Wien in einer starken Konkurrenz die Aufmerksamkeit auf sich zu lenken verstanden. Zmeškal widmete sich neben seiner Funktion als Sekretär der ungarischen Hofkanzlei in Wien intensiv der Musik.²⁵⁹ Er war nicht nur ein anerkannter Violoncellist, sondern auch ein einfallsreicher Komponist von Kammermusik, die vor allem für Streichinstrumente bestimmt war.

147. Dlhoročné, porozumením a úctou sprevádzané priateľstvo Mikuláša Zmeškala s *Ludwigom van Beethovenom*⁷ bolo obojstranne dôležité, a to tak ľudsky, ako aj umelecky. M. Zmeškal okrem stálej pomoci praktického charakteru umožňoval svojmu o jedenásť rokov mladšiemu priateľovi vstup do hudobných salónov šľachtických rodín. Zmeškal, okrem toho, že bol nadšeným propagátorom Beethovenových diel, bol často aj ich prvým interpretom.²⁵⁹ Beethovenove *venovania skladieb M. Zmeškalovi* (Sláčikové kvarteto f mol, op. 95 a Fantázia c mol, op. 80⁹⁸) boli formou prejavu skladateľovej vďačnosti.

147. Die langjährige, von Verständnis und Achtung begleitete Freundschaft Nikolaus Zmeškals mit *Ludwig van Beethoven*⁷ war für beide Seiten wichtig, und das sowohl menschlich als auch künstlerisch. Zmeškal ermöglichte außer der ständigen Hilfe praktischen Charakters seinem um elf Jahre jüngeren Freund den Zutritt zu den Musiksalons der Adelsfamilien. Zmeškal war nicht nur ein begeisterter Propagator der Beethovenschen Werke, sondern häufig auch ihr erster Interpret.²⁵⁹ Beethovens *Werkwidmungen für Zmeškal* (Streichquartett f-Moll, op. 95 und Fantasie c-Moll, op. 80⁹⁸) waren Ausdruck der Dankbarkeit des Komponisten.

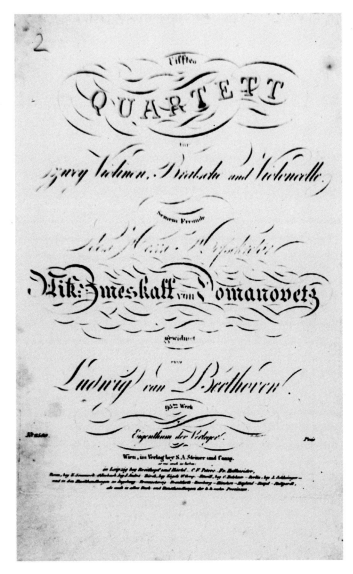

148. František Žaškovský (1819–1887)[275], syn organistu a zberateľa ľudových piesní *Andreja Žaškovského sen.* (1794–1866), rodáka zo Žaškova na Orave[32], sa narodil v *Dolnom Kubíne*. Tu prežil aj mladosť a dostal základy hudobného vzdelania. Po štúdiách v Košiciach a v Prahe pôsobil v Jágri ako profesor na učiteľskom ústave a ako skladateľsky činný regenschori. Pre dejiny cirkevnej hudby 19. storočia[129] významnou udalosťou bolo vydanie *Manuale musico-liturgicum* (1853), diela, ktoré F. Žaškovský vypracoval spolu s bratom Andrejom. Pre Uhorsko predstavovalo záväznú, vyše 80 rokov používanú zbierku katolíckych liturgických spevov vo štvorhlasnej úprave.[36]

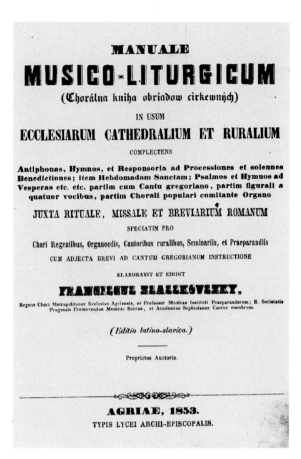

148. Franz Žaškovský (1819–1887)[275], Sohn des Organisten und Volksliedsammlers *Andreas Žaškovský sen.* (1794–1866), gebürtig aus Žaškov (Zassko) in Orava[32], wurde in *Dolný Kubín* geboren. Hier verlebte er auch seine Jugend und erhielt sein musikalisches Rüstzeug. Nach den Studien in Košice und Prag wirkte er in Erlau als Professor am Lehrerinstitut und als kompositorisch tätiger Regenschori. Ein bedeutendes Ereignis für die Kirchenmusikgeschichte des 19. Jahrhunderts[129] war die Herausgabe des *Manuale musico-liturgicum* (1853), eines Werkes, das F. Žaškovský gemeinsam mit seinem Bruder Andreas erarbeitet hatte. Für Ungarn stellte es eine verbindliche und über 80 Jahre benutzte Sammlung katholischer liturgischer Gesänge in vierstimmiger Bearbeitung dar.[36]

149. Do hudobných dejín Uhorska 19. storočia sa zapísal aj *Andrej Žaškovský jun.* (1824–1882)[32], mladší syn A. Žaškovského. Základné znalosti o hudbe získal, tak ako jeho brat, od svojho otca. Napriek ukončeným právnickým štúdiám sa profesionálne venoval hudbe. Bol organistom jágerskej katedrály a účinkoval aj ako pedagóg na tamojšom učiteľskom ústave. Patril medzi známych organových virtuózov doby. Preslávil sa aj ako autor prvej maďarskej organovej školy (1865).[275] Jeho sakrálne skladby (tlačou vyšli v Pešti, Viedni, Lipsku a Prahe) sa rozšírili za hranice Uhorska.[118]

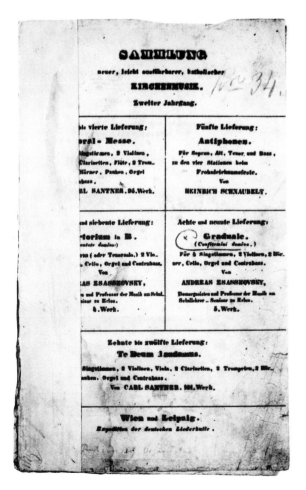

149. In die Musikgeschichte Ungarns des 19. Jahrhunderts schrieb sich auch *Andreas Žaškovský junior* (1824–1882)[32], der jüngere Sohn A. Žaškovskýs ein. Grundkenntnisse über die Musik erwarb er, wie sein Bruder, von seinem Vater. Trotz der abgeschlossenen Jurastudien widmete er sich professionell der Musik. Er war Organist der Kathedrale von Erlau und wirkte auch als Pädagoge am dortigen Lehrerinstitut. Er zählte zu den bekannten Orgelvirtuosen der Zeit und wurde auch als Autor der ersten ungarischen Orgelschule berühmt (1865).[275] Seine sakralen Kompositionen (im Druck erschienen in Pest, Wien, Leipzig und Prag) waren über die Grenzen Ungarns verbreitet.[118]

150. V *Liptovskom Mikuláši* mali organisti rímskokatolíckeho farského kostola Andrej Lippay, Ignác Csenes a Ján Puček skromnejšie možnosti na uvádzanie tzv. figurálnej hudby ako v Liptovskom Hrádku. Naznačuje to inventár chóru kostola, ktorý eviduje iba 2 trúbky, tympany a organ so 7 registrami.[146] Hudobný život mesta obohacovali aj študenti gymnázia, ktoré v roku 1754 založili jezuiti. Aj počas klasicizmu tu pretrvávala tradícia školských divadelných hier s účasťou hudby.[94] Miestni evanjelici a. v. používali spevník Cithara Sanctorum.[206] Prispievali tým k šíreniu odkazu jeho zostavovateľa Juraja Tranovského, ktorý pôsobil v Liptovskom Mikuláši koncom prvej polovice 17. storočia.

150. In *Liptovský Mikuláš* hatten die Organisten der römisch-katholischen Pfarrkirche Andreas Lippay, Ignaz Csenes und Johann Puček bescheidenere Möglichkeiten für die Aufführung der sogenannten Figuralmusik als in Liptovský Hrádok. Das deutet das Chorinventar der Kirche an, das nur 2 Trompeten, Pauken und eine Orgel mit 7 Registern erfaßt.[146] Das Musikleben der Stadt bereicherten auch die Studenten des 1754 von Jesuiten gegründeten Gymnasiums. Auch während der Klassik bestand die Tradition des Schuldramas mit Musikbeteiligung weiter.[94] Die hiesigen evangelischen Gläubigen A. B. verwendeten das Gesangbuch Cithara Sanctorum.[206] Sie trugen damit zur Verbreitung des Vermächtnisses seines Herausgebers Georg Tranovský bei, der in Liptovský Mikuláš Ende der ersten Hälfte des 17. Jahrhunderts gewirkt hat.

151. Vyše pol storočia žil v *Liptovskom Mikuláši* legendárny cigánsky huslista *Jozef Piťo* (1800–1886), narodený vo Veľkých Šarluhách.[220] Pre veľmi svojský a jedinečný štýl prednesu sa preslávil v celom Uhorsku.[36] Tlačou boli vydané zápisy Piťových vlastných improvizácií, a aj ním interpretované verzie rôznych melódií (napr. Matúšova duma, Trávnice a iné).[275]

151. Über ein halbes Jahrhundert lebte in *Liptovský Mikuláš* der legendäre Zigeunergeiger *Josef Piťo* (1800–1886), geboren in Veľké Šarluhy.[220] Wegen seines sehr eigenwilligen und einzigartigen Vortragsstils war er in ganz Ungarn berühmt.[36] Im Druck erschienen die Aufzeichnungen von Piťos eigenen Improvisationen und auch die von ihm interpretierten Versionen verschiedenen Melodien (z. B. Matúšova duma, Trávnice u.a.)[275]

152. Primerane rozvinutým hudobným životom žilo v klasicizme mestečko *Liptovský Hrádok*. Dokladá to rozsah i autorské zastúpenie notovej zbierky a inštrumentára[146] rímskokatolíckeho farského kostola. Inventár chóru v roku 1818 zahrňoval 5 huslí, 2 violy, 1 violončelo, 2 flauty, 4 klarinety, 1 kontrabas, 2 fagoty, 4 lesné rohy, 2 trúbky, 6 klarín, 5 tympanov, a dokonca aj tamburínu a triangel. Evidované sinfonie boli zrejme súčasťou sakrálnych a snáď i profánnych hudobných podujatí. Pomerne aktívna tu totiž bola činnosť ochotníckeho hudobnodivadelného súboru.[94]

152. Ein angemessen entwickeltes Musikleben erlebte in der Klassik das Städtchen *Liptovský Hrádok*. Das belegen Umfang und Autoren der Notensammlung und des Instrumentariums[146] der römisch-katholischen Pfarrkirche. Das Chorinventar umfaßte 1818 5 Violinen, 2 Violen, 1 Violoncello, 2 Flöten, 4 Klarinetten, 1 Kontrabaß, 2 Fagotte, 4 Waldhörner, 2 Trompeten, 6 Clarini, 5 Pauken und sogar Tamburin und Triangel. Die erfaßten Symphonien waren offensichtlich Teil der sakralen und vielleicht auch profanen Musikverstanstaltungen. Relativ aktiv war hier die Tätigkeit des Dilettantentheatergruppe.[94]

153. Produkcie tzv. figurálnej hudby umožňoval v *Liptovskom Hrádku*[58] veľký 24-registrový *organ* rímskokatolíckeho farského kostola. Postavil ho v roku 1795 slovenský organár *Ondrej Pažický* za sumu 1500 zlatých. O. Pažický patril k druhej generácii majstrov tejto významnej organárskej rodiny usadenej v mestečku Rajec. Dominantným znakom nástrojov z dielne Pažickovcov bola jemná mechanika. Rodina stavala organy na Slovensku (hlavne na Liptove, Orave, Kysuciach a na Gemeri), ale i v Dolnom Uhorsku, Sliezsku, ba i v Poľsku.[61]

153. Die Produktionen der Figuralmusik ermöglichte in *Liptovský Hrádok*[58] die große 24-registrige *Orgel* der römisch-katholischen Pfarrkirche. Sie wurde 1795 von dem slowakischen Orgelbauer *Andreas Pažický* für die Summe von 1500 Gulden erbaut. O. Pažický gehörte zur zweiten Generation der Meister dieser bedeutenden Orgelbauerfamilie, die im Städtchen Rajec angesiedelt war. Das dominante Merkmal der Instrumente aus der Werkstatt der Familie Pažický war ihre feine Mechanik. Die Familie baute Orgeln in der Slowakei (vor allem im Gebiet Liptov, Orava, Kysuce und Gemer), aber auch in Niederungarn, Schlesien, ja selbst in Polen.[61]

154. Skladby F. P. Riglera, F. X. Tosta a F. X. Zomba v hudobnej zbierke *kaštieľa Révayovcov z Turčianskej Štiavničky*[242] sú dokladom záujmu tejto umeniamilovnej šľachtickej rodiny o súdobú hudobnú tvorbu na Slovensku. Výber diel révayovského notového archívu, ktorý sa orientoval prevažne na európsku salónnu produkciu, bol charakteristický pre vkus vidieckej šľachty u nás.[136] Interpretmi skladieb určených predovšetkým pre klavír alebo pre spev a klavír boli zväčša samotní členovia rodiny.

154. Die Kompositionen F. P. Riglers, F. X. Tosts und F. X. Zombs in der Musiksammlung des *Schlosses der Familie Révay aus Turčianska Štiavnička*[242] sind ein Beweis für das Interesse dieser kunstliebenden Adelsfamilie am zeitgenössischen Musikschaffen in der Slowakei. Die Auswahl der Werke des Révayschen Notenarchivs, das sich vorwiegend an Salonmusik orientierte, war charakteristisch für den Geschmack des Landadels bei uns.[136] Interpreten der hauptsächlich für Klavier oder für Gesang und Klavier bestimmten Werke waren meist die Familienmitglieder selbst.

V. kapitola

Spišský hudobnokultúrny okruh

❖

V. Kapitel

Zipser Musikkulturkreis

𝒮𝓅išský hudobnokultúrny okruh predstavoval na dnešnom *území* Slovenska tretí komplex, ktorý vznikol a rozvíjal sa v špecifických podmienkach historického vývoja. Bol zhodný s územím niekdajšej Spišskej stolice.[277] Jej teritórium na západe a na severe, kde hranice Spiša boli totožné s hranicou Uhorska, lemovali Vysoké Tatry a Spišská Magura, a jej územie na juhu smerom od západu na východ obopínali Nízke Tatry, Slovenské rudohorie a Levočské vrchy.

Pre vývoj Spiša mala ešte aj v 18. storočí veľký význam nemecká kolonizácia, ktorá sa začala v druhej polovici 12. storočia. Korene administratívneho členenia Spiša na Provinciu XVI. spišských miest (pôvodne XXIV. miest) siahali do 13. storočia, do čias Spoločenstva spišských Sasov, zabezpečeného kráľovskými privilégiami. Od 16. storočia funkciu administratívneho centra Spiša plnila Levoča. V roku 1770 patrilo k úspechu zahraničnej politiky Márie Terézie prinavrátenie 13 spišských miest Slovensku, ktoré dal kráľ Žigmund do zálohy Poľsku.

Obyvateľstvo[277] Spiša, ktoré tvorili prevažne Slováci a Nemci, menej Ukrajinci a Maďari, sa *živilo* baníctvom, vyspelou remeselnou výrobou a obchodom. Tie spolu s nerastným bohatstvom kraja, ktoré patrilo k najvýznamnejším v Uhorsku, boli zdrojom materiálneho bohatstva spišských miest, známych aj bohatstvom *kultúrnych tradícií*.

Tri najdôležitejšie kultúrne centrá Spiša – Levoča, Spišská Kapitula[130] a Kežmarok – sa preslávili hlavne kníhtlačiarskou produkciou a školstvom. Po rozsiahlej reformácii a následnej vlne rekatolizačných úsilí[22] sa rozvíjali tak na báze katolíckej, ako i evanjelickej a. v. cirkvi.

𝒟er *Musikkulturkreis Spiš* oder, um den damaligen Namen der Region zu verwenden, *der Zipser Musikkulturkreis*, stellte auf dem heutigen *Territorium* der Slowakei den dritten Komplex dar, der unter ganz spezifischen historischen Entwicklungsbedingungen entstanden und gewachsen ist. Er war identisch mit dem Gebiet des einstigen Zipser Komitats[277]. Im Westen und Norden, wo die Grenzen des Gebietes der Zips mit der Grenze Ungarns identisch waren, säumten das Territorium die Hohe Tatra (Vysoké Tatry) und die Zipser (Spišská) Magura, und im Süden, von West nach Ost, war es von der Niederen Tatra (Nízke Tatry), dem Slowakischen Erzgebirge (Slovenské rudohorie) und den Leutschauer Bergen (Levočské vrchy) umgeben.

Für die Entwicklung der Zips hatte die deutsche Kolonisierung, die in der zweiten Hälfte des 12. Jahrhunderts einsetzte, auch im 18. Jahrhundert noch eine große Bedeutung. Die Wurzeln der Verwaltungsgliederung der Zips in eine Provinz von 16 Zipser Städten (ursprünglich 24 Städte) gingen bis in das 13. Jahrhundert zurück, in die Zeit der Gemeinschaft der Zipser Sachsen, die mit königlichen Privilegien gesichert war. Seit dem 16. Jahrhundert erfüllte Levoča die Funktion eines administrativen Zentrums der Zips. 1770 gehörte zu den außenpolitischen Erfolgen Maria Theresias die Rückgabe von 13 Zipser Städten an die Slowakei, die König Sigismund an Polen in Pfand gegeben hatte.

Die Bevölkerung[277] der Zips, die überwiegend aus Slowaken und Deutschen, weniger Ukrainern und Ungarn bestand, *verdiente sich ihren Unterhalt* durch Bergbau, hochentwickelte Handwerksproduktion und Handel. Diese, zusammen mit den Bodenschätzen des Landes, die zu den bedeutendsten in Ungarn gehörten, waren die Quelle des materiellen Reichtums der Zipser Städte, die aber auch durch den Reichtum an *Kulturtraditionen* bekannt waren.

Die drei wichtigsten Kulturzentren der Zips – Levoča (Leutschau) Spišská Kapitula[130] und Kežmarok – waren hauptsächlich durch den Buchdruck und das Schulwesen berühmt. Nach der umfangreichen Reformation und der sich anschließenden Welle der Rekatholisierungsbestrebungen[22] entwickelten sie sich sowohl auf der Basis der katholischen als auch der evangelischen Kirche A. B.

Rozvinutý hudobný život Spiša v dobe klasicizmu, koncentrovaný v mestách a cirkevných centrách, nebol náhodný. Organicky nadväzoval na dovtedajšie bohaté *hudobné tradície*[206] tejto časti Slovenska, ktoré možno kontinuitne sledovať už od stredoveku. Bohaté podhubie pre hudbu klasicizmu vytvorili početní spišskí výkonní hudobníci predchádzajúcich storočí, ktorí sa často prejavovali aj skladateľsky.

V uplatnení hudby klasicizmu z hľadiska *sociálnej funkčnosti*[160] nevykazuje Spiš žiadne podstatné odchýlky od foriem dobovej existencie hudobného umenia, ktoré boli typické pre slovenský vidiek. Ťažiskovou formou i tu sa stalo použitie hudby v rámci sakrálnych chrámových a mimochrámových obradov prevládajúcej katolíckej a evanjelickej a. v. cirkvi. Neodmysliteľná bola účasť hudobníkov pri zábavných, zvlášť tanečných podujatiach. Pre rozvinutie v klasicizme dominujúcej funkcie hudby ako ušľachtilej zábavy neboli na Spiši primerané podmienky. Koncerty, divadelné predstavenia a amatérske pestovanie hudby v šľachtických alebo meštianskych salónoch boli príznačné spravidla iba pre významné mestské centrá Spiša (Levoča, Kežmarok, Smolník) a pre cirkevné strediská, pri ktorých boli činné zariadenia školského charakteru (Podolínec, Spišská Kapitula).

Hudobný svojráz Spiša sa v klasicizme najvýraznejšie prejavil v charaktere dobového *hudobného repertoáru*.[136] Na rozdiel od západoslovenského typu bola pre hudobný repertoár spišských lokalít príznačná prevaha autorov Nemecka, najmä hudobná tvorba juhonemeckých, zväčša ešte barokových skladateľov (B. Fasold, B. Geissler, G. J. J. Hahn, M. Königsperger, L. Kraus, J. J. A. Kobrich, V. Rathgeber a iní). Táto orientácia bola na Spiši zjavná ešte aj v čase, keď na ostatnom území Slovenska už prevládala hudba reprezentantov klasicizmu. Historicky podmienené a v 18. storočí pretrvávajúce väzby nemeckej časti spišského obyvateľstva s Nemeckom spôsobili, že v spišskej repertoárovej oblasti nebol nástup vrcholného klasicizmu prichádzajúceho z Viedne náležite pripravený ranoklasicistickou tvorbou.

V hudobnom repertoári Spiša, na rozdiel od ostatného územia Slovenska, mali takmer až do začiatku druhého desaťročia 19. storočia dôležité miesto aj skladatelia Čiech a Moravy (F. X. Brixi, J. Oehlschlägel, K. Loos, J. I. Linek, J. D. Zelenka, F. V. Habermann). Až za nich môžeme zaradiť skladateľov Viedne a rakúskeho tvorivého okruhu (K. Ditters v. Dittersdorf, L. Hoffmann, J. K. Vaňhal, M. Haydn, W. A. Mozart, A. Salieri, J. Haydn, V. Pichl a ďalší). Repertoárovú prevahu si tu získali zväčša až po roku 1810.

Spišské hudobné strediská boli otvorené prílivu domácej tvorby. Prevažne to boli skladatelia, ktorí pôsobili na Spiši (P. Londiger, P. P. Peťko SchP, J. I. Danik, A. Schön a ďalší) alebo na východnom Slovensku (P. Neu-

Das entwickelte Musikleben der Zips in der Zeit der Klassik, konzentriert in Städten und Kirchenzentren, war kein Zufall. Es knüpfte organisch an die damaligen reichen *Musiktraditionen*[206] dieses Teils der Slowakei an, die sich kontinuierlich bis ins Mittelalter zurückverfolgen lassen. Einen reichen Nährboden für die Musik der Klassik bildeten zahlreiche Zipser Musiker der vorangegangenen Jahrhunderte, die häufig auch kompositorisch tätig gewesen waren.

In der Anwendung der Musik der Klassik hinsichtlich der *Sozialfunktion*[160] weist die Zips keine wesentlichen Abweichungen von den Formen der zeitgenössischen Musik auf, die für die slowakische Provinz typisch waren. Einen Schwerpunkt stellte auch hier die Verwendung der Musik im Rahmen der sakralen Kirchen- und Außerkirchenrituale der dominierenden katholischen und evangelischen Kirche A. B. dar. Nicht wegzudenken war die Beteiligung der Musiker an Unterhaltungs-, besonders Tanzverstanstaltungen. Für die Entwicklung der in der Klassik dominierenden Funktion der Musik als edler Unterhaltung fehlten in der Zips die entsprechenden Bedingungen. Konzerte, Theatervorstellungen und Laienmusikpflege in den adligen oder bürgerlichen Salons waren in der Regel nur für die bedeutenden Stadtzentren der Zips (Levoča, Kežmarok, Smolník (Schmölnitz)) und für die Kirchenzentren kennzeichnend, bei denen auch schulische Einrichtungen tätig waren (Podolínec (Pudlein), Spišská Kapitula).

Die musikalische Eigenart der Zips äußerte sich in der Klassik am stärksten im Charakter des zeitgenössischen *Musikrepertoires*.[136] Im Unterschied zum westslowakischen Typ des Musikrepertoires war für das zeitgenössische Musikrepertoire der Zipser Lokalitäten die Dominanz der Autoren Deutschlands kennzeichnend, vor allem das Musikschaffen der süddeutschen, meist noch barocken Komponisten (B. Fasold, B. Geissler, G. J. J. Hahn, M. Königsperger, L. Kraus, J. J. A. Kobrich, V. Rathgeber und andere). Diese Orientierung war in der Zips noch in einer Zeit deutlich, als auf dem übrigen Gebiet der Slowakei bereits die Musik der Vertreter der Klassik überwog. Die historischen Bedingungen und die bis ins 18. Jahrhundert fortbestehende Bindung des deutschen Teils der Zipser Bevölkerung an ihr Herkunftsland bewirkten, daß im Zipser Repertoirebereich der Entritt der aus Wien kommenden Hochklassik nicht entsprechend vorbereitet war durch das frühklassische Schaffen.

Im Musikrepertoire der Zips hatten, im Unterschied zum übrigen Territorium der Slowakei, fast bis zum Beginn des zweiten Jahrzehnts des 19. Jahrhunderts auch die Komponisten Böhmens und Mährens einen wichtigen Platz inne (F. X. Brixi, J. Oehlschlägel, J. I. Linek, J. D. Zelenka, F. V. Habermann). Erst nach ihnen können wir die Komponisten aus Wien und des österreichischen Schaffenskreises feststellen (K. Ditters v. Dit-

müller, F. X. Skalník, P. Ľ. Skalník OPraem, J. Pipus, J. Galli, J. Janig).

Podstatnú časť skladieb hudobného repertoáru Spiša tvorili v klasicizme, a to v závislosti na možnostiach uplatnenia, druhy a formy chrámovej hudby (omše, graduály, ofertóriá, árie, responzóriá, antifóny, nešpory, litánie, hymny a žalmy). Symfónie, sonáty a ďalšie ťažiskové dobové profánne hudobné druhy a formy sa hrali hlavne v rámci cirkevných produkcií.

Hudobné lokality Spiša neboli celkom jednotné repertoárovou orientáciou, ale vykazovali *tri odlišné oblasti*.[160] Bola to oblasť stredného, severného a južného Spiša. Kým hudobné strediská stredného Spiša (Levoča, Kežmarok, Spišská Kapitula, Spišské Podhradie, Ľubica, Spišská Belá, Spišská Nová Ves) reprezentovali typicky spišskú štruktúru repertoáru, severná časť Spiša (Podolínec, Spišská Stará Ves, Hniezdne, Stará Ľubovňa) bola v silnej sfére poľských kultúrnych vplyvov. Lokality južného Spiša (Gelnica, Smolník, Švedlár) ovplyvnil hudobný repertoár východoslovenských centier hudby (Košice, Jasov, Rožňava), ktoré sa repertoárovo orientovali na západné Slovensko, najmä na Bratislavu.

Ťažisko rozvinutého hudobného života stredného Spiša v dobe klasicizmu spočívalo predovšetkým na chrámovej hudbe a na hudbe uplatňovanej v rámci katolíckeho a evanjelického a. v. školstva. Systematickosť v pestovaní hudobného umenia a záruku umeleckého rastu umožňovala v prípade sakrálnych hudobných produkcií ich pravidelnosť a tiež fakt, že na nich participovali profesionálni hudobníci platení mestom alebo cirkvou. Preto aj osobnosti regenschorich a orga-

tersdorf, L. Hoffmann, J. B. Vahňhal, M. Haydn, W. A. Mozart, A. Salieri, J. Haydn, V. Pichl und weitere). Das Übergewicht im Repertoire errangen sie meist erst nach 1810.

Die Zipser Musikzentren waren offen für den Zustrom des einheimischen Schaffens. Das waren vorwiegend Komponisten, die in der Zips, (P. Londiger, P. P. Peťko SchP, J. I. Danik, A. Schön und andere) oder in der Ostslowakei wirkten (P. Neumüller, F. X. Skalník, P. L. Skalník, O. Praem, J. Pipus, J. Galli, J. Janig).

Einen wesentlichen Teil der Kompositionen des Musikrepertoires der Zips bildeten in der Klassik, und zwar in Abhängigkeit von den Verwendungsmöglichkeiten, die Gattungen und Formen der Kirchenmusik (Messen, Gradualien, Offertorien, Arien, Responsorien, Antiphone, Vespern, Litaneien, Hymnen und Psalmen). Symphonien, Sonaten und weitere prominente profane Schwerpunktmusikgattungen und Formen der Zeit wurden hauptsächlich im Rahmen der Kirchenproduktionen gespielt.

Die Musikstandorte der Zips waren nicht ganz einheitlich in der Repertoireorientierung, sondern wiesen drei unterschiedliche *Gebiete*[160] auf: Mittel-, Nord- und Südzips. Während die Musikzentren der Mittelzips (Levoča, Kežmarok, Spišská Kapitula, Spišské Podhradie (Kirchdorf), Ľubica (Leibitz), Spišská Belá (Bela), Spišská Nová Ves (Neudorf)) die typische Zipser Repertoirestruktur repräsentierten, stand der Nordteil der Zips (Podolínec, Spišská Stará Ves (Altendorf), Hniezdne (Kniesen), Stará Ľubovňa (Iblau)) in einem starken polnischen kulturellen Einflußbereich. Die Lokalitäten der Südzips (Gelnica (Gölnitz), Smolník, Švedlár (Schwedler)) beeinflußte das Musikrepertoire der ostslowakischen Musikzentren (Košice, Jasov (Joss), Rožňava), die sich repertoiremäßig an der Westslowakei, insbesondere an Preßburg orientierte.

Der Schwerpunkt des entwickelten Musiklebens der Mittelzips in der Zeit der Klassik lag vor allem auf der Kirchenmusik und in der im Rahmen des katholischen und evangelischen Schulwesens A. B. angewandten Musik. Die Systematik in der Pflege der Tonkunst und die Garantie des künstlerischen Wachstums ermöglichten im Falle der sakralen Musikproduktionen ihre Regelmäßigkeit sowie die Tatsache, daß Berufsmusiker, die von der Stadt oder der Kirche bezahlt wurden, teil daran hatten. Daher gehörten auch die Persönlichkeiten der Chorleiter und Organisten der zentralen, (in der Regel Pfarr-) Kirchen zu den Schlüsselfiguren des Musikgeschehens nicht nur der betreffenden Lokalität und ihrer Umgebung, sondern häufig des gesamten Gebietes. Zu den Pflichten dieser Musiker gehörte gewöhnlich die Aufsicht über das gesamte örtliche Musikleben.

Von den Zipser *Musikern*[160] haben sich in die Geschichte der Musikkultur der Slowakei die Chorleiter

nistov centrálnych, spravidla farských kostolov patrili ku kľúčovým postavám hudobného diania nielen príslušnej lokality a jej okolia, ale často celej oblasti. K povinnostiam týchto hudobníkov patril obvykle dohľad nad celým miestnym hudobným životom.

Zo spišských *hudobníkov*[160] sa do dejín hudobnej kultúry na Slovensku zapísali vedúci chóru a organisti z Levoče Juraj Lang (*1756), Martin Simák (*1739) a Ján Friedrich Petzwald (*1782), v Kežmarku činný Alojz Schön (*1807),[160] ľubickí kantori Ján Juraj Pollner a František a Karol Heningerovci[34] a kapitulský hudobník Anton Jasvič[130]. Spomenúť v týchto súvislostiach treba skladateľov zviazaných so Spišom prechodne, a to švedlársko-rožňavského Františka Xavera Skalníka (1777–1841)[36] a smolníckeho organistu Pavla Neumüllera (*1764)[268]. Dôležitú úlohu v hudobných dejinách Spiša zohrala rodina Friedmanskovcov.[160] Osobitnú pozíciu mala v hudobnom vývoji Spiša Spišská Kapitula.[130] Ako sídlo spišského prepošstva a od roku 1776 spišského biskupstva bola naďalej nielen centrom katolicizmu, ale prostredníctvom tamojšieho pedagogického učilišťa aj jeho školiacim strediskom.

Významnou bázou, kde vznikalo a formovalo sa hudobné podhubie (jeho rozsah i kvality boli na Slovensku práve v dobe klasicizmu pozoruhodné), bol sústavný a cieľavedomý školský výchovný proces. Stal sa dominujúcim znakom hudobnej činnosti pedagogicky orientovanej rehole piaristov, ktorá pôsobila v severospišskom meste Podolínec. Kláštor rehole sa stal dôležitým strediskom výučby hudby. Dosiahnuté výsledky prezentovali žiaci na školských koncertných a divadelných podujatiach a na hudobných produkciách kostola rehole. Repertoárovú orientáciu ovplyvnili hudobné kontakty so susediacim Poľskom.[226] K odchovancom školy rehole patrili napr. P. A. Smehlik SchP[149], P. Peter Peťko SchP a iní.

K osobitným znakom kultúrneho vývoja južného Spiša patrilo divadelníctvo.[28] V čase, keď pre mestá stredného Spiša (Levoča, Kežmarok, Spišské Podhradie, Spišská Nová Ves) boli príležitostné hosťovania divadelných spoločností (najmä nemeckých) z Košíc iba náhodným doplnkom hudobného života, existovala v centre južného Spiša, v Smolníku, stála divadelná scéna. Toto bohaté banské mesto, vtedy najväčšie na Spiši (v rokoch jozefínskeho sčítania malo 6000 obyvateľov), vlastnilo na Slovensku jednu z najstarších kamenných divadelných budov s technicky pomerne dobre vybavenou scénou. Je známe, že smolnícky stály ochotnícky divadelný súbor uvádzal okrem činoherných predstavení aj hry s hudbou.

Kým spôsobom výstavby dobového hudobného repertoáru vniesli hudobníci spišského tvorivého okruhu do vývoja hudobnej kultúry klasicizmu na Slovensku svojský prvok, nedokázali sa výraznejšie presadiť v oblasti vlastnej *skladateľskej činnosti*.[160] Tvorba spiš-

und Organisten aus Levoča Georg Lang (*1756), Martin Simák (*1739) und Johann Friedrich Petzwald (*1782), der in Kežmarok tätige Alois Schön (*1807),[160] die Kantoren Johann Georg Pollner und Franz und Karl Heninger aus Ľubica[34] und der Musiker Anton Jasvič[130] aus Spišská Kapitula eingeschrieben. Zu erwähnen sind in diesem Zusammenhang die Komponisten, die vorübergehend mit der Zips verbunden waren, und zwar Franz Xaver Skalník aus Švedlár-Rožňava (1777–1841)[36] und der Organist Paul Neumüller (*1764) aus Smolník.[268] Eine wichtige Rolle in der Musikgeschichte der Zips spielte die Familie Friedmanský.[160] Eine besondere Position in der Musikentwicklung der Zips hatte Spišská Kapitula.[130] Als Sitz der Zipser Propstei war es nach wie vor nicht nur Zentrum des Katholizismus, sondern aufgrund der dortigen pädagogischen Lehranstalt auch sein Schulzentrum.

Eine wichtige Basis, wo sich der musikalische Nährboden ausbildete und entwickelte (sein Umfang und seine Qualitäten waren in der Slowakei gerade in der Zeit der Klassik beachtlich), war der ständige und zielbewußte schulische Erziehungsprozeß. Er wurde zum dominierenden Merkmal der Musiktätigkeit des pädagogisch orientierten Piaristenordens, der in der Nordzipser Stadt Podolínec wirkte. Das Ordenskloster wurde ein wichtiges Zentrum des Musikunterrichts. Die erzielten Ergebnisse präsentierten die Schüler auf Schulkonzerten und Theaterveranstaltungen und bei Musikproduktionen der Ordenskirche. Die Repertoireorientierung wurde durch Musikkontakte zum benachbarten Polen beeinflußt.[226] Zu den Zöglingen der Ordensschule gehörten etwa P. A. Smehlik SchP[149], P. Peter Peťko SchP und andere.

Zu den besonderen Merkmalen der Kulturentwicklung der Südzips gehörte das Theaterwesen.[28] In einer Zeit, als für die Städte der Mittelzips (Levoča, Kežmarok, Spišské Podhradie, Spišská Nová Ves) gelegentliche Gastspiele von Theatergesellschaften (vor allem deutschen) aus Košice nur eine zufällige Ergänzung des Musiklebens waren, gab es im Zentrum der Südzips, in Smolník, eine ständige Theaterbühne. Diese reiche Bergbaustadt, damals die größte in der Zips (in den Jahren der Josephinischen Volkszählung hatte sie 6000 Einwohner), besaß eines der ältesten Steintheatergebäude in der Slowakei mit einer technisch relativ gut ausgestatteten Bühne. Es ist bekannt, daß das Smolníker ständige Laientheaterensemble neben Schauspielen auch Spiele mit Musik aufführte.

Während die Musiker des Zipser Schaffenskreises mit der Art der Gestaltung des zeitgenössischen Musikrepertoires ein eigenes Element in die Entwicklung der Musikkultur der Klassik in der Slowakei hineintrugen, vermochten sie sich im Bereich der eigenen *kompositorischen Tätigkeit* nicht stärker durchzusetzen.[160] Das Schaffen der Zipser Autoren war zahlenmäßig gering

ských autorov bola nepočetná a mala zväčša iba lokálne rozšírenie. Štýlovým prejavom patrila prevažne k ranému klasicizmu. S výnimkou tanečnej tvorby spišskonovoveského Samuela Balvanského[32] sa realizovala takmer výlučne v rámci hudobných druhov a foriem sakrálnej hudby, ktoré v klasicizme nepatrili k vývojovo progresívnym.

Vďaka interpretačnej prístupnosti a ľúbivosti si lokálnu obľubu získali skladby Petra Pavla Londigera a P. Petra Peťka SchP (1713–1793). Ich štýlový prejav bol na hranici baroka a raného klasicizmu. Skladby Františka Oberszohna, komponované ku koncu druhej polovice 18. storočia pre Ľubicu[34], sú tiež poplatné ranému klasicizmu. Až tvorba spišskokapitulského Jozefa Schmidla a spišskopodhradského Jozefa Ivanku[160] zo začiatku 19. storočia mala tendencie vyrovnávať sa s časovo aktuálnymi prvkami dobového hudobného prejavu.

Medzi najvýznamnejšie skladateľské osobnosti Spiša v dobe klasicizmu patril Ján Ignác Danik.[160] Predpokladáme, že pôsobil v službách cirkvi na Spiši, alebo na území s ním susediacej časti Poľska v druhej polovici 18. storočia. Hudobný odkaz tohto talentovaného skladateľa je príkladom prelínania sa dvoch hudobných štýlov – baroka a klasicizmu.

und hatte meist nur lokale Verbreitung. Stilistisch gehörte es vorwiegend zur Frühklassik. Mit Ausnahme der Tanzmusik von Samuel Balvanský[32] aus Spišská Nová Ves wurde Musik fast ausschließlich im Rahmen der Gattungen und Formen der sakralen Musik realisiert, die in der Klassik nicht zu den entwicklungsmäßig progressiven gehörten.

Dank ihrer leichten Ausführbarkeit und Gefälligkeit gewannen die Kompositionen Peter Paul Londigers und P. Peter Peťkos SchP (1713–1793) lokale Beliebtheit. Ihre stilistische Haltung befand sich an der Grenze von Barock und Frühklassik. Die Werke Franz Oberszohns, komponiert Ende der zweiten Hälfte des 18. Jahrhunderts für Ľubica[34], sind ebenfalls der Frühklassik verhaftet. Erst das Schaffen von Josef Schmidl aus Spišská Kapitula und Josef Ivanka aus Spišské Podhradie[160] vom Beginn des 19. Jahrhunderts zeigte Tendenzen, sich mit den zeitlich aktuellen Elementen der zeitgenössischen Musikäußerung auseinanderzusetzen.

Zu den bedeutendsten Komponistenpersönlichkeiten der Zips in der Zeit der Klassik gehörte Johann Ignaz Danik.[160] Wir nehmen an, daß er in der zweiten Hälfte des 18. Jahrhunderts in den Diensten der Kirche in der Zips oder auf dem Gebiet des an sie angrenzenden Teils Polens tätig war. Der musikalische Nachlaß dieses talentierten Komponisten ist ein Beispiel für die Überschneidung zweier Musikstile, des Barocks und der Klassik.

155. Kežmarok patril popri Levoči a Spišskej Kapitule[130] k trom najvýznamnejším kultúrnym strediskám Spiša[96]. Kontinuitu školskej divadelnej tradície[277] umožňovalo vyspelé kežmarské školstvo. Žiaci tu predvádzali nielen biblické a svetské hry s hudbou, ale i oratóriá.[95] Hudbe sa venovali aj mestskí trubači, platení cirkevní hudobníci i rad ochotníckych amatérskych spevákov a inštrumentalistov, ktorí vypomáhali pri rozsiahlejších a na reprodukčný aparát náročných hudobných produkciách.[160] O vysokej úrovni uvádzanej hudby svedčí aj zachovaná notová zbierka.[81]

155. Kežmarok gehörte neben Levoča und Spišská Kapitula[130] zu den drei bedeutendsten Kulturzentren der Zips.[96] Die kontinuierliche der Schulspieltradition[277] wurde durch das hochentwickelte Schulwesen von Kežmarok ermöglicht. Die Schüler führten hier nicht nur biblische und weltliche Spiele mit Musik, sondern auch Oratorien auf.[95] Der Musik widmeten sich auch Stadttrompeter, bezahlte Kirchenmusiker und eine Reihe Amateursänger und Instrumentalisten, die bei umfangreicheren und anspruchsvollen Musikproduktionen aushalfen.[160] Ein hohen Niveau der aufgeführten Musik zeigt auch die erhaltene Notensammlung.[81]

156. Záznam kanonických vizitácií z roku 1803 z *Kežmarku* obsahuje aj inventár hudobnín a hudobných nástrojov, ktorý rozsahom zodpovedá inventáru na väčších vidieckych chóroch v období klasicizmu na Slovensku. Obvyklý bol aj počet mestom platených hudobníckych funkcií. Patrili k nim kantor, resp. regenschori, organista, trubač, trubačskí pomocníci a štyria speváci, a to diskantista, altista, tenorista a basista. Bývalo zvykom vydržiavať si aj stáleho huslistu. Od týchto hudobníkov sa požadovalo profesionálne zvládnutie interpretácie diel a spolupráca pri zaobstarávaní a rozpisovaní notového materiálu diel zaradených do repertoáru.

156. Die Aufzeichnung der kanonischen Visitationen von 1803 aus *Kežmarok* enthält auch das Inventar der Musikalien und Musikinstrumente, das im Umfang dem Inventar der größeren Provinzchöre in der Zeit der Klassik in der Slowakei entspricht. Üblich war auch die Zahl der durch die Stadt bezahlten Musiker. Dazu gehörten Kantor, bzw. Regenschori, Organist, Trompeter, Trompetergehilfen und vier Sänger, und zwar ein Diskantist, Altist, Tenor und Bassist. Es war Brauch, sich einen ständigen Geiger zu halten. Von diesen Musikern verlangte man die professionelle Bewältigung der Werkinterpretation und die Mitarbeit bei der Beschaffung und Kopierung des Notenmaterials der in das Repertoire aufgenommen Werke.

157. K pozoruhodnejším spišským hudobníkom patril *Alojz Schön* (*1807), ktorý si doplnil hudobné vzdelanie počas dvojročného pobytu vo Viedni. V Kežmarku účinkoval ako organista po dobu 13 rokov.[160] Tak do vlastného hudobného repertoáru, ako aj do repertoáru miest stredného a južného Spiša prispel svojou kompozičnou činnosťou. Zameraná bola na katolícku sakrálnu vokálnoinštrumentálnu tvorbu.[130]

157. Zu den bemerkenswertere Zipser Musikern gehörte *Alois Schön* (*1807), der seine musikalische Bildung während eines zweijährigen Aufenthalts in Wien vervollständigte. In Kežmarok wirkte er 13 Jahre als Organist.[160] Mit seiner kompositorischen Tätigkeit trug er sowohl zu seinem eigenen als auch zum Repertoire der Städte der Mittel- und Südzips bei. Gerichtet war sie auf das katholische sakrale Vokal- Instrumentalschaffen.[130]

158. V *Spišskej Sobote* pôsobila spišská nástrojárska rodina Wallachyovcov. Dobré meno si získali hudobné nástroje organárov Daniela Wallachyho (1726–1794) a jeho syna Jána Dávida Wallachyho (1769–1818). V markušovskom kaštieli, v ktorom je inštalovaná stála expozícia klávesových hudobných nástrojov, možno nájsť aj ďalšie inštrumenty z wallachyovskej dielne, a to pozitív vyhotovený Danielom Wallachym a klavichord, ktorý je prácou Jána Dávida Wallachyho.

158. In *Spišská Sobota (Georgenberg)* wirkte die Zipser Instrumentenbauerfamilie Wallachy. Einen guten Namen erwarben die Musikinstrumente der Orgelbauer Daniel Wallachy (1726–1794) und seines Sohnes Johann David Wallachy (1769–1818). Im Schloß Markušovce, in dem eine ständige Ausstellung von Tastenmusikinstrumenten installiert ist, sind auch weitere Instrumente aus der Wallachyschen Werkstatt zu finden, und zwar ein von Daniel Wallachy gefertigtes Positiv und ein Klavichord, eine Arbeit von Johann David Wallachy.

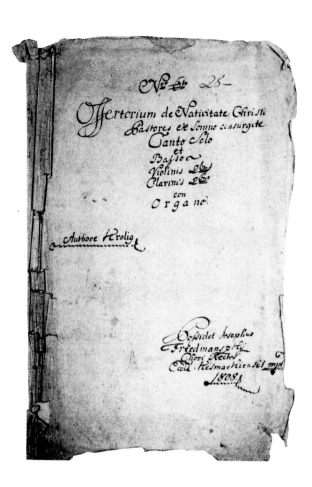

159. Výrazný podiel na formovaní hudobného života Spiša v období klasicizmu mali viacerí príslušníci hudobníckeho rodu *Friedmanskovcov*.[160] Obsadili miesta kľúčového významu takmer vo všetkých centrách hudby Spiša.[81] Anton Friedmanský bol kantorom na Spišskej Kapitule, Ján František Friedmanský zastával úrad organistu v dnešnom Nálepkove (predtým Vonrišel), v Spišskom Podhradí a v Poprade. Ján Nepomuk Friedmanský (*1767) pôsobil ako učiteľ a organista v Lubici[34], neskôr presídlil do Gelnice. Post regenschoriho v Kežmarku zverili Jozefovi Ignácovi Friedmanskému.

159. Einen wesentlichen Anteil an der Formung des Musiklebens der Zips in der Zeit der Klassik hatten mehrere Angehörige der Musikerfamilie *Friedmansky*.[160] Sie besetzten Stellen mit Schlüsselbedeutung in fast allen Musikzentren der Zips.[81] Anton Friedmanský war Kantor in Spišská Kapitula, Johann Franz Friedmanský vertrat das Amt des Organisten im heutigen Nálepkovo (früher Vonrišel), in Spišské Podhradie und in Poprad. Johann Nepomuk Friedmanský (*1767) wirkte als Lehrer und Organist in Lubica[34], später siedelte er nach Gelnica um. Der Posten des Regenschori in Kežmarok wurde Josef Ignaz Friedmanský anvertraut.

160. Pavilón zvaný *Dardanely*, umiestnený v záhrade markušovského, pôvodne renesančného kaštieľa rodiny Mariássyovcov, začali stavať v poslednej tretine 18. storočia. Dohotovený mal byť k zamýšľanej návšteve Jozefa II. na Slovensko. Po takmer dvesto rokoch slúži dnes tento letohrádok, zdobený rokokovými nástennými maľbami, ako hudobná sieň a múzeum hudobných nástrojov.

160. Der Pavillon, *Dardanellen* genannt, der im Garten des ursprünglichen Renaissanceschlosses der Familie Mariássy in Markušovce (Marcksdorf) steht, wurde im letzten Drittel des 18. Jahrhunderts zu bauen begonnen. Er sollte zu dem beabsichtigten Besuch von Joseph II. in der Slowakei fertig werden. Nach nunmehr fast zweihundert Jahren dient dieses mit Rokokowandmalereien verzierte Gartenhaus als Musiksaal und Musikinstrumentenmuseum.

161. Levoča si vďaka vyspelému školstvu a kníhtlačiarstvu aj v klasicizme udržala postavenie vedúceho kultúrneho centra Spiša. Na preslávenom gymnáziu, pôvodne jezuitskom, a na evanjelickom a. v. lýceu našla v potrebnej miere uplatnenie aj hudba. Na prelome 18. a 19. storočia v meste existovala údajne aj hudobná škola.[193] Spoločenský život Levoče obohacovali nemecké divadelné spoločnosti[28] prichádzajúce z Košíc[94]. Sakrálna hudba znela pravidelne v levočskom kostole sv. Jakuba[81] a svoje miesto našla aj v gymnaziálnom, minoritskom a v evanjelickom a. v. kostole. Ostatné svetské hudobné podujatia poriadané mestom nie sú zatiaľ dostatočne preskúmané.

161. Levoča bewahrte sich dank seines hochentwickelten Schulwesens und des Buchdrucks auch in der Klassik die Stellung eines führenden Kulturzentrums der Zips. An dem berühmten Jesuitengymnasium und an dem evangelischen Lyzeum A. B. fand auch die Musik im erforderlichen Maße Verwendung. An der Wende des 18. und 19. Jahrhunderts gab es in der Stadt angeblich auch eine Musikschule.[193] Das gesellschaftliche Leben von Levoča bereicherten die deutschen Theatergesellschaften[28], die aus Košice kamen[94]. Sakrale Musik erklang regelmäßig in der St. Jakobskirche[81] von Levoča und fand ihren Platz auch in der Gymnasial-, der Minoriten- und in der evangelischen Kirche (A.B.). Die übrigen weltlichen Musikveranstaltungen, die von der Stadt veranstaltet wurden, sind bislang nicht genügend erforscht.

162. Strediskom klasicistickej katolíckej hudby v *Levoči* bol *kostol sv. Jakuba*.[160] Na chóre tohto jedinečného gotického chrámu s bohatou hudobnou tradíciou[206] sa naďalej pravidelne predvádzali vokálnoinštrumentálne diela tzv. figurálnej hudby. Zásluhu na tom mal Martin Simák (*1739), regenschori v rokoch 1763–1770, organista Juraj Lang (*1756), činný v rokoch 1792–1830, a Ján Friedrich Petzwald (*1782), vedúci chóru na sklonku klasicizmu v rokoch 1820–1850[160]. Známe sú čiastočne aj mená ďalších spoluúčinkujúcich hudobníkov.

162. Das Zentrum der klassizistischen katholischen Musik in *Levoča* war die *St.Jakobskirche*[160]. Auf dem Chor dieser einzigartigen gotischen Kirche mit reicher Musiktradition[206] wurden weiterhin regelmäßig Vokal- Instrumentalwerke der Figuralmusik aufgeführt. Ein Verdienst daran hatte Martin Simák (*1739), Regenschori in den Jahren 1763–1770, Organist Georg Lang (*1756), tätig in den Jahren 1792–1830, und Johann Friedrich Petzwald (*1782), Chorleiter in den Jahren 1820–1850[160]. Bekannt sind teilweise auch die Namen weiterer mitwirkender Musiker.

163. Pre adekvátnu prezentáciu hudobného umenia klasicizmu slúžil v *chráme sv. Jakuba v Levoči* na tú dobu mimoriadne veľký organ s 27 registrami.[61] Organ postavil krakovský organársky majster nemeckého pôvodu Hans Hummel v rokoch 1615–1630. Rezbárske práce sú dielom Andreasa Hertela z Krakova a rezbára Hansa Schmieda, ktorý pochádzal z Dánska. Až do polovice 19. storočia bol organ považovaný za najväčší v Uhorsku.

163. Für eine adäquate Präsentation der Musik der Klassik diente in der *St. Jakobskirche in Levoča* eine für jene Zeit besonders große Orgel mit 27 Registern.[61] Diese Orgel wurde von dem Krakauer Orgelbaumeister deutscher Abstammung Hans Hummel in den Jahren 1615–1630 erbaut. Die Schnitzarbeiten sind das Werk von Andreas Hertel aus Krakau und des Holzschnitzers Hans Schmied, der aus Dänemark stammte. Bis in die Mitte des 19. Jahrhunderts galt die Orgel als die größte in Ungarn.

164. Levoča bola známa i vlastnou výrobou hudobných nástrojov.[44] V roku 1787 tu začal samostatne pracovať uznávaný slovenský organár, rodák z Turca *František Eduard Pecník* (1748–1815).[61] Bol fundovaným organárskym majstrom s bohatými vedomosťami a skúsenosťami. Získal ich v Banskej Bystrici, Šoproni a počas učňovského vandrovania v Nemecku, Amsterdame, Paríži a Londýne. Organy F. E. Pecníka sú charakteristické pôvabným tvarom a zvukom. K ich jedinečnostiam patrí použitie drevenej píšťaly flauty.

164. Levoča war auch durch den eigenen Musikinstrumentenbau bekannt.[44] 1787 begann hier der anerkannte slowakische Orgelbauer *Franz Eduard Pecník* (1748–1815) aus Turiec selbständig zu arbeiten.[61] Er war ein fundierter Orgelbaumeister mit reichen Kenntnissen und Erfahrungen. Diese hatte er in Banská Bystrica, Sopron (Ödenburg) und während der Lehr- und Wanderjahre in Deutschland, Amsterdam, Paris und London erworben. Die Orgeln von F. E. Pecník sind charakterisiert durch ihre anmutige Form und ihren Klang. Zu ihren Besonderheiten gehört die Verwendung einer Holzpfeife (Flöte).

165. Hudobný život *Ľubice*[34] dlhodobo úspešne usmerňoval tamojší rodák *Karol Heninger* (†1860). Za dlhoročné záslužné pedagogické účinkovanie v Ľubici[261] bol vyznamenaný strieborným krížom. Je pozoruhodné, že Karol Heninger uvádzal na miestne možnosti náročnú, umelecky cennú a časovo až prekvapivo aktuálnu dobovú európsku hudobnú produkciu. V jeho repertoári nechýbala ani tvorba domácich autorov zo Slovenska.[160]

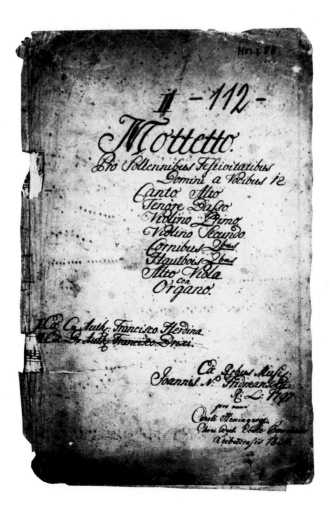

165. Das Musikleben von *Ľubica*[34] wurde lange Jahre erfolgreich von dem dort gebürtigen *Karl Heninger* (†1860) geleitet. Für seine langjährige, verdienstvolle pädagogische Tätigkeit in Ľubica[261] wurde er mit dem silbernen Kreuz ausgezeichnet. Es ist bemerkenswert, daß Karl Heninger eine für die örtlichen Möglichkeiten anspruchsvolle, künstlerisch wertvolle und zeitlich sogar überraschend aktuelle, dem zeitgenössischen europäischen Schaffen entsprechende Musikproduktion aufführte. In seinem Repertoire fehlte auch nicht das Schaffen der heimischen Autoren aus der Slowakei.[160]

166. Kostol sv. Martina na *Spišskej Kapitule*, povýšený v roku 1776 z prepoštského na biskupský, patril tradične[206] k najvýznamnejším centrám latinského spevu na Slovensku.[130] Aj v klasicizme ostal dôležitým strediskom katolíckej hudby Spiša. Z hudobníkov chrámu tohto obdobia poznáme Antona Jasviča, Antona Friedmanského a dlhoročného (1782–1835), skladateľsky činného organistu Jozefa Schmidla.[160] Mimochrámové hudobné podujatia, ktoré sa konali na Spišskej Kapitule, možno spájať aj s činnosťou tamojšieho pedagogického učilišťa. Na škole, prvej svojho druhu v Uhorsku, získavali vzdelanie budúci učitelia-organisti predovšetkým zo Spiša, Liptova[146] a Oravy[158].

166. Die *St. Martinskirche* in *Spišská Kapitul*a, 1776 von der Propst- zur Bischofskirche erhoben, gehörte traditionell[206] zu den bedeutendsten Zentren des lateinischen Gesanges in der Slowakei.[130] Auch in der Klassik blieb sie ein wichtiger Ort der katholischen Musik der Zips. Von den Musikern der Kirche dieser Periode kennen wir Anton Jasvič, Anton Friedmanský und den langjährig (1782–1835) kompositorisch tätigen Organisten Josef Schmidl.[160] Außerkirchliche Musikveranstaltungen, die in Spišská Kapitula stattfanden, können auch mit der Tätigkeit der dortigen pädagogischen Lehranstalt in Verbindung gebracht werden. In dieser Schule, der ersten ihrer Art in Ungarn, erhielten ihre Ausbildung die künftigen Lehrer-Organisten, vor allem aus der Zips, aus Liptov[146] und Orava.[158]

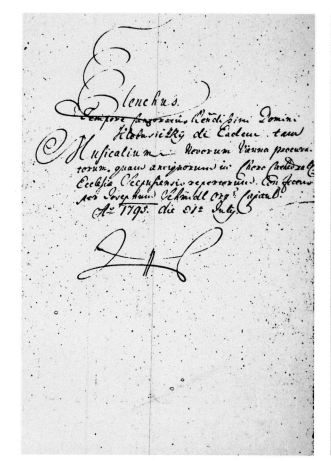

167. *Inventárny zoznam hudobnín a hudobných nástrojov zo Spišskej Kapituly*[130] *vypracoval v roku 1795 tamojší „magister musicae", organista, skladateľ a pedagóg Jozef Schmidl. Inventár dokladá – pre hudobný repertoár celého Spiša charakteristické – zotrvávanie na pozíciách barokovej, najmä juhonemeckej hudby v čase, keď na ostatnom území dnešného Slovenska už zaznievali diela klasicizmu.*[136] *Svojrázom Spišskej Kapituly ako výsostne cirkevnej ustanovizne bol profánny charakter neskoršieho viedenského hudobného importu.*

167. *Das Inventarverzeichnis der Musikalien und Musikinstrumente aus Spišská Kapitula*[130] *stellte 1795 der dortige „magister musicae", Organist, Komponist und Pädagoge Josef Schmidl zusammen. Das Inventar belegt das – für das Musikrepertoire der gesamten Zips charakteristische – Verharren auf den Positionen der Barock-, vor allem süddeutschen Musik in einer Zeit, als auf dem übrigen Gebiet der heutigen Slowakei bereits Werke der Klassik erklangen.*[136] *Die Eigenart von Spišská Kapitula als einer hoheitlich kirchlichen Institution war der profane Charakter des späteren Wiener Musikimports.*

168. Spišské Podhradie, ktoré patrilo do provincie XVI spišských miest a v časoch baroka sa preslávilo osobnosťou Jána Šimbrackého[206], žilo aj v klasicizme plnohodnotným hudobným životom. Okrem evanjelického a. v. kostola, kostola a kláštora milosrdných bratov zaznievala hudba vo farskom kostole ako v stredisku tzv. figurálnej hudobnej tvorby. O jej rozkvet sa zaslúžil hlavne Jozef Ivanka a Karol Jesenák.[81] Okrem dobovej európskej vokálnoinštrumentálnej produkcie uvádzali aj diela domácich skladateľov[160] – spišského Jána Ignáca Danika, košického Juraja Galliho i tvorbu regenschorich v Jasove[174] a v Rožňave[268] Jána Liningera a Pavla Neumüllera.

168. Spišské Podhradie, das in die Provinz der 16 Zipser Städte gehörte und in der Epoche des Barocks durch die Persönlichkeit Johann Šimbrackýs berühmt wurde[206], hatte auch in der Klassik ein vollwertiges Musikleben. Außer der evangelischen Kirche A. B., der Kirche und des Klosters der Barmherzigen Brüder erklang Musik in der Pfarrkirche, einem Zentrum des sogenannten Figuralmusikschaffens. Um ihr Aufblühen machten sich hauptsächlich Josef Ivanka und Karl Jesenák[81] verdient. Neben der zeitgenössischen europäischen Vokal- Instrumentalproduktion führten sie auch Werke heimischer Komponisten[160] – des Zipsers Johann Ignaz Danik, des Kaschauers Georg Galli und das Schaffen der Chorleiter in Jasov[174] und Rožňava [268] Johann Lininger und Paul Neumüller auf.

169. Príkladom hodnotnej domácej hudobnej produkcie raného klasicizmu, poznačenej doznievajúcim barokom, je dielo *Jána Ignáca Danika*.[160] Pôsobil v druhej polovici 18. storočia pravdepodobne v službách cirkvi na Spiši, alebo na susediacom poľskom teritóriu. Obľube sa tešili najmä Danikove árie a antifóny. Hudobne nadväzovali na tradície obľúbenej ariózněj tvorby baroka.[206] Interpretačnými nárokmi a rozsahom požadovaného vokálneho a inštrumentálneho aparátu zodpovedali možnostiam malých vidieckych chórov.[132]

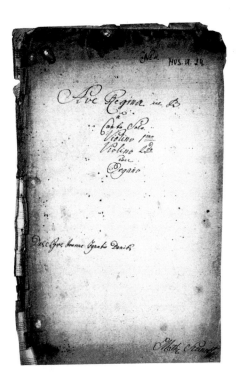

169. Ein Beispiel für die wertvolle heimische Musikproduktion der Frühklassik, gekennzeichnet durch den ausklingenden Barock, ist das Werk *von Johann Ignaz Danik*.[160] Er wirkte in der zweiten Hälfte des 18. Jahrhunderts wahrscheinlich in den Diensten der Kirche in der Zips oder im benachtbarten polnischen Gebiet. Beliebtheit erfreuten sich vor allem Daniks Arien und Antiphone. Musikalisch knüpften sie an die Traditionen des beliebten ariosen Schaffens des Barocks an.[206] Mit den Interpretationsansprüchen und dem Umfang des verlangten vokalen und instrumentalen Apparats entsprachen sie den Möglichkeiten der kleinen Landchöre.[132]

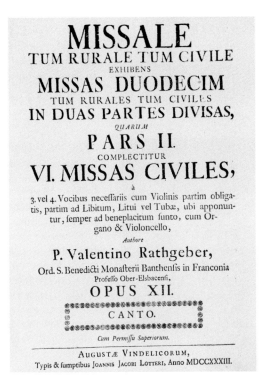

170. Chór rímskokatolíckeho farského kostola v *Ľubici*[261] bol v klasicizme známy rozsiahlymi produkciami tzv. figurálnej hudby nielen európskych[136], ale aj domácich[81] skladateľov (P. P. Peťko SchP., Fr. A. Schlieszter SchP., F. Oberszohn). Hudobný repertoár tu v rokoch asi 1739–1796 profiloval organista Ján Juraj Pollner.[34] Vzácna augsburská lotterovská nototlač[141] z roku 1733 z ľubickej hudobnej zbierky[81] je nielen dokumentom jedného z raných štádií vývoja nototlače, ale aj dokladom silného skladateľského vplyvu tvorby juhonemeckých skladateľov, ktorý bol dôsledkom pretrvávajúcich stykov pôvodne nemeckého obyvateľstva Spiša s nemeckými krajinami.[130]

170. Der Chor der römisch-katholischen Pfarrkirche in *Ľubica*[261] war in der Klassik bekannt durch umfangreiche Produktionen der sogenannten Figuralmusik nicht nur europäischer[136], sondern auch heimische[81] Komponisten (P. P. Peťko SchP., Fr. A. Schlieszter SchP., F. Oberszohn). Das Musikrepertoire prägte hier etwa in den Jahren 1739–1796 der Organist Johann Georg Pollner.[34] Der wertvolle *Augsburger Lottersche Notendruck*[141] von 1733 aus der Musiksammlung von Ľubica[81] ist nicht nur ein Dokument eines der frühen Entwicklungsstadien des Notendrucks, sondern auch ein Beleg für den starken kompositorischen Einfluß des Schaffens der süddeutschen Komponisten, der die Folge der fortwährenden Kontakte der ursprünglich deutschen Bevölkerung der Zips zu den deutschen Ländern war.[130]

171. Pre rozvoj hudobnej kultúry severného Spiša, ktorý sa nachádzal vo sfére silných poľských vplyvov[226], bol rozhodujúci *podolínecký kláštor piaristov*. Bol založený v roku 1642 ako najstarší svojho druhu u nás.[159] Ku kláštoru pričlenené gymnázium s konviktom patrilo k dôležitým strediskám školských hier[94], ale i profánnych hudobných produkcií. Ich nárast bol badateľný v dobe prechodu od baroka ku klasicizmu. Svedčí o tom nielen rozsiahla hudobná zbierka chóru kostola rehole[160], ale i historicky cenná knižnica kláštora. Jej súčasťou bolo i prvé vydanie spevníka *Cantus Catholici*[36], ktorý vydal v Levoči v roku 1655 Benedikt Szöllösi,[238] jezuita slovenského pôvodu.

171. Für die Entwicklung der Musikkultur der Nordzips, die stark von Polen beeinflußt war[226], war entscheidend das *Piaristenkloster in Podolínec*. Es wurde 1642 als das älteste seiner Art bei uns gegründet.[159] Das dem Kloster angegliederte Gymnasium mit Konvikt gehörte zu den wichtigen Zentren der Schulspiele[94], aber auch der profanen Musikproduktionen. Ihr Anwachsen war merklich in der Zeit des Übergangs vom Barock zur Klassik. Davon zeugt nicht nur die umfangreiche Musiksammlung des Chors der Ordenskirche[160], sondern auch die historisch wertvolle Klosterbibliothek. In dieser befand sich auch die erste Ausgabe des Gesangbuches *Cantus Catholici*[36], das 1655 von Benedikt Szöllösi,[238] einem Jesuiten slowakischer Abstammung in Levoča herausgegeben wurde.

172. Podolínecký kláštor bol miestom školenia i účinkovania viacerých skladateľov.[206] K najvýznamnejším patrili v polovici 18. storočia Slovák z Hniezdneho *P. Peter Peťko SchP* (1713–1793) a *Peter Pavel Londiger* (* asi 1710).[160] Obaja boli autormi sakrálnych vokálno-inštrumentálnych diel. Najmä Peťkove neskorobarokové árie, duetá a pastorely, ktoré vyhovovali interpretačným možnostiam malých vidieckych chórov, sa pre svoju ľúbivosť hrávali na území Spiša po dobu viac ako päťdesiat rokov.

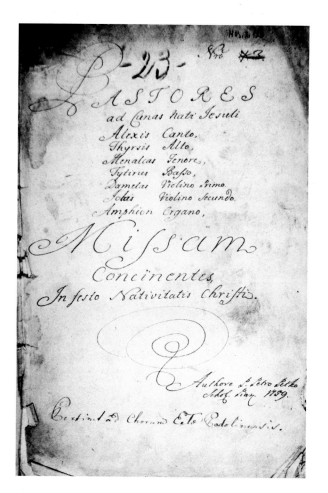

172. Das Kloster von Podolínec war ein Ort der Ausbildung und des Wirkens mehrerer Komponisten.[206] Zu den bedeutendsten zählten Mitte des 18. Jahrhunderts der Slowake aus Hniezdné *P. Peter Peťko SchP* (1713–1793) und *Peter Paul Londiger* (*etwa 1710).[160] Beide waren Autoren sakraler Vokal-Instrumentalwerke. Vor allem Peťkos spätbarocke Arien, Duette und Pastorelle, die den Interpretationsmöglichkeiten der kleinen Landchöre gerecht wurden, wurden wegen ihrer Gefälligkeit über fünfzig Jahre im Gebiet der Zips gespielt.

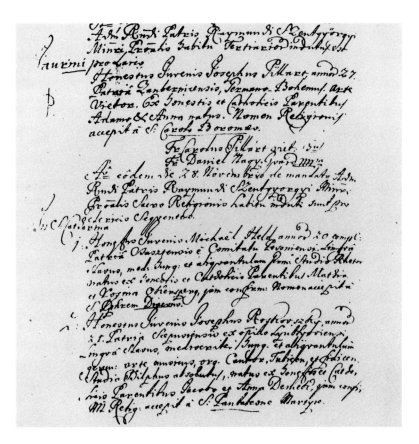

173. Jeden z najvýznamnejších predstaviteľov neskorobarokovej hudby európskej orientácie na Slovensku[206] *P. Pantaleon Roškovský OFM* (1734–1789)[88], vlastným menom Jozef, sa narodil v Starej Ľubovni. Roškovský[246] patril k tým hudobníkom a skladateľom slovenskej národnosti, ktorých umelecky hodnotné skladateľské diela prekročili rámec niekdajšieho Uhorska a našli ohlas v stredoeurópskom kontexte.[89]

173. Einer der bedeutendsten Vertreter der spätbarocken Musik europäischer Orientierung in der Slowakei[206], *P. Pantaleon Roškovský OFM* (1734–1789)[88], mit eigenem Namen Josef, wurde in Stará Ľubovňa geboren. Roškovský[246] zählte zu jenen Musikern und Komponisten slowakischer Nationalität, deren künstlerisch wertvolle kompositorische Werke den Rahmen des einstigen Ungarn sprengten und im mitteleuropäischen Kontext Anklang fanden.[89]

174. Pri sledovaní hudobných vzťahov dnešného územia Slovenska s poľskou hudobnou kultúrou obdobia klasicizmu[225] treba pripomenúť prvoradý význam slovenského hudobníka *Mateja Kamenického-Kamińského* (1734 až 1821). Kamenický pôsobil prevažne vo Varšave.[198] Ako učiteľ spevu a hry na klavíri sa venoval aj skladateľskej práci. V jeho skladateľskom odkaze mala pre dejiny poľskej hudobnej kultúry zásadný význam hudobnoscénická tvorba.[256]

174. Bei der Aufspürung der Musikbeziehungen des heutigen Gebietes der Slowakei zur polnischen Musikkultur der Zeit der Klassik[225] ist die vorrangige Bedeutung des slowakischen Musikers *Matthias Kamenický-Kamiński* (1734–1821) zu erwähnen. Kamenický wirkte vorwiegend in Warschau.[198] Als Gesangs- und Klavierlehrer widmete er sich auch der kompositorischen Praxis. Sein musikalisch-szenisches Schaffen hatte für die Geschichte der polnischen Musikkultur grundlegende Bedeutung.[256]

175. Dvojdejstvovou *hudobnou komédiou* Mateja Kamenického-Kamińského[225] *Obšťastnená bieda* (Nędza uszcześliwiona)[256] na libreto Vojtecha Boguslawského, ktorá zaznela po prvý raz v roku 1778 vo varšavskom divadle, sa začali vlastné dejiny poľskej spevohry. Kamenický, inšpirovaný vzormi nemeckej spevohry, uplatnil v dovtedy nebývalom rozsahu prvky ľudového hudobného prejavu.[198]

175. Mit der *Musikkomödie* in zwei Akten von *Matthias Kamenický-Kamiński*[225] *Glück im Unglück* (Nędza uszcześliwiona)[256] nach einem Libretto von Vojtech Boguslawski, die zum ersten Mal 1778 im Warschauer Theater erklang, begann die eigentliche Geschichte des polnischen Singspiels. Kamenický, inspiriert von den Vorbildern des deutschen Singspiels, verwendete in einem bis dahin nie dagewesenen Umfang die Elemente der Volksmusik.[198]

176. *Smolník* patril pri jozefínskom sčítaní obyvateľstva k najväčším mestám Spiša.[277] Toto historické, bohaté banské mesto, sídlo banského súdu a mincovne, malo už na začiatku 19. storočia kamennú divadelnú budovu s modernou javiskovou technikou. Bola jednou z najstarších na Slovensku.[28] Prosperujúce ochotnícke divadelné spoločnosti tu uvádzali aktuálny dobový repertoár. Jeho súčasťou boli aj spevohry.[94]

176. *Smolník* gehörte bei der Josephinischen Bevölkerungszählung zu den größten Städten der Zips.[277] Diese historische, reiche Bergbaustadt, Sitz des Berggerichts und einer Münzstätte, hatte schon zu Beginn des 19. Jahrhunderts ein Steintheatergebäude mit moderner Bühnentechnik. Es war eines der ältesten in der Slowakei.[28] Die prosperierenden Laientheatergesellschaften führten hier das aktuelle zeitgenössische Repertoire auf. Dazu gehörten auch Singspiele.[94]

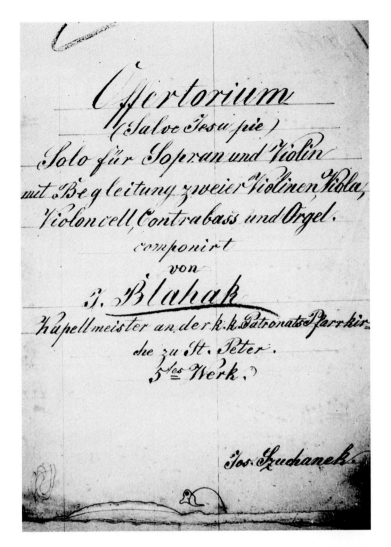

177. O rozkvet hudobného života *Smolníka* a Švedlára v čase doznievania klasicizmu sa zaslúžil *Jozef Suchánek* (*1816).[268] Na Slovensko prišiel po ukončení učiteľského ústavu v rodných Čechách.[32] Najprv pôsobil ako člen orchestra rožňavského biskupského chrámu a ako organista v kostole rožňavských františkánov. Okrem tvorby autorov viedenského klasicizmu[136] propagoval všeobecne obľúbené a ľúbivé skladby Josepha Blahacka, Johanna Baptista Gänsbachera, Johanna Baptista Schiedermayra a Josepha Bühlera.[81]

177. Um die Blüte des Musiklebens von *Smolník* und Švedlár in der ausklingenden Klassik machte sich *Josef Suchánek* (*1816) verdient.[268] In die Slowakei kam er nach Absolvierung des Lehrerinstituts im heimatlichen Böhmen.[32] Zunächst wirkte er als Orchestermitglied der Bischofskathedrale von Rožňava (Rossenau) und als Organist in der Kirche der dortigen Franziskaner. Neben dem Schaffen der Autoren der Wiener Klassik[136] propagierte er allgemein beliebte und gefällige Werke von Joseph Blahack, Johann Baptist Gänsbacher, Johann Baptist Schiedermayr und Joseph Bühler.[81]

178. Neodmysliteľnou súčasťou uvádzania sakrálnej vokálno-inštrumentálnej, tzv. figurálnej hudby, bol organ. K reprezentatívnym nástrojom patril organ rímskokatolíckeho farského kostola vo *Švedlári*. V polovici 18. storočia ho v Prešove vyrobil kremnický rodák *Ján Juraj Schwarz*.[58] Podľa písomných dokumentov mal tento nástroj v roku 1814 manuál, pozitív a pedál.[61] Okrem organu k inventáru chóru v tom čase patrili ešte 4 huslí, viola, kontrabas, 2 tympany, trombóny a lesné rohy.

178. Ein unverzichtbarer Bestandteil der Aufführung sakraler Figuralmusik war die Orgel. Zu den repräsentativen Instrumenten gehörte die Orgel der römisch-katholischen Pfarrkirche in *Švedlár*. Mitte des 18. Jahrhunderts wurde sie in Prešov (Eperies) von dem in Kremnica geborenen *Johann Georg Schwarz* gebaut.[58] Schriftdokumenten zufolge hatte dieses Instrument 1814 Manual, Positiv und Pedal.[61] Außer der Orgel gehörten damals zum Chorinventar noch 4 Geigen, Viola, Kontrabaß, 2 Pauken, Posaunen und Waldhörner.

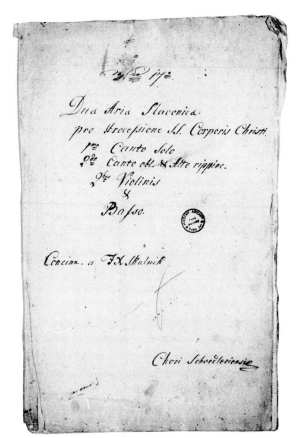
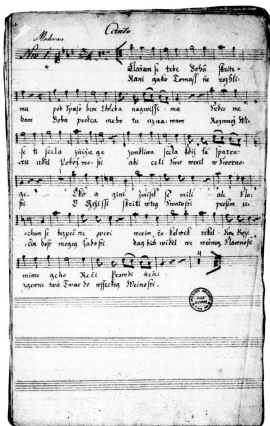

179. K nevšedným osobnostiam hudobného života spišského a súčasne i východoslovenského hudobnokultúrneho okruhu patril *František Xaver Skalník* (1777–1841)[32], rodák z Tepličky nad Váhom. Po ukončení filozofických a teologických štúdií v Košiciach a v Bratislave pôsobil najprv v Smolníku, potom vo Švedlári a napokon ako titulárny kanonik v Rožňave.[268] V známom skladateľskom odkaze F. X. Skalníka upútajú hlavne árie so slovenským textom. Patria na Slovensku k ojedinelým svojho druhu. Vznikli pravdepodobne počas pobytu skladateľa vo Švedlári. Spôsob ich hudobného stvárnenia prezrádza príklon autora k ľudovým vzorom.[160]

179. Zu den nichtalltäglichen Persönlichkeiten des Musiklebens des Zipser und gleichzeitig auch ostslowakischen Musikkulturkreises gehörte *Franz Xaver Skalník* (1777-1841)[32], geboren in Teplička nad Váhom (Teplicz an der Waag). Nach Beendigung seines Philosophie- und Theologiestudiums in Košice und in Preßburg wirkte er zunächst in Smolník, dann in Švedlár und schließlich als Titularkanonikus in Rožňava.[268] In seinem kompositorischen Nachlaß fesseln vor allem die Arien mit slowakischem Text. Sie gehören in der Slowakei zu den einzigen ihrer Art. Sie entstanden wahrscheinlich während des Aufenthaltes des Komponisten in Švedlár. Die Art ihrer musikalischen Gestaltung verrät die Neigung des Autors zu volksmusikalischen Vorbildern.[160]

180. Pre nedostatok finančných prostriedkov si hudobníci na Slovensku ešte aj v čase klasicizmu zadovažovali notový materiál prevažne odpisovaním hudobných diel. Príkladom práce kopistov je *pasionál* zo *Švedlára*.[81] Je spojený s menom miestneho hudobníka Jána Ignáca Kroliga. Pamiatka vznikla v roku 1755.

180. Wegen Mangels an finanziellen Mitteln beschafften sich die Musiker in der Slowakei auch in der Klassik noch das Notenmaterial vorwiegend durch Abschreiben. Ein Beispiel der Arbeit eines Kopisten ist das *Passional aus Švedlár*.[81] Es ist mit dem Namen des hiesigen Musikers Johann Ignaz Krolig verbunden. Das Denkmal entstand 1755.

Szepesmegyei képek: 2. Gölniczbánya.

181. Hudobný život banského mesta *Gelnica*, ktorá patrila k spišskému hradnému panstvu[277], mal podobné znaky ako hudobné dianie v Smolníku alebo vo Švedlári. Okrem predpokladanej existencie mestskej banskej kapely patrili k hlavným nositeľom hudby v Gelnici kostoly. Rímskokatolícky farský kostol[160] bol miestom pravidelného uvádzania vokálnoinštrumentálnej, tzv. figurálnej hudby. Pestovanie hudby v tolerančnom evanjelickom chráme iste umocňoval nový organ postavený v roku 1792.[61] Tento historicky cenný nástroj, v tom čase u nás neobvyklej veľkosti, pochádzal z dielne slovenského organára Michala Podkonického.

181. Das Musikleben der Bergbaustadt *Gelnica*, die zur Zipser Burgherrschaft gehörte[277], hatte ähnliche Merkmale wie das Musikgeschehen in Smolník oder in Švedlár. Außer der angenommenen Existenz einer städtischen Bergmannskapelle waren die Hauptträger der Musik in Gelnica die Kirchen. Die römisch-katholische Pfarrkirche[160] war ein Ort der regelmäßigen Aufführung von Figuralmusik. Die Musikpflege in der evangelischen Kirche aus der Toleranzzeit erhielt durch die 1792 gebaute neue Orgel gewiß einen großen Auftrieb.[61] Dieses historisch wertvolle Instrument, für jene Zeit bei uns von ungewöhnlicher Größe, stammte aus der Werkstatt des slowakischen Orgelbauers Michael Podkonický.

182. K zriedkavým, a preto vzácnym dokumentom kultúrneho diania na Slovensku patria *divadelné plagáty* vidieckych predstavení. Jednou z takýchto pamiatok je oznam o predvedení Baníckej melodrámy a hry P. Wilhelma Vogela Povinnosť a láska *v Smolníku* v roku 1817. Činnosť členov nemeckého ochotníckeho divadla, ktorí hry uviedli, je výrečným dokladom snáh smolníckych meštanov a magistrátu organizovať kultúrny život tohto spišského mesta podľa vzoru väčších európskych centier.[28]

182. Zu den seltenen und daher wertvollen Dokumenten des Kulturgeschehens in der Slowakei gehören die *Theaterplakate* der Provinzvorstellungen. Eines solcher Denkmäler ist die Bekanntmachung der Aufführung des Bergmannsmelodramas und Spiels von P. Wilhelm Vogel Pflicht und Liebe in *Smolník* 1817. Die Tätigkeit der Mitglieder des deutschen Laientheaters, die die Spiele aufführten, ist ein überzeugender Beweis für die Bestrebungen der Bürger und des Magistrats von Smolník, das kulturelle Leben dieser Zipser Stadt nach dem Muster der größeren europäischen Zentren zu organisieren.[28]

VI. kapitola

Východoslovenský hudobnokultúrny okruh

❖

VI. Kapitel

Ostslowakischer Musikkulturkreis

Východoslovenský hudobnokultúrny okruh bol *teritoriálne* podstatne rozsiahlejší ako Spiš, ale menší ako západoslovenský i ako stredoslovenský hudobnokultúrny okruh. Rozprestieral sa na *území* troch stolíc, a to Abovskej, Šarišskej a Zemplínskej.[277] Patrila k nemu tiež časť stolice Gemerskej a slovenské územia Turnianskej a Užskej stolice. Jednotlivé oblasti východoslovenského okruhu sa líšili nielen charakterom kraja, prírodným bohatstvom, hospodárskou situáciou, národnostným, náboženským a sociálnym zložením obyvateľstva, ale i stupňom uplatnenia a rozvinutia dobovej kultúry.

Nížinné územie Zemplína a mierna prevaha lesov nad oráčinami v Above orientovali tieto stolice hlavne na poľnohospodárstvo, ktoré prevládalo aj v Turnianskej stolici. V značne hornatom Šariši sa okrem poľnohospodárskej *výroby*[218] rozvinuli, a to hlavne v mestských centrách, remeslá. Bohatstvo východnej časti Gemera pramenilo z ťažby nerastov, z remesiel, najmä však zo železiarskeho priemyslu. Hlavným zdrojom obživy obyvateľstva v prevažne hornatej Užskej stolici sa stalo pastierstvo a roľníctvo.

Východné Slovensko obývalo slovenské, maďarské, nemecké a ukrajinské *obyvateľstvo*.[277] Slovenské etnikum malo rozhodujúcu pozíciu v Šariši a Zemplíne. V Šariši ho dopĺňali Ukrajinci a Maďari; na Zemplíne boli v prevahe Maďari nad Ukrajincami. Gemer charakterizovalo slovensko-maďarské etnikum. Maďarské obyvateľstvo prevládalo v Turnianskej stolici i v Above, kde, podobne ako aj v Gemeri, tvorili Nemci iba jazykové ostrovy. Ukrajinsko-slovensko-maďarskú štruktúru obyvateľstva mala slovenská časť Užskej stolice.

Der ostslowakische Musikkulturkreis war *territorial* wesentlich umfangreicher als die Zips (Spiš), aber kleiner als der westslowakische und auch der mittelslowakische Musikkulturkreis. Er breitete sich auf dem *Gebiet* dreier Komitate aus und zwar Abov, Scharosch (Šariš) und Semplin (Zemplín).[277] Zu ihm gehörte auch ein Teil des Komitats Gömör und die slowakischen Gebiete des Torner Komitats (Turňany) und Ungwar. Die einzelnen Gebiete des ostslowakischen Kreises unterschieden sich nicht nur im Charakter der Landschaft, dem natürlichen Reichtum, der wirtschaftlichen Situation, dem ethnischen, religiösen und sozialen Bevölkerungsgefüge, sondern auch in der Anwendung und Entwicklung der zeitgenössischen Kultur.

Die Niederung Zemplín und das leichte Überwiegen der Wälder über das Ackerland in Abov orientierten dieses Komitat vor allem auf die Landwirtschaft, die auch im Komitat Turňany dominierte. In dem recht bergigen Šariš entwickelten sich neben der landwirtschaftlichen *Produktion*[218], vor allem in den Stadtzentren, die Handwerke. Der Reichtum des Ostteils von Gemer entsprang der Gewinnung von Bodenschätzen, den Handwerken, vor allem aber der Eisenindustrie. Die Haupterwerbsquelle der Bevölkerung in dem überwiegend bergigen Ungwarer Komitat waren Hirtenwesen und Ackerbau.

Die Ostslowakei wurde von Slowaken, Magyaren, Deutschen und Ukrainern bewohnt[277] Das slowakische Ethnikum hatte eine entscheidende Position in Šariš und Zemplín. In Šariš ergänzten es Ukrainer und Magyaren; in Zemplín hatten die Magyaren das Übergewicht über die Ukrainer. Gemer war durch das slowakisch-magyarische Ethnikum charakterisiert. Die magyarische Bevölkerung überwog im Komitat Turňany und in Abov, wo, ähnlich wie in Gemer, die Deutschen nur Sprachinseln bildeten. Eine ukrainisch-slowakisch--magyarische Bevölkerungsstruktur hatte der slowakische Teil des Ungwarer Komitats.

Die ethnische Verschiedenheit der Ostslowakei entsprach auch der *konfessionellen*[238] Differenziertheit. Das Übergewicht hatte das römisch-katholische Glaubensbekenntnis. Seine wichtigen Zentren waren die Bischöfssitze in Košice und Rožňava. Die Protestanten A. B. waren zahlreicher vertreten vor allem im Gebiet

Národnostnej rôznosti východného Slovenska zodpovedala aj *konfesionálna*[238] diferencovanosť. Prevahu malo rímskokatolícke vierovyznanie. Jeho dôležitými strediskami boli sídla biskupov v Košiciach a v Rožňave. Evanjelici a.v. boli početnejšie zastúpení hlavne na Gemeri a v Šariši, kde Prešov predstavoval ich dôležité školiace stredisko. Kým v južných, Maďarmi osídlených častiach sa rozšíril kalvinizmus, ukrajinské obyvateľstvo patrilo prevažne k pravoslávnej cirkvi. Viac ako inde boli v tejto časti Slovenska zastúpení gréckokatolíci.

S výnimkou hlavných centier hudby je hudobné dianie klasicizmu na východnom Slovensku dokumentované pamiatkami primárneho hudobného významu len minimálne. Tento fakt zapríčinil, že vo väčšej časti východoslovenského hudobnokultúrneho okruhu môžeme mieru účasti dobových spoločenských vrstiev na tvorbe a sprostredkovávaní *hudobných tradícií*[206] zatiaľ iba predpokladať.

Z doterajších výskumov[277] vyplýva, že v Above bolo ťažisko *mecénstva* na cirkvi, menej na šľachte. Pomerne skoro sa tu aktivizovalo meštianstvo. V oblasti Šariša – zdá sa – zohrali určujúcu úlohu mestá. Predpokladáme, že početné šľachtické rodiny usadené na Zemplíne a v Užskej stolici (v roku 1786 a 1787 tu tvorila šľachta až 4,63% a 4,78% mužskej časti obyvateľstva) mohli mať popri cirkvi rozhodujúci význam pre vytváranie zázemia, ktoré prialo pestovaniu hudobného umenia. Gemer hudobne stimulovali cirkevná hierarchia, rehole a mestá.

Východoslovenský hudobnokultúrny okruh vykazoval formami a intenzitou pestovania hudby, ako aj charakterom repertoáru tri *geografické oblasti*.

Prvou, hudobne najrozvinutejšou *oblasťou* bola *abovsko-gemersko-turnianska* časť územia východoslovenského hudobnokultúneho okruhu. Dominantnú pozíciu tu malo slobodné kráľovské mesto Košice.[64] Boli nielen centrom hudby Abova a východného Slovenska, ale predstavovali aj druhé najdôležitejšie hudobné stredisko Horného Uhorska a súčasne jedno z významných centier hudby voľakedajšieho Uhorska. Ako mesto závažného politického, hospodárskeho a obchodného významu[218] a ako kultúrne centrum sa preslávilo obzvlášť kníhtlačiarstvom a vysokou úrovňou školstva.[35] Pýchou Košíc bola pôvodne jezuitská univerzita (založená v roku 1657), ktorá sa po zreformovaní na Kráľovskú akadémiu (v roku 1777) stala pobočkou budínskej univerzity.

Hudobné dianie Košíc v období klasicizmu nadviazalo na bohaté hudobné tradície mesta[206], ktoré môžeme kontinuitne sledovať od stredoveku. V klasicizme si Košice osvojili všetky formy dobovej existencie hudby.[127] Pre absenciu niektorých objektívnych predpokladov jej pestovania (chýbala tu početnejšia vysoká šľachta)[227] nedosiahli v prvých etapách rozvoja klasi-

Gemer und Šariš, wo Prešov ihr wichtiges Schulzentrum darstellte. Während sich in den südlichen, von Magyaren besiedelten Teilen der Kalvinismus ausbreitete, gehörte die ukrainische Bevölkerung überwiegend der orthodoxen Kirche an. Mehr als anderswo war in diesem Teil der Slowakei der griechisch-katholische Glaube vertreten.

Mit Ausnahme der Hauptmusikzentren ist das Musikgeschehen der Klassik in der Ostslowakei mit Denkmälern primär musikalischer Bedeutung nur minimal dokumentiert. Dieses Faktum bewirkte, daß wir im größeren Teil des ostslowakischen Musikkulturkreises das Maß der Beteiligung der zeitgenössischen Gesellschaftsschichten am Schaffen und Vermitteln von *Musiktraditionen*[206] bislang nur annehmen können.

Aus den bisherigen Untersuchungen[277] geht hervor, daß in Abov der Schwerpunkt des *Mäzenatentums* auf der Kirche ruhte, weniger auf dem Adel. Relativ früh aktivierte sich hier die Bürgerschaft. Im Raum Šariš spielten – so scheint es – die Städte die bestimmende Rolle. Wir nehmen an, daß zahlreiche in Zemplín und Ungwar angesiedelte Adelsfamilien (1786 und 1787 bildete hier der Adel 4,63% und 4,78% des männlichen Bevölkerungsteils) neben der Kirche eine entscheidende Bedeutung für die Schaffung eines der Musikpflege förderlichen Hinterlandes gehabt haben. Gemer wurde musikalisch bestimmt durch die Kirchenhierarchie, die Orden und die Städte.

Der ostslowakische Musikkulturkreis wies mit den Formen und der Intensität der Musikpflege sowie dem Charakter des Repertoires drei *geographische Gebiete auf*.

Das erste, musikalisch am weitesten entwickelte *Gebiet* des ostslowakischen Musikkulturkreises war das Territorium von *Abov, Gemer und Turňany*. Eine dominante Position hatte hier die königliche Freistadt *Košice*[64]. Sie war nicht nur das Musikzentrum von Abov und der Ostslowakei, sondern bildete auch das zweitwichtigste Musikzentrum Oberungarns und gleichzeitig eines der bedeutenden Musikzentren des einstigen Ungarn. Als eine Stadt mit großer Bedeutung für Politik, Wirtschaft und Handel[218] und als Kulturzentrum wurde sie besonders berühmt durch den Buchdruck und das hohe Niveau des Schulwesens.[35] Der Stolz von Košice war die urspünglich jesuitische Universität (1657), die nach der Reformierung zur Königlichen Akademie (1777) eine Zweigstelle der Universität von Buda wurde.

Das Musikgeschehen in Košice knüpfte in der Zeit der Klassik an die reichen musikalischen Traditionen der Stadt an[206], die wir kontinuierlich seit dem Mittelalter verfolgen können. In der Klassik eignete sich Košice alle Formen der zeitgenössischen Existenz der Musik an.[127] In Ermangelung einiger objektiver Voraussetzungen für ihre Pflege (es fehlte hier ein zahlenmäßig stärkerer Hochadel)[227] erreichte sie in den ersten Entwick-

cizmu na Slovensku európsky merateľnú úroveň a ani znaky centra hudby európskeho významu.[228] Až po roku 1810, keď iniciatívu v oblasti hudby prevzalo košické meštianstvo[195], získalo hudobné dianie mesta na aktuálnosti z hľadiska foriem uplatnenia hudobného umenia.

K ďalším strediskám hudby klasicizmu východoslovenského hudobnokultúrneho okruhu patrili v Above *Jasov* a vo východnej časti Gemera *Rožňava, Jelšava, Štítnik* a *Revúca*. Spoločným menovateľom hudobného života týchto lokalít bola prevaha mecénskeho zázemia cirkvi.[160] Jasov[174] sa stal známy hudobnou aktivitou rehole premonštrátov. V Rožňave[268] boli na hudobnom živote zainteresovaní cirkevná hierarchia a mestský magistrát. V Jelšave ako v centre evanjelikov na Gemeri sa darilo hudbe vďaka rozvinutému školstvu. Už v druhej polovici 18. storočia akcentovalo ľudovú piesňovú a všímalo si aj tanečnú hudobnú tvorbu.

Druhú geografickú *oblasť* východoslovenského hudobnokultúrneho okruhu tvoril *Šariš*. K jeho kultúrnym centrám patrili slobodné kráľovské mestá Prešov[133], Bardejov[101] a Sabinov[147] s bohatou hudobnou tradíciou[206]. Boli známe veľmi dobrou úrovňou protestantského školstva a kníhtlačiarskou činnosťou.[206]

V Šariši spočívalo ťažisko hudobného mecénstva na mestách. Tie dbali nielen na úroveň sakrálnej hudby, na produkcie mestských trubačov, ale všímali si aj stav výučby hudby na školách.[241] Magistráty podporovali aj rozvoj divadelníctva pozývaním divadelných spoločností.[75] Všetky tieto aktivity svedčia o úsilí miest dosiahnuť dostupné formy dobovej existencie hudby, ktoré boli charakteristické pre väčšie mestské centrá. Význam Prešova[211] ako nadradeného hudobného strediska Šariša ešte zvýraznila prosperujúca výroba hudobných nástrojov, hlavne organov. Ojedinelým dokladom hudobnej aktivity šľachty usadenej v Šariši bola dessewffyovská kapela vo Finticiach.[160] Zatiaľ čo Prešov[133] a k nemu inklinujúce lokality sa hudobne orientovali viac na Košice, na formovaní hudobnej kultúry

lungsetappen der Klassik in der Slowakei kein europäisch vergleichbares Niveau und auch nicht die Merkmale eines Musikzentrums mit europäischer Bedeutung.[228] Erst nach 1810, als die Bürgerschaft[195] von Košice die Initiative in der Musik ergriff, gewann das Musikgeschehen der Stadt an Aktualität hinsichtlich der Anwendungsformen der Tonkunst.

Zu weiteren Musikzentren der Klassik des ostslowakischen Musikkulturkreises gehörten in Abov *Jasov* und im Ostteil von Gemer *Rožnava, Jelšava (Jelschau), Štítnik* und *Revúca (Gross Rauscherbach)*. Der gemeinsame Nenner des Musiklebens dieser Lokalitäten war die Dominanz des Mäzenatentums der Kirche.[160] Jasov[174] wurde bekannt durch die musikalische Aktivität der Prämonstratenserordens. In Rožňava[268] waren die Kirchenhierarchie und der Stadtmagistrat am Musikleben interessiert. In Jelšava, dem Zentrum der Protestanten in Gemer, gedieh die Musik dank dem hochentwickelten Schulwesen. Schon in der zweiten Hälfte des 18. Jahrhunderts akzentuierte sich hier das Volkslied-, aber auch das Tanzmusikschaffen.

Das zweite geographische Gebiet des ostslowakischen Musikkulturkreises war *Šariš*. Zu seinen Kulturzentren gehörten die königlichen Freistädte Prešov[133], Bardejov (Bartfeld)[101] und Sabinov (Zebn)[147] mit einer reichen Musiktradition[206]. Sie waren bekannt durch das sehr gute Niveau des protestantischen Schulwesens und den Buchdruck.[206]

In Šariš lag der Schwerpunkt des Musikmäzenatentums in den Städten. Diese achteten nicht nur auf das Niveau der Sakralmusik und auf die Produktionen der Trompeter, sondern auch auf den Stand des Musikunterrichts an den Schulen.[241] Die Magristrate unterstützten auch die Entwicklung des Theaterwesens durch Einladung von Theatergesellschaften.[75] Alle diese Aktivitäten zeigen das Bestreben der Städte, an die zugänglichen Formen der existierenden zeitgenössischen Musik heranzukommen, die für größere Musikzentren charakteristisch waren. Die Bedeutung Prešovs[211] als übergeordneten Musikzentrums von Šariš wurde noch durch den prosperierenden Musikinstrumentenbau, vor allem von Orgeln, betont. Ein Einzelbeispiel für die musikalische Aktivität des in Šariš angesiedelten Adels war die Dessewffykapelle in Fintice (Finzitze).[160] Während in Prešov[133] und die von ihm beeinflußten Lokalitäten sich musikalisch mehr auf Košice orientierten, waren an der Formung der Musikkultur der Klassik in Bardejov und seiner Umgebung eher die Zipser und polnischen Musikeinflüsse beteiligt.

Das dritte Gebiet des ostslowakischen Musikkulturkreises bilden das weitreichende Gebiet *Zemplín* und der slowakische Teil des *Ungwarer Komitats*. Mangels dokumentarischen Materials ist dieser Bereich von allen am wenigsten beleuchtet. Wir nehmen an, daß der ostslowakische Adel (die Familien Andrássy, Csáky,

klasicizmu v Bardejove a na jeho okolí mali podiel skôr špišské a poľské hudobné vplyvy.

Tretiu oblasť východoslovenského hudobnokultúrneho okruhu tvorilo rozsiahle územie *Zemplína* a slovenská časť *Užskej stolice*. Pre nedostatok dokumentov je zo všetkých najmenej osvetlená. Predpokladáme, že východoslovenská šľachta (Andrássyovci, Csákyovci, Sztárayovci, Vécseyovci a ďalší), ktorá práve na Zemplíne mala početné sídla, podporovala hudbu prinajmenej v takej miere ako cirkev. Orchester typu tzv. harmónie, ktorý si v Humennom vydržiaval spišský župan gróf Štefan Csáky[65], nebol určite jedinou šľachtickou kapelou v tejto oblasti.

Východoslovenský hudobnokultúrny okruh sa hierarchiou uplatnených *sociálnych funkcií hudby*[160] zásadnejšie nelíšil od situácie na ostatnom území Slovenska. Prevládajúcou tu bola účelová funkcia hudby. Okrem tanečnej hudby ju najčastejšie prezentovala sakrálna hudobná tvorba. Pre klasicizmus príznačná funkcia hudby ako ušľachtilej zábavy nemala v žiadnej z hudobných lokalít východného Slovenska primárne postavenie. Výnimku do istej miery tvorili Košice, kde sa o to usilovala šľachta prostredníctvom koncertnej a divadelnej činnosti. Estetickovýchovná funkcia hudobného umenia sa tu najprv uplatňovala na báze súkromného vyučovania alebo všeobecného mestského a cirkevného školstva. Otvorením košickej mestskej hudobnej školy sa dostala na novú kvalitatívnu úroveň.

Hudobný repertoár[136] východoslovenského hudobnokultúrneho okruhu predstavuje modifikáciu západoslovenského repertoárového modelu s oblastnými vplyvmi repertoárovej orientácie Spiša a s poľskými kultúrnymi vplyvmi. V Košiciach, kde máme hudobný repertoár najpočetnejšie doložený notovými pamiatkami, boli v celej dĺžke štýlového vývoja a trvania hudobného klasicizmu u nás zastúpené diela skladateľov viedensko-rakúskeho tvorivého okruhu. Viac ako v západnej časti Slovenska tu okrem barokovej tvorby hudobníkov z Talianska znela hudba juhonemeckých autorov. Väčšej obľube sa v Košiciach tešili (v porovnaní napr. s mestami stredoslovenského hudobnokultúrneho okruhu) kompozície skladateľov z Čiech a Moravy. Zo štýlového hľadiska prezentovali barok, raný i vrcholný klasicizmus. Na ich sprostredkovaní a uvádzaní mali zásluhu intenzívne kontakty východného Slovenska s českými krajinami, najmä s Prahou, a českí hudobníci, ktorí sem emigrovali. K nim patrili napr. Matej a Anton Lechkovci, František Auszt, Michal Beösz, traja Janigovci[193], Heinrich Bulla, Václav Mihule[75], Jozef Špatný[65] a iní.

Podobnú štruktúru hudobného repertoáru ako Košice mal v klasicizme aj Prešov a okolité hudobné lokality. V dôsledku absencie dobových notových materiálov z Bardejova môžeme vysloviť dnes iba hypotézu o zložení predvádzaného repertoáru. Domnievame sa,

Sztáray, Vécsey und weitere), der gerade in Zemplín zahlreiche Residenzen hatte, die Musik zumindest in dem Maße wie die Kirche unterstützte. Das Orchester vom Typ der Harmoniemusik, das sich in Humenné der Zipser Gespan Graf Stefan Csáky[65] hielt, war gewiß nicht die einzige adlige Kapelle in diesem Raum.

Der ostslowakische Musikkulturkreis unterschied sich in der Hierarchie der angewandten *sozialen Funktionen der Musik*[160] nicht grundsätzlich von der Situation auf dem übrigen Gebiet der Slowakei. Vorherrschend war hier die Zweckfunktion der Musik. Außer der Tanzmusik präsentierte sie am häufigsten das sakrale Musikschaffen. Die für die Klassik kennzeichnende Funktion der Musik als edler Unterhaltung hatte in keiner der Musiklokalitäten der Ostslowakei eine primäre Stellung. Eine Ausnahme bildete in einem gewissen Maße Košice, wo sich der Adel durch die Konzert- und Theatertätigkeit darum bemühte. Die ästhetisch-erzieherische Funktion der Musik setzte sich hier zunächst auf der Basis des Privatunterrichts oder des allgemeinen Stadt- und Kirchenschulwesens durch. Mit der Eröffnung der Košicer Stadtmusikschule erhielt sie ein neues qualitatives Niveau.

Das *Musikrepertoire*[136] des ostslowakischen Musikkulturkreises stellt eine Modifikation des westslowakischen Modells dar, mit regionalen Einflüssen der Zips und aus Polen. In Košice, wo das Musikrepertoire am zahlreichsten mit Notendenkmälern belegt ist, waren in der gesamten Länge der Stilentwicklung und Dauer der musikalischen Klassik bei uns Werke der Komponisten des Wiener-österreichischen Schaffenskreises vertreten. Mehr als im Westteil der Slowakei erklang hier außer dem barocken Schaffen der Musiker aus Italien die Musik süddeutscher Autoren. Einer größeren Beliebtheit erfreuten sich in Košice (im Vergleich etwa zu den Städten des mittelslowakischen Musikkulturkreises) die Werke von Komponisten aus Böhmen und Mähren. Stilistisch gesehen präsentierten sie Barock, Früh- und Hochklassik. An ihrer Vermittlung und Aufführung hatten die intensiven Kontakte der Ostslowakei zu den tschechischen Ländern Anteil, vor allem zu Prag und den tschechischen Musikern, die hierher emigriert waren. Zu ihnen gehörten etwa Matthias und Anton Lechký, Franz Auszt, Michael Beösz, drei Janigs[193], Heinrich Bulla, Wenzel Mihule[75], Josef Špatný[65] und andere.

Eine ähnliche Struktur des Musikrepertoires wie Košice hatten in der Klassik auch Prešov und die umliegenden Musiklokalitäten. Infolge des Fehlens der zeitgenössischen Notenmaterialien aus Bardejov können wir heute nur eine Hypothese über die Zusammensetzung des dort aufgeführten Repertoires aufstellen. Wir vermuten, daß Bardejov in größerem Maße Zipser und polnische Einflüsse aufnahm. Die Spuren der repertoiremäßigen Orientierung der Zips sind merklich auch im

že Bardejov vo väčšej miere prijímal spišské a poľské vplyvy. Stopy repertoárovej orientácie Spiša sú badateľné aj v juhozápadnej časti východoslovenského hudobnokultúrneho okruhu (Rožňava, Jasov).

Znakom hudobného repertoáru obdobia klasicizmu v Košiciach, v menšej miere v Prešove, Rožňave a v Jasove, bol značný *podiel* tvorby domácich, najmä *miestnych hudobníkov*. Vo východoslovenskom okruhu poznáme desiatky hudobníkov (mnohí z nich boli aj skladateľsky činní), ktorí tu boli spolutvorcami hudobnej kultúry klasicizmu. Z hudobníckych rodín si získali osobitné zásluhy rozvetvená košická rodina Zombovcov (obzvlášť František Xaver Zomb a Jozef Zomb[131]) a rodina Lechkovcov[193], prešovskí Pecháčkovci[133] a Janigovci[122] (hlavne Jozef Janig) a bratia Skalníkovci[268] v Gemeri.

Východoslovenský hudobnokultúrny okruh prispel do vývoja klasicizmu i *vlastnou skladateľskou tvorbou*.[160] Jej význam presiahol územie Horného Uhorska. Skladatelia východného Slovenska (tvorili viac ako 7% z dnes identifikovaných domácich autorov obdobia klasicizmu) boli koncentrovaní prevažne v hlavných centrách hudby východoslovenského okruhu (Košice, Prešov, Rožňava, Jasov). Pôsobili tu prevažne ako vedúci chórov, organisti alebo ako členovia orchestrov, alebo pracovali ako učitelia, trubači, divadelní pracovníci a organizátori hudobného života. Keďže hlavným chlebodarcom východoslovenských skladateľov bola cirkev, mala prevažná časť ich tvorivého odkazu sakrálny charakter.

Je zaujímavé, že v celoslovenských reláciách sú pomerne veľkým percentom práve vo východoslovenskom hudobnokultúrnom okruhu zastúpené tanečné diela[160] (J. Kossovits, K. Herfurth, J. Zomb, F. X. Zomb, F. Dessewffy a iní), mnohé z nich hungareskového typu. Zriedkavá v tejto časti Slovenska bola domáca hudobnoscénicky (J. Zomb) a didakticky orientovaná tvorba (F. X. Zomb, K. Herfurth, J. Kossovits). Svojím výskytom ojedinelá je domáca šľachtická hudobná tvorba (F. Dessewffy).

Z hľadiska *časovej pôsobnosti*[160] pokrývala tvorba východoslovenských domácich skladateľov celé obdobie trvania hudobného klasicizmu na Slovensku. Iba u časti skladateľov (F. X. Zomb, Ľ. Skalník, J. Janig) možno sledovať kontinuitný štýlový vývoj od raného po vrcholný klasicizmus. Ďalšia časť komponistov východného Slovenska, ktorá štýlovo vyšla z tvorby baroka[268], ustrnula na báze vyjadrovacích prostriedkov prevažne raného klasicizmu (J. Lininger, P. E. Jančík OPraem). Ostatní autori (J. Galli, J. Pipus, F. X. Skalník, P. Neumüller) sa usilovali obohacovať hudobný slovník svojich diel prvkami vrcholného klasicizmu a podľa individuálnych schopností čo najviac zužitkovať celé bohatstvo jeho štýlového prejavu.

K dobovým skladateľom Slovenska prvoradého

Südwestteil des ostslowakischen Musikkulturkreises (Rožňava, Jasov).

Ein Merkmal des Musikrepertoires der Zeit der Klassik in Košice, weniger in Prešov, Rožňava und in Jasov, war der erhebliche *Anteil* des heimischen Schaffens, vor allem der *örtlichen Musiker*. Im ostslowakischen Kreis kennen wir zahlreiche Musiker (viele von ihnen waren auch kompositorisch tätig), die hier Mitschöpfer der Musikkultur der Klassik waren. Aus den Musikerfamilien erwarben besondere Verdienste die verzweigte Košicer Familie Zomb (besonders Franz Xaver Zomb und Josef Zomb[131]) und die Famlie Lechký[193], aus Prešov die Familien Pecháček[133] und Janig[122] (besonders Josef Janig) und die Brüder Skalník[268] in Gemer.

Der ostslowakische Musikkulturkreis trug auch *durch eigenes kompositorisches Schaffen* zur Entwicklung der Klassik[160] bei. Seine Bedeutung ging über das Gebiet Oberungarns hinaus. Die Komponisten der Ostslowakei (sie bildeten über 7% der heute identifizierten heimischen Autoren der Zeit der Klassik) waren überwiegend in den Hauptzentren der Musik des ostslowakischen Kreises (Košice, Prešov, Rožňava, Jasov) konzentriert. Sie wirkten hier vorwiegend als Chorleiter, Organisten oder Orchestermitglieder oder arbeiteten als Lehrer, Trompeter, Theatermitarbeiter und Organisatoren des Musiklebens. Da die Kirche der Hauptbrotgeber der ostslowakischen Komponisten war, hatte der überwiegende Teil von deren schöpferischem Nachlaß sakralen Charakter.

Es ist interessant, daß in gesamtslowakischen Relationen mit einem relativ großen Prozentsatz gerade im ostslowakischen Musikkulturkreis Tanzwerke vertreten sind[160] (J. Kossovits, K. Herfurth, J. Zomb, F. X. Zomb, F. Dessewffy und andere), viele davon vom hungaresken Typ. Spärlich vertreten war in diesem Teil der Slowakei das heimische musikalisch-szenische (J. Zomb) und das didaktisch orientierte Schaffen (F. X. Zomb, K. Herfurth, J. Kossovits). Ein nur vereinzeltes Vorkommen weist auf das heimische adlige Musikschaffen (F. Dessewffy) hin.

Hinsichtlich *der zeitlichen Wirkung*[160] deckte das Schaffen der ostslowakischen heimischen Komponisten die gesamte Zeit der Dauer der musikalischen Klassik in der Slowakei ab. Nur bei einem Teil der Komponisten (F. X. Zomb, L. Skalník, J. Janig) kann man die kontinuierliche Stilentwicklung von der Früh- bis zur Hochklassik verfolgen. Ein weiterer Teil der Komponisten der Ostslowakei, der im Stil vom Barockschaffen ausging[268], erstarrte auf der Basis der Ausdrucksmittel vorwiegend der Frühklassik (J. Lininger, P. E. Jančík OPraem). Die übrigen Autoren (G. Galli, J. Pipus, F. X. Skalník, P. Neumüller) bemühten sich, den musikalischen Wortschatz ihrer Werke mit Elementen der Hochklassik zu bereichern und nach individuellen Fähigkeiten den ganzen Reichtum ihrer Stilmittel möglichst weitgehend auszuschöpfen.

významu patril Košičan František Xaver Zomb (1779 až 1823).[131] Pochádzal z rozvetveného košického hudobníckeho rodu. Pôsobil ako učiteľ na Hudobnej škole v Košiciach, ako regenschori dómu sv. Alžbety, ako výkonný hudobník, publicista, organizátor a predstaviteľ košického Kunstvereinu. Jeho skladateľský odkaz, zameraný prevažne na sakrálnu tvorbu, charakterizuje myšlienková hĺbka, zmysel pre melodiku, dramatické cítenie a zvukovosť. Zomb, ovplyvnený česko-viedenskými vzormi, dosiahol úroveň rozvinutého hudobného prejavu klasicizmu.

K výrazným skladateľským osobnostiam východoslovenskej oblasti možno zaradiť prešovsko-košického hudobníka Jozefa Janiga (1784–1837).[122] Veľmi dobrú úroveň domácej tvorby klasicizmu na Slovensku reprezentuje dielo hudobníka jasovského kláštora premonštrátov P. Ľudovíta Skalníka OPraem (1783–1848).[155]

K autorom viac ako regionálneho významu patril jasovský organista Ján Lininger[268], dirigent biskupského chrámu v Rožňave Ján Pipus a organista bývalého jezuitského kostola v Košiciach Juraj Galli[269], švedlársko-jasovský skladateľ František Xaver Skalník (1777 až 1841)[160], a aj talentovaný rožňavský organista Pavel Neumüller (*1764)[160].

Tvorivé uplatnenie prvku *hungaresky* nájdeme v skladateľskom odkaze košického Jozefa Kossovitsa (1758–1825)[275] a prešovského hudobníka Karola Herfurtha (1790–1864)[233]. Kým Kossovitsove uhorské tance predstavovali prínos v spôsobe aplikácie uhorského tanca do orchestrálnej a klavírnej tvorby, Herfurthove hungaresky otvorili cestu tomuto druhu hudby do meštianskych salónov v Uhorsku.

K *hudobníkom* východného Slovenska, ktorí *v emigrácii* získali uznanie a publicitu, patril rodák z Krásnej nad Hornádom Andrej Bartay (1798–1856).[275]

Z kontextu hudobného diania východoslovenského hudobnokultúrneho okruhu nemožno vynechať ani *výrobu hudobných nástrojov,* ktorá sa rozvinula hlavne v Košiciach a v Prešove. Nástrojárske dielne tu však nedosiahli povesť bratislavských nástrojárov.[44]

Zu den zeitgenössischen Komponisten der Slowakei von erstrangiger *Bedeutung* gehörte Franz Xaver Zomb (1779–1823) aus Košice[131] aus einem verzweigten Musikergeschlecht dieser Stadt. Er wirkte als Lehrer an der Musikschule in Košice, als Regenschori des St. Elisabethdoms, als ausführender Musiker, Publizist, Organisator und Vertreter des Kunstvereins von Košice. Seinen kompositorischen Nachlaß, vorwiegend auf das sakrale Schaffen gerichtet, charakterisiert gedankliche Tiefe, Sinn für Melodik, Dramatik und Klangempfinden. Zomb, beeinflußt durch tschechisch-wienerische Vorbilder, erreichte das Niveau des reifen musikalischen Ausdrucks der Klassik.

Zu den markanten Komponistenpersönlichkeiten des ostslowakischen Gebietes kann man den in Prešov und Košice wirkenden Musiker Josef Janig (1784–1837) zählen.[122] Das hohe Niveau des heimischen Schaffens der Klassik in der Slowakei repräsentiert das Werk des Musikers des Jasover Prämonstratenserklosters P. Ludwig Skalník OPraem (1783–1848).[155]

Zu den Autoren mit mehr als nur regionaler Bedeutung gehörte der Organist Johann Lininger[268] in Jasov, der Dirigent der Bischofskathedrale in Rožňava Johann Pipus und der Organist der ehemaligen Jesuitenkirche in Košice Georg Galli[269], der Komponist Franz Xaver Skalník (1777–1841)[160] in Švedlár und Jasov, und auch der talentierte Organist Paul Neumüller aus Rožňava (*1764).[160]

Die schöpferische Anwendung der Elemente der *Hungareske* finden wir in dem kompositorischen Nachlaß von Josef Kossovits (1758–1825)[275] aus Košice und des Musikers Karl Herfurth (1790–1864) aus Prešov[233]. Während Kossovits ungarische Tänze einen Beitrag zur Verwendung des ungarischen Tanzes in der orchestralen und Klaviermusik darstellten, öffneten Herfurths Hungaresken dieser Musikgattung den Weg in die bürgerlichen Salons in Ungarn.

Zu den *Musikern* der Ostslowakei, die *in der Emigration* Anerkennung und Publizität erlangten, gehörte der in Krásna nad Hornádom gebürtige Andreas Bartay (1798–1856).[275]

Aus dem Kontext des Musikgeschehens des ostslowakischen Musikkulturkreises kann man auch den *Musikinstrumentenbau* nicht ausschließen, der sich hauptsächtlich in Košice und Prešov entwickelte. Die Instrumentenbauerwerkstätten erreichten hier jedoch nicht den Ruf der Instrumentenbauer von Preßburg.[44]

183. *Košice*[64] (v roku 1787 s 8 240 obyvateľmi) boli ako stredisko Abova štvrtým najväčším mestom dnešného územia Slovenska.[277] Po Bratislave boli jediným mestom, ktorého hudobný život dosiahol v období klasicizmu všetky znaky väčšieho hudobného centra. Košice[160] sústreďovali východoslovenskú šľachtu a cirkevnú hierarchiu[227], boli sídlom stálej opernej scény[94], univerzity, mestom s druhou najstaršou hudobnou školou[193] a pravdepodobne i najstarším hudobným spolkom. Angažované meštianstvo sa usilovalo o cyklickosť v poriadaní koncertov a napomáhalo rozvoju hudobného diletantizmu.[131] Mesto bolo známe rozvinutými formami chrámovej hudby.[127]

183. *Košice*[64] (Kaschau) (1787 mit 8 240 Einwohnern) war als Zentrum Abovs die viertgrößte Stadt des heutigen Gebietes der Slowakei.[277] Nach Preßburg war es die einzige Stadt, deren Musikleben in der Zeit der Klassik alle Merkmale eines größeren Musikzentrums aufwies. Košice[160] konzentrierte den ostslowakischen Adel und die Kirchenhierarchie[227], es war der Sitz einer ständigen Opernbühne[94], einer Universität, die Stadt mit der zweitältesten Musikschule[193] und wahrscheinlich auch dem ältesten Musikverein. Die engagierte Bürgerschaft bemühte sich um zyklische Veranstaltungen von Konzerten und unterstützte die Entwicklung der musikalischen Liebhaberkultur.[131] Die Stadt war bekannt durch hochentwickkelte Kirchenmusikformen.[127]

184. Hlavným strediskom sakrálnych hudobných produkcií *Košíc* bol *dóm sv. Alžbety*.[4] O dobrú umeleckú úroveň pravidelných, často honosných hudobných podujatí sa tu zaslúžili predovšetkým vedúci chóru a organisti.[131] Prvú z funkcií v dobe klasicizmu zastávali postupne Karol Fidler, Jozef Schultz, Anton Lechký, František Xaver Zomb a Jozef Janig.[193] Z organistov poznáme Jána Beránka, Jozefa Pelikána a Mateja Lechkého. Orientáciu dómskeho hudobného repertoáru na českú hudobnú tvorbu podporili mnohí miestni hudobníci českého pôvodu.[269]

184. Das Zentrum der sakralen Musikproduktionen von *Košice* war der *St.Elisabethdom*.[4] Um ein gutes künstlerisches Niveau der regelmäßigen, oft prunkvollen Musikveranstaltungen machten sich vor allem der Chorleiter und die Organisten verdient.[131] Die erstere dieser Funktionen bekleideten in der Zeit der Klassik nacheinander Karl Fidler, Josef Schultz, Anton Lechký, Franz Xaver Zomb und Josef Janig.[193] Von den Organisten kennen wir Johann Beránek, Josef Pelikán und Matthias Lechký. Die Orientierung des Musikrepertoires des Doms auf das tschechische Musikschaffen unterstützten viele hiesige Musiker tschechischer Herkunft.[269]

185. Stálu *divadelnú budovu* dostali *Košice* v roku 1789.[94] Dovtedy sa hrávalo na trhovisku alebo za hradbami mesta. Tam vystupovali aj kočovné divadelné spoločnosti G. Bodenburgovej, J. Hilverdinga, J. Mayera a iné.[28] Prvým prenajímateľom nového divadla bol pražský rodák Heinrich Bulla. Opera v Košiciach našla širšie uplatnenie po roku 1800 za Václava Mihuleho (predtým riaditeľa pražského divadla u Hybernů) a za Filipa Zöllnera[75]. Príchodom maďarskej divadelnej spoločnosti (1816) sa skončila éra nemeckého košického divadelníctva.[194]

185. 1789 erhielt *Košice* ein ständiges *Theatergebäude*.[94] Bis dahin spielte man auf dem Marktplatz oder hinter den Mauern der Stadt. Dort traten auch die Wandertheatergesellschaften von Frau G. Bodenburg, Herrn Hilverding und J. Mayer sowie anderere auf.[28] Der erste Mieter des neuen Theaters war der Prager Heinrich Bulla. Das Opernhaus in Košice fand eine breitere Nutzung nach 1800 unter Wenzel Mihule (vordem Direktor des Prager Theaters U Hybernů) und unter Philipp Zöllner.[75] Mit der Ankunft der ungarischen Theatergesellschaft (1816) endete die Ära des deutschen Theaterwesens in Košice.[194]

186. V *Košiciach* sa v dňoch 25. a 26. marca 1804 uskutočnilo[196] (na Slovensku druhé najstaršie) predvedenie oratória Die Schöpfung (Hob. XXI:2) od Josepha Haydna.[143] Z novín Preßburger Zeitung[3] vieme, že dielo úspešne uviedla divadelná spoločnosť Louisy Fournierovej a členovia operného orchestra rozšíreného o miestnych ochotníkov. Skladba zaznela v mestskom divadle v scénickej podobe. Účinok hudby umocnili pôsobivé dekorácie. Sólistami predvedenia, ktoré dirigoval Michal Beösz, boli L. Fournierová, F. Sassenboven, B. Haasová a prešovský kantor A. Troger.

186. In *Košice* fand in den Tagen des 25.und 26. März 1804[196] die zweite slowakische Aufführung des Oratoriums Die Schöpfung (Hob. XXI:2) von Joseph Haydn statt.[143] Aus der Preßburger Zeitung[3] erfahren wir, daß das Werk von der Theatergesellschaft der Louise Fournier und den Mitgliedern des Opernorchesters, erweitert durch hiesige Dilettanten, erfolgreich aufgeführt wurde. Das Werk erklang im Stadttheater in szenischer Form. Die Wirkung der Musik wurde durch effektvolle Dekorationen verstärkt. Solisten der von Michael Beösz dirigierten Aufführung waren Louise Fournier, Friedrich Sassenboven, Barbara Haas und der Prešover Kantor A. Troger.

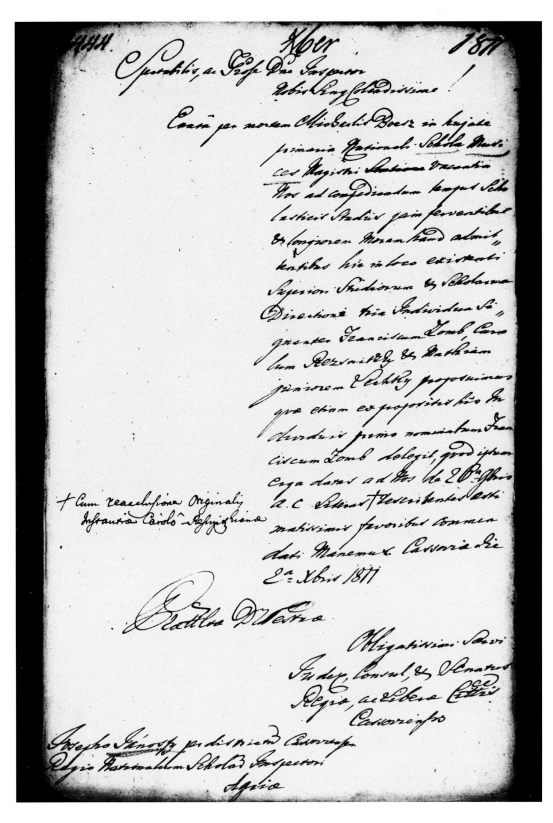

187. Prípisom No 4444 z decembra 1811[4] bol František Xaver Zomb[131] ustanovený do funkcie učiteľa *Hudobnej školy v Košiciach*. Jeho predchodcami bol Matej Lechký a Michal Beösz. Schola musices, nazývaná tiež Musikschule[193], vznikla v roku 1784 pri štvortriednej mestskej škole. Bola druhou svojho typu na Slovensku. Okolo 20 žiakov školy tvorili do roku 1824 výlučne chlapci, neskôr sa prijímali aj dievčatá. Pri výučbe sa uprednostňovala praktická stránka pred teoretickou.

187. Mit dem Schreiben No 4444 vom Dezember 1811[4] wurde Franz Xaver Zomb[131] in die Funktion des Lehrers der *Musikschule in Košice* eingesetzt. Seine Vorgänger waren Matthias Lechký und Michael Beösz. Die Schola musices, auch Musikschule genannt[193], entstand 1784 bei der vierklassigen Stadtschule. Sie war die zweite ihrer Art in der Slowakei. Die etwa 20 Schüler der Schule waren bis 1824 ausschließlich Knaben, später wurden auch Mädchen aufgenommen. Im Unterricht wurde die praktische Seite der theoretischen vorgezogen.

188. Koncertný život Košíc[131] charakterizovalo záujmové zjednocovanie šľachtického (Csákyovci, Sztárayovci, Andrássyovci) a meštianskeho (I. Fischer, J. Bersovitzy, F. Möller) mecénstva a pomerne skorý rozvoj meštianskeho hudobného diletantizmu.[160] Na jednom z koncertov, údajne solídnej úrovne, o ktorom dňa 19. mája 1819 priniesli správu lipské noviny Allgemeine musikalische Zeitung[127], účinkovali s dielami W. A. Mozarta, L. v. Beethovena, J. N. Hummela, G. Onslowa a ďalších skladateľov domáci hudobníci – huslista Alexander Eduard Leeb, violončelista Jozef Kossovits, klaviristka Eliška Fischerová a František Xaver Zomb. Zomb bol aj autorom článku o hudobnom živote Košíc vo viedenských Allgemeine musikalische Zeitung (No 27, 4. júla 1818).

188. *Das Konzertleben in Košice*[131] charakterisierte die Interessenvereinigung des adligen (Csáky, Sztáray, Andrássy) und bürgerlichen (I. Fischer, J. Bersovitzy, F. Möller) Mäzenatentums und die relativ frühe Entwicklung des bürgerlichen musikalischen Dilettantismus.[160] Auf einem der Konzerte, angeblich recht soliden Niveaus, von dem am 19. Mai 1819 die Leipziger Allgemeine musikalische Zeitung[127] berichtete, traten einheimische Musiker mit Werken W. A. Mozarts, L. v. Beethovens, J. N. Hummels, G. Onslows und weiterer Komponisten auf – der Geiger Alexander Eduard Leeb, der Violoncellist Josef Kossovits, die Klavieristin Elise Fischer und Franz Xaver Zomb. Zomb war auch Autor eines Artikels über das Musikleben von Košice in der Wiener Allgemeinen musikalischen Zeitung (No 27, 4. Juli 1818).

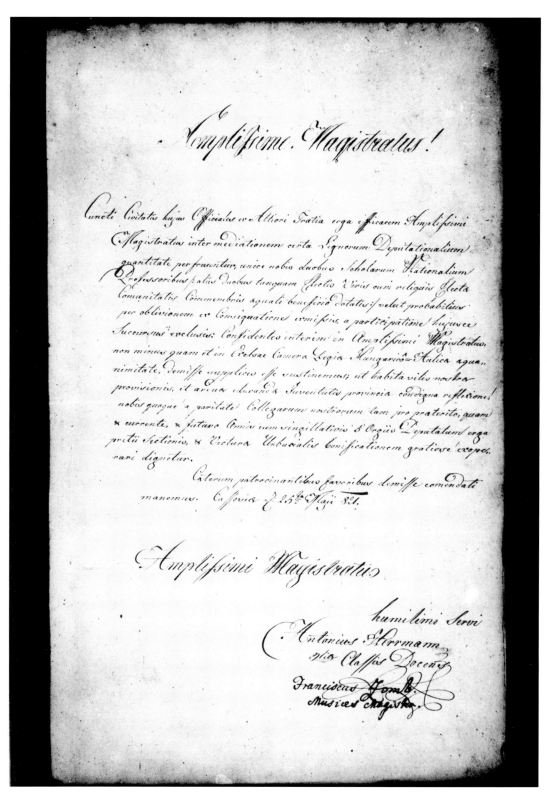

189. K najznámejším osobnostiam hudobného života Košíc v dobe klasicizmu patril košický rodák *František Xaver Zomb* (1779–1823).[131] Činný bol ako skladateľ, pedagóg, regenschori, výkonný hudobník, organizátor a publicista. Po štúdiách na košickom gymnáziu a na Hudobnej škole pôsobil najprv v kapele grófky Andrássyovej. Od roku 1811 vyučoval na Hudobnej škole a súčasne bol vedúcim chóru dómu sv. Alžbety (1819–1823). Početné dokumenty adresované košickému magistrátu dokladajú Zombovo úsilie o povznesenie hudobného života mesta.

189. Zu den bekanntesten Persönlichkeiten des Musiklebens von Košice in der Zeit der Klassik gehörte der in Košice gebürtige *Franz Xaver Zomb* (1779–1823).[131] Er war als Komponist, Pädagoge, Regenschori, ausführender Musiker, Organisator und Publizist tätig. Nach dem Studien am Gymnasium in Košice und an der Musikschule wirkte er zunächst in der Kapelle der Gräfin Andrássy. Seit 1811 unterrichtete er an der Musikschule und war gleichzeitig Chorleiter im St. Elisabethdom (1819–1823). Zahlreiche an den Magistrat von Košice gerichtete Dokumente belegen Zombs Bemühen um eine Hebung des Musiklebens der Stadt.

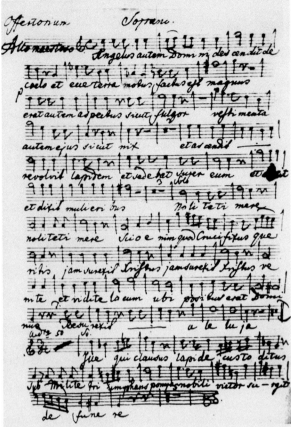

190. Skladateľský odkaz Františka Xavera Zomba, ovplyvnený českými a viedenskými vzormi a hlavne dielom W. A. Mozarta, tvorí 106 prevažne sakrálnych kompozícií.[131] Ťažiskom jeho tvorby boli diela omšového ordinária a propria. Ako talentovaný hudobník disponoval širokou výrazovou škálou. F. X. Zomb patrí medzi čelných reprezentantov hudobnej kultúry vrcholného klasicizmu na Slovensku.[160]

190. Der kompositorische Nachlaß des Komponisten Franz Xaver Zomb, beeinflußt von tschechischen und Wiener Vorbildern und vor allem dem Werk W. A Mozarts, bildet 106 meist sakrale Kompositionen.[131] Schwerpunkt seines Schaffens waren Werke des Meßordinariums und Propriums. Als talentierter Musiker verfügte er über eine breite Ausdrucksskala. F. X. Zomb gehört zu den führenden Repräsentanten der Musikkultur der Hochklassik in der Slowakei.[160]

191. K iniciatívnym osobnostiam košického hudobného života patril *Jozef Kossovits* (1758–1825). Pôsobil ako violončelista v službách grófky Andrássyovej.[275] Angažoval sa tiež ako organizátor meštianskych hudobných podujatí a prezentoval sa aj ako úspešný skladateľ tanečných diel. Kossovitsove hungaresky[129] sú určené pre klavír, sláčikové a dychové nástroje. Viaceré z nich vyšli tlačou.[160] Patria k historicky cenným ukážkam uhorského tanca a predstavujú príspevok k vývoju verbunkového štýlu.[36]

191. Zu den initiativen Persönlichkeiten des Musiklebens von Košice gehörte *Josef Kossovits* (1758–1825). Er wirkte als Violoncellist in den Diensten der Gräfin Andrássy,[275] engagierte sich als Organisator der bürgerlichen Musikveranstaltungen und präsentierte sich als erfolgreicher Komponist von Tanzkompositionen. Kossovits' Hungaresken[129] sind für Klavier, Streich- und Blasinstrumente bestimmt. Mehrere von ihnen erschienen im Druck.[160] Sie gehören zu den historisch wertvollen Beispielen des ungarischen Tanzes und stellen einen Beitrag zur Entwicklung des Verbunkos-Stils dar.[36]

192. Tanečné zábavy[127], ktoré sa v Košiciach poriadali pri rôznych príležitostiach, inklinovali svojím charakterom buď k šľachticko-meštianskému typu, alebo mali podobu ľudovej veselice.[131] Hudbu k nim zabezpečoval obvykle mestský trubač a jeho pomocníci, ale aj ľudoví alebo cigánski hudobníci. Veľkej obľube Košičanov sa tešili vojenské hudobné telesá miestnej posádky, najmä vojenský dychový súbor.

192. Tanzvergnügen[127], die in Košice bei verschiedenen Gelegenheiten veranstaltet wurden, waren in ihrem Charakter entweder dem adelig-bürgerlichen Typ zugeneigt oder hatten die Form eines Volksfestes.[131] Für die Musik sorgten gewöhnlich der Stadttrompeter und seine Gehilfen, aber auch Volks- oder Zigeunermusiker. Großer Beliebtheit erfreuten sich bei den Einwohnern von Košice die Militärkapellen der örtlichen Garnison, vor allem das militärische Bläserensemble.

193. Známa speváčka²⁷⁵ *Róza Déryová* (1793–1872) žila v Košiciach rokoch 1828–1837 a prispela významnou mierou k povzneseniu operných predstavení. Na scéne mestského divadla stvárnila rad postáv.²¹⁰ Dňa 13. februára 1833 účinkovala na pamätnom predstavení, na ktorom po prvý raz zaznela Mozartova opera Únos zo Serailu (KV 384) v maďarskom jazyku. V úlohe Dony Anny účinkovala aj na košickej premiére Mozartovho Dona Giovanniho (KV 527) v maďarčine. Bolo to dňa 9. mája 1829. Obe libretá preložil Elek Pály.¹²¹

193. Die bekannte Sängerin²⁷⁵ *Rosa Déry* (1793–1872) lebte in Košice in den Jahren 1828–1837 und trug in entscheidendem Maße zur Hebung der Opernvorstellungen bei. Auf der Bühne des Stadttheaters gestaltete sie eine Reihe von Rollen.²¹⁰ Am 13. Februar 1833 wirkte sie in der denkwürdigen Vorstellung mit, bei der zum ersten Mal Mozarts Oper Die Entführung aus dem Serail (KV 384) in magyarischer Sprache erklang. In der Rolle der Dona Anna wirkte sie auch bei der Kaschauer Premiere von Mozarts Don Giovanni (KV 527) auf magyarisch mit. Das war am 9. Mai 1829. Beide Libretti übersetzte Elek Pály.¹²¹

Joseph Haydn's grosses ORATORIUM.

Die Worte des Erlösers am Kreuze,

vollstimmig in Kaschau.

Das vorgedachte Oratorium, welches mit Genehmhaltung der hohen Obrigkeit, am Palmsonntage, als den 19. März 1815. in dem hiesigen Königl. Städtischen Schauspielhause gegeben wird, und dessen Ertrag zum Besten des hier neu zu errichtenden allgemeinen Krankenhauses bestimmt ist, wurde ursprünglich für die Hauptkirche zu Cadix geschrieben. Erst späterhin wurde der Compositeur veranlaßt, den Text unterzulegen, so, daß man das Oratorium: Die sieben Worte des Heylands am Kreuze, als ein vollständiges, und was die Vokalmusik betrifft, ganz neues Werk betrachten kann. Da hier, zur anständigen und richtigen Ausführung dieses grossen, der hohen Würde des Gegenstandes angemessenen Musikwerkes alles Nöthige vorbereitet ist, so hoffet man, dem hochverehrten Publikum einen angenehmen, Herz erhebenden Genuß zu verschaffen.

Die P. T. Eigenthümer der Logen und gesperrten Sitze werden geziemend ersucht, sich wegen der Beybehaltung derselben längstens bis Freytag Mittags zu erklären, weil sonst diese Plätze dem erstkommenden Besteller überlassen werden müßten. — Die Preiße sind, ohne der Wohlthätigkeit Gränzen setzen zu wollen, für eine Loge 10 fl. für einen Sitz des ersten Rangs 2 fl. für einen gesperrten Sitz 1 fl. 30 kr. für den Parterre 45 kr. für die Gallerie 12 kr. — Billets zu Logen und gesperrten Sitzen sind in der v. Landerer'schen Buchhandlung zu bekommen.

---

194. Plagát o uvedení oratória Die Worte des Erlösers am Kreuze (Hob. XX:2) Josepha Haydna v Košiciach je cenným dokladom *hudobného mecénstva meštianskeho typu*. K jeho znakom patrilo venovanie finančných výnosov z hudobných podujatí na dobročinné ciele. Aj peňažný obnos z košického uvedenia tohto Haydnovho diela[196] bol určený mestskej nemocnici. Dielo zaznelo v mestskom divadle v nedeľu 19. marca 1815.

194. Das Plakat über die Aufführung des Oratoriums Die Worte des Erlösers am Kreuze von Joseph Haydn (Hob. XX:2) in Košice ist ein wertvolles Dokument für das *musikalische Mäzenatentum bürgerlichen Typus*. Zu seinen Merkmalen gehörte die Widmung der finanziellen Erträge aus musikschen Veranstaltungen für wohltätige Zwecke. Auch der Geldbetrag aus der Košicer Aufführung dieses Haydnschen Werkes[196] war für das Stadtkrankenhaus bestimmt. Das Werk erklang im Stadttheater am Sonntag dem 19. März 1815.

195. Košičan *Jozef Zomb* (1791–1850)[140] bol tak ako jeho brat F. X. Zomb osobnosťou s mnohostrannými hudobnými záujmami. Pôsobil ako učiteľ hudby (1830–1850)[193], výkonný umelec, teoretik a divadelný pracovník. Ako skladateľ prispel do repertoáru maďarsky orientovaného košického divadelníctva hudbou k hrám A. Lánga Mátyás diák a Ch. Biech-Pfeifferovej Walpurgisnacht.[194] V rokoch 1820 až 1830 vyšli tlačou jeho klavírne diela.[275] Sakrálne skladby J. Zomba sa zachovali len v rukopisnej podobe.[160]

195. Der in Košice gebürtige *Josef Zomb* (1791–1850)[140] war wie sein Bruder F. X. Zomb eine Persönlichkeit mit vielseitigen musikalischen Interessen. Er wirkte als Musiklehrer (1830–1850)[193], darstellender Künstler, Theoretiker und Theatermitarbeiter. Als Komponist trug er zum Repertoire des ungarisch orientierten Theaterwesens mit der Musik zu den Spielen von A. Láng Mátyás diák und Ch. Biech-Pfeiffer Walpurgisnacht bei.[194] In den Jahren 1820–1830 erschienen seine Klavierwerke im Druck.[275] Die sakralen Werke J. Zombs sind nur handschriftlich erhalten.[160]

196. Pompézna baroková hudba, príznačná pre jezuitov, sa pomerne dlho udržala v repertoári akademického, pôvodne *jezuitského kostola sv. Trojice*.[269] Pričlenený kláštor rehole prevzali po roku 1811 premonštráti. V chrámovom zbore a orchestri účinkovali okrem platených hudobníkov aj študenti košickej univerzity. Z organistov kostola poznáme skladateľsky aktívneho Jozefa Pelikána (asi 1756–1768), Mateja Lechkého (1768 až 1781) a Juraja Galliho (1781 až ?), ktorý sa do dejín slovenskej hudby zapísal aj ako skladateľ.

196. Die pompöse Barockmusik, die für Jesuiten kennzeichnend war, erhielt sich relativ lange im Repertoire der akademischen, ursprünglich den *Jesuiten* gehörenden *Kirche der hl. Dreifaltigkeit*.[269] Das angeschlossene Ordenskloster übernahmen 1811 die Prämonstratenser. In Kirchenchor und Orchester wirkten neben bezahlten Musikern auch Studenten der Universität Košice mit. Von den Organisten der Kirche kennen wir den kompositorisch aktiven Josef Pelikán (etwa 1756–1768), Matthias Lechký (1768–1781) und Georg Galli (1781–?), der ebenfalls als Komponist in die slowakische Musikgeschichte eingegangen ist.

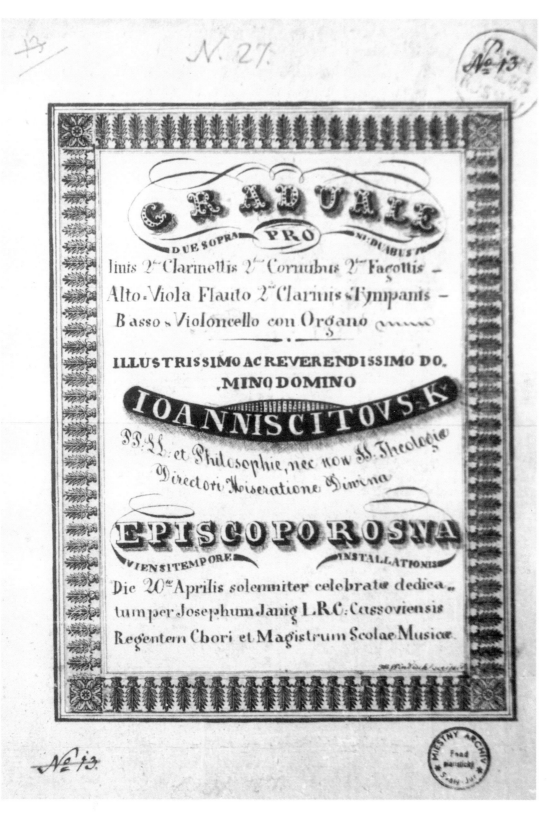

197. *Jozef Janig* (1784–1837)[122] presídlil do Košíc v roku 1824, aby tu prevzal po smrti F. X. Zomba funkcie dómskeho regenschoriho a učiteľa na Hudobnej škole.[193] Košické roky, keď skomponoval Graduále pre inštaláciu rožňavského biskupa Jána Scitovského, boli dôležité z hľadiska skladateľského zrenia. Zachované cirkevné diela dokumentujú vývoj hudobného prejavu J. Janiga[160] smerom k vyjadrovacím prostriedkom vrcholného klasicizmu a dokladajú autorovu snahu o jeho individualizáciu.

197. *Iosef Janig* (1784–1837)[122] zog 1824 nach Košice, um hier nach dem Tod von F. X. Zomb die Funktionen des Regenschori und Lehrers an der Musikschule zu übernehmen.[193] Die Jahre in Košice, als er unter anderen ein Gradual für den Amtsantritt des Bischofs von Rožňava Johann Scitovský komponierte, waren wichtig für das Reifen des Komponisten. Die erhaltenen kirchlichen Werke dokumentieren die musikalische Entwicklung J. Janigs[160] in Richtung zu den Ausdrucksmitteln der Hochklassik und belegen des Autors Streben nach Individualisierung.

198. Podľa informácií lipských novín Allgemeine musikalische Zeitung z roku 1819[131] bol už pred rokom 1819 založený v Košiciach *hudobný spolok – Kunstverein*. Novou črtou koncertnej praxe košického meštianstva bolo úsilie o zavedenie istej pravidelnosti pri organizovaní hudobných podujatí. Ak sa potvrdí existencia košického Kunstvereinu, bude ho treba považovať za najstarší meštiansky spolok výlučne hudobnej povahy na území dnešného Slovenska.[160]

198. Nach Informationen der Leipziger Allgemeinen musikalischen Zeitung von 1819[131] wurde schon vor dem Jahre 1819 in Košice der *Kunstverein* gegründet. Ein neuer Zug der Konzertpraxis des Kaschauer Bürgertums war das Bemühen um Einführung einer gewissen Regelmäßigkeit bei der Organisierung von Musikveranstaltungen. Sollte sich die Existenz des Kunstvereins bestätigen, dann wird man ihn als den ältesten bürgerlichen Verein ausschließlich musikalischen Charakters auf dem Gebiet der heutigen Slowakei betrachten können.[160]

199. František Xaver Zomb sa narodil v Košiciach dňa 9. novembra 1779[131] ako syn trubača Františka Zomba jun. (asi 1752–1808) a Františky, rodenej Lerchnerovej (asi 1756 až 1833). V rozvetvenej *rodine Zombovcov boli hudobníkmi* nielen dedo – František Zomb sen. (asi 1722–1778) a bratia Františka Xavera – Jozef (1791–1850) a Ján (*1802), ale i jeho syn Anton (*1805).

199. Franz Xaver Zomb kam am 9. November 1779[131] in Košice als Sohn des Trompeters Franz Zomb jun. (etwa 1752–1808) und Franziska, geborene Lerchner (etwa 1756–1833) zur Welt. In der verzweigten *Familie Zomb waren* nicht nur der Großvater Franz sen. (etwa 1722–1778) und die Brüder Franz Xavers – Josef (1791–1850) und Johann (*1802) *Musiker*, sondern auch sein Sohn Anton (*1805).

200. K hudobníkom zo Slovenska, ktorí sa v emigrácii[160] úspešne uplatnili v silnej európskej konkurencii, patril *Andrej Bartay* (1798–1856)[32], rodák z Krásnej nad Hornádom. V Pešti[275], kde založil školu pre výučbu spevu, sa vypracoval medzi popredných predstaviteľov peštianskeho divadelníctva. Po roku 1848 sa presťahoval do Paríža. Z jeho diel tu získali obľubu opery, oratóriá a najmä balety. Viaceré z nich boli vytvorené pre Thèatre lyrique. K zaujímavostiam jeho tvorby patrí úprava Haydnovho diela, nazvaná Bartayom „*Sedem slov Ježišovich*". S použitím textu v štúrovskej slovenčine[143] bola určená „*na organ a choral*".

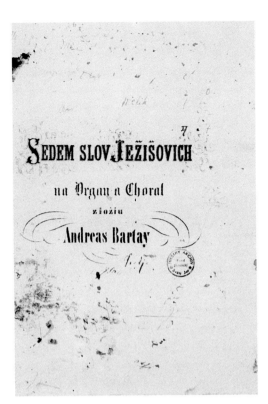

200. Zu den Musikern aus der Slowakei, die sich in der Emigration[160] innerhalb einer starken europäischen Konkurrenz erfolgreich durchsetzen konnten, gehörte *Andreas Bartay* (1798–1856)[32], geboren in Krásna nad Hornádom. In Pest[275], wo er eine Schule für Gesangsunterricht gründete, arbeitete er sich zu einem führenden Vertreter des dortigen Theaters empor. Nach 1848 zog er nach Paris. Von seinen Werken erlangten hier Beliebtheit die Opern, Oratorien und vor allem die Ballette. Mehrere von ihnen wurden für das Thèatre lyrique komponiert. Zu den interessanten Besonderheiten seines Schaffens gehört die Bearbeitung eines Haydnschen Werkes, das Baray „*Die sieben Worte Jesu*" nannte, „*für Orgel und Choral*" unter Verwendung eines Textes im Štúrschen Slowakisch[143].

201. Prešov[211] bol druhým najvýznamnejším strediskom hudby východného Slovenska.[133] Jeho hudobný život sa rozvíjal na pôde škôl, divadla, meštianskych hudobných podujatí a kostolov. Úrovňou zborového spevu vynikalo kolégium. Inštrumentálnej hudbe sa venoval amatérsky divadelný orchester. Hosťujúce nemecké divadelné spoločnosti uviedli v Prešove viaceré z opier W. A. Mozarta a G. Rossiniho.[28] K dobrej hudobnej povesti mesta prispelo i organárske majstrovstvo Filipa Krausa a Františka Eduarda Pecníka.[58]

201. Prešov[211] war das zweitbedeutendste Musikzentrum der Ostslowakei.[133] Sein Musikleben entwickelte sich auf dem Boden der Schulen, des Theaters, der bürgerlichen Musikveranstaltungen und der Kirchen. Durch das Niveau seines Chorgesanges ragte das Kollegium heraus. Der Instrumentalmusik widmete sich ein Laientheaterorchester. Die gastierenden deutschen Theatergesellschaften führten in Prešov mehrere der Opern W. A Mozarts und G. Rossinis auf.[28] Zum guten musikalischen Ruf der Stadt trug auch die Orgelbaumeisterschaft von Philipp Kraus und Franz Eduard Pecník bei.[58]

202. Po roku 1800 usmerňovali vývoj hudby v *Prešove*[133] hudobnícke rodiny Janigovcov, Pecháčkovcov a Karol Herfurth, teda osobnosti, ktorých pôsobenie bolo späté s *farským kostolom*[160] ako strediskom sakrálnej hudby mesta. Zbierka nôt so 137 titulmi a väčší inštrumentár chóru tu umožňovali organistovi Krištofovi Kirchnerovi, aby so stálymi hudobníkmi – diskantistom Antonom Janigom, trubačom Jozefom Janigom, basistom Jánom Viravským a ďalšími ochotníkmi – interpretovali časovo aktuálne diela hlavne viedenských a českých autorov. Na repertoári bola i tvorba domácich autorov.[136]

202. Nach 1800 lenkten die Musikentwicklung in *Prešov*[133] die Musikerfamilien Janig und Pecháček und Karl Herfurth, also Persönlichkeiten, deren Wirken mit der *Pfarrkirche*[160] als dem Zentrum der sakralen Musik der Stadt verbunden war. Die Notensammlung mit 137 Titeln und einem größeren Chorinstrumentarium ermöglichten dem Organisten Christoph Kirchner, mit seinen ständigen Musikern – dem Diskantisten Anton Janig, dem Trompeter Josef Janig, dem Bassisten Johann Viravský und weiteren Laien – zeitlich aktuelle Werke, vor allem Wiener und tschechische Autoren, zu interpretieren. Auf dem Repertoire standen auch Werke einheimischer Autoren.[136]

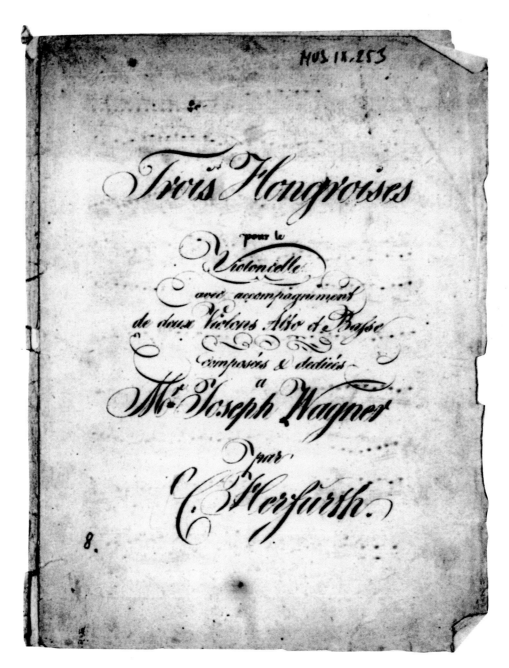

203. Prešovský hudobník *Karol Herfurth* (1790–1864)[32] bol ako skladateľ tanečnej hudby hungareskového typu významný tým, že s úspechom vniesol prvky tohto hudobného prejavu do klavírneho repertoáru meštianskych salónov. Ako rodák z Pirny sa po odchode z Pešti v roku 1809 natrvalo usadil v Prešove.[233] Účinkoval tu ako trubač, regenschori, organizátor hudobného života mesta a dirigent amatérskeho divadelného orchestra. Prechodne dirigoval aj v košickom divadle. Inšpiratívnou bola jeho účasť na známych hudobných akadémiách u grófa Štefana Faya.[275]

203. Der Musiker *Karl Herfurth* (1790–1864)[32] in Prešov war als Komponist hungaresker Tanzmusik dadurch bedeutend, daß er mit Erfolg deren Elemente in das Klavierrepertoire der bürgerlichen Salons hineintrug. Geboren in Pirna, ließ er sich nach seinem Weggang aus Pest 1809 für ständig in Prešov nieder.[233] Er wirkte hier als Trompeter, Regenschori, Organisator des Musiklebens der Stadt und Dirgent des Amateurtheaterorchesters. Vorübergehend dirigierte er auch im Theater in Košice. Bestimmenden Anteil hatte er an den bekannten Musikakademien bei Graf Stefan Fay.[275]

204. V kaštieli šľachtickej rodiny Dessewffyovcov vo *Finticiach* pri Prešove pulzoval v klasicizme čulý hudobný život.[160] Ako o tom svedčí zachovaný notový materiál, boli na repertoári nielen skladby pre sólové čembalo a klavír. K interpretácii symfónií, komornej tvorby a najmä početnejších tanečných diel sa tu schádzalo do 15 hudobníkov: dvaja huslisti, flautisti, hobojisti, fagotisti, hornisti, violončelista (alebo kontrabasista) a tympanista. Pre toto obsadenie skomponoval 16 contradances i samotný majiteľ kaštieľa gróf František Dessewffy.

204. Im Schloß der Adelsfamilie Dessewffy in *Fintice* bei Prešov pulsierte in der Klassik ein reges Musikleben.[160] Wie das erhaltene Notenmaterial bezeugt, standen auf dem Repertoire nicht nur Werke für Cembalo und Klavier. Zur Interpretation von Symphonien, Kammermusik und vor allem zahlreichen Tanzkompositionen kamen hier bis zu 15 Musiker zusammen: zwei Geiger, Flötisten, Oboisten, Fagottisten, Hornisten, ein Violoncellist (oder Kontrabassist) und ein Pauker. Für diese Besetzung komponierte auch der Schloßbesitzer, Graf Franz Dessewffy 16 Contradances.

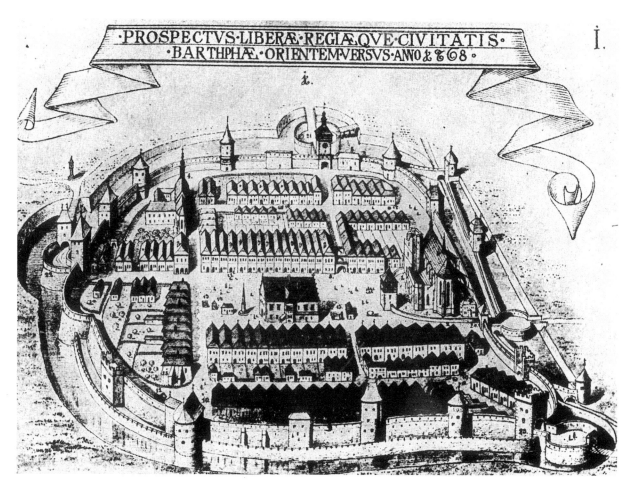

205. Zatiaľ málo preskúmaný je hudobný život *Bardejova*[101], mesta, ktorého hudobná kultúra dosiahla v 16. a 17. storočí európsku úroveň.[206] Popri účinkovaní divadelných spoločností z Košíc a Prešova našla hudba v dobe klasicizmu uplatnenie na koncertoch, v meštianskych salónoch i v školách.[28] Pravidelne zaznievala v kostole františkánov a farskom kostole sv. Egídia. Z hudobníkov mesta spomenieme organistu Petra Michela, regenschoriho Pavla Janiga a trubača Jána Vajnaroviča. Kantorom a organistom v evanjelickom a. v. kostole bol Ján Štefanka.[160]

205. Bislang wenig erforscht ist das Musikleben von *Bardejov*[101], einer Stadt, deren Musikkultur im 16. und 17. Jahrhundert europäisches Niveau erreichte.[206] Neben dem Wirken von Theatergesellschaften aus Košice und Prešov fand die Musik in der Zeit der Klassik Verwendung in Konzerten, in bürgerlichen Salons und in Schulen.[28] Regelmäßig erklang sie in der Franziskanerkirche und in der St. Aegidius-Pfarrkirche. Von den Musikern der Stadt seien der Organist Peter Michel, der Regenschori Paul Janig und der Trompeter Johann Vajnarovič erwähnt. Kantor und Organist in der evangelischen Kirche A. B. war Johann Štefanka.[160]

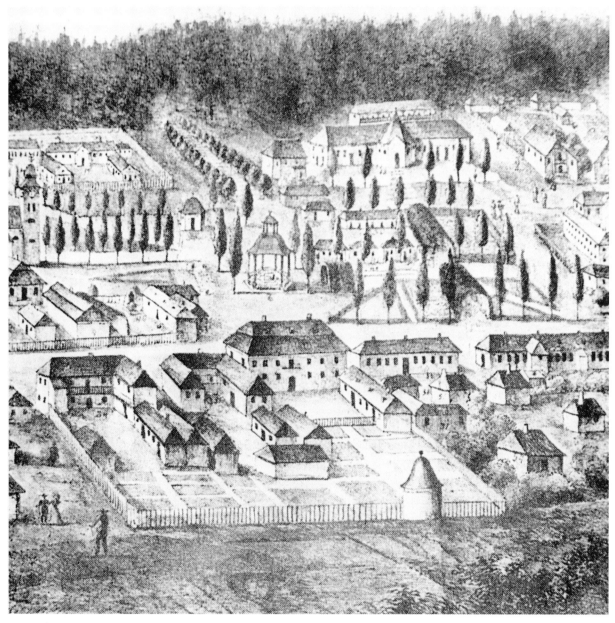

206. *Bardejovské Kúpele* navštevovala nielen uhorská, ale aj poľská šľachta.⁹⁴ Tradične sa tu poriadali koncerty, bály a iné hudobné podujatia. Obzvlášť počas letných mesiacov sem z Bardejova prichádzali aj divadelné spoločnosti²⁸, najmä nemecké. Pred rokom 1817 hrávali v provizórnej drevenej, potom v kamennej divadelnej budove. Na programe boli činohry, spevohry, ale i opery. Správy o týchto podujatiach nájdeme dokonca aj na stránkach bratislavských novín Preßburger Zeitung.³

206. Das Heilbad *Bardejovské Kúpele* besuchte nicht nur der ungarische, sondern auch der polnische Adel.⁹⁴ Traditionell fanden hier Konzerte, Bälle und andere Musikveranstaltungen statt. Besonders während der Sommermonate kamen aus Bardejov auch Theatergesellschaften hierher²⁸, vor allem deutsche. Vor 1817 spielten sie in einem provisorischen Theatergebäude aus Holz, später einem solchen aus Stein. Auf dem Programm standen Schauspiele, Singspiele, aber auch Opern. Berichte über diese Veranstaltungen finden wir sogar auf den Seiten der Preßburger Zeitung.³

207. *Jasov* bol spojivom medzi lokalitami južného Spiša, Rožňavou a Košicami.[160] Centrum hudby[272] Jasova tvoril premonštrátsky kláštor.[174] Existoval do reforiem Jozefa II. (1787) a potom opäť po roku 1802 ako jedna z dvoch uhorských prepozitúr. Pôsobili tu viacerí skladateľsky aktívni, vzdelaní rehoľní hudobníci[271]: P. Eugen Jančík OPraem (1752–1808), pôvodom zo Spišského Podhradia, rožňavský rodák P. Ľudovít Skalník OPraem (1783–1848) a P. Václav Kohaut OPraem (1803–1867). Organista Ján Lininger[268] podľa všetkého nebol členom rehoľného spoločenstva.

207. *Jasov* war das Bindeglied zwischen den Lokalitäten der Südzips, Rožňava und Košice.[160] Das musikalische Zentrum[272] Jasovs bildete das Prämonstratenserkloster.[174] Es bestand bis zu den Reformen Joseph II. (1787) und dann wieder nach 1802 als eine der zwei ungarischen Präposituren. Hier wirkten mehrere kompositorisch aktive, gebildete Ordensmusiker[271]: P. Eugen Jančík OPraem (1752–1808), der Herkunft nach aus Spišské Podhradie, P. Ludwig Skalník OPraem, gebürtig aus Rožňava (1783–1848), und P. Wenzel Kohaut OPraem (1803–1867). Der Organist Johann Lininger[268] war allem Anschein nach nicht Mitglied der Ordensgemeinschaft.

208. Ján Lininger, ktorý v Jasove [268] účinkoval asi v 70. rokoch 18. storočia ako organista, prispieval do miestneho hudobného repertoáru aj vlastnými sakrálnymi dielami. Jeho 5 omší, 3 ofertóriá, 3 litánie a requiem má znaky ranoklasicistického hudobného myslenia.[160] Skladateľova tvorba našla uplatnenie aj mimo Jasova. Hrala sa v Košiciach, Trenčíne, hlavne však na Spiši (Kežmarok, Ľubica, Spišské Podhradie, Spišská Kapitula, Švedlár).

208. Johann Lininger, der in Jasov[268] etwa in den 70er Jahren des 18. Jahrhunderts als Organist tätig war, trug auch mit eigenen sakralen Werken zum örtlichen Musikrepertoire bei. Seine 5 Messen, 3 Offertorien, 3 Litaneien und ein Requiem tragen die Merkmale des frühklassischen Musikdenkens.[160] Das Schaffen des Komponisten fand Verwendung auch außerhalb Jasovs. Es wurde in Košice, Trenčín, vor allem aber in der Zips gespielt (Kežmarok, Ľubica, Spišské Podhradie, Spišská Kapitula, Švedlár).

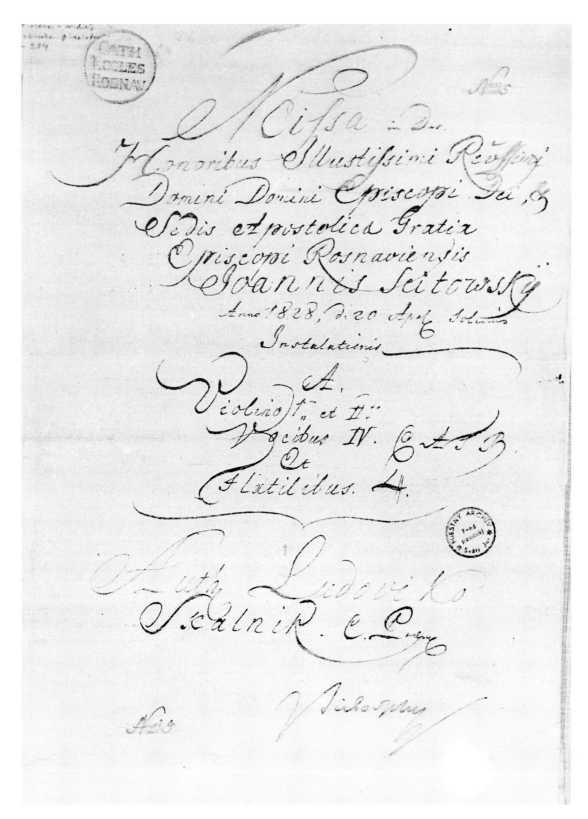

209. K najvýznamnejším hudobníkom klasicizmu nielen Jasova, ale celého východného Slovenska patril *P. Ľudovít Skalník OPraem*. Narodil sa v roku 1783 v Rožňave.[155] Ako člen rehole premonštrátov a kňaz pôsobil najprv ako gymnaziálny profesor v Rožňave a Veľkom Varadíne. Tu sa stal aj prefektom konviktu.[174] Od roku 1809 až do smrti v roku 1848 žil v jasovskom kláštore[271] ako magister hudby. K inštalácii rožňavského biskupa Jána Scitovského (1785–1866), ktorá sa uskutočnila dňa 20. apríla 1828, prispel slávnostnou Omšou Es dur.

209. Zu den bedeutendsten Musikern der Klassik nicht nur Jasovs, sondern der gesamten Ostslowakei gehörte *P. Ludwig Skalník OPraem*. Er wurde 1783 in Rožňava geboren.[155] Als Mitglied des Prämonstratenserordens und Priester wirkte er zunächst als Gymnasialprofessor in Rožňava und Großwardei. Hier wurde er auch Präfekt des Konvikts.[174] Von 1809 bis zu seinem Tod 1848 lebte er im Kloster Jasov[271] als Magister der Musik. Zum Amtsantritt des Bischofs von Rožňava Johann Scitovský (1785–1866), der am 20. April 1828 stattfand, steuerte er die Festmesse Es-Dur bei.

210. Zo skladateľského odkazu Ľudovíta Skalníka poznáme zatiaľ 22 sakrálnych diel (omše, graduále, antifóny, áriu a iné).[155] Hudobný prejav tohto talentovaného autora zaujme úprimnosťou výrazu a akcentovaním dramatických prvkov. Hoci štýlovo reprezentuje Ľ. Skalník tvorbu vrcholného klasicizmu s náznakmi romantizmu, nezbavil sa ešte celkom niektorých znakov hudby raného klasicizmu.[160]

210. Vom kompositorischen Nachlaß Ludwig Skalníks kennen wir bislang 22 sakrale Werke (Messen, Gradualien, Antiphonen, eine Arie und andere).[155] Der musikalische Ausdruck dieses talentierten Autors fesselt durch die Aufrichtigkeit und die Akzentuierung der dramatischen Elemente. Obwohl L. Skalník stilmäßig das Schaffen der Hochklassik mit Anzeichen der Romantik repräsentiert, entledigte er sich noch nicht ganz einiger Merkmale der Frühklassik.[160]

211. Hudobný život banského mesta *Rožňavy*[268] sa rozvíjal paralelne v niekoľkých smeroch.[153] Svetskú hudbu uvádzala najmä mestská kapela. K rozmachu sakrálnej hudby tu prišlo po založení biskupstva v roku 1775. Šestnásťčlenný hudobný súbor účinkoval nielen v katedrálnom, ale i vo františkánskom kostole.[267] Jeho bohatý repertoár dokladá rozsiahla notová zbierka. K vedúcim osobnostiam hudby mesta patrili Ján Nepomuk Palacký, Ján Parbus a skladateľsky činní hudobníci Ján Pipus, Pavel Neumüller, František Xaver Skalník, Anton Billich a Matej Wiedermann.[160]

211. Das Musikleben der Bergbaustadt *Rožňava*[268] entwickelte sich parallel in mehreren Richtungen.[153] Die weltliche Musik wurde vor allem von der Stadtkapelle dargeboten. Zum Aufschwung der sakralen Musik kam es hier nach der Gründung des Bistums 1775. Das sechzehn Mitglieder umfassende musikalische Ensemble wirkte nicht nur in der Kathedrale, sondern auch in der Franziskanerkirche.[267] Sein reiches Repertoire belegt eine umfangreiche Notensammlung. Zu den führenden Persönlichkeiten der Musik der Stadt gehörten Johann Nepomuk Palacký, Johann Parbus und die kompositorisch tätigen Musiker Johann Pipus, Paul Neumüller, Franz Xaver Skalník, Anton Billich und Matthias Wiedermann.[160]

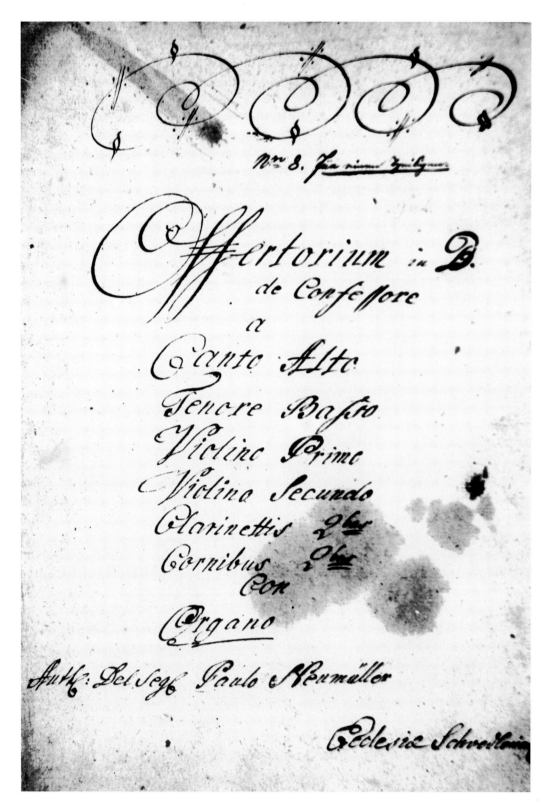

212. K dosiaľ nepovšimnutým skladateľom patril rožňavsko-smolnícky hudobník *Pavel Neumüller* (*1764).[268] Ako učiteľ, organista a regenschori sa významne zaslúžil o uvádzanie tzv. figurálnej hudby. Zanechal asi 60 sakrálnych skladieb, ktoré zaznievali vo východoslovenských, spišských, ba i stredoslovenských strediskách hudby.[136] Neumüllerov invenčný, rytmicky prepracovaný a tempovo mnohotvárny hudobný prejav odzrkadľuje zmeny štýlového vývoja, ktoré boli príznačné pre domácu tvorbu na prelome 18. a 19. storočia.[160]

212. Zu den bisher unbeachteten Komponisten gehörte der in Rožnava und Smolník tätige *Paul Neumüller* (*1764)[268]. Als Lehrer, Organist und Regenschori machte er sich stark um die Aufführung der Figuralmusik verdient. Er hinterließ etwa 60 sakrale Werke, die in den ostslowakischen, Zipser, aber auch mittelslowakischen Musikzentren erklangen.[136] Neumüllers inspirierter, rhythmisch durchgearbeiteter und tempomäßig vielgestaltiger Stil spiegelt die Wandlungen in der Entwicklung wider, die für das heimische Schaffen an der Wende des 18. und 19. Jahrhunderts kennzeichnend waren.[160]

213. Ján Pipus, ktorého životopisné dáta zatiaľ nepoznáme, prevzal miesto dirigenta chóru rožňavského biskupského chrámu[268] po Jánovi Parbusovi. Zachované sakrálne skladby J. Pipusa reprezentujú dielo ranoklasicistického skladateľa regionálneho významu.[160] Ním požadovaný inštrumentár odzrkadľuje vývojové premeny zvukového ideálu doby. Jeho tvorba bola obzvlášť v hudobne významnejších strediskách východoslovenského okruhu a na Spiši[136] v repertoári až do polovice 19. storočia.

213. Johann Pipus, dessen Lebensdaten wir bislang nicht kennen, übernahm die Stelle des Chordirigenten der Bischofskathedrale[268] in Rožňava nach Johann Parbus. Die erhaltenen sakralen Werke von Pipus repräsentieren das Werk eines frühklassischen Komponisten regionaler Bedeutung.[160] Das von ihm geforderte Instrumentarium spiegelt die Entwicklungswandlungen des Klangideals der Zeit wider. Sein Schaffen war besonders in den musikalisch bedeutenderen Zentren des ostslowakischen Kreises und in der Zips[136] im Repertoire bis in die Mitte des 19. Jahrhunderts zu finden.

214. V *Csákyho kapele*[65], ktorá mala charakter stredne veľkého orchestra typu harmónie, účinkovali hudobníci nielen z okolia Humenného, ale i zo vzdialenej Viedne a z Čiech. Vďaka archívnym dokladom poznáme menovite členov tohto združenia. Patril k nim napr. Čech Jozef Špatný (predtým činný u grófa Herbersteina v Prahe), fagotisti Pavel Stec a Martin Rusinský, hobojisti Ján Paulík a Ján Gelevšák, tamburinista Pavel Wolf, hornisti Ján Rodovský, rodák z Čiech, ďalej Anton a Jozef Černeckovci a František Rossi z Viedne.

214. In der *Csáky-Kapelle*[65], die den Charakter eines mittelgroßen Orchesters vom Typ der Harmoniemusik hatte, wirkten nicht nur Musiker aus der Umgebung von Humenné, sondern auch aus dem fernen Wien und Böhmen. Dank den Archivbelegen kennen wir die Mitglieder dieser Kapelle mit Namen. Zu ihnen gehörte etwa der Tscheche Josef Špatný (zuvor bei Graf Herberstein in Prag tätig), die Fagottisten Paul Stec und Martin Rusinský, die Oboisten Johann Paulík und Johann Gelevšák, der Tamburist Paul Wolf, die Hornisten Johann Rodovský, gebürtiger Tscheche, ferner Anton und Josef Černecký und Franz Rossi aus Wien.

215. Kapela spišského župana Štefana Csákyho v *Humennom*[65] je dokladom hudobnej aktivity východoslovenskej šľachty. Súbor bol činný v rokoch 1771–1780. Plnil viac funkcií. Hral pri rôznych príležitostiach v paláci; na programe týchto podujatí boli koncertné skladby, sonáty, partity, diela pre sólový fagot a pod. Ďalej predvádzal vojenskú poľnú hudbu i tzv. tureckú hudbu. O jej uplatnení na Slovensku máme zatiaľ len málo priamych dokladov. Súbor pravdepodobne účinkoval aj v kostole[147] pri predvádzaní tzv. figurálnej hudby. Vieme totiž, že tamojší organista mal pre tento účel k dispozícii len 8-registrový organ, 4-registrový pozitív a 2 tympany.[160]

215. Die Kapelle des Zipser Gespans Stefan Csáky in *Humenné*[65] ist ein Beweis für die musikalische Aktivität des ostslowakischen Adels. Das Ensemble war in den Jahren 1771–1780 tätig. Es spielte bei verschiedenen Gelegenheiten im Palast; auf dem Programm dieser Veranstaltungen standen Konzertkompositionen, Sonaten, Partiten, Werke für Solofagott u.ä. Ferner führte es militärische Feldmusik und sogenannte türkische Musik auf. Über seine Tätigkeit in der Slowakei haben wir bislang wenig direkte Belege. Das Ensemble wirkte wahrscheinlich auch in der Kirche[147] bei der Aufführung der Figuralmusik. Wir wissen immerhin, daß der dortige Organist für diesen Zweck nur eine 8-Register-Orgel, ein 4-Register-Positiv und 2 Pauken zur Verfügung hatte.[160]

VII. kapitola

Európske kontexty vývoja

❖

VII. Kapitel

Europäische Entwicklungskontexte

Hudobný klasicizmus patril k najvýznamnejším etapám historického rozvoja hudobnej kultúry na Slovensku. Dobu jeho trvania môžeme ohraničiť rokmi 1760–1830, pričom predel medzi fázou raného a vrcholného klasicizmu tvoril približne rok 1785. Negatívne pôsobenie mnohých heteronómnych faktorov vývoja malo za následok asi dvadsaťročné oneskorenie autonómneho rozvoja hudobného života a hudobnej tvorby klasicizmu na Slovensku za vývojovo určujúcimi európskymi dobovými centrami hudby.

Prechod od feudalizmu ku kapitalizmu, ktorý tvoril podstatu všetkých zmien tej doby, sa premietol nielen do oblasti politickej, ekonomickej, sociálnej, náboženskej a národnostnej, ale i do všetkých sfér spoločenskej aktivity. Osvietenstvo a racionalizmus ako ideologicko-filozofický program nastupujúcej buržoázie a meštianstva našli ďalekosiahle uplatnenie vo sfére umenia. V dobe klasicizmu pripadla predovšetkým hudbe úloha vedúceho umeleckého druhu, ktorý plnil významné celospoločenské poslanie.

Svedectvom významu hudobného umenia v kontexte života súdobej spoločnosti na Slovensku je nebývalé množstvo zachovaných notových pamiatok klasicizmu i početné novinové a literárne správy o rozsahu uplatnenia hudobného umenia. Pozoruhodný bol i spôsob politického „zúžitkovania" hudby, hlavne tzv. hungaresiek (ako hudobného špecifika Uhorska) na vyjadrenie postojov časti „vlastenecky" orientovanej uhorskej šľachty a buržoázie.

Premeny, ktoré sa v 18. storočí uskutočnili v Európe na báze hudobného umenia, priniesli zásadné zmeny v sociálnofunkčnom uplatnení hudby. V dobe klasiciz-

Die musikalische Klassik gehörte zu den wichtigsten Etappen der historischen Entwicklung der Musikkultur in der Slowakei. Ihre Zeitdauer können wir mit den Jahren 1760–1830 begrenzen, wobei die Grenze zwischen der Phase der Früh- und Hochklassik annähernd das Jahr 1785 bildete. Die negative Wirkung vieler heteronomer Entwicklungsfaktoren hatte eine etwa zwanzigjährige Verspätung der autonomen Entwicklung des Musiklebens und Musikschaffens der Klassik in der Slowakei hinter den entwicklungsbestimmenden zeitgenössischen europäischen Musikzentren zur Folge.

Der Übergang vom Feudalismus zum Kapitalismus, der das Wesen aller Veränderungen jener Zeit bildete, übertrug sich nicht nur in die politischen, wirtschaftlichen, sozialen, religiösen und ethnischen Bereich, sondern auch in alle Bereiche der gesellschaftlichen Aktivität. Aufklärung und Rationalismus als ideologisch-philosophisches Programm des antretenden Bürgertums fanden einen weitreichenden Niederschlag in der Kunst. In der Zeit der Klassik fiel vor allem der Musik die Rolle der führenden Kunstgattung zu, die einen bedeutenden gesamtgesellschaftlichen Auftrag erfüllte.

Ein Zeugnis für die Bedeutung der Tonkunst im Kontext des Lebens der zeitgenössischen Gesellschaft in der Slowakei ist die ungewöhnlich große Menge erhaltener Notendenkmäler und die zahlreichen literarischen und Zeitungsberichte über den Umfang der Verwendung der Musik. Bemerkenswert war auch die Art der politischen „Verwertung" der Musik, vor allem der sogenannten Hungaresken (als musikalisches Spezifikum Ungarns) als Ausdruck der Haltungen eines Teils des „patriotisch" gesinnten ungarischen Adels und der Bourgeoisie.

Die Wandlungen, die sich im 18. Jahrhundert in der europäischen Musik vollzogen, brachten grundsätzliche Veränderungen in der sozial funktionalen Anwendung der Musik. In der Zeit der Klassik erwarb zum ersten Male in der Musikgeschichte die Funktion der edlen Unterhaltung eine dominante Stellung, wodurch das über Jahrhunderte bestehende Monopol der Zwecknutzung der Tonkunst gebrochen wurde. Diese Tatsache hatte nicht nur Veränderungen in der Art der Existenz der Musik der Klassik, sondern auch Veränderungen in der Art des musikalischen Stils zur Folge. Der allgemeine Entwicklungstrend in der Musik und somit auch der

mu po prvý raz v histórii hudby nadobudla dominantné postavenie funkcia ušľachtilej zábavy, čím sa zlomil stáročia trvajúci monopol účelového využívania hudobného umenia. Táto skutočnosť mala za následok nielen zmeny v spôsobe existencie hudby klasicizmu, ale aj zmeny v spôsobe dobového hudobného prejavu. Celkový trend vývoja v hudbe, a teda aj vývoja na Slovensku, smeroval od účelovosti k estetickým kvalitám nefunkčným, od cirkevnej hudby k svetskej, od šľachtického mecénstva k spolkovým hudobným združeniam meštianstva, od súkromného uvádzania hudby k verejne prístupným podujatiam, od hudobného profesionalizmu k hudobnému diletantizmu, od súkromného spôsobu výučby hudby a cirkevného školstva k verejným mestským hudobným školám, od normatívneho k individualizovanejšiemu hudobnému prejavu, od využívania hudobného nástroja len ako „nástroja" pre interpretáciu hudby k zužitkovávaniu jeho charakteristických a charakterizačných vlastností atď.

Na Slovensku sa stali dominantné tri formy sociálnofunkčného uplatnenia hudby klasicizmu. Progresívne a pre dobu typické boli formy ušľachtilej zábavy (koncerty, divadelné predstavenia, domáce pestovanie hudby), z baroka prežívala účelovosť (hudba sakrálna, k zábavám, vežová, vojenská a i.) a tradičné estetickovýchovné formy. Až koncom klasicizmu sa dostávala do popredia programová hudba a subjektívny výraz, obe typické už viac pre obdobie romantizmu. Všetky formy sociálnofunkčného uplatnenia hudby (formy ušľachtilej zábavy, účelová hudba, školstvo) sa vyskytovali v plnom rozsahu iba v centrách hudby na Slovensku. Kvantitatívna prevaha účelového uplatnenia hudby na slovenskom vidieku predstavovala istý archaický moment. Estetickovýchovná funkcia bola viazaná prevažne na prítomnosť pedagogicky orientovaných reholí. Štruktúrou zastúpených a pre klasicizmus charakteristických foriem uplatnenia hudby sa Slovensko zásadnejšie neodchyľovalo od dobových zvyklostí.

Premeny v mecénstve hudby, ktoré súviseli s novými formami sociálnofunkčného uplatnenia hudby klasicizmu, sa vo väčšom rozsahu prejavili v oblasti hudobného života než v rovine tvorby a hudobného repertoáru. Postupné presúvanie ťažiska hudobného mecénstva zo šľachty na meštianstvo mal na Slovensku okrem typických znakov aj niektoré vlastné zákonitosti, ovplyvnené činiteľmi nehudobnej povahy. Typický obraz v tomto smere poskytujú hlavne dve mestské centrá hudby – Bratislava a Košice, teda nie vidiek, kde spravidla absencia najmä vysokej šľachty, ale i cirkevnej hierarchie zapríčinili vývojové atypickosti.

V prvej fáze vývoja hudobného života klasicizmu na Slovensku bolo hlavne pre hudobné centrá Slovenska rozhodujúce mecénstvo vysokej šľachty a cirkevnej hierarchie. Hudobná angažovanosť a ctižiadosť časti

Entwicklung in der Slowakei steuerte von der Zweckmäßigkeit zu ästhetischen, nichtfunktionsgebundenen Qualitäten, von der kirchlichen zur weltlichen Musik, vom adligen Mäzenatentum zu den Musikvereinen und Vereinigungen des Bürgertums, von den privaten Musikaufführungen zu öffentlich zugänglichen Veranstaltungen, vom musikalischen Professionalismus zum musikalischen Dilettantismus, vom privaten Musikunterricht und Kirchenschulwesen zu öffentlichen Stadtmusikschulen, vom normativen zum individualisierteren musikalischen Ausdruck, von der Verwendung des Musikinstruments lediglich als „Instrument" für die Interpretation der Musik zur Nutzung seiner charakteristischen und charakterisierenden Eigenschaften usw.

In der Slowakei wurden drei Formen der sozialfunktionalen Anwendung der Musik der Klassik dominant. Progressiv und für die Zeit typisch waren die Formen der edlen Unterhaltung (Konzerte, Theatervorstellungen, häusliche Musikpflege), vom Barock überlebten die Zweckmäßigkeit (sakrale Musik, Musik zu Vergnügungen, Turm-, Militärmusik u.a.) und die traditionellen ästhetisch-erzieherischen Formen. Erst gegen Ende der Klassik gelangten in den Vordergrund Programmusik und subjektiver Ausdruck, beide schon eher typisch für die Romantik. Alle Formen der sozial-funktionalen Musikanwendung (Formen der edlen Unterhaltung, Zweckmusik, Schulwesen) traten im vollen Umfang nur in den Musikzentren der Slowakei auf. Das quantitative Übergewicht der zweckgebundenen Verwendung der Musik auf dem slowakischen Land stellte ein gewisses archaisches Moment dar. Die ästhetisch-erzieherische Funktion war überwiegend an die Präsenz der pädagogisch orientierten Orden gebunden. In der Struktur der vertretenen und für die Klassik charakteristischen Formen der Musikanwendung in der Slowakei unterschied sie sich diese nicht wesentlich von den zeitgenössischen Gewohnheiten.

Die Wandlungen im Musikmäzenatentum, die mit den neuen Formen der sozial-funktionalen Verwendung der Musik der Klassik zusammenhingen, traten im Bereich des Musiklebens in einem größeren Umfang als auf der Ebene des Schaffens und des Musikrepertoires in Erscheinung. Der Prozeß der allmählichen Verlagerung des Schwerpunktes des Musikmäzenatentums vom Adel auf das Bürgertum hatte in der Slowakei neben typischen Merkmalen auch eigene Gesetzmäßigkeiten, beeinflußt durch Faktoren nichtmusikalischer Natur. Ein typisches Bild bieten dabei hauptsächlich zwei Stadtmusikzentren – Preßburg und Košice, also nicht das Land, wo in der Regel das Fehlen vor allem des Hochadels, aber auch der Kirchenhierarchie zu atypischen Entwicklungserscheinungen führten.

In der ersten Entwicklungsphase des Musiklebens der Klassik in der Slowakei war, vor allem für die Musikzentren der Slowakei, das Mäzenatentum des Hoch-

šľachty usadenej v Bratislave bola taká veľká, že viedla k snahe dosiahnuť úroveň prominentných dobových európskych centier. Druhá etapa bola dobou postupného oslabovania mecénstva šľachty a presúvania iniciatívy na meštianstvo. Faktom ostáva, že nové idey meštianstva na poli hudby sa ešte dosť dlho realizovali z finančných zdrojov šľachty a cirkvi. Až pre tretiu etapu formovania hudobného klasicizmu na Slovensku sa stali príznačné nové meštianske formy hudobného života. Charakteristický pre ne bol nielen nedostatok financií, ale aj malé skúsenosti meštianstva v koncepčných a organizačných otázkach.

V prvých dvoch fázach rozvoja hudobnej kultúry klasicizmu sa ťažisko súdobej hudobnej aktivity celého niekdajšieho Uhorska koncentrovalo na dnešnom území Slovenska. Bratislava ako jeho hlavné mesto sa pritom aktuálnosťou, rozsahom, kvalitou i modernosťou foriem dobového uplatnenia hudby začlenila medzi popredné európske centrá. Výmena hodnôt medzi domácou a európskou hudobnou kultúrou sa uskutočňovala hlavne na báze interpretačného umenia a hudobnej tvorby, ale nemožno nespomenúť i oblasť výroby hudobných nástrojov, vydavateľskú činnosť, hudobnú pedagogiku i ďalšie hudobné aktivity. K zvláštnym znakom dobovej šľachtickej hudobnej kultúry Bratislavy patrili veľmi skoré, v podunajskej oblasti neobvyklé demokratizačné tendencie. Ich prejavom bolo sprístupnenie časti šľachtických hudobných produkcií, bežne vyhradených iba okruhu pozvanej šľachty, meštianskemu publiku, ba dokonca i ľudovým vrstvám, teda komukoľvek, kto „oblečením" spĺňal požadované spoločenské kritériá.

Slovenského vidieka, kde spravidla chýbala vysoká šľachta a cirkevná hierarchia, sa zmeny, ktoré sa odohrali v prvých dvoch etapách rozvoja foriem hudobného života v centrách, dotkli iba okrajovo. Koncom druhej, hlavne však v tretej etape rozvoja hudobného klasicizmu na Slovensku sa vývojovému smerovaniu hlavných hudobných centier snažili priblížiť viaceré menšie mestské strediská, a to práve zásluhou iniciatívneho meštianstva.

adels und der Kirchenhierarchie entscheidend. Das musikalische Engagement und der Ehrgeiz eines Teils des in Preßburg ansässigen Adels waren so groß, daß sie zu dem Bestreben führten, das Niveau der prominenten zeitgenössischen europäischen Zentren zu erreichen. Die zweite Etappe war eine Zeit der allmählichen Schwächung des Mäzenatentums des Adels und der Abgabe der Initiative an das Bürgertum. Eine Tatsache bleibt, daß die neuen Ideen des Bürgertums auf dem Feld der Musik noch sehr lange aus den finanziellen Mitteln von Adel und Kirche realisiert wurden. Erst für die dritte Etappe der Formung der musikalischen Klassik in der Slowakei wurden neue bürgerliche Formen des Musiklebens kennzeichnend. Charakteristisch für sie waren nicht nur der Mangel an Finanzen, sondern auch die geringen Erfahrungen des Bürgertums in konzeptionellen und organisatorischen Fragen.

In den ersten zwei Phasen der Entwicklung der Musikkultur der Klassik war der Schwerpunkt der musikalischen Aktivität des gesamten einstigen Ungarn auf dem heutigen Gebiet der Slowakei konzentriert. Preßburg als Hauptstadt reihte sich dabei in der Aktualität, dem Umfang, der Qualität und Modernität der Formen der zeitgenössischen Musikanwendung unter die führenden europäischen Zentren ein. Der Wertaustausch zwischen der heimischen und europäischen Musikkultur fand vor allem auf der Basis der Interpretationskunst und des Musikschaffens statt, doch sollten auch die Gebiete des Musikinstrumentenbaus, der Verlegertätigkeit, der Musikpädagogik und weitere musikalische Aktivitäten nicht unerwähnt bleiben. Zu den besonderen Merkmalen der zeitgenössischen adligen Musikkultur Preßburg gehörten die sehr frühen, im Donauraum ungewöhnlichen Demokratisierungstendenzen. Sie äußerten sich in der Erschließung der adligen Musikproduktionen, die üblicherweise nur einem Kreis geladener Adliger vorbehalten waren, auch für das Bürgerpublikum, ja selbst für Volksschichten, also jedem, der mit der „Kleidung" die geforderten gesellschaftlichen Kriterien erfüllte.

Das slowakische Land, wo in der Regel Hochadel und Kirchenhierarchie fehlten, wurde von den Veränderungen, die sich in den ersten zwei Entwicklungsetappen der Formen des Musiklebens in den Zentren abspielten, nur am Rande berührt. Gegen Ende der zweiten, vor allem aber in der dritten Entwicklungsetappe der musikalischen Klassik in der Slowakei bemühten sich verschiedene kleinere Stadtzentren, sich der Entwicklungsrichtung der Hauptmusikzentren anzunähern, und zwar gerade durch das Verdienst ihrer initiativen Bürgerschaft.

Die gemeinsamen Merkmale des Musiklebens des Landes und der Zentren bestanden weiterhin auf dem gesamten Gebiet der heutigen Slowakei im Bereich der sakralen Musikproduktion, wo die bestimmende Funk-

Spoločné znaky hudobného života vidieka a centier pretrvávali na celom území dnešného Slovenska v oblasti sakrálnych hudobných produkcií, kde určujúca funkčnosť hudby dovoľovala zmeny iba v intenzite, nie však vo formách uplatnenia hudobného umenia. Ďalšími formami účelového uplatnenia boli rôzne druhy tanečných podujatí, hudba vežová, stolová i formy výučby hudby, realizované v rámci činnosti pedagogicky orientovaných reholí.

Špecifické podmienky pestovania hudobného umenia v šľachtických rezidenciách uhorského vidieka podporili na jednej strane rozmach šľachtického hudobného diletantizmu, typického pre Uhorsko, a na druhej strane viedli v činnosti malých inštrumentálnych zoskupení hudobníkov, zväčša ľudového pôvodu, k syntéze prvkov ľudového hudobného prejavu a tzv. umelej, teda komponovanej hudby, ktorá získala jedinečnú a pre Uhorsko príznačnú podobu v tanečnej hudobnej tvorbe hungareskového typu.

Hudobný repertoár na Slovensku, obdobne ako oblasť hudobného života, vykazoval okrem typicky stredoeurópskych, nadnárodne platných znakov aj niektoré geografické a regionálne špecifiká, ktoré sa najmarkantnejšie prejavili v oblasti jeho štruktúry. V závislosti na kultúrnych tradíciách a na národnostnom a konfesionálnom zložení obyvateľstva sa v klasicistickom repertoári Slovenska sformovali dva základné repertoárové typy, či modely: západoslovenský a spišský. Vo viac alebo menej modifikovanej podobe sa tieto modely uplatnili vo všetkých hudobnokultúrnych okruhoch nášho teritória, tradovaných ešte z baroka: v západoslovenskom, stredoslovenskom, spišskom a východoslovenskom. Podstatu rozdielov medzi nimi tvorila odlišná miera zastúpenia, a tým i pôsobnosti tvorby dobových európskych skladateľov. Pre západoslovenskú repertoárovú oblasť bola určujúca geografická blízkosť Viedne a ňou sprostredkované vplyvy talianskej hudby. Pre Spiš sa ukázala rozhodujúcou sila pretrvávajúcich tradícií nemeckej časti obyvateľstva a jeho kontaktov s materskou krajinou. Dôsledkom tejto väzby bolo nečasové repertoárové zotrvávanie Spiša na tvorbe juhonemeckého baroka. Potešiteľným je konštatovanie, že import európskej dobovej produkcie na Slovensko bol zväčša časovo aktuálny.

Rezultátom posledného obdobia pramenných výskumov je poznanie, že na profilovaní hudobného repertoáru Slovenska mala v dobe klasicizmu rozhodujúci podiel tvorba vedúcich európskych skladateľských osobností, a nie tvorba tzv. Kleinmeistrov, teda autorov druhoradého alebo treťoradého významu, tak ako sa to dosiaľ tvrdilo. V prvých dvoch vývojových fázach formovania hudobného klasicizmu sa stali pre Slovensko určujúcimi diela J. Haydna, W. A. Mozarta, J. B. Schiedermayra, A. Diabelliho, J. K. Vaňhala, M. Haydna a ďalších dôležitých dobových autorov. Až po roku

tionalität der Musik Veränderungen nur in der Intensität, nicht aber in den Formen der Verwendung der Musikkunst erlaubt. Weitere Formen der Zweckverwendung waren verschiedene Arten von Tanzveranstaltungen, Turm-, Tafelmusik und Formen des Musikunterrichts, realisiert im Rahmen der Tätigkeit pädagogisch orientierter Orden.

Die spezifischen Bedingungen der Musikpflege in den Adelsresidenzen des ungarischen Landes unterstützten auf der einen Seite den Aufschwung des für Ungarn typischen adligen musikalischen Dilettantismus, auf der anderen Seite führten sie in der Tätigkeit der kleinen Instrumentalgruppierungen der meist aus dem Volk stammenden Musiker zu einer Synthese der Elemente des Volksmusikausdrucks und der sogenannten Kunstmusik, also der komponierten Musik, die im Tanzmusikschaffen des hungaresken Typus eine einzigartige und für Ungarn kennzeichnende Form erhielt.

Musikleben und Musikrepertoire der Slowakei wiesen außer typisch mitteleuropäischen, übernational geltenden Merkmalen auch einige geographische und regionale Spezifika auf, die sich am markantesten in ihrer Struktur äußerten. In Abhängigkeit von den Kulturtraditionen und der ethnischen und konfessionellen Bevölkerungsstruktur formierten sich im klassischen Repertoire der Slowakei zwei grundlegende Repertoiretypen bzw. Modelle heraus: der westslowakische und der Zipser. In mehr oder minder modifizierter Form wurden diese Modelle in allen noch aus dem Barock tradierten Musikkulturkreisen unseres Territoriums verwendet: im west- und mittelslowakischen, im Zipser und ostslowakischen. Das Wesen der Unterschiede zwischen ihnen bildete das jeweilige Maß des Vertretenseins und damit auch der Wirkung des Schaffens der zeitgenössischen europäischen Komponisten. Für das westslowakische Repertoiregebiet war die geographische Nähe zu Wien und die dorther vermittelten Einflüsse der italienischen Musik ausschlaggebend. Für die Zips zeigte sich als entscheidend die Stärke der fortdauernden Traditionen des deutschen Bevölkerungsteils und seiner Kontakte zum Mutterland. Die Folge dieser Bindung war das unzeitgemäße Verharren des Zipser Repertoires auf dem Schaffen des süddeutschen Barocks. Erfreulich ist die Feststellung, daß der Import der europäischen Zeitproduktionen für die Slowakei meist zeitlich aktuell war.

Ein Resultat der jüngsten Quellenforschungen ist die Erkenntnis, daß den entscheidenden Anteil an der Profilierung des Musikrepertoires der Slowakei in der Zeit der Klassik das Schaffen der führenden Komponistenpersönlichkeiten, und nicht das Schaffen der sogenannten Kleinmeister, also Autoren zweit- oder drittrangiger Bedeutung, so wie bisher behauptet, hatte. In den ersten zwei Entwicklungsphasen der Formung der musikalischen Klassik wurden für die Slowakei die Wer-

1810 sa začala v našom hudobnom repertoári stále viac presadzovať ľúbivá hudobná produkcia umelecky priemerných skladateľov. Pramenný výskum aj v tomto smere potvrdil predpokladaný základný trend vývoja klasicistického hudobného repertáru Slovenska, ktorý najprv akcentoval kvalitu a ku koncu existencie tejto štýlovej epochy začal čoraz väčšmi uprednostňovať kritérium kvantity.

Obdobie hudobného klasicizmu na Slovensku patrilo k závažným aj z hľadiska vlastného skladateľského prínosu, a to nielen do našich, ale i do európskych dejín hudby. Treba pripomenúť, že pre tvorivú príslušnosť k Slovensku považujeme za určujúce nie tak miesto narodenia hudobníka, ako jeho trvalé alebo prechodné pôsobenie u nás, teda miesto, ku ktorému sa viazala aspoň podstatná, či významná etapa kompozičnej činnosti hudobníka. Klasicizmus bol aj na Slovensku dobou explózie skladateľskej aktivity domácich hudobníkov. Domáca skladateľská tvorba kulminovala v 70. a 80. rokoch 18. storočia a potom okolo prelomu storočí. Jej nositeľmi boli hudobníci z malých vidieckych lokalít, ktorí pôsobili zväčša ako regenschori, organisti, kapelníci, trubači, pedagógovia a orchestrálni hráči.

Prvú vlnu zvýšenej skladateľskej aktivity domácich hudobníkov reprezentovali prevažne skladatelia z významných hudobných centier dnešného územia Slovenska, najmä však skladatelia Bratislavy, hlavného mesta krajiny. Uhorské hlavné mesto totiž poskytovalo vtedy veľmi priaznivé podmienky aj pre rozvoj hudobnej tvorby. Výsledkom toho bol napokon nielen rozsah, ale i kvalita bratislavskej skladateľskej produkcie, jej vývojová progresivita, ktorá znamenala prínos do procesu profilácie hudobnej reči európskeho klasicizmu. Druhú vlnu kompozičnej aktivity prezentovali prevažne vidiecki skladatelia Slovenska. Ich tvorba nedosiahla európske kvality a naviac zaostávala aj štýlovo.

ke J. Haydns, W. A. Mozarts, J. B. Schiedermayers, A. Diabellis, J. B. Vaňhals, M. Haydns und weiterer wichtiger Zeitkomponisten ausschlaggebend. Erst nach 1810 begann sich in unserem Musikrepertoire immer mehr die gefällige Musikproduktion der künstlerisch durchschnittlichen Komponisten durchzusetzen. Die Quellenforschung bestätigte auch in dieser Hinsicht den angenommenen grundlegenden Entwicklungstrend des klassischen Musikrepertoires der Slowakei, der zunächst das Kriterium der Qualität und zum Ende der Existenz dieser Stilepoche immer mehr jenes der Quantität bevorzugte.

Die Zeit der musikalischen Klassik in der Slowakei gehörte zu den wichtigen Epochen auch aus der Sicht des eigenen kompositorischen Beitrags, und zwar nicht nur zur slowakischen, sondern auch zur europäischen Musikgeschichte. Als entscheidend für die schöpferische Zugehörigkeit zur Slowakei sehen wir weniger den Geburtsort eines Musikers an als vielmehr dessen ständiges oder zeitweiliges Wirken bei uns, also den Ort, an den zumindest eine wesentliche oder bedeutende Etappe der Kompositionstätigkeit des Musikers gebunden war. Die Klassik war auch in der Slowakei die Zeit der Explosion der kompositorischen Aktivität der heimischen Musiker. Das heimische Kompositionsschaffen kulminierte in den 70er und 80er Jahren des 18. Jahrhunderts und dann um die Jahrhundertwende. Ihre Träger waren Musiker aus kleinen ländlichen Lokalitäten, die meist als Regenschori, Organisten, Kapellmeister, Trompeter, Pädagogen und Orchesterinstrumentalisten tätig waren.

Die erste Welle der erhöhten Kompositionstätigkeit der heimischen Musiker repräsentierten überwiegend die Komponisten aus bedeutenden Musikzentren des heutigen Territoriums der Slowakei, vor allem jedoch aus Preßburg, der Hauptstadt des Landes. Die ungarische Hauptstadt bot damals sehr günstige Bedingungen auch für die Entwicklung des Musikschaffens. Das Ergebnis dieser Situation war schließlich nicht nur der Umfang, sondern auch die Qualität der kompositorischen Produktion der Stadt, ihre Entwicklungsprogressivität, die einen Beitrag zum Prozeß der Profilierung der Musiksprache der europäischen Klassik bedeutete. Die zweite Welle der Kompositionsaktivität präsentierten hauptsächlich die ländlichen Komponisten der Slowakei. Ihr Schaffen erreichte nicht die europäischen Qualitäten und blieb auch stilmäßig zurück.

Ein weiteres spezifisches Merkmal des heimischen Schaffens der Klassik, das aus wirtschaftlichen und sozialen Gegebenheiten resultierte, war das quantitative Übergewicht der sakralen Musik. Das Gebiet des Kirchenschaffens war in dieser Zeit nicht nur Träger des Zeitfortschritts, sondern dadurch, daß es streng zweckgebunden war, determinierte es in gewissem Maße mit Elementen außermusikalischer Natur die Ambitionen

Ďalším špecifickým znakom domácej tvorby klasicizmu, ktorý vyplynul z ekonomických a sociálnych daností, bola kvantitatívna prevaha sakrálnej hudby. Oblasť cirkevnej tvorby v tomto období nielen že nebola nositeľom dobového progresu, ale tým, že bola prísne účelová, determinovala do istej miery prvkami mimohudobnej povahy ambície tvorivých typov skladateľov. Samozrejme, v oveľa menšej miere „prekážal" tento fakt skupine hudobníkov, pre ktorých skladateľská činnosť bola iba rutinnou realizáciou platných kompozičných noriem.

Prehľad o kvalitách domácej tvorby klasicizmu poskytuje do značnej miery už jej dobové repertoárové rozšírenie. Diela „skladateľov-remeselníkov" obvykle neprekročili hranice miesta svojho vzniku. Tvorivý odkaz komponistov regionálneho významu si neraz získal celoslovenský ohlas. Väčšina reprezentantov tejto skupiny autorov prekonala aspoň v časti svojej tvorby okovy typovosti a vo väčšej alebo menšej miere prezentovala (obvykle v niektorom z prvkov hudobného prejavu doby) znaky smerujúce k individuálnemu, alebo aspoň individuálnejšiemu spôsobu stvárnenia hudobného zámeru. Európsky ohlas a uplatnenie si získala tvorba väčšiny vedúcich skladateľských osobností hudobnej kultúry klasicizmu na Slovensku, ku ktorej patrili A. Zimmermann, J. Družecký, F. P. Rigler, J. M. Sperger, F. X. Tost a ďalší. Ich tvorivý odkaz okrem znakov majstrovského zvládnutia dobových noriem bol aj nositeľom individuálneho hudobného prejavu. Títo hudobníci naviac novátorskými prvkami tvorby kvalitatívne posúvali vývoj a prispeli k formovaniu niektorého z elementov hudobnej reči klasicizmu. Jedinečným prínosom bratislavských skladateľov, ktorí reprezentovali hlavné stredisko hudobnej tvorby dobového Uhorska, bolo obohatenie nadnárodnej hudobnej reči klasicizmu o prvky regionálneho hudobného prejavu. Tvorba tzv. hungaresiek, tradovaná z čias baroka, sa tak ako produkt špecifickej sociálnej formy uplatnenia hudby v krajinách voľakedajšieho Uhorska stala jeho hudobným symbolom.

Osobitnú kapitolu týchto vzťahov tvorili kontakty vedúcich reprezentantov európskej hudobnej kultúry klasicizmu so Slovenskom, predovšetkým s Bratislavou. Veľký význam pre domáci hudobný život a tvorbu mali ich osobné pobyty (J. Haydn, W. A. Mozart, L. v. Beethoven, A. Salieri, F. Krommer, K. Ditters v. Dittersdorf, J. Eybler, J. Drechsler a iní), najmä však intenzívny vplyv ich tvorby. Na druhej strane sa vďaka týmto kontaktom – prostredníctvom diel týchto osobností, najmä však J. Haydna – dostávali prvky regionálnej kultúry Uhorska do nadnárodnej hudobnej reči európskeho klasicizmu.

Kedy, ako a do akej miery bolo naše územie súčasťou európskeho kultúrneho kontextu, prezrádza okrem iného aj dobový imigračný pohyb hudobníkov.

der schöpferischen Typen der Komponisten. Natürlich „behinderte" diese Tatsache in weit geringerem Maße die Gruppe der Musiker, für die die kompositorische Tätigkeit nur eine routinemäßige Realisierung der geltenden Kompositionsnormen war.

Einen Überblick über die Qualitäten des heimischen Schaffens der Klassik bietet in beträchtlichem Maße schon ihre damalige Repertoireverbreitung. Die Werke der „Handwerker-Komponisten" überschritten gewöhnlich nicht die Grenzen des Ortes ihrer Entstehung. Der schöpferische Nachlaß der Komponisten regionaler Bedeutung fand nicht selten gesamtslowakischen Anklang. Die Mehrheit der Repräsentanten dieser Autorengruppe überwand zumindest mit einem Teil ihres Schaffens die Ketten des Typenschemas und präsentierte in größerem oder kleineren Maße (meist in einem der Elemente der musikalischen Ausdrucksformen der Zeit) Merkmale, die zur individuellen oder zumindest individuelleren Art musikalischer Gestaltung führte. Europäischen Anklang und Verwendung fand das Schaffen der Mehrheit der führenden Komponistenpersönlichkeiten der Musikkultur der Klassik in der Slowakei, zu der A. Zimmermann, G. Družecký, F. P. Rigler, J. M. Sperger, F. X. Tost und weitere gehörten. Ihr schöpferischer Nachlaß zeigt außer der meisterhaften Bewältigung der Zeitnormen auch die Beherschung des individuellen Musikausdrucks. Diese Musiker förderten zudem mit neuartigen Schaffenselementen die Entwicklung qualitativ und trugen zur Formung eines der Elemente der Musiksprache der Klassik bei. Ein einzigartiger Beitrag der Komponisten von Preßburg, die das Hauptzentrum des musikalischen Schaffens des zeitgenössischen Ungarn repräsentierten, war die Bereicherung der übernationalen Musiksprache der Klassik um Elemente der regionalen Musikäußerung. Die Schaffung der sogenannten Hungaresken, tradiert aus der Zeit des Barocks, wurde so als Produkt der spezifischen sozialen Anwendungsform der Musik in den Ländern des einstmaligen Ungarn zu seinem musikalischen Symbol.

Ein Sonderkapitel dieser Beziehungen bildeten die Kontakte der führenden Repräsentanten der europäischen Musikkultur der Klassik zur Slowakei, vor allem zu Preßburg. Große Bedeutung für das heimische Musikleben und Schaffen hatten ihre persönlichen Aufenthalte (J. Haydn, W. A. Mozart, L. v. Beethoven, A. Salieri, F. Krommer, K. Ditters v. Dittersdorf, J. Eybler, J. Drechsler u.a.), vor allem aber der intensive Einfluß ihres Schaffens. Auf der anderen Seite gelangten dank dieser Kontakte, über die Werke dieser Persönlichkeiten, besonders aber J. Haydns, die Elemente der Regionalkultur Ungarns in die übernationale Musiksprache der europäischen Klassik.

Wann, wie und in welchem Maße unser Gebiet Bestandteil des europäischen Kulturkontextes war, verrät unter anderem auch die Immigrationsbewegung der

Jeho výraznú časovú hranicu tvoril koniec 80. rokov 18. storočia. Predovšetkým do tohto času prichádzali na Slovensko mnohí skvelí hudobníci, ktorí sa po krátkom čase stali spolutvorcami domácej hudobnej kultúry i jej hlavnými reprezentantmi (A. Zimmermann, H. Klein, F. P. Rigler, J. M. Sperger, F. X. Tost, J. Družecký, A. Aschner a ďalší). Po jozefínskych reformách sa naopak zdvihla silná emigračná vlna, ktorá citeľne ochudobnila domáce hudobné prostredie. Vtedy od nás odišli viaceré výrazné osobnosti (J. Chudý, J. Lavotta, J. M. Sperger, J. Družecký a ďalší), ktoré mali potom často kľúčový význam pre vývoj hudobnej kultúry krajiny, ktorá ich prijala. Podstata tvorivého prínosu časti týchto skladateľov spočívala v novej úrovni spojenia prvkov ľudového hudobného prejavu s dobovou tzv. umelou hudbou. S touto vlnou emigrácie súvisel aj odchod bratislavského rodáka J. N. Hummela a jeho rodičov do Viedne. Zrkadlom mnohostranných väzieb domácej a európskej hudobnej kultúry doby klasicizmu sú napokon aj bratislavské noviny Preßburger Zeitung, ktoré mali stredoeurópsky význam.

V súlade s už vysloveným názorom môžeme len opätovne konštatovať, že obdobie hudobného klasicizmu na Slovensku reprezentuje významnú epochu kultúrnych dejín nášho národa a predstavuje čas, keď hudobná kultúra na Slovensku bola aktívnou súčasťou európskeho hudobného diania.

Musiker in jener Zeit. Ihre markante Zeitgrenze bildete das Ende der 80er Jahre des 18. Jahrhunderts. Bis zu dieser Zeit kamen viele hervorragende Musiker in die Slowakei, die nach kurzer Zeit Mitgestalter der heimischen Musikkultur und ihre Hauptrepräsentanten wurden (A. Zimmermann, H. Klein, F. P. Rigler, J. M. Sperger, F. X. Tost, G. Družecký, A. Aschner und andere). Nach den Josephinischen Reformen erhob sich dagegen eine starke Emigrationswelle, die die heimische Musikszene sehr verarmen ließ. Damals verließen uns mehrere markante Persönlichkeiten (J. Chudý, J. Lavotta, J. M. Sperger, G. Družecký und weitere), die dann häufig eine Schlüsselbedeutung für die Entwicklung der Musikkultur des Landes hatten, das sie aufgenommen hatte. Das Wesen des schöpferischen Beitrags eines Teils dieser Komponisten bestand in dem neuen Niveau der Verbindung der Elemente des Volksmusikausdrucks mit der zeitgenössischen, sogenannten Kunstmusik. Mit dieser Emigrationswelle hing eng auch der Weggang des in Preßburg geborenen J. N. Hummel und seiner Eltern nach Wien zusammen. Ein Spiegel der vielseitigen Bindungen der heimischen und europäischen Musikkultur der Zeit der Klassik ist schließlich auch die Preßburger Zeitung, die mitteleuropäische Bedeutung hatte.

Im Einklang mit der bereits ausgesprochenen Ansicht können wir nur erneut feststellen, daß die Zeit der musikalischen Klassik in der Slowakei eine bedeutende Epoche der Kulturgeschichte unseres Volkes bildet und eine Zeit darstellt, in der die Musikkultur in der Slowakei ein aktiver Bestandteil des europäischen Musikgeschehens gewesen ist.

Literatúra
♦
Literaturverzeichnis

[1] ABERT, H.: *W. A. Mozart*. Leipzig 1973.

[2] *Architektúra na Slovensku do polovice 19. storočia. [Die Architektur in der Slowakei bis zur Mitte des 19. Jahrhunderts.]* Bratislava 1958.

[3] *Archív mesta Bratislavy.* Sprievodca po archívnych fondoch. *[Archiv der Stadt Bratislava. Begleiter durch die Archivfonds.]* Bratislava 1955.

[4] *Archív mesta Košíc.* Sprievodca po archívnych fondoch. *[Archiv der Stadt Košice. Begleiter durch die Archivfonds.]* Praha 1957.

[5] *Archív mesta Kremnice.* Sprievodca po archívnych fondoch. *[Archiv der Stadt Kremnica. Begleiter durch die Archivfonds.]* Bratislava 1957.

[6] BAKAY, Ľ.: *Príspevok k dejinám hudobného života v Žiline.* Diplomová práca. *[Beitrag zur Geschichte des Musiklebens in Žilina.* Diplomarbeit.*]* Bratislava 1963. 130 S. – Univerzita J. A. Komenského. Filozofická fakulta.

[7] BALLOVÁ, Ľ.: *Ludwig van Beethoven a Slovensko. [Ludwig van Beethoven und die Slowakei.]* Martin 1972.

[8] BALLOVÁ, Ľ.: *Einige Dokumente über Beethovens Musik in Preßburg.* In: Studia Musicologica Academiae Scientiarum Hungaricae 15. Budapest 1973, S. 321–333.

[9] BALLOVÁ, Ľ.: *Spolok slobodných umelcov a profesorov reči v Bratislave. [Verein freischaffender Künstler und Sprachprofessoren in Bratislava.]* In: Hudobné tradície Bratislavy a ich tvorcovia 1. Bratislava 1974, S. 72–87.

[10] BALLOVÁ, Ľ.: *Poznámky k archívu spolku pre cirkevnú hudbu v Bratislave. [Bemerkungen zum Archiv des Vereins für Kirchenmusik in Bratislava.]* In: Hudobné tradície Bratislavy a ich tvorcovia 2. Franz Liszt a jeho bratislavskí priatelia. [Franz Liszt und seine Freunde aus Bratislava.] Bratislava 1975, S. 209–222.

[11] BANÁRY, B.: *Iohann Cecilian Plihal a jeho neznáme dielo. [Johann Cecilian Plihal und sein unbekanntes Werk.]* Hudobný život 13, 1981, Nr. 4, S. 8.

[12] BANÍK, A. A.: *Bernolákovci v národnom živote slovenskom. [Die Bernolak-Gruppe im slowakischen nationalen Leben.]* Kultúra 9, 1937, Nr. 3, S. 55–56.

[13] BÁRDOS, K.: *Hudobný život Modry v 17. a 18. storočí. [Das Musikleben Modras im 17. und 18. Jahrhundert.]* In: Hudobný archív 12. Martin 1994, S. 18–41.

[14] BARTHA, D. – SOMFAI, L.: *Haydn als Opernkapellmeister.* Die Haydn-Dokumente der Esterházy-Opernsammlung. Budapest 1960.

[15] BARTHA, D.: *Haydns gesammelte Briefe und Aufzeichnungen.* Kassel 1965.

[16] BAUER, W. A. – DEUTSCH, O. E.: *Mozart-Briefe und Aufzeichnungen.* 1766–1776. Vol. l. Kassel 1962.

[17] BENYOVSZKY, K.: *Das alte Theater.* Bratislava 1926.

[18] BENYOVSZKY, K.: *Geschichte der Schaubühne zu Preßburg.* Bratislava 1927.

[19] BENYOVSZKY, K.: *J. N. Hummel.* Der Mensch und Künstler. Bratislava 1934.

[20] BIBA, O.: *Hudba podunajskej oblasti v Haydnovom období.* Hudobné tradície Bratislavy a ich tvorcovia 11. Joseph Haydn a hudba jeho doby. *[Die Musik des Donauraumes in Haydnscher Zeit.* Musiktraditionen Bratislavas und ihre Schöpfer. 11. Joseph Haydn und die Musik seiner Zeit.*]* Bratislava 1984, S. 13–19.

[21] BLUME, F.: *Klassik.* In: Die Musik in Geschichte und Gegenwart. Vol. 7. Kassel-Basel 1958, S. 1027–1090.

[22] BOKES, F.: *Obyvateľstvo Slovenska na konci 18. storočia. [Die Bevölkerung der Slowakei Ende des 18. Jahrhunderts.]* In: Sborník slovenskej múzeálnej spoločnosti 34–35. Martin 1940–1941, S. 1–18.

[23] BROCKHAUS, H. A.: *Europäische Musikgeschichte.* Europäische Musikkulturen vom Barock bis zur Klassik. Vol. 2, Berlin 1986.

[24] BÜCKEN, E.: *Die Musik des Rokokos und der Klassik* (Handbuch der Musikwissenschaft). Wildpark-Potsdam 1928.

[25] BUGALOVÁ, E.: *Rozvoj hudobného života od 18. storočia. [Die Entwicklung des Musiklebens ab dem 18. Jahrhundert.]* In: Dejiny Trnavy. Bratislava 1988, S. 353–366.

[26] CESNAKOVÁ-MICHALCOVÁ, M.: *Z dejín divadla v Banskej Bystrici do roku 1908. [Aus der Geschichte des Theaters in Banská Bystrica.]* Slovenské divadlo 7, 1959, Nr. 3, S. 222–247.

[27] CESNAKOVÁ, M.: *Operná spoločnosť grófa Erdődyho v Bratislave. [Die Operngesellschaft des Grafen Erdődy in Bratislava.]* Hudobný život 10, 1978, Nr. 14, S. 3, Nr. 15, S. 3, Nr. 16, S. 7.

[28] CESNAKOVÁ-MICHALCOVÁ, M.: *Premeny divadla.* Inonárodné divadlá na Slovensku do roku 1918. *[Wandlungen des Theaters.* Ausländische Theater in der Slowakei vor 1918.*]* Bratislava 1981.

[29] ČAVOJSKÝ, L.: *Príspevok k dejinám divadla v Trnave do roku 1871. [Beitrag zur Geschichte des Theaters in Trnava vor 1871.]* Slovenské divadlo 6, 1958, Nr. 6, S. 525–538.

[30] ČERNÝ, J. – KOUBA, J. – LÉBL, V. – LUDVOVÁ, J. – PILKOVÁ, Z. – SEHNAL, J. – VÍT, P.: *Hudba v českých dějinách.* Od středověku do nové doby. *[Die Musik in der tschechischen Geschichte.* Vom Mittelalter bis in die Neuzeit.*]* Praha[2] 1989.

[31] ČERVEŇOVÁ, H.: *Inštrumentálna hudba na západnom Slovensku v 18. storočí.* Kandidátska práca. *[Die Instrumentalmusik in der Westslowakei im 18. Jahrhundert.* Dissertationsarbeit.*]* Bratislava 1978. 282 S. – Univerzita J. A. Komenského. Filozofická fakulta.

[32] *Československý hudobný slovník. [Tschechoslowakisches Musikwörterbuch.]* Vol 1, 2. Praha 1963, 1965.

[33] *Die Musik des 18. Jahrhunderts.* Ed. C. Dahlhaus. Vol. 5. Regensburg 1985.

[34] DANIŠOVSKÝ, J.: *Hudobná zbierka z Ľubice.* Diplomová práca. *[Musiksammlung aus Ľubica.* Diplomarbeit.*]* Bratislava 1971. 247 S. – Univerzita J. A. Komenského, Filozofická fakulta.

[35] *Dejiny Slovenska, od najstarších čias do roku 1848. [Geschichte der Slowakei, von der ältesten Zeit bis 1848.]* Kolektív autorov. Bratislava 1961.

[36] *Dejiny slovenskej hudby. [Geschichte der slowakischen Musik.]* Kolektív autorov. Bratislava 1957.

[37] DEMENČÍKOVÁ-DOBÁKOVÁ, R.: *Hudobný život Liptovského Mi-*

kuláša. Diplomová práca. *[Musikleben von Liptovský Mikuláš*. Diplomarbeit.] Banská Bystrica 1975. 57 S. – Pedagogická fakulta.

[38]DEUTSCH, O. E.: *Schubert thematic catalogue of his works in chronological order.* London 1951.

[39]DEUTSCH, O. E.: *Schubert.* Die Dokumente seines Lebens. Leipzig 1964.

[40]*Die Musik in der Geschichte und Gegenwart.* Vol. 1–15. Kassel-Basel 1949–1973.

[41]DIES, A. Ch.: *Biographische Nachrichten von Joseph Haydn.* Wien 1810. Ed. H. Seeger. Berlin 1962.

[42]DITTERSDORF, K. Ditters : *Vzpomínky hudebníka 18. století. [Erinnerungen des Musikers des 18. Jahrhunderts.]* Praha 1959.

[43]DLABAČ, B.: *Allgemeines historisches Künstlerlexikon für Böhmen und zum Theil auch Mähren und Schlesien.* Vol. 1–3. Praha 1815–1818.

[44]DUKOVÁ, E.: *Vývoj hudobného nástrojárstva v Bratislave do roku 1918.* Diplomová práca. *[Entwicklung des Musikinstrumentenbaus in Preßburg vor 1918.* Diplomarbeit.] Bratislava 1979. 191 S. – Univerzita J. A. Komenského. Filozofická fakulta.

[45]DUNAJSKÁ, A. – ŠTIBRÁNYIOVÁ, M.: *Hudobný spolok v Trnave. [Der Musikverein in Trnava.]* Slovenská archivistika 15, 1980, Nr. 2, S. 113–130.

[46]DUŠINSKÝ, G.: *Antonio Salieri a jeho bratislavské pobyty. [Antonio Salieri und seine Aufenthalte in Bratislava.]* Hudobný život 13, 1981, Nr. 15, S. 8.

[47]DUŠINSKÝ, G.: *Nové poznatky o živote Heinricha Kleina v Bratislave. [Neue Erkenntnisse über das Leben Heinrich Kleins in Preßburg.]* Hudobný život 14, 1982, Nr. 18, S. 8.

[48]EITNER, R.: *Biographisch-Bibliographisches Quellenlexikon der Musiker und Musikgelehrter.* Vol. 1–11. Graz 1959–1960.

[49]FERENCOVÁ, S.: *„Der Bettelstudent"* – spevohra Františka Hrdinu. Diplomová práca. *[„Der Bettelstudent" – ein Singspiel von Franz Hrdina.* Diplomarbeit.] Bratislava 1992. 85 S. – Univerzita J. A. Komenského. Filozofická fakulta.

[50]FLOTZINGER, R. – GRUBER, G.: *Musikgeschichte Österreichs.* Vom Barock zur Gegenwart. Vol. 2. Graz-Köln 1979.

[51]FRIMMEL, Th.: *Besuche Beethovens in Preßburg.* In: Beethoven Studien 2. München 1905–1906.

[52]GAJDOŠ, J. V.: *Františkánska knižnica v Malackách. [Die Franziskaner Bibliothek in Malacky.]* Bratislava 1943.

[53]GAJOŠ, J. V.: *Historicky o uhroveckej zbierke.[Historisch über die Sammlung von Uhrovec.]* Slovenská hudba 9, 1965, Nr. 7, S. 299–302.

[54]GAJDOŠ, J. V.: *Doplnky k životu a dielu Pantaleona Roškovského. [Nachträge zum Leben und Werk Pantaleon Roškovskýs.]* In: Musicologica slovaca 2. Bratislava 1970, S. 131–156.

[55]GAJDOŠ, J. V.: *Hudobné zborníky Paulína Bajana. [Musiksammelbände Paulin Bajans.]* In: Musicologica slovaca 3. Bratislava 1971, S. 181–225.

[56]GAJDOŠ, V.: *Zbierka hudobnín z kapitulského kostola v Banskej Bystrici.* Diplomová práca. *[Musikaliensammlung der Kapitelkirche in Banská Bystrica.* Diplomarbeit.] Bratislava 1966. 145 S. – Univerzita J. A. Komenského. Filozofická fakulta.

[57]GERBER, E. L.: *Neues historisch-biographisches Lexikon der Tonkünstler.* Vol. 1–3. Leipzig 1812–1814.

[58]GERGELYI, O. – WURM, K.: *Pamiatkové organy na území stredného Slovenska. [Denkmalorgeln auf dem Gebiet der Mittelslowakei.]* Banská Bystrica 1974.

[59]GERGELYI, O.: *Z dejín slovenského organárstva. [Aus der Geschichte des slowakischen Orgelbaus.]* Hudobný život 11, 1978, Nr. 24, S. 1.

[60]GERGELYI, O. – WURM, K.: *Historische Orgeln und Gehäuse in der Westslowakei.* In: Acta organologica 14, Berlin 1980, S. 11–172.

[61]GERGELYI, O. – WURM, K.: *Historické organy na Slovensku. [Historische Orgeln in der Slowakei.]* Bratislava² 1989.

[62]GOLDSCHMIEDT, H.: *Franz Schubert.* Ein Lebensbild. Leipzig 1964.

[63]GROUTH, D. J.: *A History of Western music.* New York 1973.

[64]HALAGA, O.: *Z dejín mesta.* Košice – mestská pamiatková rezervácia. *[Aus der Geschichte der Stadt.* Košice – städtisches Denkmalreservat.] Bratislava 1958.

[65]HAMTÁKOVÁ, A.: *Hudba a hudobníci kapely grófa Štefana Csákyho v Humennom v rokoch 1771–1780.* Diplomová práca. *[Musik und Musiker der Kapelle des Grafen Stefan Csáky in Humenné 1771–1780.* Diplomarbeit.] Bratislava 1968. 81 S. – Univerzita J. A. Komenského, Filozofická fakulta.

[66]HENLEY, W.: *Universal dictionary of violin and bow markers.* Brighton Sussex 1973.

[67]HOBOKEN, A.: *Joseph Haydn.* Thematisch-bibliographisches Werkverzeichnis. Vol. 1–2. Mainz 1957, 1971.

[68]*Hochgräflich-Erdödischer Theaterallmanach auf das Jahr 1787.* Leipzig und Berlin 1787.

[69]HOLČÍK, Š. – RUSINA, I.: *Bratislava alt und neu.* Bratislava 1987.

[70]HOLČÍK, Š.: *Korunovačné slávnosti* (Bratislava) *1563–1830. [Krönungsfeierlichkeiten* (Bratislava) *1563–1830].* Bratislava 1988.

[71]HORÁNYI, M.: *Das „Esterházysche Feenreich".* Beitrag zur ungarländischen Theatergeschichte des 18. Jahrhunderts. Budapest 1959.

[72]HOŘEJŠ, A.: *Slovenská hudba. [Die slowakische Musik.]* In: Československá vlastivěda. Vol. 8. Praha 1935. S. 565–597.

[73]HORVÁTH, V. – HOLUBICOVÁ, H.: *Cirkevný hudobný spolok v Bratislave (1830–1950). [Der Kirchenmusikverein in Bratislava (1830–1950).]* Bratislava 1971.

[74]HORVÁTH, V.: *Bratislavský topografický lexikon. [Topographisches Lexikon Bratislavas.]* Bratislava 1990.

[75]HOZA, Š.: *Opera na Slovensku. [Die Oper in der Slowakei.]* Vol. 1. Martin 1953.

[76]HRABUSSAY, Z.: *Joseph Haydn a Bratislava. [Joseph Haydn und Preßburg.]* Slovenská hudba 3, 1959, Nr. 5, S. 231–234.

[77]HRABUSSAY, Z.: *Výroba a výrobcovia hudobných nástrojov v Bratislave. [Musikinstrumentenbau und -bauer.]* In: Hudobnovedné štúdie 5. Bratislava 1961, S. 197–238.

[78]HRABUSSAY, Z.: *Beethoven a Hummel. [Beethoven und Hummel.]* In: Československá beethoveniana 2–3. Hradec u Opavy, S. 19–31.

[79]HUDEC, K.: *Hudba v Banskej Bystrici do 19. storočia. [Die Musik in Banská Bystrica bis zum 19. Jahrhundert.]* Liptovský Mikuláš 1941.

[80]HUDEC, K.: *Vývin hudobnej kultúry na Slovensku. [Die Entwicklung der Musikkultur in der Slowakei.]* Bratislava 1949.

[81]*Hudobné zbierky Slovenského národného múzea v Bratislave (1965–1975). [Musiksammlungen des Slowakischen Nationalmuseums in Bratislava (1965–1975).]* Kolektív autorov. Bratislava 1975.

[82]IDASZAK, D.: *K problematyke czeskiej emigracii muzycznej w Polsce v 18. wieku.* Bydgoszcz 1963.

[83]JAHN, O.: *W. A. Mozart.* Vol. 1–4. Leipzig 1856–1859.

[84]JALOVEC, K.: *Böhmische Geigenbauer.* Praha 1959.

[85]JALOVEC, K.: *Enzyklopädie der Geigenbauer.* Praha 1965.

[86]JANKOVIČ, V.: *Dejiny jezuitov v Banskej Štiavnici. [Geschichte der Jesuiten in Banská Štiavnica.].* Bratislava 1941.

[87]JANŠÁK, Š.: *Slovensko v dobe uhorského feudalizmu.* Hospodárske pomery v rokoch 1514–1848. *[Die Slowakei in der Zeit des ungarischen Feudalismus.* Die wirtschaftlichen Verhältnisse in der Zeit von 1514–1848.] Bratislava 1932.

[88]KAČIC, L.: *250 rokov od narodenia Pantaleona Roškovského. [250 Jahre seit der Geburt von Pantaleon Roškovský.]* Hudobný život 16, 1984, Nr. 6, S. 8.

[89]KAČIC, L.: *Cantica Dulcisona Mariano Seraphica a problém autorstva v zborníkoch P. Roškovského. [Cantica Dulcisona Mariano Sera-

phica und das Problem der Autorschaft in de Sammelbänden P. Roškovskýs.] Hudobný život 18, 1986, Nr. 11, S. 8.

[90] KAČIC, L.: *K žriedlam tvorby P. Bajana a E. Paschu. [Zu den Quellen des Schaffens von P. Bajan und E. Pascha.]* Hudobný život 19, 1987, Nr. 24, S. 8.

[91] KAČIC, L.: *Zborníky Pantaleona Roškovského pre klávesové nástroje. [Sammelbände Pantaleon Roškovskýs für Tasteninstrumente.]* In: Musicologica slovaca 12. Bratislava 1988, S. 145–203.

[92] KAČIC, L.: *Die Musikkultur der Franziskaner in der Slowakei während des 17. und 18. Jh.* In: Musica antiqua Europae Orientalis 8. Vol. 1. Bydgoszcz 1988, S. 467–477.

[93] KAČIC, L.: *Gaudentius Dettelbach – Selected works.* In: Musicalia Danubiana. Budapest [v tlači].

[94] *Kapitoly z dejín slovenského divadla od najstarších čias po realizmus. [Kapitel aus der slowakischen Theatergeschichte von der ältesten Zeit bis zum Realismus.]* Kolektív autorov. Bratislava 1967.

[95] KERESZTURY, D. – VÉCSEY, J. – FÁLVY, Z.: *A magyar zenetörténet képeskönyve.* Budapest 1960.

[96] *Kežmarok.* Kolektív autorov. Bratislava 1969.

[97] KHEVENHÜLLER-METSCH, J.: *Aus der Zeit Maria Theresias.* Tagebuch des Fürsten Johann Khevenhüller-Metsch, kaiserlichen Oberst-hofmeister 1742–1776. Leipzig 1925.

[98] KINSKY, G. – HALM, H.: *Das Werk Ludwig van Beethoven.* Thematisch-bibliographisches Verzeichnis seiner sämtlichen vollendeten Kompositionen. München-Duisburg 1955.

[99] KNIESOVÁ. M. – MOJŽIŠOVÁ, I. – ZÁVADOVÁ, K.: *Čaplovičova knižnica.* Návrhy divadelných dekorácií a grafika. *[Die Čaplovič-Bibliothek.* Entwürfe von Theaterdekorationen und Graphik.] Martin 1989.

[100] KOČIŠ, L.: *Nové Zámky v minulosti a súčasnosti. [Nové Zámky in Vergangenheit und Gegenwart.]* Nové Zámky 1967.

[101] KOKOĽA, A.: *Dejiny Bardejova. [Die Geschichte Bardejovs.]* Košice 1975.

[102] KÖCHEL, L. v.: *Chronologisch-thematisches Verzeichnis der Werke W. A. Mozart.* Wiesbaden 1964. Leipzig [6] 1969.

[103] KNEPLER, G.: *Musikgeschichte des 19. Jahrhunderts.* Berlin 1961.

[104] KOWALSKÁ, E.: *Reforma-hudba-škola. [Reform-Musik-Schule.]* In: Musicologica slovaca. Hudobná kultúra na Slovensku v dobe W. A. Mozarta. Bratislava 1992, S. 35–54.

[105] KORABINSKY, M.: *Beschreibung der Königl. ungarischen Haupt-Frey und Krönungstadt Pressburg.* 1. Theil. Pressburg 1785.

[106] KORECKÁ, V.: *Klavírna škola Franza Paula Riglera.* Diplomová práca. *[Die Klavierschule von Franz Paul Rigler.* Diplomarbeit.] Bratislava 1967. 118 S. – Univerzita J. A. Komenského. Filozofická fakulta.

[107] KOTVAN, I.: *Bibliografia bernolákovcov. [Bibliographie des Bernolák--Kreises.]* Martin 1957.

[108] KRESÁK, P.: *Husliarske umenie na Slovensku. [Die Geigenbauerkunst in der Slowakei.]* Bratislava 1984.

[109] KRESÁNEK, J.: *Sociálna funkcia hudby. [Die soziale Funktion der Musik.]* Bratislava 1961.

[110] KRESÁNEK, J.: *Regionálne prvky v Haydnovej tvorbe. [Regionale Elemente im Haydnschen Schaffen.]* In: Hudobné tradície Bratislavy a ich tvorcovia 11. Joseph Haydn a hudba jeho doby. Bratislava 1984, S. 20–24.

[111] *K počiatkom slovenského národného obrodenia. [Zu den Anfängen der slowakischen nationalen Wiedergeburt.]* Kolektív autorov. Bratislava 1964.

[112] LEHOTSKÁ, D. a kolektív: *Dejiny Bratislavy. [Geschichte Bratislavas.]* Bratislava [3] 1982.

[113] KUTNAR, F.: *Přehled dějin Československa v epoše feudalizmu. [Überblick über die Geschichte der Tschechoslowakei in der Epoche des Feudalismus.]* Vol. 4. Praha 1967.

[114] LANDON, H. C.: *The symphonies of Joseph Haydn.* London 1955.

[115] LARSEN, J. P.: *Die Haydn-Überlieferung.* Kopenhagen 1939.

[116] LARSEN, J. P. – LANDON. H. C. R.: *F. J. Haydn.* In: Die Musik in der Geschichte und Gegenwart. Vol. 5, Kassel-Basel 1956, S. 1857–1933.

[117] LAVOTTA, R.: *Zenei kéziratok.* Budapest 1940.

[118] LENGOVÁ, J.: *Hudobný romantizmus na Slovensku.* Kandidátska práca. *[Die musikalische Romantik in der Slowakei.* Dissertationsarbeit.] Bratislava 1987. 162 S. – Slovenská akadémia vied. Umenovedný ústav.

[119] LUDHA, J. – POPROCSIOVÁ, K.: *Rodina Ostrolúckych z Ostrej Lúky.* 1785–1853. *[Die Familie Ostrolúcky aus Ostrá Lúka.* 1785–1853.] Inventár hudobnín [strojopis].

[120] LÜTGENDORF, W. L.: *Die Geigen- und Lautenmacher vom Mittelalter bis zur Gegenwart.* Frankfurt am Main 1922.

[121] MAJOR, E.: *Mozart und Ungarn.* Budapest 1956.

[122] MANÍČKOVÁ, E.: *Johann Joseph Janig.* Diplomová práca. [Diplomarbeit.] Prešov 1973. 43 S. – Univerzita P. J. Šafárika. Pedagogická fakulta.

[123] MARKOV, J.: *Náboženské a národnostné zápasy v Banskej Bystrici v 17. a 18. storočí. [Religions- und Nationalitätenkämpfe in Banská Bystrica im 17. und 18. Jahrhundert.]* In: Historický zborník Matice slovenskej 5. Martin 1947, S. 16 ff.

[124] MIŠÍK, M.: *Prievidza.* Banská Bystrica 1971.

[125] MEIER, A.: *Konzertante Musik für Kontrabaß in der Wiener Klassik.* Dizertačná práca. [Dissertationsarbeit.] Mainz 1968. 203 S. – Univerzita J. Gutenberga. Filozofická fakulta.

[126] MEIER, A.: *Die Pressburger Hofkapelle des Fürstprimas von Ungarn, Fürst von Batthyányi in den Jahren 1776 bis 1784.* In: Das Haydn Jahrbuch 10. Wien 1978, S. 81–89.

[127] MOKRÝ, L.: *Hudba v Košiciach v období klasicizmu. [Die Musik in Košice in der Zeit der Klassik.]* Slovenská hudba 7, 1963, Nr. 9, S. 272–273.

[128] MOKRÝ, L. – TVRDOŇ, J.: *Dejiny slovenskej hudby. [Slowakische Musikgeschichte.]* Bratislava 1964.

[129] MOKRÝ, L.: *Slovenská hudba. [Die slowakische Musik.]* In: Československá vlastivěda IX. Vol. 3, Praha 1971, S. 315–352.

[130] MÚDRA, D.: *Die Musik in Spišská Kapitula in der Zeit der Klassik.* Bratislava 1971.

[131] MÚDRA, D.: *František Xaver Zomb* (monografia). [Monographie.] In: Musicologica slovaca 5. Bratislava 1974, S. 51–193.

[132] MÚDRA, D.: *Tvorba obdobia klasicizmu. [Das Schaffen der Zeit der Klassik.]* In: Pramene slovenskej hudby. Bratislava 1977, S. 75–82.

[133] MÚDRA, D.: *Z hudobnej minulosti Prešova.[Aus der musikalischen Vergangenheit Prešovs.]* Hudobný život 10, 1978, Nr. 20, S. 3.

[134] MÚDRA, D.: *K hudobnej histórii Bratislavy. [Zur Musikgeschichte Bratislavas.]* Hudobný život 10, 1978, Nr. 21, S. 8, Nr. 22, S. 8.

[135] MÚDRA, D.: *Musikrepertoire, ausübende Musiker und Kopisten der Jesuiten- und Piaristenkirche in Trenčín in den Jahren 1733–1859.* In: Musicologica slovaca 7. Bratislava 1978, S. 117–170.

[136] MÚDRA, D.: *Hudobný klasicizmus na Slovensku.* Dizertačná práca. *[Die musikalische Klassik in der Slowakei.* Dissertationsarbeit.] Bratislava 1979. 241 S. – Slovenská akadémia vied. Umenovedný ústav.

[137] MÚDRA, D.: *Príspevok k hudobnej histórii západného Slovenska.[Beitrag zur Musikgeschichte der Westslowakei.]* In: Zborník Slovenského národného múzea. História 20. Bratislava 1980, S. 281–301.

[138] MÚDRA, D.: *Bratislavské pôsobenie J. M. Spergera. [Das Wirken J. M. Spergers in Bratislava.]* Hudobný život 12, 1980, Nr. 5, S. 8.

[139] MÚDRA, D.: *K hudobnej histórii Trnavy v období klasicizmu. [Zur Musikgeschichte Trnavas in der Zeit der Klassik.]* Hudobný život 12, 1980, Nr. 24, S. 1.

[140] MÚDRA, D.: *Jozef Zomb, zabudnutý košický hudobník. [Josef Zomb, ein vergessener Musiker aus Košice.]* Hudobný život 13, 1981, Nr. 4, S. 7.

[141] MÚDRA, D.: *Augsburské hudobné tlače 18. storočia na Slovensku. [Augsburger Musikdrucke des 18. Jahrhunderts in der Slowakei.]* Hudobný život 13. 1981, Nr. 16, S. 8.

[142] MÚDRA, D.: *Anton Zimmermann, najvýznamnejší reprezentant hudobnej kultúry klasicizmu na Slovensku. [Anton Zimmermann, der bedeutendste Vertreter der Musikkultur der Klassik in der Slowakei.]* Hudobný život 13, 1981, Nr. 19, S. 8.

[143] MÚDRA, D.: *Joseph Haydn a Slovensko. [Joseph Haydn und die Slowakei.]* In: Musicologica slovaca 8. Bratislava 1982, S. 89–144.

[144] MÚDRA, D.: *Odraz hudobného života Bratislavy obdobia klasicizmu v Preßburger Zeitung. [Die Widerspiegelung des Musiklebens Bratislavas der Zeit der Klassik in der Preßburger Zeitung.]* In: Musicologica slovaca 8. Bratislava 1982, S. 59–87.

[145] MÚDRA, D.: *Pozoruhodné dokumenty k hudobnej histórii Nitry. [Bemerkenswerte Dokumente zur Musikgeschichte Nitras.]* Hudobný život 15, 1983, Nr. 13, S. 8.

[146] MÚDRA, D.: *K hudobnej histórii Liptova. [Zur Musikgeschichte Liptovs.]* Hudobný život 15, 1983, Nr. 16, S. 8.

[147] MÚDRA, D.: *Niekoľko faktov k hudobným dejinám východného Slovenska v období klasicizmu. [Einige Fakten zur Musikgeschichte der Ostslowakei in der Zeit der Klassik.]* Hudobný život 16, 1984, Nr. 8, S. 8.

[148] MÚDRA, D.: *F. X. Brixi a dobová hudobná kultúra Slovenska. [F. X. Brixi und die zeitgenössische Musikkultur der Slowakei.]* Hudobný život 16, 1984, Nr. 15, S. 8.

[149] MÚDRA, D.: *Prínos Augustína Smehlika. [Der Beitrag Augustin Smehliks.]* Hudobný život 18, 1985, Nr. 13, S. 8.

[150] MÚDRA, D.: *Hudobný repertoár Slovenska obdobia klasicizmu vo svetle Kresánkovej Sociálnej funkcie hudby. [Das Musikrepertoire der Slowakei der Zeit der Klassik im Lichte der Sozialfunktion der Musik von Kresánek.]* In: Muzikologické bilancie 1986, Bratislava 1986, S. 37–38.

[151] MÚDRA, D.: *Hudba a hudobníci Považia v období prechodu od baroka ku klasicizmu. [Musik und Musiker des Waagtals in der Übergangsperiode vom Barock zur Klassik.]* In: Hudobné tradície Bratislavy a ich tvorcovia 14. Bratislavský hudobný barok. Bratislava 1987, S. 79–85.

[152] MÚDRA, D.: *Heinrich Klein – príspevok k biografii a tvorbe. [Heinrich Klein – ein Beitrag zu Biographie und Werk.]* In: Hudobný archív 10. Martin 1987, S. 84–130.

[153] MÚDRA, D.: *Hudobný život a tvorba v Rožňave. [Musikleben und Schaffen in Rožňava.]* Hudobný život 18, 1987, Nr. 7, S. 8.

[154] MÚDRA, D.: *Hudba v Banskej Štiavnici. [Die Musik in Banská Štiavnica.]* Hudobný život 18, 1987, Nr. 9, S. 8.

[155] MÚDRA, D.: *Ľudovít Skalník – štýlový profil skladateľa. [Ludwig Skalník – ein Stilprofil des Komponisten].* In: Hudobný archív 11. Martin 1990, S. 7–47.

[156] MÚDRA, D.: *Wolfgang Amadeus Mozart a Slovensko. [Wolfgang Amadeus Mozart und die Slowakei.]* In: Musicologica slovaca. Európske súvislosti slovenskej hudby. Bratislava 1990, S. 37–136.

[157] MÚDRA, D.: *Hudobník bratislavského klasicizmu – František Xaver Tost. [Ein Musiker der Preßburger Klassik – Franz Xaver Tost.]* Hudobný život 22, 1990, Nr. 16, S. 10–11.

[158] MÚDRA, D.: *Orava – v kontexte hudobnej kultúry Slovenska* (v 18. a na začiatku 19. storočia). *[Orava – im Kontext der Musikkultur der Slowakei* (im 18. und Anfang des 19. Jahrhunderts).*]* Hudobný život 22, 1990, Nr. 18, S. 8.

[159] MÚDRA, D.: *Piaristi ako hudobníci – P. N. Schreier SchP a Fr. A. Schlieszter SchP. [Die Piaristen als Musiker – P. N. Schreier SChP und Fr. A. Schlieszter SchP.]* Slovenská hudba 19, 1993, Nr. 3–4, S. 397–405.

[160] MÚDRA, D.: *Dejiny hudobnej kultúry na Slovensku II. – Klasicizmus. [Die Geschichte der Musikkultur in der Slowakei II. – die Klassik.]* Bratislava 1993.

[161] MUNTÁG, E.: *Súpis hudobnín z rím.-katolíckeho (nem.) kostola v Banskej Štiavnici I–II. [Musikalienverzeichnis der röm.-katholischen (deutschen) Kirche in Banská Štiavnica I–II.]* Martin 1969.

[162] MUNTÁG, E.: *Súpis hudobnín z rím.-katolíckeho (nem.) kostola v Banskej Štiavnici III. [Musikalienverzeichnis der röm.-katholischen (deutschen) Kirche in Banská Štiavnica III.]* Martin 1972.

[163] MUNTÁG, E.: *Vežoví trubači v období rozkvetu meštianskej hudobnej kultúry v Banskej Štiavnici. [Turmbläser in der Blütezeit der bürgerlichen Musikkultur in Banská Štiavnica.]* In: Hudobný archív 1. Martin 1975, S. 63–77.

[164] MUNTÁG, E.: *Hudobniny z knižnice grófov Zay z Uhrovca. [Musikalien aus der Bibliothek der Grafen Zay aus Uhrovec.]* Martin 1979.

[165] MUNTÁG, E.: *Súpis hudobnín z rím.-katolíckeho (nem.) kostola v Banskej Štiavnici IV.* Rukopis. *[Musikalienverzeichnis der röm.-katholischen (deutschen) Kirche in Banská Štiavnica IV.* Handschrift.*]*

[166] MÜNZ, T.: *Niektoré črty slovenského osvietenského myslenia. [Einige Züge des slowakischen Aufklärungsdenkens.]* In: Kapitoly z dejín slovenskej filozofie. Bratislava 1957.

[167] NĚMEČEK, J.: *Nástin české hudby 18. století. [Abriß der tschechischen Musik.]* Praha 1955.

[168] NOVÁČEK, Z.: *Významné hudobné zjavy a Bratislava v 19. storočí. [Bedeutende Musikerscheinungen und Bratislava im 19. Jahrhundert.]* Bratislava 1962.

[169] NOVÁČEK, Z.: *Die Hauskapelle F. Esterházys in Bernolákovo und ihre Beziehung zu den Wiener Komponisten.* In: Tagungsbericht des II. internationalen musikologischen Symposiums. Piešťany-Moravany 1970, S. 113–118.

[170] NOVÁČEK, Z.: *Hudobné rezidencie na západnom Slovensku. [Musikresidenzen in der Westslowakei.]* Bratislava 1971.

[171] NOWAK, L.: *Joseph Haydn.* Leben, Bedeutung und Werk. Wien-München-Zürich 1959.

[172] OREL, A.: *Franz Schubert.* Sein Leben in Bildern. Leipzig 1939.

[173] OREL, D.: *Hudební památky Františkánské knihovny v Bratislavě. [Musikalische Denkmäler der Franziskanerbibliothek in Bratislava.]* Bratislava 1930.

[174] ORMISOVÁ, B.: *Hudobná história Jasova. [Musikgeschichte von Jasov.]* Slovenská hudba 15, 1971, Nr. 1, S. 27–32.

[175] *ORTS-LEXIKON des Königreiches Ungarn.* Pest 1863.

[176] ORTVAY, T.: *Pozsony város története.* l. Pozsony 1892.

[177] ORTVAY, T.: *Geschichte der Stadt Pressburg.* Pressburg 1903.

[178] ORTVAY, T.: *Pozsony város utcái és terei.* Pressburg 1905.

[179] PANDI, M. – SCHMIDT, F.: *Musik zur Zeit Haydn und Beethoven in der Preßburger Zeitung.* In: Haydn Jahrbuch 8. Wien-London-Milano 1971, S.165–293.

[180] PAPP, G.: *Hungarian danses.* In: Musicalia Danubiana 11. Budapest 1986.

[181] PAULY, R. G.: *Music in the Classic Period.* New Jersey 1965.

[182] PETROVÁ, A.: *Umenie Bratislavy. [Die Kunst Bratislavas.]* Bratislava 1958.

[183] PETROVÁ, A.: *Maliarstvo 18. storočia na Slovensku. [Malerei des 18. Jahrhunderts in der Slowakei.]* Bratislava 1983.

[184] *Plan zur Gründung eines Kirchen-Musik-Vereins bei der Collegiat- und Stadtpfarrkirche zum heil. Martin in Preßburg.* Preßburg 1829.

[185] POLÁK, P.: *Hudobná história ako dobrodružstvo. [Musikgschichte als Abenteuer.]* Slovenská hudba 10, 1966, Nr. 3, S. 98–104.

[186] POLÁK, P.: *Hudobnoestetické náhľady v 18. storočí. Od baroka ku klasicizmu. [Musikästhetische Ansichten im 18. Jahrhundert. Vom Barock zur Klassik.]* Bratislava 1974.

[187] POLÁK, P.: *Zur Erforschung der Lebensdaten von Anton Zimmermann.* In: Musicologica slovaca 7. Bratislava 1978, S. 171–212.

[188] POLÁK, P.: *K rekonštrukcii diel J. Družeckého. [Zur Rekonstruktion der Werke J. Družeckýs.]* In: Problémy umenia 16.–18. storočia. Bratislava 1987, S. 226–234.

[189] POLAKOVIČOVÁ, V.: *Franz Paul Rigler.* Kandidátska práca. [Dissertationsarbeit.] Bratislava 1981. 168 S. – Univerzita J. A. Komenského. Filozofická fakulta.

[190] POHL, C. F.: *Joseph Haydn.* Vol. l–3. Leipzig 1878, 1928.

[191] POŠTOLKA, M.: *K maďarské větvi naší hudební emigrace v 18. a 19. století. [Zum magyarischen Zweig unserer Musikemigration im 18. und 19. Jahrhundert.]* Hudební rozhledy 12, 1959, Nr. 4, S. 150–151.

[192] POŠTOLKA, M.: *Joseph Haydn a naše hudba 18. století. [Joseph Haydn und unsere Musik des 18. Jahrhunderts.]* Praha 1961.

[193] POTEMROVÁ, M.: *Dejiny Hudobnej školy v Košiciach. [Geschichte der Musikschule in Košice.]* In: Vlastivedný zborník l. Košice 1955, S. 81–121.

[194] POTEMROVÁ, M.: *Opera v Košiciach v rokoch 1840–1867. [Die Oper in Košice in den Jahren 1840–1867.]* Slovenské divadlo 8, 1960, Nr. 4, S. 383–393.

[195] POTEMROVÁ, M.: *Kapitoly z dejín koncertného života na východnom Slovensku. [Kapitel aus der Geschichte des Konzertlebens in der Ostslowakei.]* Slovenská hudba 5, 1961, Nr. 10, S. 451–452.

[196] POTEMROVÁ, M.: *Hudba Josepha Haydna a hudobný život v Košiciach na prelome 18. a 19. storočia. [Die Musik Joseph Haydns und das Musikleben an der Wende des 18. und 19. Jahrhunderts.]* In: Hudobné tradície Bratislavy a ich tvorcovia 11. Joseph Haydn a hudba jeho doby. Bratislava 1982, S. 155–165.

[197] PRAŽÁK, R.: *Čeští umělci v Uhrách na přelomu 18. a 19. století. [Tschechische Künstler in Ungarn an der Wende des 18. und 19. Jahrhunderts.]* Slovanský přehled 55, 1969, Nr. 5, S. 344–351.

[198] PROSNAK, J.: *Kultura muzyczna Warszawy 18. wieka.* Krakow 1955.

[199] PUKÁNSZKYNÉ-KÁDÁR, J.: *Az első magyar énekesjáték „Pikko hertzeg és Jutka Perzsi".* In: Musikwissenschaftliche Aufsätze 4. Budapest 1961, S. 3–36.

[200] RACEK, J.: *Česká hudba. Od nejstarších dob do počátku 19. století. [Tschechische Musik. Von den ältesten Zeiten bis zum Beginn des 19. Jahrhunderts.]* Praha 1958.

[201] RATNER, L. G.: *Classic Music* (Expression, Form and Style). New York 1980.

[202] RIEMANN, H.: *Opern-Handbuch.* Leipzig 1887.

[203] RIEMANN, H.: *Musiklexikon.* Vol.1-4. Mainz 1959, 1961, 1972, 1975.

[204] ROSEN, Ch.: *The Classical style Haydn, Mozart, Beethoven.* New York 1972.

[205] ROSEN, Ch.: *Sonata Forms.* New York 1980.

[206] RYBARIČ, R.: *Dejiny hudobnej kultúry na Slovensku I. – Stredovek, renesancia, barok. [Geschichte der Musikkultur in der Slowakei I. – Mittelalter, Renaissance, Barock.]* Bratislava 1984.

[207] RYBARIČ, R.: *Najstaršie dejiny hudby v meste. [Die älteste Musikgeschichte in der Stadt.]* In: Dejiny Trnavy. Bratislava 1988, S. 351–352.

[208] RYBARIČ, R.: *Hudba bratislavských korunovácií. [Die Musik der Preßburger Krönungen.]* In: Musicologica slovaca. Európske súvislosti slovenskej hudby. Bratislava 1990, S. 11–36.

[209] SAS, A.: *Chronology of Georg Druschetski's Works.* Preserved in his Estate. In: Studia Musicologica Academia Scientiarum Hungariae 31. Budapest 1989, S. 11–215.

[210] SEBESTYÉN, E.: *Mozart és Magyarország.* Budapest 1941.

[211] SEDLÁK, I.: *Dejiny Prešova. [Die Geschichte Prešovs.]* 1. Košice 1965.

[212] SEHNAL, J.: *Die Kirchenmusik der böhmischen Länder im 18. Jh.* Brno 1972.

[213] SEIFERT, H.: *Die Verbindung der Familie Erdődy zur Musik.* In: Haydn Jahrbuch 10. Eisenstadt 1972, S. 154–163.

[214] SCHMIDT-GÖRG, J.: *L. v. Beethoven.* In: Die Musik in Geschichte und Gegenwart. Vol. 1. Kassel-Basel 1949–1951, S. 1509–1565.

[215] SCHNEIDER-TRNAVSKÝ, M.: *Hudobné a dramatické umenie v Trnave v minulosti a dnes. [Die musikalische und dramatische Kunst in Trnava in der Vergangenheit und heute.]* In: Trnava 1238–1938. Trnava 1939, S. 156–170.

[216] SCHREIBEROVÁ-JANDOVÁ, I.: *Hudobná kultúra klasicizmu v Pruskom.* Diplomová práca. *[Die Musikkultur der Klassik in Pruské.* Diplomarbeit.] Bratislava 1978, 182 S. – Univerzita J. A. Komenského. Filozofická fakulta.

[217] SCHRÖDL, J.: *Geschichte der evangelischen Kirchengemeinde zu Preßburg.* Vol. 2. Preßburg 1906.

[218] *Slovensko – Dejiny. [Slowakei – Geschichte.]* Kolektív autorov. Bratislava 1971.

[219] SCHÜNEMANN, G.: *Beethovens Konversations-Hefte.* Vol. 3. Berlin 1943.

[220] *Slovenský biografický slovník. [Slowakisches Biographiewörterbuch.]* Vol. 1–4. Martin 1986, 1987, 1989, 1990.

[221] SOMFAI, L.: *J. Haydn.* Sein Leben in zeitgenössischen Bildern. Budapest 1966.

[222] SOMORJAY, D.: *Georg Druschetzky – Partitas for Winds.* In: Musicalia Danubiana 4. Budapest 1985.

[223] STANČEKOVÁ, H. – RYBARIČ, R.: *Z hudobného života Nitry v minulosti a súčasnosti. [Aus dem Musikleben Nitras in Vergangenheit und Gegenwart.]* In: Kapitoly z dejín Nitry. Bratislava 1963, S. 12–31.

[224] STAUD, G.: *Adelstheater in Ungarn.* Wien 1977.

[225] SZWEYKOWSKI, Z.: *Z dziejów polskiej kultury muzycznej 1.* Warszawa 1958.

[226] SZWEYKOWSKI, Z. – SZWEYKOWSKA, A. – BUBA, J.: *Kultura muzyczna u pijarow v 17. a 18. wieku.* Muzyka 10, 1965, Nr. 2, S. 15 a n., Nr. 3, S. 20 a n.

[227] SZEPESHÁZY, C.: *Neuer Wegweiser durch das Königreich Ungarn.* Kaschau 1827.

[228] SZEPESHÁZY, G. – THIELE, J. C.: *Merkwürdigkeiten des königreiches Ungarn.* Kaschau 1825.

[229] SZIKLAY, J. – BOROVSZKY, S.: *Magyarország vármegyéi és városai.* Vol. 1. Budapest 1896.

[230] ŠÁŠKY, L.: *Umenie Slovenska. [Die Kunst der Slowakei.]* Bratislava 1988.

[231] ŠÁTEK, J.: *Chrámová hudba v Skalici v minulosti. [Kirchenmusik in Skalica in der Vergangenheit.]* Kultúra 16, 1944, 4. 16, S. 21–26.

[232] ŠÁTEK, J.: *Náboženské pomery v Skalici od reformácie do jozefinizmu. [Die Religionsverhältnisse in Skalica von der Reformation bis zum Josephinismus].* Trnava 1946.

[233] ŠIMČÍK, D.: *Karol Herfurth v prešovskom hudobnom živote 19. storočia.* Diplomová práca. *[Karol Herfurth im Prešover Musikleben des 19. Jahrhunderts.* Diplomarbeit.*]* Prešov 1973, 79 S. – Univerzita P. J. Šafárika. Pedagogická fakulta.

[234] ŠMATLÁK, S.: *Dejiny slovenskej literatúry, od stredoveku po súčasnosť. [Geschichte der slowakischen Literatur, vom Mittelalter bis zur Gegenwart.]* Bratislava 1988.

[235] ŠPIESZ, A.: *Banská Štiavnica v 18. storočí. [Banská Štiavnica im 18. Jahrhundert.]* Historické štúdie 12, 1967, S. 89–104.

[236] ŠPIESZ, A.: *Slovenské meštianstvo v 18. storočí. [Das slowakische Bürgertum im 18. Jahrhundert.]* Historický časopis 14, 1966, Nr. l, S. 10–36.

[237] ŠPIESZ, A.: *Bratislava v 18. storočí. [Bratislava (Preßburg) im 18. Jahrhundert.]* Bratislava 1987.

[238] ŠPIRKO, J.: *Cirkevné dejiny. [Kirchengeschichte.]* Martin 1943.

[239] *Štátny archív v Banskej Bystrici 1., 2. zv. [Staatliches Archiv in Banská Bystrica.1., 2. Bd.]* Sprievodca po archívnych fondoch. Bratislava 1963,1969.

[240] *Štátny archív v Bratislave.* Pobočka v Nitre 2. *[Staatliches Archiv in Bratislava,* Zweigstelle in Nitra 2.*]* Sprievodca po archívnych fondoch. Bratislava 1963.

[241] *Štátny archív v Prešove. [Staatliches Archiv in Prešov.]* Sprievodca po archívnych fondoch. Bratislava 1959.

[242] *Štátny slovenský ústredný archív v Bratislave 1., 2. zv. [Staatliches slowakisches Zentralarchiv in Bratislava 1., 2. Bd.]* Sprievodca po archívnych fondoch. Bratislava 1964.

[243] TAUBEROVÁ, A.: *Hudobný život v Dubnici.* Diplomová práca. *[Das Musikleben in Dubnica.* Diplomarbeit.*]* Bratislava 1970, 143 S. – Univerzita J. A. Komenského. Filozofická fakulta.

[244] TARANTOVÁ, M.: *L. v. Beethoven a Heinrich Klein. [L. v. Beethoven und Heinrich Klein.]* In: Československá beethoveniana 2–3. Hradec u Opavy 1965, S. 32–64.

[245] TERRAYOVÁ, J. M.: *Súpis archívnych fondov na Slovensku. [Verzeichnis der Archivfonds in der Slowakei.]* In: Hudobnovedné štúdie 4. Bratislava 1960, S. 197–328.

[246] TERRAYOVÁ, J. M.: *Nové údaje o Pantaleonovi Roškovskom. [Neue Angaben zu Pantaleon Roškovský.]* Slovenská hudba 10, 1966, Nr. 3, S.105–108.

[247] TERRAYOVÁ, J. M.: *Poznámky k bratislavskému pôsobeniu a tvorbe Františka Tosta. [Bemerkungen zum Wirken und Schaffen von Franz Tost in Preßburg.]* In: Musicologica slovaca 1/1. Bratislava 1963, S. 131–133.

[248] TERRAYOVÁ, J. M.: *Z bratislavského pôsobenia Pavla Strucka (1777–1820). [Aus der Preßburger Wirkungszeit von Paul Struck (1777–1829).]* In: Musicologica slovaca 1/1. Bratislava 1969, S. 134–135.

[249] THAYER, A. W.: *Ludwig van Beethovens Leben.* Hrsg. von Hugo Riemann. Vol.1–5. Leipzig 1917–1923.

[250] *The New Grove Dictionary of Music and Musicians.* London 1980.

[251] TIBENSKÝ, J.: *Historická podmienenosť a spoločenská báza vzniku bernolákovského hnutia. [Die historische Bedingtheit und gesellschaftliche Basis der Entstehung der Bernolák-Bewegung.]* In: K počiatkom slovenského národného obrodenia. Bratislava 1964, S. 55–96.

[252] TIBENSKÝ, J.: *Ideológia slovenskej feudálnej národnosti pred národným obrodením. [Ideologie der feudalen slowakischen Nationalität vor der nationalen Wiedergeburt.]* In: Slováci a ich národný vývin. Bratislava 1966, S. 92–113.

[253] TIBENSKÝ, J.: *Dejiny Slovenska slovom a obrazom. [Die Geschichte der Slowakei in Wort und Bild.]* Bratislava 1973.

[254] TITTEL, E.: *Österreichische Kirchenmusik.* Wien 1961.

[255] URSPRUNG, G.: *Die katholische Kirchenmusik.* Potsdam 1931.

[256] VAJDA, I.: *Slovenská opera. [Die slowakische Oper.]* Bratislava 1988.

[257] VÁROSSOVÁ, E.: *Slovenské obrodenecké myslenie.* Jeho zdroj a základné idey. *[Das slowakische Wiedergeburtsdenken.* Seine Quelle und Grundideen.*]* Bratislava 1963.

[258] *Verzeichnis der Mitglieder des Pressburger Kirchenmusik-Vereins im Jahre 1835.* Preßburg.

[259] VÖRÖS, K.: *Beiträge zur Lebensgeschichte von N. Zmeskal.* In: Studia musicologica 4. Budapest 1963, S. 381–409.

[260] WAGNER, V.: *Vývin palácového staviteľstva Bratislavy v 18. storočí. [Entwicklung des Palastbaus Bratislavas im 18. Jahrhundert.]* Bratislava 1944.

[261] WEBER, S.: *Geschichte der Stadt Leibitz.* Késmárk 1896.

[262] WEINMANN, A.: *Ein vergessener österreichischer Musiker.* In: Festschrift Joseph Schmid-Görg zum 70. Geburtstag. Bonn 1976, S. 450–461.

[263] WEIS-NÄGEL, S.: *Jezuitské divadlo na Slovensku v XVII. a XVIII. storočí. [Das Jesuitentheater in der Slowakei im XVII. und XVIII. Jahrhundert.]* In: Zborník pamiatok trnavskej univerzity 1635–1777. Trnava 1935, S. 261–306.

[264] WELLMANN, I.: *A Gödöllői Grassalkovich uradalom gazdálkodása.* 1770–1815. Budapest 1933.

[265] WENDEKIN, L. – MAJOR, E.: *Mozart in Ungarn.* Budapest 1958.

[266] WURZBACH, T. C.: *Biographisches Lexikon des Kaisertums Oesterreich.* Wien 1855–1891.

[267] ZAGIBA, F.: *Hudobné pamiatky františkánskych kláštorov na východnom Slovensku. [Musikalische Denkmäler der Franziskaner Klöster in der Ostslowakei.]* Praha 1940.

[268] ZAGIBA, F.: *Literárny a hudobný život v Rožňave v 18. a 19. storočí. [Das literarische und Musikleben in Rožňava im 18. und 19. Jahrhundert.]* Košice 1947.

[269] ZÁHUMENSKÁ-ORMISOVÁ, B.: *Súpis hudobnín z bývalého premonštrátskeho kláštora v Jasove I. [Musikalienverzeichnis des ehemaligen Prämonstratenserkloster in Jasov I.]* Zbierka z bývalého jezuitského kostola sv. Trojice v Košiciach. Martin 1967.

[270] ZÁHUMENSKÁ-ORMISOVÁ, B.: *Súpis hudobnín z bývalého premonštrátskeho kláštora v Jasove II. [Musikalienverzeichnis des ehemaligen Prämonstratenserklosters in Jasov II.]* Zbierka hudobnín z bývalej dominikánskej knižnice v Košiciach. Martin 1970.

[271] ZÁHUMENSKÁ-ORMISOVÁ, B.: *Niekoľko dát o jasovských organistoch a skladateľoch v 19. storočí. [Einige Angaben zu den Jasover Organisten und Komponisten im 19. Jahrhundert.].* In: Musicologica slovaca 2. Bratislava 1970, S. 171–181.

[272] ZÁHUMENSKÁ-ORMISOVÁ, B.: *Súpis hudobnín z bývalého premonštrátskeho kláštora v Jasove IV.* Rukopis. *[Musikalienverzeichnis des ehemaligen Prämonstratenserklosters in Jasov IV.* Handschrift.*]* Hudobná zbierka z Jasova.

[273] ZÁVADOVÁ, K.: *Verný a pravý obraz slovenských miest a hradov. [Ein getreues und echtes Bild der slowakischen Städte und Burgen.]* Bratislava 1974.

[274] ZAVARSKÝ, E.: *Beiträge zur Musikgeschichte der Stadt Kremnitz (Slowakei).* In: Musik des Ostens. Kassel 1963, 1965, 1967, 1975, Nr. 2, S. 112–123, Nr. 3, S. 72–89, Nr. 4, S. 117–125, Nr. 7, S. 7–173.

[275] *Zenei lexikon*, Vol. 1–3. Budapest 1965.

[276] ŽITNÁ, V.: *Preßburger Liedertafel – Bratislavský spevokol.* Príspevok k hudobnému životu Bratislavy. Diplomová práca. *[Preßburger Liedertafel – Gesangsverein von Bratislava.* Diplomarbeit.*]* Brno 1972, 127 S. – Univerzita J. E. Purkyně. Filosofická fakulta.

[277] ŽUDEL, J.: *Stolice na Slovensku. [Die hist. Verwaltungsbezirke Komitate in der Slowakei.]* Bratislava 1984.

Dokumentácia
Dokumentation

1. *Bratislava – pohľad na mesto a najvýznamnejšie budovy*
HABLITSCHECK, F. Po roku 1850. Kolorovaný oceľoryt, 220x205, Bratislava, GMB, C 17165.

2. *Mária Terézia (1717–1780) ako kráľovná Uhorska*
SCHMIDDELI, D. 1742. Olej, 2390x1577, Bratislava, GMB, A 133.

3. *Albert Sasko-Tešínsky (1738–1822)*
Rakúsky maliar. Okolo 1780. Olej, Wien, Kunsthistorisches Museum, Gemäldegalerie, I. Nr. 7159.

4. *Mária Kristína (1742–1798)*
Rakúsky maliar. Okolo 1767/68. Olej, Wien, Kunsthistorisches Museum, Gemäldegalerie, I. Nr. 2133.

5. *Palác Grassalkovichovcov v Bratislave*
BSCHOR, C.[?]. Asi 1815. Kolorovaný lept, 310x398, Bratislava, GMB, C 49.

6. *Anton I. Grassalkovich (1694–1771)*
Stredoeurópsky maliar. 1771. Olej, 905x710, Červený Kameň, Múzeum, 0-787.

7. *Anton II. Grassalkovich (1734–1794)*
Uhorský maliar. 1790. Olej, 545x435, Červený Kameň, Múzeum, 0-993.
Slávnosť v Ivanke pri Dunaji
Neznámy autor. 1773. Medirytina, 68x88, Bratislava, GMB, 5555.

8. *Anton III. Grassalkovich (1771–1841)*
EHRENREICH, A. A. 19. stor. Medirytina, 126x102, Bratislava, GMB, C 1081.

9. *Družecký, Juraj: Partita C dur – titulný list*
Wien, GdMf, Q 16381.

10. *Oznam Preßburger Zeitung o divadelných predstaveniach u Grassalkovichovcov z marca 1786*
Bratislava, AMB, Zbierka novín, Preßburger Zeitung, No 25, 29. marec 1786.

11. *Ioseph Haydn [?] (1732–1809)*
Neznámy maliar. 2. polovica 18. stor. Pastel, 450x350, Bratislava, GMB, A 111.

12. *Iohann Hummel (*1754) a Margareta Hummelová*
Tieňované obrazy.
Lit.: BENYOVSZKY, K.: J. N. Hummel. Der Mensch und Künstler. Bratislava 1934. Tab. 1.

13. *Záznam o krste Johanna Nepomuka Hummela zo dňa 14. novembra 1778*
Bratislava, AMB, Zbierka matrík, Matrika pokrstených rímsko-katolíckej farnosti sv. Martina v Bratislave č. 23, s. 10847.

14. *Rodný dom Johanna Nepomuka Hummela v Bratislave*
Súčasný pohľad na objekt.

15. *Iohann Nepomuk Hummel (1778–1837)*
Tieňovaný obraz.
Lit.: KRESÁNKOVÁ, L.: Múzeum J. N. Hummela v Bratislave (Katalóg). Bratislava 1972, s. 13.

16. *Mikuláš I. Esterházy (1714–1790)*
GUTTENBURN-PECHWILL. 1770. Medirytina, 350x240, Bratislava, GMB, C 770.

17. *Najstaršia správa o W. A. Mozartovi v uhorskej tlači*
Bratislava, AMB, Zbierka novín. Preßburger Zeitung, No 103, 24. december 1785.

1. *Preßburg – Blick auf die Stadt und ihre wichtigsten Gebäude*
HABLITSCHECK, F. Nach 1850. Kolorierter Stahlstich, 220x205, Bratislava, GMB, C 17165.

2. *Maria Theresia (1717–1780) als Königin von Ungarn*
SCHMIDDELI, D. 1742. Öl, 2390x1577, Bratislava, GMB, A 133.

3. *Albert von Sachsen-Teschen (1738–1822)*
Österreichischer Maler. Um 1780. Öl, Wien, Kunsthistorisches Museum, Gemäldegalerie, I. Nr. 7159.

4. *Maria Christine (1742–1798)*
Österreichischer Maler. Um 1767/68. Öl, Wien, Kunsthistorisches Museum, Gemäldegalerie, I. Nr. 2133.

5. *Das Grassalkovich-Palais in Preßburg*
BSCHOR, C.[?]. Etwa 1815. Farbradierung, 310x398, Bratislava, GMB, C 49.

6. *Anton I. Grassalkovich (1694–1771)*
Mitteleuropäischer Maler. 1771. Öl, 905x710, Červený Kameň, Museum, 0-787.

7. *Anton II. Grassalkovich (1734–1794)*
Ungarischer Maler. 1790. Öl, 545x435, Červený Kameň, Museum, 0-993.
Das Fest in Ivanka an der Donau
Unbekannter Autor. 1773. Kupferstich, 68x88, Bratislava, GMB, 5555.

8. *Anton III. Grassalkovich (1771–1841)*
EHRENREICH, A. A. 19. Jh. Kupferstich, 126x102, Bratislava, GMB, C 1081.

9. *Družecký, Georg: Partita C-Dur – Titelblatt*
Wien, GdMf, Q 16381.

10. *Ankündigung der Theatervorstellungen bei der Familie Grassalkovich vom März 1786 in der Preßburger Zeitung*
Bratislava, AMB, Zeitungssammlung, Preßburger Zeitung, No 25, 29. März 1786.

11. *Ioseph Haydn [?] (1732–1809)*
Unbekannter Maler. 2. Hälfte des 18. Jh. Pastell, 450x350, Bratislava, GMB, A 111.

12. *Iohann Hummel (*1754) und Margarete Hummel*
Schattenbilder.
Lit.: BENYOVSZKY, K.: J. N. Hummel. Der Mensch und Künstler. Bratislava 1934. Tab. 1.

13. *Notiz über die Taufe von Johann Nepomuk Hummel am 14. November 1778*
Bratislava, AMB, Matrikelsammlung, Taufmatrikel der römisch-katholischen Pfarrei St. Martin in Bratislava Nr. 23, S. 10847.

14. *Geburtshaus von Johann Nepomuk Hummel in Bratislava*
Heutige Ansicht des Objekts.

15. *Iohann Nepomuk Hummel (1778–1837)*
Schattenbild.
Lit.: KRESÁNKOVÁ, L.: Múzeum J.N.Hummela v Bratislave [Das J.N.Hummel-Museum in Bratislava (Katalog)]. Bratislava 1972, S. 13.

16. *Nikolaus I. Esterházy (1714–1790)*
GUTTENBURN-PECHWILL. 1770. Kupferstich, 350x240, Bratislava, GMB, C 770.

17. *Die älteste Nachricht über W. A. Mozart in der ungarischen Presse*
Bratislava, AMB, Zeitungssammlung. Preßburger Zeitung, No 103, 24. Dezember 1785.

18. *Wolfgang Amadeus Mozart (1756–1791)*
LORENZONI, P.A. [?]. 1762/63. Olej, 841x641, Salzburg, Mozart-Museum. Nr. 90/5.

19. *Časť listu L. v. Beethovena, napísaného v Bratislave dňa 19. novembra 1796*
Lit.: BALLOVÁ, L.: Ludwig van Beethoven a Slovensko, Martin 1972, obr. 7.

20. *Babetta Keglevichová (1780–1813)*
Neznámy maliar. Olej.
Lit.: LANDON, H. C.: L. v. Beethoven. Sein Leben und seine Welt in zeitgenössischen Bildern und Texten. Zürich 1970, s. 54.

21. *Ludwig van Beethoven (1770–1827)*
HORNEMAN, Ch. 1803. Miniatúra, 65x54, Bonn, Beethovenhaus Bonn.
Lit.: LANDON, H. C.: L. v. Beethoven. Sein Leben und seine Welt in zeitgenössischen Bildern und Texten. Zürich 1970, s. 73.

22. *Záhrady grófa Pálffyho a bratislavský hrad od severu*
WERNER, F. B. – ENGELBRECHT, M. Okolo roku 1735. Medirytina, 183x302, Bratislava, GMB, C 7201.

23. *Franz Liszt (1811–1886)*
LÜTGENDORF-TRENTSENSKY. 1826. Litografia, 190x150, Bratislava, GMB, C 4892.

24. *Antonio Salieri (1750–1825)*
MÄHLER, J. W. von. Okolo 1800. Olej, 560x440. Wien, GdMf.
Lit.: MOZART – Bilder und Klänge. Katalog. 6. Salzburger Landesausstellung 1991, s. 261.

25. *Heinrich Marschner (1795–1861)*
WEGER, A. 19. storočie. Medirytina, 106x280, Praha, NM, MČH, 6737 F II.

26. *Iozef Batthyány (1727–1799)*
Uhorský maliar. 1770–1790. Olej, 935x740, Trnava, Uršulínsky kláštor, sine sign.

27. *Primaciálny palác v Bratislave*
REIM, V. Okolo roku 1850. Kolorovaný lept, 100x160, Bratislava, GMB, C 1863.

28. *Koncertná sála*
STAASENS, S. 1793. Olej.
Lit.: SCHWAB, H. W.: Konzert, öffentliche Musikdarbietung vom 17. bis 19. Jahrhundert. Leipzig 1971, zv. 4, obr. 38.

29. *Katalóg hudobnín a hudobných nástrojov J. Batthyányho (1798) – titulný list*
Budapest, Országos levéltár. Archív rodiny Batthyány. P 1313, 267, 1798, No 120.

30. *Pohľad do arcibiskupskej záhrady v Bratislave*
WERNER, F. B. – ENGELBRECHT, M. 1740. Medirytina, 185x303, Bratislava, GMB, C 7259.

31. *Iohann Matthias Sperger: Kantáta venovaná J. Batthyánymu (1779) – titulný list*
Lit.: STAUD, G.: Adelstheater in Ungarn. Wien 1977, s. 86.

32. *Collegium musicum v Nemecku (okolo 1775)*
Neznámy autor. Gvaš.
Lit.: POLÁK, O.: Hudobnoestetické náhľady v 18. storočí. Od baroka ku klasicizmu. Bratislava 1974, obr. 4.

33. *Iohann Matthias Sperger: Symfónia C dur – notopis*
Schwerin, Wissenschaftliche Allgemeinbibliothek der Stadt Schwerin, 5173/2.

34. *Anton Zimmermann: Sei sonate op. II. – titulný list*
Wien, GdMf, XI 5842.

35. *Anton Zimmermann: Sinfónia B dur – titulný list*
Brno, MZM, A 20380.

36. *Anton Zimmermann: Partita C dur – titulný list*
Brno, MZM, A 20941.

37. *Anton Zimmermann: Koncert pre kontrabas a orchester D dur – titulný list*
Schwerin, Wissenschaftliche Allgemeinbibliothek der Stadt Schwerin, 5817.

38. *Panoráma Bratislavy*
PROBST, G. B. – WERNER, F. Okolo roku 1760. Medirytina, 46x116, Bratislava, GMB, C 7215.

39. *Korunovácia Leopolda II. v Bratislave (1790)*
MANSFELD, J.[?]. 1790. Kolorovaná medirytina, 330x329, Bratislava, GMB, C 1450.
Odovzdávanie darov mesta Bratislavy pri korunovácii Leopolda II. – detail hudobníkov
LÖSCHENKOHL, J. H. – MANSFELD, D. [?]. 1790. Kolorovaná medirytina, 215x354, Bratislava, GMB, C 1460.

40. *Detail správy z novín Preßburger Zeitung o oslavách sviatku sv. Cecílie v dóme sv. Martina v Bratislave*
Bratislava, AMB, Zbierka novín, Preßburger Zeitung, No 94, 24. november 1779.

41. *Anton Zimmermann: Omša C dur St. Caecilia – titulný list*
Bratislava, SNM, HM, MUS XXVI 118.
Anton Zimmermann: Ária F dur – titulný list a notopis
Bratislava, SNM, HM, MUS VII 218.

42. *Kostol a kláštor františkánov v Bratislave*
ZIERER, G. Posledná tretina 19. storočia. Akvarel, 290x390, Bratislava, GMB, A 357.
P. Gaudentius Dettelbach OFM – ukážka notopisu
Martin, MS, LA, Ba I 164.

43. *Pohľad na Hlavné námestie a kostol jezuitov v Bratislave*
ROHBOCK, L. – KOLB, J. M. – KNOPFMACHER – LANGE, G. G. Okolo 1845. Kolorovaný oceľoryt, 111x169, Bratislava, GMB, C 15947.

44. *František Xaver Tost: Antifóna Alma Redemptoris C dur (1828) – titulný list a notopis*
Bratislava, SNM, HM, MUS VII 372.

45. *Pohľad na kostol a nemocnicu milosrdných bratov v Bratislave*
WERNER, F. B. – ENGELBRECHT, M. Okolo 1735. Medirytina, 200x230, Bratislava, GMB, C 7181.
Detail záznamu o J. B. Weberovi v konverzačnom zošite L. v. Beethovena (1823)
Lit.: BALLOVÁ, Ľ.: Ludwig van Beethoven a Slovensko. Martin 1972, s. 41.

46. *Kostol trinitárov v Bratislave*
ROHBOCK, J. – UMBACH, J. Okolo 1850. Oceľoryt, 146x210, Martin, MS, LA, PB 100/663.

47. *Neues Gesang- und Gebetbuch ... der evangelischen Gemeinde in Preßburg (1788) – titulný list*
Liptovský Mikuláš, Tranoscius, sine sign.

48. *Hochgräflich-Erdődischer Theaterallmanach auf das Jahr 1787 – titulný list*
Budapest, OSzK, Divadelné zbierky, FM 6/75.

49. *Ukážka dramaturgie a scénického umenia bratislavského divadla grófa J. N. Erdődyho*
In: Hochgräflich-Erdődischer Theaterallmanach auf das Jahr 1787, s. 60. Budapest, OSzK, Divadelné zbierky, FM 6/75.

50. *Hubert Kumpf (1757–1811)*
In: Hochgräflich-Erdődischer Theaterallmanach auf das Jahr 1787, s. 20. Budapest, OSzK, Divadelné zbierky, FM 6/75.

51. *Jozef Chudý: Pikkó Hertzeg és Perzsi Jutka – titulný list*
Lit.: KERESZTURY, D. – VÉCSEY, J. – FÁLVY, Z.: A magyar zenetörténet képeskönyve. Budapest 1960, obr. 144.

52. *Speváci opernej spoločnosti J. N. Erdődyho v Bratislave: Iosepha Abecková, Marianna Hablová, Antonia Hoffmannová, Margareta Kaiserová, Franz Xaver Girzik, Johann Baptist Hübsch, Johann Nepomuk Schüller a Ferdinand Rotter*
Tieňované obrazy – montáž.
Lit.: STAUD, G.: Adelstheater in Ungarn. Wien 1977, s. 202–212.

53. *Zoznam časti členov orchestra opernej spoločnosti J. N. Erdődyho v Bratislave*
In: Hochgräflich-Erdődischer Theaterallmanach auf das Jahr 1787, s. 47, 48. Budapest, OSzK, Divadelné zbierky, FM 6/75.

54. *Korunovácia Márie Terézie v Bratislave (1741)*
Neznámy autor. Asi rok 1741. Medirytina, 280x180, Bratislava, GMB, C 1494.

55. *Záhrada. Návrh divadelnej dekorácie uplatnenej pravdepodobne v Bratislave okolo roku 1776*
FANTI, V. A. J. Okolo 1776. Tuš, akvarel, 242x386. Dolný Kubín, Čaplovičova knižnica, Divadelné zbierky, XII/514/212.
Lit.: KNIESOVÁ, M. – MOJŽIŠOVÁ, I. – ZÁVADOVÁ, K.: Čaplovičova

MANSFELD, J. [?]. 1790. Kolorierter Kupferstich, 330x329, Bratislava, GMB, C 1450.
Überreichung der Geschenke der Stadt Preßburg bei der Krönung von Leopold II. – Detail der Musiker
LÖSCHENKOHL, J. H. – MANSFELD, D. [?]. 1790. Kolorierter Kupferstich, 215x354, Bratislava, GMB, C 1460.

40. *Detail einer Nachricht der Preßburger Zeitung über die Feiern zum Fest der hl. Cäcilie im St. Martinsdom in Preßburg*
Bratislava, AMB, Zeitungssammlung, Preßburger Zeitung, No 94, 24. November 1779.

41. *Anton Zimmermann: Messe C Dur St. Caecilia – Titelblatt*
Bratislava, SNM, HM, MUS XXVI 118.
Anton Zimmermann: Aria F-Dur – Titelblatt und Notenschrift
Bratislava, SNM, HM, MUS VII 218.

42. *Kirche und Kloster der Franziskaner in Preßburg*
ZIERER, G. Letztes Drittel des 19. Jahrhunderts. Aquarell, 290x390, Bratislava, GMB, A 357.
P. Gaudentius Dettelbach OFM – Beispiel der Notenschrift
Martin, MS, LA, Ba I 164.

43. *Blick auf den Hauptplatz und die Jesuitenkirche in Preßburg*
ROHBOCK, L. – KOLB, J. M. – KNOPFMACHER – LANGE, G. G. Um 1845. Kolorierter Stahlstich, 111x169, Bratislava, GMB, C 15947.

44. *Franz Xaver Tost: Antiphon Alma Redemptoris C-Dur (1828) – Titelblatt und Notenschrift*
Bratislava, SNM, HM, MUS VII 372.

45. *Blick auf Kirche und Krankenhaus der Barmherzigen Brüder in Preßburg*
WERNER, F. B. – ENGELBRECHT, M. Um 1735. Kupferstich, 200x230, Bratislava, GMB, C 7181.
Detail einer Notiz über J. B. Weber in Beethovens Konversationsheft (1823)
Lit.: BALLOVÁ, L.: Ludwig van Beethoven a Slovensko. [Ludwig van Beethoven und die Slowakei] Martin 1972, S. 41.

46. *Trinitarierkirche in Preßburg*
ROHBOCK, J. – UMBACH, J. Um 1850. Stahlstich, 146x210, Martin, MS, LA, PB 100/663.

47. *Neues Gesang- und Gebetbuch ...der evangelischen Gemeinde in Preßburg (1788) – Titelblatt*
Liptovský Mikuláš, Tranoscius, sine sign.

48. *Hochgräflich-Erdődischer Theaterallmanach auf das Jahr 1787 – Titelblatt*
Budapest, OSzK, Divadelné zbierky, FM 6/75.

49. *Beispiel der Dramaturgie und szenischen Kunst des Preßburger Theaters des Grafen J. N. Erdődy*
In: Hochgräflich-Erdődischer Theaterallmanach auf das Jahr 1787, S. 60. Budapest, OSzK, Theatersammlungen, FM 6/75.

50. *Hubert Kumpf (1757–1811)*
In: Hochgräflich-Erdődischer Theaterallmanach auf das Jahr 1787, S. 20. Budapest, OSzK, Theatersammlungen, FM 6/75.

51. *Iosef Chudý: Pikkó Hertzeg és Perzsi Jutka – Titelblatt*
Lit.: KERESZTURY, D. – VÉCSEY, J. – FÁLVY, Z.: A magyar zenetörténet képeskönyve. Budapest 1960, Abb. 144.

52. *Sänger der Operngesellschaft von J. N. Erdődy in Preßburg Iosepha Abeck, Marianna Habl, Antonia Hoffmann, Margarete Kaiser, Franz Xaver Girzik, Johann Baptist Hübsch, Johann Nepomuk Schüller und Ferdinand Rotter*
Schattenbilder – Montage.
Lit.: STAUD, G.: Adelstheater in Ungarn. Wien 1977, S. 202–212.

53. *Verzeichnis eines Teils der Orchestermitglieder der Erdődischen Operngesellschaft in Preßburg*
In: Hochgräflich-Erdődischer Theaterallmanach auf das Jahr 1787, S. 47, 48. Budapest, OSzK, Theatersammlungen, FM 6/75.

54. *Krönung Maria Theresias in Preßburg (1741)*
Unbekannter Autor. Etwa 1741. Kupferstich, 280x180, Bratislava, GMB, C 1494.

55. *Garten. Entwurf einer etwa um das Jahr 1776 wahrscheinlich in Preßburg verwendeten Theaterdekoration*
FANTI, V. A. J. Um 1776. Tusche, Aquarell, 242x386, Dolný Kubín, Čaplovič-Bibliothek, Theatersammlungen, XII/514/212.
Lit.: KNIESOVÁ, M. – MOJŽIŠOVÁ, I. – ZÁVADOVÁ, K.: Čaplovičova knižnica. Návrhy divadelných dekorácií a grafika. [Die Čaplovič-

knižnica. Návrhy divadelných dekorácií a grafika. Martin 1989, s. 29, 33.

56. *Grünes Stübel – dom na rohu Zelenej a Sedlárskej ulice v Bratislave*
FRECH, K. Prvá tretina 20. stor. Tempera, 390x440, Bratislava, GMB, C 7399.

57. *Karl Wahr (1745- asi 1798)*
MARK, Q. Medirytina.
Lit.: VOLEK, T. – JAREŠ, S.: Dejiny české hudby v obrazech. Praha 1977, obr. 209.

58. *Mestské divadlo v Bratislave*
ALT, R. – SANDMANN, F. J. 19. storočie. Kolorovaná litografia, 154x219, Bratislava, GMB, C 6195.

59. *Juraj Csáky*
KÖNZÖKI, J. 1877. Olej, 125x99, Bratislava, GMB, A 22.

60. *Jozef Chudý: Der Docktor – titulný list libreta*
Praha, NM, Knižnica, 570.

61. *Anton Zimmermann: Andromeda und Perseus – titulný list libreta*
Praha, NM, MČH, B 4703.
Anton Zimmermann: Andromeda und Perseus – notopis partitúry
Praha, NM, MČH, XLI C 321.
Anton Zimmermann: Andromeda und Perseus – titulný list klavírneho výťahu
Wien, ÖNB, Musiksammlung, M. S. 39376.

62. *Divadelný plagát mestského divadla v Bratislave z čias riaditeľa K. F. Henslera*
Bratislava, AMB, Zbierka divadelných plagátov, 14.

63. *Recenzia koncertu, ktorý sa konal v mestskom divadle 15. marca 1778*
Bratislava, AMB, Zbierka novín, Preßburger Zeitung, No 22, 18. marec 1778.

64. *Komorný koncert na zámku*
HILLESTRÖM, P. Okolo 1779. Olej, 580x1430.
Lit.: SALMEN, W.: Haus- und Kammermusik. Leipzig 1969, zv. 4, obr. 50.

65. *Budova uhorského snemu v Bratislave*
HABLITSCHEK, F. Po roku 1850. Kolorovaný oceľoryt, 220x205, Bratislava, GMB, C 8542.

66. *Dokument o existencii Verein der Preßburger Freyen Künstler und Sprachlehrer v Bratislave v roku 1815*
Lit.: BALLOVÁ, Ľ.: Ludwig van Beethoven a Slovensko. Martin 1972, obr. 20.

67. *Plán na založenie spolku Kirchenmusikverein v Bratislave – titulný list*
Dolný Kubín, Čaplovičova knižnica, XI. 152.

68. *Zoznam členov Preßburger Kirchenmusikverein zu St. Martin z roku 1835 – titulný list*
Dolný Kubín, Čaplovičova knižnica, XI. 12.

69. *Heinrich Klein (1756–1832)*
GRUBER [?]. Prvá tretina 19. stor. Olej, 260x155, Bratislava, GMB, A 121.

70. *Záznam o rozhodnutí udeliť H. Kleinovi členstvo Švédskej kráľovskej akadémie (1805)*
Stockholm, Kungliga Musikaliska akademiens, Huvudarkivet, A 1 a:3, protokoll 24/7–1805, § 5.
Heinrich Klein: Cantata auf das Geburtsfest Franz I. – titulný list
Budapest, OSzK, Ms. mus. 1512.

71. *Heinrich Klein: Omša C dur – titulný list*
Martin, MS, LA, A-XII-I-42.

72. *Oznam o skúškach z hudby na Hlavnej národnej škole v Bratislave v októbri 1779*
Bratislava, AMB, Zbierka novín, Preßburger Zeitung, No 83, 16. október 1779.

73. *Franz Paul Rigler: Anleitung zum Klavier, Preßburg 1791 – titulný list*
Bratislava, SNM, HM, MUS I 101.

Bibliothek. Entwürfe von Theaterdekorationen und Graphik]. Martin 1989, S. 29, 33.

56. *Grünes Stübel – das Haus an der Ecke der Straßen Grüner und Sattler-Gasse in Preßburg*
FRECH, K. Erstes Drittel des 20. Jh. Tempera, 390x440, Bratislava, GMB, C 7399.

57. *Karl Wahr (1745- etwa 1798)*
MARK, Q. Kupferstich.
Lit.: VOLEK, T. – JAREŠ, S.: Dejiny české hudby v obrazech. [Geschichte der tschechischen Musik in Bildern]. Praha 1977, Abb. 209.

58. *Stadttheater in Preßburg*
ALT, R. – SANDMANN, F. J. 19. Jahrhundert. Farblithographie, 154x219, Bratislava, GMB, C 6195.

59. *Georg Csáky*
KÖNZÖKI, J. 1877. Öl, 125x99, Bratislava, GMB, A 22.

60. *Josef Chudý: Der Docktor – Titelblatt des Librettos*
Praha, NM, Bibliothek, 570.

61. *Anton Zimmermann: Andromeda und Perseus – Titelblatt des Librettos*
Praha, NM, MČH, B 4703.
Anton Zimmermann: Andromeda und Perseus – Notenschrift der Partitur
Praha, NM, MČH, XLI C 321.
Anton Zimmermann: Andromeda und Perseus – Titelblatt des Klavierauszugs
Wien, ÖNB, Musiksammlung, M. S. 39376.

62. *Theaterplakat des Stadttheaters in Preßburg aus der Zeit des Direktors K. F. Hensler*
Bratislava, AMB, Zbierka divadelných plagátov, 14.

63. *Rezension eines im Stadttheater am 15. März 1778 veranstalteten Konzerts*
Bratislava, AMB, Zeitungssammlung, Preßburger Zeitung, No 22, 18. März 1778.

64. *Kammermusik im Schloß*
HILLESTRÖM, P. Um 1779. Öl, 580x1430.
Lit.: SALMEN, W.: Haus- und Kammermusik. Leipzig 1969, Bd. 4, Abb. 50.

65. *Gebäude des ungarischen Landtags in Preßburg*
HABLITSCHEK, F. Nach 1850. Kolorierter Stahlstich, 220x205, Bratislava, GMB, C 8542.

66. *Dokument über das Bestehen des Vereins der Preßburger Freyen Künstler und Sprachlehrer 1815 in Preßburg*
Lit.: BALLOVÁ, Ľ.: Ludwig van Beethoven a Slovensko. [Ludwig van Beethoven und die Slowakei] Martin 1972, Abb. 20.

67. *Der Plan zur Gründung des Kirchenmusikvereins in Preßburg – Titelblatt*
Dolný Kubín, Čaplovičova knižnica, XI. 152.

68. *Mitgliederverzeichnis des Preßburger Kirchenmusikverein zu St. Martin von 1835 – Titelblatt*
Dolný Kubín, Čaplovičova knižnica, XI. 12.

69. *Heinrich Klein (1756–1832)*
GRUBER [?]. Erstes Drittel des 19. Jahrhunderts, Öl, 260x155, Bratislava, GMB, A 121.

70. *Notiz über die Entscheidung H. Klein die Mitgliedschaft in der Schwedischen königlichen Akademie zu erteilen (1805)*
Stockholm, Kungliga Musikaliska akademiens, Huvudarkivet, A 1 a:3, protokoll 24/7–1805, § 5.
Heinrich Klein: Cantata auf das Geburtsfest Franz I. – Titelblatt
Budapest, OSzK, Ms. mus. 1512.

71. *Heinrich Klein: Messe C-Dur – Titelblatt*
Martin, MS, LA, A-XII-I-42.

72. *Mitteilung über Prüfungen in Musik an der nationalen Hauptschule in Preßburg im Oktober 1779*
Bratislava, AMB, Zeitungssammlung, Preßburger Zeitung, No 83, 16. Oktober 1779.

73. *Franz Paul Rigler: Anleitung zum Klavier, Preßburg 1791 – Titelblatt*
Bratislava, SNM, HM, MUS I 101.
Franz Paul Rigler: Anleitung zum Gesange, und dem Klaviere, Ofen 1798 – Titelblatt
Bratislava, SNM, HM, MUS II 11.

Franz Paul Rigler: Anleitung zum Gesange, und dem Klaviere, Ofen 1798 – titulný list
Bratislava, SNM, HM, MUS II 11.

74. *Franz Paul Rigler: Hungareska c mol No 1 – notopis*
Schloss Harbur über Donauwörth Fürstlich Oettingen-Wallerstein'sche Bibliothek und Kunstsammlung, III 703, s. 2.

75. *Franz Paul Rigler: Deux sonates – titulný list*
Wien, GdMf, Q 14 934.

76. *Heinrich Klein (1756–1832)*
MILETZ, F. Prvá polovica 19. stor. Medirytina, 337x260, Bratislava, GMB, C 1316.

77. *Johann Nepomuk Hummel: Klavírna škola – notopis a tlačený titulný list*
Bratislava, AMB, Fond hudobniny, Archívne pamiatky po J. N. Hummelovi, sine sign.

78. *Ľudová veselica pred Michalskou bránou v Bratislave po korunovácii Ferdinanda V. (1830)*
Autor neznámy. Začiatok 19. stor. Kolorovaná medirytina, 172x282, Bratislava, GMB, C 9281.

79. *Trubači na mestskej veži v Bratislave pri korunovácii Márie Terézie (1741) – detail*
Lit.: Maria Theresia als Königin von Ungarn (Katalóg výstavy). Red. G. Mraz a G. Schlag. Eisenstadt 1980, Abb. 4.

80. *František Xaver Tost: Douze Nouvelles Danses Hongroises – titulný list*
Budapest, OSzK, MUS. pr. 12688.

81. *Zoznam skladieb F. X. Tosta, ponúknutých v roku 1823 v Preßburger Zeitung*
Bratislava, AMB, Zbierka novín, Preßburger Zeitung, No 3, 17. apríl 1823.

82. *Husle vyrobené Johannom Georgom II. Leebom v Bratislave*
Bratislava, SNM, HM, MUS 120.
Štítky výrobcov: Johann Georg Leeb; Joannes Georgius Leeb; Antonius Thir; Andreas Thier; Ferdinand Hamberger.
Lit.: KRESÁK, M.: Husliarske umenie na Slovensku. Bratislava 1984, s. 59, 75, 76, 44.

83. *Basetový roh z bratislavskej dielne Franza Schöllnasta*
Budapest, Nemzeti Múzeum, 1927.61.
Palicová flauta-čakan z bratislavskej dielne Franza Schöllnasta
Budapest, Nemzeti Múzeum, 1929.1.

84. *Sonáta (Hob. XV: 32) Josepha Haydna, vydaná v Bratislave u J. N. Schauffa (1792 ?) – titulný list a nototlač*
Bratislava, AMB, Hudobná zbierka, VI 1164/b.

85. *Bratislavské noviny Preßburger Zeitung – titulný list*
Bratislava, AMB, Zbierka novín, Preßburger Zeitung, No 28, 7. apríl 1795.

86. *Skalica – pohľad na mesto*
HUSZKA, J. Asi 1875. Tlač z medirytiny, 100x165, Bratislava, GMB, C 15446.

87. *Zoznam platených skalických hudobníkov z roku 1788*
Trnava, BA, Zbierka kanonických vizitácií, Kanonické vizitácie zo Skalice zo dňa 24. septembra 1788, s. 70.

88. *Podpis veľkolevárskeho hudobníka Jozefa Langera na titulnom liste Ofertória od Hubera*
Bratislava, SNM, HM, MUS XVIII 53.

89. *Ukážka evidencie notových materiálov rímskokatolíckeho farského kostola v Šaštíne z roku 1823*
Trnava, BA, Zbierka kanonických vizitácií, Kanonické vizitácie zo Šaštína z roku 1823, s. 52.

90. *Kaštieľ v Bernolákove (Čeklís)*
MEJER-KOHL, C. Asi 1800. Oceľoryt, 780x115, Bratislava, GMB, C 15957.

91. *Kaštieľ v Holíči*
Neznámy autor. 18. stor. Lavírovaná kresba perom.
Lit.: Vlastivedný slovník obcí na Slovensku. zv. 1. Bratislava 1977. s. 426.

92. *Heinrich Thumar: Nešpory C dur – titulný list*
Modra, ŠOKA, H-423.

93. *Pezinok – pohľad na mesto na záhlaví výučného listu cechu podkúvačov*

74. *Franz Paul Rigler: Hungareska c-Moll No l – Notenschrift*
Schloss Harbur über Donauwörth Fürstlich Oettingen-Wallerstein'sche Bibliothek und Kunstsammlung, III 703, S. 2.

75. *Franz Paul Rigler: Deux sonates – Titelblatt*
Wien, GdMf, Q 14 934.

76. *Heinrich Klein (1756–1832)*
MILETZ, F. Erste Hälfte des 19. Jh. Kupferstich, 337x260, Bratislava, GMB, C 1316.

77. *Johann Nepomuk Hummel: Klavierschule – Notenschrift und gedrucktes Titelblatt*
Bratislava, AMB, Musikalienfonds, Archivdenkmäler nach J. N. Hummel, sine sign.

78. *Volksfest vor dem Michaeler Tor in Preßburg nach der Krönung Ferdinand V. (1830)*
Autor unbekannt. Anfang des 19. Jh. Kolorierter Kupferstich, 172x282, Bratislava, GMB, C 9281.

79. *Bläser auf dem Stadtturm in Preßburg bei der Krönung Maria Theresias (1741) – Detail*
Lit.: Maria Theresia als Königin von Ungarn (Ausstellungskatalog), Red. G. Mraz a G. Schlag. Eisenstadt 1980, Abb. 4.

80. *Franz Xaver Tost: Douze Nouvelles Danses Hongroises – Titelblatt*
Budapest, OSzK, MUS. pr. 12688.

81. *Verzeichnis der Werke von F. X. Tost, die 1823 in der Preßburger Zeitung angeboten wurden*
Bratislava, AMB, Zeitungssammlung, Preßburger Zeitung, No 3, 17. April 1823.

82. *Geige, hergestellt von Johann Georg II. Leebom in Preßburg*
Bratislava, SNM, HM, MUS 120.
Firmenschilder der Geigermacher: Johann Georg Leeb; Joannes Georgius Leeb; Antonius Thir; Andreas Thier; Ferdinand Hamberger.
Lit.: KRESÁK, M.: Husliarske umenie na Slovensku. Bratislava 1984, S. 59, 75, 76, 44.

83. *Basetthorn aus der Preßburger Werkstatt von Franz Schöllnast*
Budapest, Memzeti Múzeum, 1927.61.
Stockflöte-Czakan aus der Preßburger Werkstatt von Franz Schöllnast
Budapest, Nemzeti Múzeum, 1929. 1.

84. *Sonate (Hob.XV:32) von Joseph Haydn herausgegeben in Preßburg bei J. N. Schauff (1792 ?) – Titelblatt und Notendruck*
Bratislava, AMB, Musiksammlung, VI 1164/b.

85. *Die Preßburger Zeitung – Titelblatt*
Bratislava, AMB, Zeitungssammlung, Preßburger Zeitung, No 28, 7. April 1795.

86. *Skalica – Stadtansicht*
HUSZKA, J. Etwa 1875. Druck vom Kupferstich, 100x165, Bratislava, GMB, C 15446.

87. *Verzeichnis der bezahlten Musiker aus Skalica von 1788*
Trnava, BA, Sammlung kanonischer Visitationen, Kanonische Visitationen aus Skalica vom 24. September 1788, S. 70.

88. *Unterschrift des Musikers Josef Langers aus Veľké Leváre auf dem Titelblatt des Offertoriums von Huber*
Bratislava, SNM, HM, MUS XVIII 53.

89. *Beispiel der Erfassung von Notenmaterialien in der römisch-katholischen Pfarrkirche in Šaštín von 1823*
Trnava, BA, Sammlung der kanonischen Visitationen, Kanonische Visitationen von 1823, S. 52.

90. *Schloß in Bernolákovo (Čeklís)*
MEJER-KOHL, C. Etwa 1800. Stahlstich, 780x115, Bratislava, GMB, C 15957.

91. *Schloß in Holíč*
Unbekannter Autor. 18. Jh. Lavierte Federzeichnung.
Lit.: Vlastivedný slovník obcí na Slovensku. zv. 1. [Heimatkundliches Wörterbuch der Ortschaften in der Slowakei. Bd. 1] Bratislava 1977. S. 426.

92. *Heinrich Thumar: Vespern C-Dur – Titelblatt*
Modra, ŠOKA, H-423.

93. *Pezinok – Stadtansicht auf dem Kopf eines Lehrbriefes der Hufschmiedeinnung*

Neznámy autor. Začiatok 19. stor. Drevorez a tlač, 116x83, Bratislava, GMB, C 9289.

94. *Modra – pohľad na mesto*
KALTSCHMIDT, A. – MIKOVÍNI, S. 1736. Medirytina a lept, 150x450, Martin, MS, LA, B 25589.
František Peregrín Hrdina: Antifóna Regina coeli C dur – titulný list
Bratislava, SNM, HM, MUS XVIII 15.

95. *Karolína Esterházyová*
HÄHNISCH, A. Akvarel, 1837.
Lit.: DEUTSCH, O. E.: Franz Schubert. Sein Leben in Bilder. München und Leipzig 1913, s. 255.

96. *List Franza Schuberta, ktorý napísal v Želiezovciach v roku 1824*
Lit.: WERLE, H.: Franz Schubert in seinen Briefen und Aufzeichnungen, Leipzig 1955, s. 136–137.

97. *Komárno – pohľad na mesto*
ROHBOCK, L. – RIEGEL, J. 1856, Oceľoryt, 103x157, Banská Štiavnica, SBM, UH 623.

98. *Trnava – pohľad na mesto*
Neznámy autor. Asi 1800. Podľa medirytiny Nypoorta z roku 1682. Medirytina, 600x130, Bratislava, GMB, C 6201.

99. *Trnava – námestie s budovou mestského divadla, postaveného v roku 1831*
Neznámy autor. Asi 1850. Kameňorytina, 120x170, Trnava, ZsM, 13876/77.

100. *Trnava – kostol sv. Mikuláša*
Neznámy autor. Asi 1870. Litografia, 120x170, Trnava, ZsM, 13846/77.
Organ v kostole sv. Mikuláša v Trnave, postavený v roku 1783 Valentínom Arnoldom
Lit.: GERGELYI, O. – WURM, K.: Historické organy na Slovensku. Bratislava 1982, s. 201.

101. *Štatút trnavského spolku Musik-Verein z roku 1834*
Trnava, ZsM, Zbierka Musicalia – Cirkevný hudobný spolok, M 13/19 880.
Diplom čestného člena spolku Musik-Verein v Trnave
Trnava, Rímskokatolícky farský úrad, sine sign.

102. *Kaštieľ rodiny Brunswickovcov v Dolnej Krupej*
GRAINWILLE. 19. storočie. Kolorovaná litografia, 190x280, Bratislava, GMB, C 6298.

103. *František Brunswick (1777–1849)*
TUGUT, H. Olej.
Terézia Brunswicková (1775–1861)
KALLHOFER. Olej (kópia originálu).
Jozefína Brunswicková (1779–1821)
Miniatúra.
Lit.: BALLOVÁ, Ľ.: Ludwig van Beethoven a Slovensko. Martin 1972, obr. 60, 61, 64.

104. *Hlohovec – veduta mesta s rezidenciou J. Erdődyho na výučnom cechovom liste*
Neznámy autor. Asi 1827. Medirytina, Martin, SNM, EM, 592/archív.
Hlohovec – javisko a hľadisko erdődyovského divadla z roku 1802
Lit.: VOIT, P.: Régi magyar otthonok. Budapest 1934, s. 284.

105. *Trenčín – námestie s kostolom rehole piaristov*
MOESTIER, J. Asi rok 1840. Chromolitografia, 105x155, Martin, MS, LA, LM 6358/86.

106. *Podpis Augustína Smehlika – na titulnom liste najstaršieho odpisu diela L. v. Beethovena na Slovensku*
Trenčín, ŠOKA, HSJP-563.

107. *Tobiaš František Fučík: Antifóna Alma Redemptoris D dur – titulný list*
Bratislava, SNM, HM, MUS XIII 197.

108. *Ukážka spôsobu pestovania hudby v prostredí reholí*
Musizierende Garstener Patres. Neznámy autor. 2. polovica 18. storočia. Olej.
Lit.: Joseph Haydn in seiner Zeit (katalóg výstavy). Red. G. Mraz, G. Mraz, G. Schlag. Eisenstadt 1982, obr. 12.

109. *Ilava – pohľad na mesto*
HORVÁTH. Druhá polovica 19. storočia. Drevoryt, Martin, MS, LA, sine sign.

Unbekannter Autor. Anfang des 19. Jh. Holzschnitt und Druck, 116x83, Bratislava, GMB, C 9289.

94. *Modra – Stadtansicht*
KALTSCHMIDT, A. – MIKOVÍNI, S. 1736. Kupferstich und Ätzdruck, 150x 450, Martin, MS, LA, B 25589.
Franz Peregrin Hrdina: Antiphona Regina coeli C-Dur – Titelblatt
Bratislava, SNM, HM, MUS XVIII 15.

95. *Karolina Esterházy*
HÄHNISCH, A. Akvarel, 1837.
Lit.: DEUTSCH, O. E.: Franz Schubert. Sein Leben in Bildern. München und Leipzig 1913, S. 255.

96. *Ein Brief von Franz Schubert, den er 1824 in Želiezovce geschrieben hat*
Lit.: WERLE, H.: Franz Schubert in seinen Briefen und Aufzeichnungen, Leipzig 1955, S. 136–137.

97. *Komárno – Stadtansicht*
ROHBOCK, L. – RIEGEL, J. 1856, Stahlstich, 103x157, Banská Štiavnica, SBM, UH 623.

98. *Trnava – Stadtansicht*
Unbekannter Autor. Etwa 1800. Nach einem Kupferstich von Nypoort aus dem Jahr 1682. Kupferstich, 600x130, Bratislava, GMB, C 6201.

99. *Trnava – Platz mit dem Gebäude des 1831 erbauten Stadttheaters*
Unbekanner Autor. Etwa 1850. Steinstich, 120x170, Trnava, ZsM, 13876/77.

100. *Trnava – St.Nikolauskirche*
Unbekannter Autor. Etwa 1870. Lithographie, 120x170, Trnava, ZsM, 13846/77.
Orgel in der St. Nikolauskirche in Trnava gebaut 1783 von Valentin Arnold
Lit.: GERGELYI, O. – WURM, K.: Historické organy na Slovensku. [Historische Orgeln in der Slowakei]. Bratislava¹1982, S. 201.

101. *Statut des Musik-Vereins in Trnava aus dem Jahr 1834*
Trnava, ZsM, Sammlung Musicalia – Kirchenmusikverein, M 13/19 880.
Diplom des Ehrenmitglieds des Musik-Vereins in Trnava
Trnava, Römisch-katholisches Pfarramt, sine sign.

102. *Schloß der Familie Brunswick in Dolná Krupá*
GRAINWILLE. 19. Jahrhundert. Farblithographie,190x280, Bratislava, GMB, C 6298.

103. *Franz Brunswick (1777–1849)*
TUGUT, H. Öl.
Therese Brunswick (1775–1861)
KALLHOFER. Öl (Kopie des Originals).
Josephine Brunswick (1779–1821)
Miniatur.
Lit.: BALLOVÁ, Ľ.: Ludwig van Beethoven a Slovensko. [Ludwig van Beethoven und Slowakei] Martin 1972, Abb. 60, 61, 64.

104. *Hlohovec – Vedute der Stadt mit der Residenz J. Erdődys auf dem Innungslehrbrief*
Unbekannter Autor. Etwa 1827. Kupferstich, Martin, SNM, EM, 592/Archiv.
Hlohovec – Bühne und Zuschauerraum des erdődischen Theaters von 1802
Lit.: VOIT, P.: Régi magyar otthonok. Budapest 1934, S. 284.

105. *Trenčín – Platz mit der Kirche des Piaristenordens*
MOESTIER, J. Etwa 1840. Chromolithographie, 105x155, Martin, MS, LA, LM 6358/86.

106. *Unterschrift von Augustín Smehlik – auf dem Titelblatt der ältesten Abschrift eines Werkes von L. v. Beethoven in der Slowakei*
Trenčín, ŠOKA, HSJP-563.

107. *Tobias Franz Fučík : Antiphona Alma Redemptoris D-Dur – Titelblatt*
Bratislava, SNM, HM, MUS XIII 197.

108. *Beispiel für die Art der Musikpflege im Ordensmilieu*
Musizierende Garstener Patres. Unbekannter Autor. 2. Hälfte des 18. Jahrhunderts. Öl.
Lit.: Joseph Haydn in seiner Zeit (Ausstellungskatalog) Red. G. Mraz, G. Mraz, G. Schlag. Eisenstadt 1982, Abb. 12.

109. *Ilava – Stadtansicht*
HORVÁTH. Zweite Hälfte des 19. Jahrhunderts. Holzstich, Martin, MS, LA, sine sign.

Podpis ilavského organistu Jána Cserneya na titulnom liste omšovej skladby Rettiga
Bratislava, SNM, HM, MUS XII 172.

110. *Paulín Bajan: Harmonia Seraphica (1777) – notopis a záverečný text*
Bratislava, SNM, HM, MUS I. 16.

111. *Titulný list Árie, napísaný Šimonom Pellerom, organistom v Novom Meste nad Váhom*
Nové Mesto nad Váhom, Rímskokatolícky farský úrad, Hudobná zbierka, 132.

112. *Iozef Pispeky: Ária Kde si slnčze gasne Es dur – notopis*
Bratislava, SNM, HM, MUS XXV 54.

113. *Nitra – pohľad na Zobor*
ROHBOCK, L. – UMBACH, J. 1856. Oceľoryt, 110x150, Bratislava, SNM, Hm, HÚ 10 097.

114. *Norbert Schreier: Omša A dur – titulný list*
Bratislava, SNM, HM, MUS IX 163.

115. *Alojz Schlieszter: Omša A dur – titulný list*
Bratislava, SNM, HM, MUS XXVI 266.

116. *Súpis inštrumentára z biskupského chrámu v Nitre (1801)*
Nitra, BA, Inventárny zoznam hudobnín a hudobných nástrojov biskupského chrámu v Nitre z roku 1801, sine sign.

117. *Prievidza – pohľad na kostol a kláštor piaristov*
Neznámy autor. Okolo 1840. Oceľoryt, 110x145, Martin, MS, LA, 1487/83.

Dionýz Kubík: Cantiones Slavonicae. Prividiae (1791) – titulný list
Martin, MS, LA, 1096/1930.

118. *Podobizeň neznámej šľachtičnej s notami v ruke*
Neznámy autor. Prvá štvrtina 19. stor. Olej, 915x740, Červený Kameň, Múzeum, 0–59.

119. *Joseph Haydn: Symfónia Maria Theresia (Hob. I:48) – titulný list (1769) a notopis*
Martin, MS, LA, D I 14.

120. *Edmund Pascha (1714–1772)*
PASCHA, E. Gvaš. Passionale Domini ... Venerabilis Conventus Solnensis, 1771, s. 46. Martin, MS, LA, A XXXVIII/2-66.

121. *Banská Bystrica – hlavné námestie*
Neznámy autor. Asi 1840. Oceľoryt, 80x217, Banská Štiavnica, SBM, UH 788.

122. *Matričný záznam o smrti Antona Júliusa Hiraya zo dňa 21. októbra 1842*
Banská Bystrica, ŠOKA, Zbierka cirkevných matrík, Matrika zomretých za roky 1833–1851, s. 255.

123. *Anton Július Hiray: Menuety z roku 1797 – titulný list*
Ostrá Lúka, ŠOKA, HPO A I 81.

124. *Anton Július Hiray: Civitatis Neosoliensis Militare Marsch z roku 1798 – titulný list*
Lit.: HUDEC, K.: Hudba v Banskej Bystrici do 19. storočia. Ružomberok 1941, s. 208.

125. *Organ zámockého kostola v Banskej Bystrici z roku 1779, postavený miestnym organárom Michalom Podkonickým*
Lit.: GERGELYI, O. – WURM, K.: Historické organy na Slovensku. Bratislava 1982, s. 191.

126. *Klávesnica organu postaveného Michalom Podkonickým*
Lit.: GERGELYI, O. – WURM, K.: Historické organy na Slovensku. Bratislava 1982, s. 197.

127. *Firemný štítok s podpisom banskobystrického organára Michala Podkonického*
Lit.: GERGELYI, O. – WURM, K.: Historické organy na Slovensku. Bratislava 1982, s. 193.

128. *Banská Štiavnica – pohľad na mesto*
JENDRASSIK. 1822. Kolorovaná perokresba, 350x410, Banská Štiavnica, SBM, UH 768.

129. *Banská Štiavnica – Rímskokatolícky farský kostol*
LÖRAKINGER, H. Asi 1820. Kresba ceruzou, 300x420, Banská Štiavnica, SBM, UH 770.

130. *František Hrdina: Der Bettelstudent – titulný list*
Budapest, OSzK, Ms. mus. 1823.

Unterschrift des Organisten Johann Cserney von Ilava auf dem Titelblatt einer Meßkomposition von Rettig
Bratislava, SNM, HM, MUS XII 172.

110. *Paulin Bajan: Harmonia Seraphica (1777) – Notenschrift und Finaltext*
Bratislava, SNM, HM, MUS I. 16.

111. *Titelblatt einer Arie geschrieben von Simon Peller, dem Organist in Nové Mesto nad Váhom*
Nové Mesto nad Váhom, Römisch-katholisches Pfarramt, Musiksammlung, 132.

112. *Josef Pispeky: Arie Kde si slnčze gasne Es-Dur – Notenschrift*
Bratislava, SNM, HM, MUS XXV 54.

113. *Nitra – Blick auf den Zobor*
ROHBOCK, L. – UMBACH, J. 1856. Stahlstich, 110x150, Bratislava, SNM, Hm, HÚ 10 097.

114. *Norbert Schreier : Messe A-Dur – Titelblatt*
Bratislava, SNM, HM, MUS IX 163.

115. *Alois Schlieszter: Messe A-Dur – Titelblatt*
Bratislava, SNM, HM, MUS XXVI 266.

116. *Instrumentenverzeichnis der Bischofskathedrale in Nitra (1801)*
Nitra, BA, Inventarliste der Musikalien und Musikinstrumente der Bischofskathedrale in Nitra von 1801, sine sign.

117. *Prievidza – Blick auf Kirche und Kloster der Piaristen*
Unbekannter Autor. Um 1840. Stahlstich, 110x145, Martin, MS, LA, 1487/83.

Dionys Kubík: Cantiones Slavonicae. Prividiae (1791) – Titelblatt
Martin, MS, LA, 1096/1930.

118. *Porträt einer unbekannten Adligen mit Noten in der Hand*
Unbekannter Autor. Erstes Viertel des 19. Jh. Öl, 915x740, Červený Kameň, Museum, 0–59.

119. *Joseph Haydn: Symphonia Maria Theresia (Hob. I:48) – Titelblatt (1769) und Notenschrift*
Martin, MS, LA, D I 14.

120. *Edmund Pascha (1714–1772)*
PASCHA, E. Guasch. Passionale Domini ...Venerabilis Conventus Solnensis, 1771, S. 46. Martin, MS, LA, A XXXVIII/2-66.

121. *Banská Bystrica – Hauptplatz*
Unbekannter Autor. Etwa 1840. Stahlstich, 80x217, Banská Štiavnica, SBM, UH 788.

122. *Matrikelnotiz über den Tod von Anton Julius Hiray vom 21. Oktober 1842*
Banská Bystrica, ŠOKA, Kirchenmatrikel-Sammlung, Matrikel der Verstorbenen für die Jahre 1833–1851, S. 255.

123. *Anton Julius Hiray: Menuette von 1797 – Titelblatt*
Ostrá Lúka, ŠOKA, HPO A I 81.

124. *Anton Julius Hiray: Civitatis Neosoliensis Militare Marsch aus dem Jahr 1798 – Titelblatt*
Lit.: HUDEC, K.: Hudba v Banskej Bystrici do 19. storočia. [Musik in Banská Bystrica bis zum 19. Jahrhundert] Ružomberok 1941, S. 208.

125. *Orgel der Schloßkirche in Banská Bystrica von 1779 erbaut vom hiesigen Orgelbauer Michael Podkonický*
Lit.: GERGELYI, O. – WURM, K.: Historické organy na Slovensku. [Historische Orgeln in der Slowakei]. Bratislava 1982, S. 191.

126. *Klaviatur der von Michael Podkonický erbauten Orgel*
Lit.: GERGELYI, O. – WURM, K.: Historické organy na Slovensku. [Historische Orgeln in der Slowakei] Bratislava 1982, S. 197.

127. *Firmenschild mit der Unterschrift des Orgelbauers Michael Podkonický aus Banská Bystrica*
Lit.: GERGELYI, O. – WURM, K.: Historické organy na Slovensku. [Historische Orgeln in der Slowakei]. Bratislava 1982, S. 193.

128. *Banská Štiavnica – Stadtansicht*
JENDRASSIK. 1822. Kolorierte Federzeichnung, 350x410, Banská Štiavnica, SBM, UH 768.

129. *Banská Štiavnica – Römisch-katholische Pfarrkirche*
LÖRAKINGER, H. Etwa 1820. Bleistiftzeichnung, 300x420, Banská Štiavnica, SBM, UH 770.

130. *Franz Hrdina: Der Bettelstudent – Titelblatt*
Budapest, OSzK, Ms. mus. 1823.

131. *František Hrdina: Der Bettelstudent – ukážka libreta a notopisu*
Budapest, OSzK, Ms. mus. 1823.

132. *František Hrdina: Pastorálna omša g mol – titulný list*
Martin, MS, LA, D II 57.

133. *Ián Jozef Richter: Litánie C dur – titulný list*
Martin, MS, LA, D II 1.

134. *Ián Jozef Richter: Litánie C dur – notopis*
Martin, MS, LA, D II 1.

135. *Hudobníci účinkujúci pri stolovaní*
Neznámy autor. 18. stor. Kolorovaná medirytina, 280x410, Bratislava, GMB, C 14667.

136. *Kremnica – pohľad na mesto*
ROHBOCK, L. – HESS, G. 1856. Oceľoryt, 106x155, Bratislava, GMB, C 11429.

137. *Kremnica – pohľad na námestie a kostoly*
SLOWIKOWSKI, A. – LEITNER, M. L. Polovica 19. stor. Chromolitografia, 185x252, Banská Štiavnica, SBM, UH 795.

138. *Záznam o sťažnosti organára Jakuba Zorkovského v kuriálnom protokole z roku 1756*
Kremnica, ŠOKA, Prot. cur. 1655-58. s. 257.

139. *Trubač*
Maľba na poprsniciach spodných chórov evanjelického a.v. kostola v Palúdzi.
Lit.: BIATHOVÁ, K.: Drevený panteón. Bratislava 1976, obr.40.

140. *Anton Aschner: Pastorela G dur – titulný list*
Kremnica, ŠOKA, Hudobná zbierka františkánskej knižnice, 10.

141. *Titulný list nôt, ktoré patrili do majetku kremnickej Cammeral Capella*
Kremnica, ŠOKA, Hudobná zbierka Cammeral Capella, 40.

142. *Anton Wurm: Sonatína B dur – notopis*
Kremnica, ŠOKA, Hudobná zbierka františkánskej knižnice, 258.

143. *Adela Ostrolúcka (1824–1853)*
Neznámy autor, Olej.
Martin, MS, LA, K 19/51.

144. *Anton Július Hiray: Nemecké tance z roku 1802 z majetku rodiny Ostrolúckovcov z Ostrej Lúky – titulný list*
Ostrá Lúka, ŠOKA, HPO A I 88.

145. *Ružomberok – pohľad na mesto*
ROHBOCK, L. – UMBACH, J. 1856. Oceľoryt, 102x160, Bratislava, GMB, C 11447.

146. *Mikuláš Zmeškal (1759–1833)*
Tieňovaný obraz.
Lit.: LANDON, R. H. C.: Ludwig van Beethoven. Sein Leben und seine Welt in zeitgenössischen Bildern und Texten. Zürich 1970, s. 42.

147. *Ludwig van Beethoven: Sláčikové kvarteto f mol, op. 95 – titulný list s venovaním Mikulášovi Zmeškalovi*
Bratislava, SNM, HM, MUS IX 327.

148. *František Žaškovský: Manuale musico-liturgicum (1853) – titulný list*
Bratislava, SNM, HM, MUS XI 154.

149. *Andrej Žaškovský jun.: Graduále, op. 5 – titulný list*
Bratislava, SNM, HM, MUS XVI 145.

150. *Liptovský Mikuláš – veduta mesta na záhlaví listiny*
SZARKA, J. Asi 1830. Medirytina, 140x385, Liptovský Mikuláš, ŠOKA, Zbierka cechových písomností, sine sign.

151. *Jozef Piťo (1800–1886)*
BOHÚŇ, P. M. 1862. Olej, 925x70, Budapest, Magyar Nemzeti Múzeum.

152. *Liptovský Hrádok – pohľad na mesto*
KAISER, E – RAUH. 19. storočie. Litografia, 960x152, Bratislava, GMB, C 15950.

153. *Prospekt organu rímskokatolíckeho farského kostola v Liptovskom Hrádku, postavený v roku 1795 Ondrejom Pažickým*
Lit.: GERGELYI, O. – WURM, K.: Historické organy na Slovensku. Bratislava 1982, s. 261.

154. *Franz Paul Rigler: 24 skladieb. František Xaver Tost: Nemecký tanec B dur, No 7. – Ukážky hudobnín z notového archívu rodiny Révayovcov z Turčianskej Štiavničky*

131. *Franz Hrdina: Der Bettelstudent – Beispiel des Librettos und der Notenschrift*
Budapest, OSzK, Ms. mus. 1823.

132. *Franz Hrdina: Pastoralmesse g-Moll – Titelblatt*
Martin, MS, LA, D II 57.

133. *Iohann Josef Richter: Litaneien C-Dur – Titelblatt*
Martin, MS, LA, D II 1.

134. *Iohann Josef Richter: Litaneien C-Dur – Notenschrift*
Martin, MS, LA, D II 1.

135. *Spielende Musiker beim Tafeln*
Unbekannter Autor. 18. Jh. Kolorierter Kupferstich, 280x410, Bratislava, GMB, C 14667.

136. *Kremnica – Stadtansicht*
ROHBOCK, L. – HESS, G. 1856. Stahlstich, 106x155, Bratislava, GMB, C 11429.

137. *Kremnica – Blick auf den Hauptplatz und Kirchen*
SLOWIKOWSKI, A. – LEITNER, M. L. Mitte des 19. Jh. Chromolithographie, 185x252, Banská Štiavnica, SBM, UH 795.

138. *Notiz über die Beschwerde des Orgelbauers Jakob Zorkovský im Kurialprotokoll von 1756*
Kremnica, ŠOKA, Prot. cur. 1655-58. S. 257.

139. *Trompeter*
Gemälde an den Brüstungen der Unterchöre der evangelischen Kirche A. B. in Palúdza
Lit.: BIATHOVÁ, K.: Drevený panteón. [Holzpantheon] Bratislava 1976, Abb.40.

140. *Anton Aschner: Pastorale G-Dur – Titelblatt*
Kremnica, ŠOKA, Musiksammlung der Franziskanerbibliothek, 10.

141. *Titelblatt von Noten, die zum Besitz der Kremnitzer Cammeral Capella gehörten*
Kremnica, ŠOKA, Musiksammlung Cammeral Capella, 40.

142. *Anton Wurm: Sonatina B dur – Notenschrift*
Kremnica, ŠOKA, Musiksammlung der Franziskanerbibliothek, 258.

143. *Adela Ostrolúcka (1824–1853)*
Unbekannter Autor, Öl
Martin, MS, LA, K 19/51.

144. *Anton Julius Hiray: Deutsche Tänze von 1802 aus dem Besitz der Familie Ostrolúcky – Titelblatt*
Ostrá Lúka, ŠOKA, HPO A I 88.

145. *Ružomberok – Stadtansicht*
ROHBOCK, L. – UMBACH, J. 1856. Stahlstich, 102x160, Bratislava, GMB, C 11447.

146. *Nikolaus Zmeškal (1759–1833)*
Schattenbild.
Lit.: LANDON, R. H. C.: Ludwig van Beethoven. Sein Leben und seine Welt in zeitgenössischen Bildern und Texten. Zürich 1970, S. 42.

147. *Ludwig van Beethoven: Streichquartett f-Moll op. 95 – Titelblatt mit Widmung für Nikolaus Zmeškal*
Bratislava, SNM, HM, MUS IX 327.

148. *Franz Žaškovský: Manuale musico-liturgicum (1853) – Titelblatt*
Bratislava, SNM, HM, MUS XI 154.

149. *Andreas Žaškovský jun.: Graduále op. 5 – Titelblatt*
Bratislava, SNM, HM, MUS XVI 145.

150. *Liptovský Mikuláš – Vedute der Stadt auf dem Kopf einer Urkunde*
SZARKA, J. Etwa 1830. Kupferstich, 140x385, Liptovský Mikuláš, ŠOKA, Sammlung von Innungsschriften, sine sign.

151. *Josef Piťo (1800–1886)*
BOHÚŇ, P. M. 1862. Öl, 925x70, Budapest, Magyar Nemzeti Múzeum.

152. *Liptovský Hrádok – Stadtansicht*
KAISER, E – RAUH. 19. Jahrhundert. Lithographie, 960x152, Bratislava, GMB, C 15950.

153. *Prospekt der Orgel der römisch-katholischen Pfarrkirche in Liptovský Hrádok, erbaut 1795 von Andreas Pažický*
Lit.: GERGELYI, O. – WURM, K.: Historické organy na Slovensku. [Historische Orgeln in der Slowakei] Bratislava 1982, S. 261.

154. *Franz Paul Rigler: 24 Kompositionen. Franz Xaver Tost: Deutscher Tanz B-Dur No 7. – Beispiele von Musikalien aus dem Notenarchiv der Familie Révay aus Turčianská Štiavnička*

Bratislava, SNA, Hudobná pozostalosť rodiny Révayovcov zo Štiavničky, H–17, H–81.

155. *Kežmarok – pohľad na mesto*
ZOMBORY, G. Polovica 19. storočia. Kolorovaná litografia, 170x230, Bratislava, GMB, C 10687.

156. *Časť z inventára hudobných nástrojov a hudobnín z Kežmarku (1803)*
Levoča, ŠOBA, Zbierka kanonických vizitácií. Visitatio canonicae Kesmarkiensis Anno 1803, sine sign.

157. *Alojz Schön: Omša B dur – titulný list*
Bratislava, SNM, HM, MUS XI 5.

158. *Organ z nástrojárkej dielne rodiny Wallachyovcov zo Spišskej Soboty*
Markušovce, Múzeum hudobných nástrojov, sine sign.

159. *Podpisy spišských hudobníkov – Jána Nepomuka Friedmanského, rektora v Gelnici (1815) a Jozefa Ignáca Friedmanského, regenschoriho v Kežmarku (1808) – titulné listy*
Bratislava, SNM, HM, MUS I 131, MUS X 89.

160. *Markušovce – pavilón Dardanely*
Martin, MS, LA, LM 3068/57.

161. *Levoča – pohľad na mesto*
ROHBOCK, L. – RICHTER, J. 1856. Oceľoryt, 110x155, Bratislava, SNM, Hm, HÚ 48107.

162. *Levoča – kostol sv. Jakuba*
MYSKOVSZKY, V. Koniec 19. storočia. Tlač z litografie, Bratislava, GMB, C 6286.

163. *Organ kostola sv. Jakuba v Levoči*
Kresba V. Myskovszkého z roku 1866.
Lit.: GERGELYI, O. – WURM, K.: Historické organy na Slovensku. Bratislava 1982, s. 42.

164. *Firemný štítok organu op. 1 z dielne Františka Eduarda Pecníka z Levoče*
Lit.: GERGELYI, O. – WURM, K.: Historické organy na Slovensku. Bratislava 1982, s. 224.

165. *Podpis Karola Heningera, regenschoriho v Ľubici (1824) – titulný list Motet F. Hrdinu a F. Brixiho*
Bratislava, SNM, HM, MUS X 86.

166. *Spišská Kapitula – kostol sv. Martina*
ROHBOCK, L. – KOLB, J. M. – KNOPFMACHER. 1856. Kolorovaný oceľoryt, 110x165, Bratislava, GMB, C 11431.

167. *Inventárny zoznam hudobnín a hudobných nástrojov zo Spišskej Kapituly (1795) – titulný list a časť súpisu*
Levoča, ŠOBA, Dokumenty k hudbe na Spišskej Kapitule, sine sign.

168. *Spišské Podhradie a Spišský hrad*
ROHBOCK, L. – KURZ, G. M. 1856. Kolorovaný oceľoryt, 110x165, Bratislava, GMB, C 11433.

169. *Ján Ignác Danik: Antifóna Ave Regina B dur – titulný list*
Bratislava, SNM, HM, MUS IX 24.

170. *Valentin Rathgeber: Omša op. XII. Augsburská tlač J. J. Lottera z roku 1733, používaná v Ľubici – titulný list, nototlač*
Bratislava, SNM, HM, MUS X 2.

171. *Cantus catholici (1655) z knižnice kláštora piaristov z Podolínca – titulný list*
Trnava, Spolok Sv. Vojtecha, Archív, sine sign.

172. *Peter Peťko: Vianočná omša G dur (1759) – titulný list*
Bratislava, SNM, HM, MUS X 129.

173. *Záznam z matriky novicov (1755) o vstupe P. Roškovského do františkánskeho rádu*
Martin, MS, LA, D VII 7.

174. *Matej Kamenický-Kamiński (1734–1821)*
Lit.: PROSNAK, J.: Kultura muzyczna Warszawy 18. wieku. Krakow 1955, s. 121.

175. *Matej Kamenický-Kamiński: Nędza uszczęśliwiona – titulný list*
Lit.: PROSNAK, J.: Kultura muzyczna Warszawy 18. wieka. Krakow 1955, s. 147.

176. *Smolník – pohľad na mesto*
ROHBOCK, L. 1856. Oceľoryt, 110x165, Bratislava, SNM, Hm, HÚ 11008.

Bratislava, SNA, Musikalischer Nachlaß der Familie Révay aus Štiavnička, H–17, H–81.

155. *Kežmarok - Stadtansicht*
ZOMBORY, G. Mitte des 19. Jahrhunderts. Farblithographie, 170x230, Bratislava, GMB, C 10687.

156. *Teil des Musikinstrumenten- und Musikalieninventars aus Kežmarok (1803)*
Levoča, ŠOBA, Sammlung der kanonischen Visitationen. Visitatio canonicae Kesmarkiensis Anno 1803, sine sign.

157. *Alois Schön: Messe B-Dur – Titelblatt*
Bratislava, SNM, HM, MUS XI 5.

158. *Orgel aus der Instrumentenwerkstatt der Familie Wallachy aus Spišská Sobota*
Markušovce, Musikinstrumentenmuseum, sine sign.

159. *Unterschriften der Zipser Musiker – Johann Nepomuk Friedmanský, Rektor in Gelnica (1815) und Josef Ignaz Friedmanský, Regenschori in Kežmarok (1808) – Titelblätter*
Bratislava, SNM, HM, MUS I 131, MUS X 89.

160. *Markušovce – Pavillon „Dardanellen"*
Martin, MS, LA, LM 3068/57.

161. *Levoča – Stadtansicht*
ROHBOCK, L. – RICHTER, J. 1856. Stahlstich, 110x155, Bratislava, SNM, Hm, HÚ 48107.

162. *Levoča – St. Jakobskirche*
MYSKOVSZKY, V. Ende des 19. Jahrhunderts. Druck von einer Lithographie, Bratislava, GMB, C 6286.

163. *Orgel der St. Jakobskirche in Levoča*
Zeichnung von V. Myskovszky 1866.
Lit.: GERGELYI, O. – WURM, K.: Historické organy na Slovensku. [Historische Orgeln in der Slowakei]. Bratislava 1982, S. 42.

164. *Firmenschild der Orgel op. 1 aus der Werkstatt von Franz Eduard Pecník aus Levoča*
Lit.: GERGELYI, O. – WURM, K.: Historické organy na Slovensku. [Historische Orgeln in der Slowakei] Bratislava 1982, S. 224.

165. *Unterschrift Karl Heningers, Regenschori in Ľubica (1824) – Titelblatt der Motetten von F. Hrdina und F. Brixi*
Bratislava, SNM, HM, MUS X 86.

166. *Spišská Kapitula – St.Martinskirche*
ROHBOCK, L. – KOLB, J. M. – KNOPFMACHER. 1856. *Kolorierter Stahlstich*, 110x165, Bratislava, GMB, C 11431.

167. *Inventarverzeichnis der Musikalien und Musikinstrumente aus Spišská Kapitula (1795) – Titelblatt und Teil des Verzeichnisses*
Levoča, ŠOBA, Dokumente zur Musik in Spišská Kapitula, sine sign.

168. *Spišské Podhradie und Zipser Burg*
ROHBOCK, L. – KURZ, G. M. 1856. Kolorierter Stahlstich, 110x165, Bratislava, GMB, C 11433.

169. *Johann Ignaz Danik: Antiphona Ave Regina B-Dur – Titelblatt*
Bratislava, SNM, HM, MUS IX 24.

170. *Valentin Rathgeber: Messe op. XII. Augsburger Druck J. J. Lotters aus dem Jahr 1733 verwendet in Lubica – Titelblatt, Notendruck*
Bratislava, SNM, HM, MUS X 2.

171. *Cantus catholici (1655) aus der Bibliothek des Piaristenklosters von Podolínec – Titelblatt*
Trnava, Spolok Sv. Vojtecha, Archiv, sine sign.

172. *Peter Peťko: Weihnachtsmesse G-Dur (1759) – Titelblatt*
Bratislava, SNM, HM, MUS X 129.

173. *Notiz aus der Novizenmatrikel (1755) über den Eintritt von P. Roškovský in den Franziskanerorden*
Martin, MS, LA, D VII 7.

174. *Matthias Kamenický-Kamiński (1734–1821)*
Lit.: PROSNAK, J.: Kultura muzyczna Warszawy 18. wieku. Krakow 1955, S. 121.

175. *Matthias Kamenický-Kamiński: Nędza uszczęśliwiona – Titelblatt*
Lit.: PROSNAK, J.: Kultura muzyczna Warszawy 18. wieka. Krakow 1955, S. 147.

176. *Smolník – Stadtansicht*
ROHBOCK, L. 1856. Stahlstich, 110x165, Bratislava, SNM, Hm, HÚ 11008.

177. *Podpis Jozefa Suchánka na titulnom liste Ofertória op.5 od J. Blahacka*
Bratislava, SNM, HM, MUS XXIII 81.

178. *Prospekt organu z rímskokatolíckeho farského kostola vo Švedlári, zhotovený J. J. Schwarzom v polovici 18. storočia*
Lit.: GERGELYI, O. – WURM, K.: Historické organy na Slovensku. Bratislava 1982, s. 155.

179. *František Xaver Skalník: Ária Klaňame sa tebe Es dur – titulný list a notopis*
Modra, ŠOKA, H-682.

180. *Pasionál (1755) Jána Ignáca Kroliga, venovaný Švedláru – notopis a anotácia*
Modra, ŠOKA, H-380.

181. *Gelnica – pohľad na mesto*
Neznámy autor. Asi 1875. Kolorovaná tlač z oceľorytu, 130x161, Bratislava, GMB, C 15450.

182. *Plagát k divadelnému večeru nemeckých ochotníkov v Smolníku z roku 1817*
Lit.: CESNAKOVÁ-MICHALCOVÁ, M.: Premeny divadla. Bratislava 1981, obr. 57.

183. *Košice – pohľad na mesto a najvýznamnejšie budovy*
RESCHK. 1860. Kolorovaný oceľoryt, 180x290, Bratislava, SNM, Hm, HÚ 3327.

184. *Košice – dóm sv. Alžbety*
ALT, J.– PETERSEN. Pred polovicou 19. stor. Oceľoryt, 104x152, Bratislava, GMB, C 9855.

185. *Košice – budova starého divadla*
Lit.: Kapitoly z dejín slovenského divadla od najstarších čias po realizmus. Bratislava 1967, obr. 76.

186. *Správa novín Preßburger Zeitung o uvedení oratória J. Haydna v Košiciach v roku 1804 – titulný list a text článku*
Bratislava, AMB, Zbierka novín, Preßburger Zeitung, No 28, 10. apríl 1804.

187. *Dokument o ustanovení Františka Xavera Zomba za učiteľa Hudobnej školy v Košiciach (1811)*
Košice, AMK, Ľudová škola, fasc. II 20/1888, 4444, december 1811.

188. *Klavierkonzert in der Züricher Gesellschaft auf dem Musiksaal*
HOLZHALB, J. R. 1777. Medirytina.
Lit.: SCHWAB, H. W.: Konzert, öffentliche Musikdarbietung vom 17. bis 19. Jahrhundert. Leipzig 1971, zv. 4, obr. 39.
Časť článku Františka Xavera Zomba o hudobnom živote Košíc, ktorý uverejnil vo viedenských novinách Allgemeine musikalische Zeitung No 27 dňa 4. júla 1818
Wien, ÖNB, Zbierka novín.

189. *Žiadosť F. X. Zomba určená magistrátu mesta Košíc (1821)*
Košice, AMB, Rada mesta Košíc, 2994, január 1821.

190. *František Xaver Zomb: Ofertórium C dur (1811) – titulný list a notopis*
Košice, AMK, Hudobná zbierka z dómu sv. Alžbety, 162.

191. *Jozef Kossovits: Danses Hongroises – titulný list a notopis*
Budapest, OSzK, Ms. Mus. 1497.

192. *Cigánski hudobníci*
Neznámy autor. 1805. Medirytina, 130x210, Bratislava, GMB, C 7000.

193. *Róza Déryová (1793–1872)*
Lit.: SEBESTYÉN, E.: Mozart és Magyarország. Budapest 1941, s. 33.

194. *Plagát o uvedení Oratória J. Haydna Die sieben letzten Worte (Hob. XX: 2) v Košiciach v roku 1815*
Košice, VM, 43781.

195. *Jozef Zomb: Omša G dur – titulný list*
Modra, ŠOKA, H-227.

196. *Noty z kostola sv. Trojice v Košiciach – titulný list Omše op. 1 L. Krausa*
Martin, MS, LA, D III 7.

197. *Jozef Janig: Graduále B dur – titulný list diela venovaného biskupovi Jánovi Scitovskému*
Modra, ŠOKA, H-562.

177. *Unterschrift Josef Suchaneks auf dem Titelblatt des Offertoriums op.5 von J. Blahack*
Bratislava, SNM, HM, MUS XXIII 81.

178. *Prospekt der Orgel aus der römisch-katholischen Pfarrkirche in Švedlár, gefertigt von J.J. Schwarz Mitte des 18. Jahrhunderts*
Lit.: GERGELYI, O. – WURM, K.: Historické organy na Slovensku. [Historische Orgeln in der Slowakei] Bratislava 1982, S. 155.

179. *Franz Xaver Skalník: Arie Klaňame sa tebe (Wir neigen uns vor Dir) Es-Dur – Titelblatt und Notenschrift*
Modra, ŠOKA, H-682.

180. *Passional (1755) von Johann Ignaz Krolig für Švedlár bestimmt – Notenschrift und Annotation*
Modra, ŠOKA, H-380.

181. *Gelnica – Stadtansicht*
Unbekannter Autor. Etwa 1875. Farbdruck von einem Stahlstich, 130x161, Bratislava, GMB, C 15450.

182. *Plakat für einen Theaterabend deutscher Laienschauspieler in Smolník von 1817*
Lit.: CESNAKOVÁ-MICHALCOVÁ, M.: Premeny divadla. [Wandlungen des Theaters] Bratislava 1981, Abb. 57.

183. *Košice – Blick auf die Stadt und ihre wichtigsten Gebäude*
RESCHK. 1860. Kolorierter Stahlstich, 180x290, Bratislava, SNM, Hm, HÚ 3327.

184. *Košice – St. Elisabethdom*
ALT, J. – PETERSEN. Vor der Mitte des 19. Jh. Stahlstich, 104x152, Bratislava, GMB, C 9855.

185. *Košice – Gebäude des alten Theaters*
Lit.: Kapitoly z dejín slovenského divadla od najstarších čias po realizmus. [Kapitel aus der slowakischen Theatergeschichte von der ältesten Zeit bis zum Realismus] Bratislava 1967, Abb. 76.

186. *Nachricht der Preßburger Zeitung über die Aufführung des Oratoriums von J. Haydn in Košice 1804 – Titelblatt und Text des Artikel*
Bratislava, AMB, Zeitungssammlung, Preßburger Zeitung, No 28, 10. April 1804.

187. *Dokument über die Bestellung von Franz Xaver Zomb zum Lehrer der Musikschule in Košice (1811)*
Košice, AMK, Volksschule, Fasc. II 20/1888, 4444, Dezember 1811.

188. *Klavierkonzert in der Züricher Gesellschaft auf dem Musiksaal.*
HOLZHALB, J. R. 1777. Kupferstich.
Lit.: SCHWAB, H. W.: Konzert, öffentliche Musikdarbietung vom 17. bis 19. Jahrhundert. Leipzig 1971, Bd. 4, Abb. 39.
Teil eines Artikels von Franz Xaver Zomb über das Musikleben in Košice, den er in der Wiener Allgemeinen musikalischen Zeitung No 27 am 4. Juli 1818 veröffentlichte
Wien, ÖNB, Zeitungssammlung.

189. *Ein an den Stadtmagistrat von Košice gerichtetes Gesuch F. X. Zombs (1821)*
Košice, AMB, Rat der Stadt Košice, 2994, Januar 1821.

190. *Franz Xaver Zomb: Offertorium C-Dur (1811) – Titelblatt und Notenschrift*
Košice, AMK, Musikalische Sammlung des St. Elisabethdoms, 162.

191. *Josef Kossovits: Danses Hongroises – Titelblatt und Notenschrift*
Budapest, OSzK, Ms. Mus. 1497.

192. *Zigeunermusiker*
Unbekannter Autor. 1805. Kupferstich, 130x210, Bratislava, GMB, C 7000.

193. *Rosa Déry (1793–1872)*
Lit.: SEBESTYÉN, E.: Mozart és Magyarország. Budapest 1941, S. 33.

194. *Plakat über die Aufführung des Oratoriums von Haydn Die sieben letzten Worte (Hob. XX: 2) in Košice 1815*
Košice, VM, 43781.

195. *Josef Zomb: Messe G-Dur – Titelblatt*
Modra, ŠOKA, H-227.

196. *Noten aus der hl. Dreifaltigkeitskirche in Košice – Titelblatt der Messe op. 1 von L. Kraus*
Martin, MS, LA, D III 7.

198. *Titulný list lipských novín Allgemeine musikalische Zeitung No 20 z 19. mája 1819, v ktorých bol uverejnený článok o hudobnom živote Košíc*
München, Bayerische Staatsbibliothek, Zbierka novín.

199. *Matričný záznam o krste Františka Xavera Zomba zo dňa 9. novembra 1779 v Košiciach*
Košice, ŠOBA, Zbierka matrík, Rímskokatolícka matrika pokrstených za roky 1772–1798, s. 205.

200. *Úprava Haydnovho diela Sedem slov Ježišových Andrejom Bartayom pre spev a klavír s textom v štúrovskej slovenčine – titulný list a nototlač*
Modra, ŠOKA, H–860.

201. *Prešov – pohľad na mesto*
ROHBOCK, L. – FESCA. 1856. Oceľoryt, 110x165, Bratislava, SNM, Hm, HÚ 10481.

202. *Prešov – pohľad na námestie a farský kostol*
MEDVÉ, I. Polovica 19. stor. Litografia, 128x194, Bratislava, GMB, C 14459.

203. *Karol Herfurth: Trois Hongroises – titulný list*
Bratislava, SNM, HM, MUS IX 253.

204. *František Dessewffy: Contradanse Sei – titulný list*
Martin, MS, LA, A XXVI-III-III-3.

205. *Bardejov – pohľad na mesto*
Neznámy autor. 1768. Kresba.
Lit.: Pamiatky a múzeá, 1956, roč. 5, č. 1, s. 1.

206. *Bardejovské Kúpele s budovou divadla*
Neznámy autor. Okolo 1818. Kresba.
Spišské múzeum, Titulný list divadelného almanachu Gutschovej spoločnosti v Levoči asi z roku 1818.

207. *Jasov – kostol a kláštor premonštrátov*
WACHA, L. Okolo 1830. Litografia, 224x350, Košice, VM, K 9156.

208. *Ján Lininger: Litánie D dur – titulný list a notopis*
Bratislava, SNM, HM, MUS XX 119.

209. *Ľudovít Skalník: Omša D dur venovaná biskupovi J. Scitovskému (1828) – titulný list*
Modra, ŠOKA, H–204.

210. *Ľudovít Skalník: Omša C dur – notopis*
Martin, MS, LA, D III-IV-166.

211. *Rožňava – pohľad na mesto*
ROHBOCK, L. – POPP, J. 1856. Oceľoryt, 110x165, Martin, MS, LA, LM 24/62.

212. *Pavol Neumüller: Ofertórium B dur – titulný list*
Bratislava, SNM, HM, MUS XX 65.

213. *Ján Pipus: Antifóna Salve Regina C dur – titulný list*
Bratislava, SNM, HM, MUS X 65.

214. *Zoznam členov kapely grófa Štefana Csákyho v Humennom*
Prešov, ŠOKA, Archív grófa Štefana Csákyho z Humenného, sine sign.

215. *Humenné – pohľad na kaštieľ Csákyovcov*
Martin, MS, LA, Ikonografická zbierka, 602.

197. *Josef Janig: Gradual B-Dur – Titelblatt des Bischof Johann Scitovský gewidmeten Werks*
Modra, ŠOKA, H–562.

198. *Titelblatt der Leipziger Allgemeinen musikalischen Zeitung No 20 vom 19. Mai 1819, in der ein Artikel über das Musikleben von Košice veröffentlicht war*
München, Bayerische Staatsbibliothek, Zeitungssammlung.

199. *Matrikelnotiz über die Taufe Franz Xaver Zombs vom 9. November 1779 in Košice*
Košice, ŠOBA, Matrikelsammlung, Römisch-katholisches Taufmatrikel für die Jahre 1772–1798, S. 205.

200. *Bearbeitung des Werks von Haydn Die sieben letzten Worte von Andreas Bartay für Gesang und Klavier mit einem Text in Štúrschem Slowakisch – Titelblatt und Notendruck*
Modra, ŠOKA, H–860.

201. *Prešov – Stadtansicht*
ROHBOCK, L. – FESCA. 1856. Stahlstich, 110x165, Bratislava, SNM, Hm, HÚ 10481.

202. *Prešov – Blick auf Platz und Pfarrkirche*
MEDVÉ, I. Hälfte des 19. Jh. Lithographie, 128x194, Bratislava, GMB, C 14459.

203. *Karl Herfurth: Trois Hongroises – Titelblatt*
Bratislava, SNM, HM, MUS IX 253.

204. *Franz Dessewffy: Contradanse Sei – Titelblatt*
Martin, MS, LA, A XXVI-III-III-3.

205. *Bardejov – Stadtansicht*
Unbekannter Autor. 1768. Zeichnung.
Lit.: Pamiatky a múzeá, 1956, Jg. 5, Nr. 1, S. 1.

206. *Das Heilbad Bardejovské Kúpele mit dem Theatergebäude*
Unbekannter Autor. Um 1818. Zeichnung.
Spišské múzeum, Titelblatt des Theateralmanachs der Gutsch-Gesellschaft in Levoča etwa von 1818.

207. *Jasov – Kirche und Kloster der Prämonstratenser*
WACHA, L. Um 1830. Lithographie, 224x350, Košice, VM, K 9156.

208. *Johann Lininger: Litaneien D-Dur – Titelblatt und Notenschrift*
Bratislava, SNM, HM, MUS XX 119.

209. *Ludwig Skalník: Messe D-Dur gewidmet Bischof J. Scitovský (1828) – Titelblatt*
Modra, ŠOKA, H–204.

210. *Ludwig Skalník: Messe C-Dur – Notenschrift*
Martin, MS, LA, D III-IV-166.

211. *Rožňava – Stadtansicht*
ROHBOCK, L. – POPP, J. 1856. Stahlstich, 110x165, Martin, MS, LA, LM 24/62.

212. *Paul Neumüller: Offertorium B-Dur – Titelblatt*
Bratislava, SNM, HM, MUS XX 65.

213. *Johann Pipus: Antiphona Salve Regina C-Dur – Titelblatt*
Bratislava, SNM, HM, MUS X 65.

214. *Mitgliederverzeichnis der Kapelle des Grafen Stefan Csáky in Humenné*
Prešov, ŠOKA, Archiv des Grafen Stefan Csáky aus Humenné, sine sign.

215. *Humenné – Blick auf das Schloß der Familie Csáky*
Martin, MS, LA, Ikonographische Sammlung, 602.

Stolice od 13. storočia do roku 1848
Komitate vom 13. Jahrhundert bis 1848

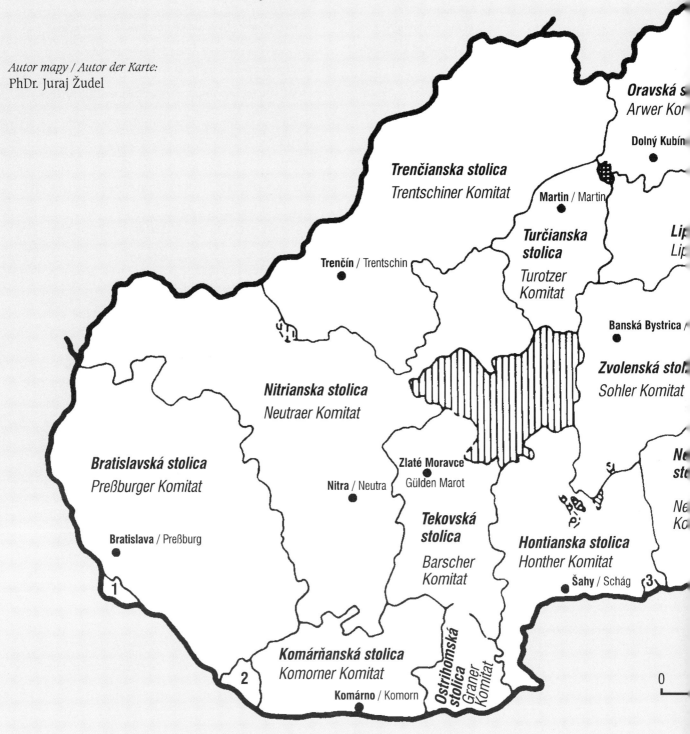

Autor mapy / Autor der Karte:
PhDr. Juraj Žudel

LEGENDA
1 – hranice stolíc z roku 1848;
2 – hranice stolíc odlišné od hraníc z roku 1848;
3 – sídlo stolice v 18. storočí a v prvej polovici 19. storočia;
4 – časti stolíc: 1 – Mošonská, 2 – Rábska, 3 – Novohradská;
5 – Nové Mesto nad Váhom (do 15. storočia patrilo do trenčianskej stolice);
6 – Kraľovany (v 14. storočí pravdepodobne patrili do turčianskej stolice);
7 – územie do začiatku 14. storočia patrilo k Zvolenskej stolici;
8 – Bzovská Lehôtka (do roku 1802 patrila k Hontianskej stolici);
9 – Bzovík (v 16. storočí patril k Zvolenskej stolici);
10 – Domaníky a Rakovec (do roku 1802 patril k Zvolenskej stolici);
11 – Malohont (do roku 1802 patril k Hontianskej stolici);
12 – Štós (v stredoveku patril do Turčianskej stolice);
13 – Nižný Slavkov, Vyšný Slavkov a Ťahanovce (stoličná príslušnosť v stredoveku neustálená).

Na mape nie sú vyznačené zmeny, ktoré nastali za jozefínizmu.

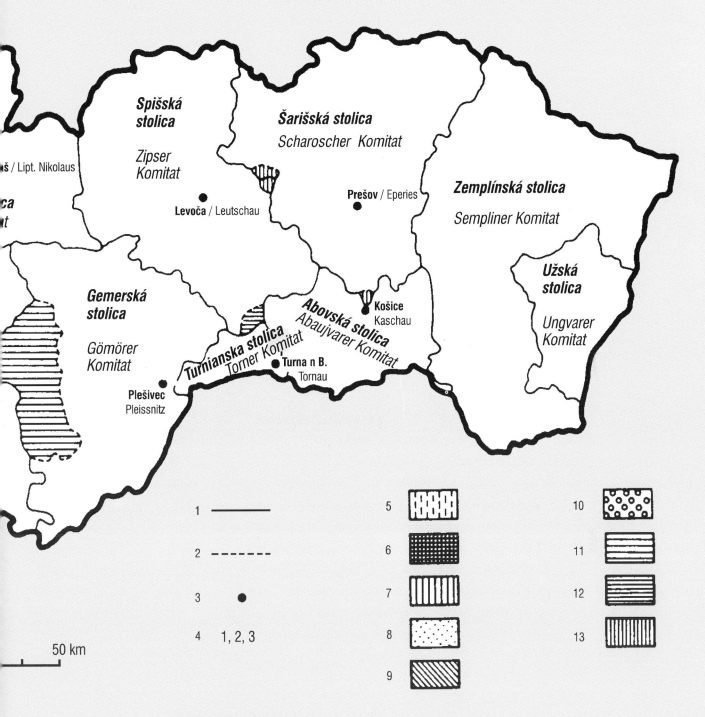

LEGENDE
1 – Grenzen der Komitate von 1848;
2 – Grenzen der Komitate, die sich von den Grenzen 1848 unterscheiden;
3 – Zentrum des Komitats im 18. Jh. und in der ersten hälfte des 19. Jh.;
4 – Komitatsteile: 1 – Moson, 2 – Raab, 3 – Neograd;
5 – Neustadtl an der Waag (bis zum 15 Jh. gehörte es zum Trentschiner Komitat);
6 – Kralowán (im 14. Jh. wahrscheinlich zum Turotzer Komitat gehören);
7 – das Gebiet gehörte bis zum Beginn des 14. Jh. dem Sohler Komitat an;
8 – Bozoklehota (bis 1802 gehörte es dem Honther Komitat an);
9 – Bosok (im 16. Jh. gehörte es zum Sohler Komitat);
10 – Domanik und Rakowecz (bis 1802 Sohler Komotat);
11 – Kleinhont (bis 1802 Honther Komitat);
12 – Stoos (im Mittelalter zum Turotzer Komitat gehören);
13 – Niederschlauch, Oberschlauch und Tahanowce (Komitatszugehörigkeit im Mittelalter nicht beständig).

Die unter dem Josephinismus eingetretenen Veränderungen sind nicht in der Karte eingezeichnet.

Skratky

♦

Abkürzungen

AMB – Archív mesta Bratislavy (Stadtarchiv Bratislava)

AMK – Archív mesta Košíc (Stadtarchiv Košice)

BA – Biskupský archív (Bischofsarchiv)

EM – Etnografické múzeum (Ethnographisches Museum)

GdMf – Gesellschaft der Musikfreunde

GMB – Galéria mesta Bratislavy (Galerie der Stadt Bratislava)

Hm – Historické múzeum (Historisches Museum)

HM – Hudobné múzeum (Musikmuseum)

HPO – Hudobná pozostalosť Ostrolúckovcov (Musiknachlaß der Familie Ostrolúcky)

HSJP – Hudobná zbierka jezuitov a piaristov (Musiksammlung der Jesuiten und Piaristen)

LA – Literárny archív (Literarisches Archiv)

MČH – Muzeum české hudby (Museum der tschechischen Musik)

MS – Matica slovenská

MZM – Moravské zemské muzeum (Mährisches Landesmuseum)

NM – Národné muzeum (Nationalmuseum)

ÖNB – Österreichische Nationalbibliothek

OSzK – Országos Széchenyi Könyvtár

SBM – Slovenské banské múzeum (Slowakisches Bergbaumuseum)

SNA – Slovenský národný archív (Slowakisches Nationalarchiv)

SNM – Slovenské národné múzeum (Slowakisches Nationalmuseum)

ŠOBA – Štátny oblastný archív (Staatliches Regionalarchiv)

ŠOKA – Štátny okresný archív (Staatliches Bezirksarchiv)

VM – Východoslovenské múzeum (Ostslowakisches Museum)

ZsM – Západoslovenské múzeum (Westslowakisches Museum)

Menný register
Namensregister

Abecková, *[Abeck]*, Josepha 70
Albrecht, František Xaver *[Franz Xaver]* 103, 118
Alexius -ad Weber, Ján Baptista 66
Amadé 24, 50, 99
Amadé, Ladislav 46
Amadé, Tadeus *[Taddäus]* 31
Amati, Nicola 93
Ambro, Ján Ignác *[Johann Ignaz]* 100, 122
Andrássy 200, 201, 209
Andrássyová, *[Andrássy]* 210, 212
Anfossi, Pasquale 68
Angelli, Štefan *[Stefan]* 105
Apponyi 24, 50
Arnold, Jozef *[Josef]* 117
Arnold, Valentin 117
Artaria, Matthias 45
Aschner 140, 141
Aschner, Anton 140, 155, 158, 241, 242
Aschner, Ferdinand 155
Augustíni 100
Auszt, František *[Franz]* 201

Bach, Carl Philipp Emanuel 85
Bajan, Paulín *[Paulin]* 102, 103, 126, 152
Balassa 24, 25
Balassa, František *[Franz]* 84
Balvanský (Balvánszky), Samuel 174
Bartay, Andrej *[Andreas]* 203, 219
Batthyány 25, 153
Batthyány, Jozef *[Josef]* 24, 25, 29, 35, 53, 54, 55, 56, 57, 58, 60, 64
Beck, Joseph 71
Beethoven, Ludwig van 26, 27, 47, 48, 66, 83, 85, 101, 108, 119, 120, 130, 141, 160, 163, 209, 241
Bel, Matej *[Matthias]* 23
Belohlávok, Anton 100, 115
Beösz, Michal *[Michael]* 201, 207, 208
Beránek, Ján *[Johann]* 205
Bernhardt, Anton 140, 155
Bernhofer, Franz 71
Bernardon -ad Kurz, Joseph Felix jun. 74
Bernolák, Anton 13, 129
Bersovitzy, Jozef *[Josef]* 209
Biech-Pfeifferová, *[Biech-Pfeiffer]*, Charlotta *[Charlotte]* 216
Bihari, Ján *[Johann]* 103
Bil, Ignác *[Ignaz]* 105
Billich, Anton 230
Blahack, Joseph 191
Blumenthal, Leopold von 28, 121
Bocko (Boczko) 140, 141
Bodenburgová, *[Bodenburg]*, Gertruda *[Gertrude]* 206
Boguslawski, Vojtech 190

Boletovič, Ján *[Johann]* 125
Bon, Girolamo 73
Brandis (Brandisz), Cyprian 102, 124
Brixi, František Xaver *[Franz Xaver]* 101, 171
Brosmann, Damassus 101
Brunswick 119, 120
Brunswick, Anton jun. 120
Brunswick, František *[Franz]* 120
Brunswicková, *[Brunswick]*, Charlotta *[Charlotte]* 120
Brunswicková, *[Brundwick]*, Jozefína *[Josephine]* 120
Brunswicková, *[Brunswick]*, Terézia *[Therese]* 120
Bühler, Joseph 191
Bulla, Heinrich 201, 206
Bureš (Buress) 100
Bureš (Buress), Ján *[Johann]* 105

Caldara, Antonio 101
Chudý (Chudy), Jozef *[Josef]* 27, 28, 29, 30, 69, 76, 241, 242
Cimarosa, Domenico 68, 101
Csáky 24, 25, 200, 201, 209, 232
Csáky, Juraj *[Georg]* 76
Csáky, Štefan *[Stefan]* 201, 233
Csenes, Ignác *[Ignaz]* 165
Cserney (Černej), Ján *[Johann]* 100, 103, 125
Czobor 109
Czarda, Ján *[Johann]* 118

Černecký (Cserneczky), Anton 232
Černecký (Cserneczky), Jozef *[Josef]* 232
Čermák (Csermak), Anton 28, 63, 102, 103
Čermák (Csermak), Jozef *[Josef]* 29
Červenčík (Cservencsik) Juraj Vojtech *[Georg Adalbert]* 103
Červenka (Cserwenka), František *[Franz]* 55
Čurjak (Csurjak) 140, 141

Danik, Ján Ignác *[Johann Ignaz]* 171, 172, 174, 186, 187
Déryová, *[Déry]*, Róza *[Rosa]* 214
Dessewffy 223
Dessewffy, František *[Franz]* 202, 223
Dettelbach, Gaudentius 28, 63, 102, 103, 152
Diabelli, Anton 101, 160, 239, 240
Dies, Albert Christian 44
Ditters, Karl von Dittersdorf 41, 68, 78, 101, 171, 172, 241
Drechsler, Joseph 241
Družecký (Druschetzky), Juraj *[Georg]* 27, 28, 29, 30, 39, 64, 240, 241, 242
Dualský (Dualszky) 100

Eckschlager, August 52, 67, 78
Egelský (Egelszky), Ignác *[Ignaz]* 102, 123, 124
Elssler, Joseph sen. 133
Engelbauer, Jozef *[Josef]* 142

Erdődy 24, 25, 35, 40, 70, 71
Erdődy, Ján Nepomuk *[Johann Nepomuk]* 24, 35, 68, 69, 121
Erdődy, Jozef *[Josef]* 121
Erdődyová, *[Erdődy]*, Mária *[Maria]* 119
Erkel, Ferenc 89, 160
Ertl 93
Ertl, Jakub *[Jakob]* 93
Esterházy 24, 25, 35, 37, 40, 41, 50, 99, 113
Esterházy, František *[Franz]* 108
Esterházy, Karol *[Karl]* 112
Esterházy, Kazimír *[Kasimir]* 82
Esterházy, Michal *[Michael]* 50
Esterházy, Mikuláš I. *[Nikolaus]* 44, 57, 75, 92
Esterházyová, *[Esterházy]*, Karolína *[Karolina]* 112, 113
Esterházyová, *[Esterházy]*, Mária *[Maria]* 112
Etej, Imrich *[Emmerich]* 105
Eybler, Joseph 51, 241

Fábry 140, 141
Fähnrich, Karl 95
Fanti, Vinzenz Anton Joseph 73, 76
Fasold, Benedikt 101, 171
Fay, Štefan *[Stefan]* 222
Feldmann, Jozef *[Josef]* 140, 142
Ferdinand V. 61
Fiala 100
Fidler, Karol *[Karl]* 205
Fischer, Imrich *[Emmerich]* 209
Fischerová, *[Fischer]*, Eliška *[Elise]* 209
Försch, Štefan *[Stefan]* 78
Fournierová, *[Fournier]*, Louisa *[Louise]* 207
František I. *[Franz I.]* 22, 23, 51, 84, 121
Franz, Karol *[Karl]* 55
Friedmanský (Friedmanszky) 173, 178
Friedmanský (Friedmanszky), Anton 178, 184
Friedmanský (Friedmanszky), Ján František *[Johann Franz]* 178
Friedmanský (Friedmanszky), Ján Nepomuk *[Johann Nepomuk]* 178
Friedmanský (Friedmanszky), Jozef Ignác *[Josef Ignaz]* 178
Fučík (Futschik) 100, 123
Fučík (Futschik), Ján *[Johann]* 102, 123
Fučík (Futschik), Tobiáš František *[Tobias Franz]* 102, 123
Führer, Robert 101
Füredy, Ladislav 89
Fuss, Johann Evangelist 83

Gabrielli, Tomáš *[Thomas]* 141
Galli, Juraj *[Georg]* 172, 186, 202, 203, 216
Gänsbacher, Johann Baptist 191
Gavlovič, Hugolín *[Hugolin]* 126
Geissler, Benedikt 101, 171
Gelevšák (Gelevsak), Ján *[Johann]* 232
Giardini, Felice de 101
Girzik (Jiřík), Franz Xaver 70
Glöggl, Joseph 78
Grassalkovich 24, 25, 35, 36, 37, 40, 41, 42
Grassalkovich, Anton I. 37
Grassalkovich, Anton II. 29, 30, 38, 39, 41
Grassalkovich, Anton III. 39
Grétry, André Ernest 68
Griessbacher, Raimund 39
Gučík (Gutsihig), Martin 100, 103, 105
Guadány 83
Guicciardi, Giulietta 120

Gülnreiner, Franz 71
Gurský (Gurszky), Vincent *[Vinzenz]* 140
Gutwill, Anton 140

Haasová, *[Haas]*, Barbora *[Barbara]* 207
Habermann, František Václav *[Franz Wenzel]* 171
Hablová, *[Habl]*, Marianna *[Marianne]* 70
Habsburg 12
Hagenauer, Leopold 46
Hahn, Georg Joachim Joseph 101, 171
Hamberger 93
Hammer, Franz Xaver 28, 29, 55
Hamuljak 140, 141
Hasse, Johann Adolf 72
Haydn, Joseph 26, 27, 29, 41, 44, 45, 57, 58, 59, 67, 68, 75, 81, 101, 108, 132, 133, 140, 160, 171, 172, 207, 215, 219, 239, 240, 241
Haydn, Michael 101, 171, 172, 239, 240
Heninger, František *[Franz]* 173
Heninger, Karol *[Karl]* 173, 183
Hensler, Karl Friedrich 78
Herberstein 232
Herfurth, Karol *[Karl]* 202, 203, 221, 222
Herle, František *[Franz]* 114
Hertel, Andreas 182
Heyder, Ignác Jozef *[Ignaz Josef]* 148, 149
Hildebrandt, Ignaz 78
Hilverding, Joseph 206
Hiray, Anton Július *[Julius]* 139, 140, 142, 143, 146, 151, 160
Hlbocký (Hlboczky), František Xaver Jozef *[Franz Xaver Josef]* 100, 127
Hoffmann, Franz Anton 76
Hoffmann, Leopold 132, 171, 172
Hoffmann, Thelesphor 28, 29, 63, 102, 103
Hoffmannová, *[Hoffmann]*, Antonia 70
Hrdina, František *[Franz]* 139, 140, 146, 148, 149, 150, 151
Hrdina, František Peregrin *[Franz Peregrin]* 103, 111
Hübsch, Johann Baptist 70
Hummel 42, 44
Hummel, Caspar Melchior 42
Hummel, Hans 182
Hummel, Johann 36, 42
Hummel, Johann Nepomuk 30, 31, 36, 42, 43, 44, 89, 209, 241, 242
Hummelová, *[Hummel]*, Margareta *[Margarete]* -ad Sommerová Margareta 42
Hybner, Hieronym 122

Chudý (Chudy), Jozef *[Josef]* 27, 28, 29, 30, 69, 76, 241, 242

Illésházy 99,
Ivanka, Jozef *[Josef]* 174, 186

Jäggiová, *[Jäggi]*, Františka *[Franziska]* 52
Jakučič (Jakussits), Juraj *[Georg]* 126
Jančík (Jantschik), Eugen 202, 226
Janig 202, 221
Janig, Anton 221
Janig, Jozef *[Josef]* 172, 202, 203, 205, 217, 221
Janig, Pavel *[Paul]* 224
Janík 137, 138
Jasvič (Jaszvic), Anton 173, 184
Jesenák, Karol *[Karl]* 186
Jozef II. *[Joseph II.]* 12, 22, 23, 33, 53, 179, 226
Jung, Georg 75

Kaiserová, *[Kaiser]*, Margareta *[Margarete]* 70
Kaluš (Kalusch), Václav *[Wenzel]* 28, 29, 81
Kamenický-Kamiński, Matej *[Matthias]* 189, 190
Karolína Augusta *[Karolina Augusta]* 61
Keglevich 24, 47
Keglevichová, *[Keglevich]*, Babetta *[Babette]* 47, 48
Kempfer, Jozef *[Josef]* 28, 55, 60, 78
Khevenhüller-Metsch, Johann Joseph 109
Kirchner, Krištof *[Christoph]* 221
Klein, Heinrich 25, 26, 28, 29, 30, 50, 52, 81, 82, 83, 84, 85, 89, 241, 242
Klety, Franz 71
Klobúcky (Klobuczky), Anton 134
Kobrich, Johann Joseph Anton 101, 171
Kohaut (Kohout), Václav *[Wenzel]* 226
Kolárik 137, 138
Kollár, Ján *[Johann]* 137
König, Franz 71
König, Matthias 42
Königsperger, Mariano 101, 171
Korabinský, Ján Matej *[Johann Matthias]* 68, 96
Kossovits (Koschowitz), Jozef *[Josef]* 202, 203, 209, 212
Kozler, Matej *[Matthias]* 111
Koželuh, Leopold 108
Kraft, Anton 36
Kraft, Mikuláš *[Nikolaus]* 36
Kramář, František -ad Krommer, Franz 36, 241
Kraus, Filip *[Philipp]* 220
Kraus, Lambert 101, 171
Kraus, Michal *[Michael]* 102, 103
Kraut, Anton 71
Kristen, Mikuláš *[Nikolaus]* 111
Krolig, Ján Ignác *[Johann Ignaz]* 194
Krommer, Franz -ad Kramář, František 36, 241
Kubík, Dionýz *[Dionys]* 131
Kukal, Václav *[Wenzel]* 105
Kumlik, Jozef *[Josef]* 82, 89
Kumpf, Hubert 69
Kunert (Kunerth), Jakub *[Jakob]* 28, 29, 30, 64, 71, 81
Kungl, Gašpar *[Kaspar]* 114
Kurz, Joseph Felix jun. -ad Bernardon 74
Kurzweil, František *[Franz]* 28, 36
Kyseľ (Kiszely), Michal *[Michael]* 145

Lackovský (Lackovszky) 137, 138
Landerer, Johann Michael 76, 95, 96
Lang, Juraj *[Georg]* 173, 181
Láng, Adam 216
Langer, Jozef *[Josef]* 100, 106, 162
Lavotta, Ján *[Johann]* 103, 241, 242
Leeb 93
Leeb, Alexander Eduard 209
Leeb, Johann Georg II. 93
Lechký 202
Lechký (Lechki), Anton 201, 205
Lechký (Lechki), Matej *[Matthias]* 201, 205, 208, 216
Leopold II. 22, 23, 61
Lerchnerová, *[Lerchner]*, Františka *[Franziska]* -ad Zombová, Františka 218
Lev (Lew), Václav *[Wenzel]* 122
Libich, Juraj *[Georg]* 108
Lichtenthal, Peter 30, 31
Linek (Lineck), Juraj Ignác *[Georg Ignaz]* 171
Lininger, Ján *[Johann]* 186, 202, 203, 226, 227
Lippay, Andrej *[Andreas]* 165

Lippert, Karl Gottlieb 95
Lisý (Lissi), Pavel *[Paul]* 110
Liszt, Franz 50, 113
Londiger, Peter Pavel *[Peter Paul]* 171, 172, 174, 188
Loos, Karol *[Karl]* 171
Lotrinský, František *[Lothringen, Franz]* 109
Lotz, Theodor 28, 55, 94
Löwe Gašpar *[Kaspar]* 64

Malinský (Malinsky), Václav *[Wenzel]* 102, 103, 115
Mangoldt, Daniel 116
Mária Kristína *[Maria Christine]* 34, 35, 41
Mária Ludovika *[Maria Ludowika]* 51, 61
Mária Terézia *[Maria Theresia]* 12, 15, 22, 23, 33, 34, 38, 44, 61, 72, 75, 86, 109, 133, 170
Mariássy 179
Marschner, Heinrich 52, 78, 83
Marschnerová, *[Marschner]*, Emília *[Emilie]* 52
Martini, Giambattista 78
Matolay, Ján *[Johann]* 28, 29, 65
Maurer, Karol *[Karl]* 49
Mayer, Joseph 206
Mecser, Matej *[Matthias]* 106
Meidinger, Nikolaus 95
Merkopf, Wilhelm 108
Mihalovič 100
Mihalovič (Mihalowits), Lukáš *[Lukas]* 28, 30, 62, 64, 81
Mihule, Václav *[Wenzel]* 201, 206
Michel, Peter 224
Mikuš (Mikusch), Anton 121
Mingotti, Pietro 72
Möller, Friedrich 209
Montesquieu, Charles Louis 13
Mozart, Leopold 46
Mozart, Wolfgang Amadeus 26, 27, 29, 30, 31, 44, 45, 46, 101, 108, 160, 171, 172, 209, 211, 214, 220, 239, 240, 241

Negele, Ján *[Johann]* 117
Neumüller, Pavel *[Paul]* 171, 172, 173, 186, 202, 203, 230, 231
Neuwirth, Franz Xaver 78
Nižník (Nisnik) 137, 138

Oberszohn, František *[Franz]* 174, 187
Odescalchi 24
Odescalchi, Innocenz d'Erba 47, 81
Oehlschlägel, Jan Lohelius *[Johann Lohelius]* 101, 171
Oetzel, Michal *[Michael]* 91
Onslow, George 209
Ostrolúcky 139, 160, 161
Ostrolúcka, Adela 160
Ostrolúcky, Mikuláš *[Nikolaus]* 160

Paisiello, Giovanni 68
Palacký (Palatzky), Ján Nepomuk *[Johann Nepomuk]* 230
Pálffy 24, 25, 35, 46, 49, 80, 90, 99, 139
Pálffy, Jozef *[Josef]* 46
Pálffy, Leopold 46
Pálffy, Mikuláš *[Nikolaus]* 49
Pály, Elek 214
Panek (Paneck), Johann Baptist 71
Paper, Peter 105
Parbus, Ján *[Johann]* 230, 232
Parbus, Jozef *[Josef]* 122

Pascha, Edmund 134
Paulík (Paulick), Ján *[Johann]* 232
Pažický 167
Pažický (Pazsiczky), Ondrej *[Andreas]* 167
Pecník (Petznik), František Eduard *[Franz Eduard]* 183, 220
Pecháček 202, 221
Pelikán, Jozef *[Josef]* 205, 216
Peller, Šimon *[Simon]* 127
Peťko (Petko), Peter 171, 172, 173, 174, 187, 188
Petzwald (Peczvald), Ján Friedrich *[Johann Friedrich]* 173, 181
Pfeiffer, František *[Franz]* 28, 81, 91
Pichl, Václav *[Wenzel]* 171, 172
Pipus, Ján *[Johann]* 172, 202, 203, 230, 232
Pispeky, Jozef *[Josef]* 103
Pithort 100
Pithort, Ladislav 107
Pitroff, Ján *[Johann]* 118
Piťo, Jozef *[Josef]* 165
Pius VIII. 84
Pleyel, Ignaz Joseph 160
Plihal, Ján Cecilián *[Johann Cecilian]* 28, 29, 63, 102, 103
Podkonický 141, 145
Podkonický (Podkonitzki), Martin 145
Podkonický (Podkonitzki), Michal *[Michael]* 144, 145, 195
Pokorný 100
Pokorný (Pokorny), František *[Franz]* 28, 81, 91
Pollner, Ján Juraj *[Johann Georg]* 173, 187
Proksch, Josef 80
Puček (Putschek), Ján *[Johann]* 165

Radvanský (Radvánszky) 139
Rankl, František *[Franz]* 28, 29, 62
Rathgeber, Valentin 101, 171
Remetay, František *[Franz]* 114
Remetaz, Ján *[Johann]* 105
Rettig, Ján *[Johann]* 105
Révay 139, 153, 161, 168
Rigler, Franz Paul (Xaver) 25, 26, 27, 28, 29, 30, 79, 86, 87, 88, 89, 139, 168, 240, 241, 242
Richter, Ján Jozef *[Johann Josef]* 140, 146, 151, 152, 155
Rodovský (Rodovszky), Ján *[Johann]* 232
Rohrmeister 77
Rösler, Ján Jozef *[Johann Josef]* 140, 141
Rossi, František *[Franz]* 232
Rossini, Gioacchino 78, 220
Roškovský, Jozef *[Josef]* -ad Roškovský, Pantaleon 28, 29, 102, 103, 152, 189
Roškovský (Roskovszky), Pantaleon -ad Roškovský, Jozef 28, 29, 102, 103, 152, 189
Rotter, Ferdinand 70
Rousseau, Jean Jacques 13
Rovňanský (Rovnyanszky) 140, 141
Ruber, Ján *[Johann]* 105
Ruppert, Sebastian 62
Rust, Johann 71
Ružinský (Rusinszky), Martin 232
Ružička 100, 140, 141
Ružička (Rusitska), Ignác *[Ignaz]* 103
Ružička (Rusitska), Jozef Joachim *[Josef Joachim]* 153
Ružička (Rusitska), Václav Jozef *[Wenzel Josef]* 140, 155
Řehák (Rzehak), Jozef *[Josef]* 63, 102, 103, 115

Salieri, Antonio 51, 68, 171, 172, 241
Sarti, Giuseppe 68

Sasko-Tešínsky, Albert *[Sachsen-Teschen, Albert]* 24, 34, 35, 38, 41
Sassenboven, Friedrich 207
Scarlatti, Domenico 101
Scitovský, Ján *[Johann]* 217, 228
Seipp, Ludwig Christoph 38, 75
Seydlová, *[Seydl]*, Katarína *[Katharina]* -ad Seydlová, Mária 28, 29, 65
Seydlová, *[Seydl]*, Mária Stanislava *[Maria Stanislava]* -ad Seydlová, Katarína 28, 29, 65
Seyler, Joseph Anton 64
Schantroch, Georg 71
Schaudig, Albrecht 55, 78
Schauff, Johann Nepomuk 45, 95
Schiedermayr, Johann Baptist 101, 191, 239, 240
Schikaneder, Emanuel 69, 75
Schisvaldt, Karol *[Karl]* 105
Schlesinger, Martin 36, 121
Schlieszter, Alojz *[Alois]* -ad Schlieszter, Juraj 102, 129, 187
Schlieszter, Juraj *[Georg]* -ad Schlieszter, Alojz 102, 129, 187
Schmallögger, Joseph 69, 75, 76
Schmidl, Jozef *[Josef]* 174, 184, 185
Schmelzer (Schmelczer), Karol *[Karl]* 114
Schmied, Hans 182
Schodl, Jozef *[Joseph]* 81
Schöllnast, Franz 94
Schön, Alojz *[Alois]* 171, 173, 176
Schönwälder, Karol *[Karl]* 29
Schreier, Ján *[Johann]* -ad Schreier, Norbert 102, 129
Schreier, Jozef *[Josef]* 122
Schreier, Norbert -ad Schreier, Ján 102, 129
Schreiner, Ján Nepomuk *[Johann Nepomuk]* -ad Simplicianus 66
Schubert, Franz 31, 99, 112, 113
Schultz, Jozef *[Josef]* 205
Schüller, Johann Nepomuk 70
Schwarz, Ján Juraj *[Johann Georg]* 192
Simák (Szimak), Martin 173, 181
Simplicianus -ad Schreiner, Ján Nepomuk 66
Skalník 202
Skalník (Skalnik), František Xaver *[Franz Xaver]* 171, 172, 173, 193, 202, 203, 230
Skalník (Skalnik), Ľudovít *[Ludwig]* 172, 202, 203, 226, 228, 229
Slušný (Slussny) 137, 138
Smehlik, Augustin -ad Smehlik, František 100, 102, 123, 124, 173
Smehlik, František *[Franz]* -ad Smehlik, Augustin 100, 102, 123, 124, 173
Smrček, Jozef *[Josef]* 162
Sommerová, *[Sommer]*, Margareta *[Margarete]* -ad Hummelová Margareta 42
Spech, Ján *[Johann]* 30, 31
Sperger, Johann Matthias 27, 28, 29, 30, 55, 57, 58, 65, 240, 241, 242
Stachovič (Stachovits), Jozef *[Josef]* 110
Stec (Stecz), Pavel *[Paul]* 232
Steiner, Jacob 93
Stokalivý ? (Stockalivy ?), Jozef *[Josef]* 114
Stöger, August 78
Streibig, Karl 95
Streicher, Johann Andreas 47
Strnisko 137, 138
Strofinský (Strofinszky), Ján *[Johann]* 100
Strofinský (Strofinszky), Michal *[Michael]* 100

Struck, Paul 95
Suček (Szucsek), Ján *[Johann]* 105
Suchánek (Szuchanek), Jozef *[Josef]* 191
Svrčič, Zebedeus 110
Szapáry 24, 50
Szikkay, Leopold 106
Szöllösi, Benedikt 188
Sztáray 201, 209

Šantroch (Schantroch), Ján Andrej *[Johann Andreas]* 62
Šenkýř, Augustin 101
Šimbracký, Ján *[Johann]* 186
Špatný (Spadtny), Jozef *[Josef]* 201, 232

Tartini, Giuseppe 101
Tass, Juraj *[Georg]* 125
Thier 93
Thier, Andreas 93
Thier, Anton I. 93
Thomas 102, 123
Thumar, Heinrich 102, 110
Tomaník (Tomanik), Jozef *[Josef]* 28, 29, 30
Tomaník (Tomanik), Michal *[Michael]* 28, 29
Tost, František Xaver *[Franz Xaver]* 27, 28, 29, 30, 65, 90, 91, 92, 139, 160, 168, 240, 241, 242
Tranovský, Juraj *[Georg]* 165
Tribler, Karol *[Karl]* 105
Troger, Alojz *[Alois]* 207

Unger, Karol *[Karl]* 112

Vachovský (Vachovszky), Ján *[Johann]* 140, 142
Vajnarovič (Vajnarovits), Ján *[Johann]* 224
Valery 140, 141
Valery, Daniel 156
Vaňhal, Ján Křtitel *[Johann Baptist]* 101, 171, 172, 239, 240
Vavrík, Jozef *[Josef]* 103
Vavrovič (Vavrovics), Jozef *[Josef]* 100, 130
Vécsey 201
Viczay 24, 50
Viravský, Ján *[Johann]* 221
Vocet (Vozet), Jan Nepomuk *[Johann Nepomuk]* 101
Vogel, P. Wilhelm 196
Voltaire, François-Marie 13
Vondráček (Vondratsek), Jozef *[Josef]* 111

Wagnerová, *[Wagner]*, Emerica 65
Wahr, Karl 42, 75
Walch, Matthias 76
Wallachy 177
Wallachy, Daniel 177
Wallachy, Ján David *[Johann David]* 177

Weber, Ján Baptista *[Johann Baptist]* -ad Alexius 66
Weber, Karl Maria von 78
Weidmann, Paul 148, 149
Went, Wilhelm 108
Werner, Anton 142
Wiedermann, Matej *[Matthias]* 230
Windisch, Karl 96
Winkler, Anton 110
Winter, Peter 68
Woldan, Anton 140
Wolf, Pavel *[Paul]* 232
Wurm, Anton 140, 159

Zamperini, Domenico 74
Zay 51, 132, 133
Zelenický (Zelenitzky) 137, 138
Zelenka, Jan Dismas *[Johann Dismas]* 171
Zeman, František *[Franz]* 105
Zeman, Václav *[Wenzel]* 105
Zeys, Kajetán *[Kajetan]* 71
Zichy 24
Zichy, Ján Nepomuk *[Johann Nepomuk]* 52
Zimmermann, Anton 27, 28, 29, 53, 54, 58, 59, 60, 62, 65, 77, 78, 132, 240, 241, 242
Zirnhofer, Ján *[Johann]* 62
Zistler, Jozef *[Josef]* 28, 29, 36, 54, 78
Zlatník 100
Zlatovský (Zlatovszky) 137, 138
Zmeškal (Zmeskal), Mikuláš *[Nikolaus]* 140, 141, 163
Zöllner, Filip *[Philipp]* 206
Zomb 202
Zomb, Anton 218
Zomb, František *[Franz]* jun. 218
Zomb, František *[Franz]* sen. 218
Zomb, František Xaver *[Franz Xaver]* 139, 168, 202, 203, 205, 209, 210, 211, 216, 217, 218
Zomb, Ján *[Johann]* 218
Zomb, Jozef *[Josef]* 202, 216, 218
Zombová, *[Zomb]*, Františka *[Franziska]* -ad Lerchnerová, Františka 218
Zorkovský 137, 138, 141, 154, 156
Zorkovský, Jakub *[Jacob]* 156
Zorkovský, Martin jun. 156
Zorkovský, Martin sen. 156
Zrunek, Juraj *[Georg]* 102, 103
Zvada 137, 138

Žaškovský (Zsasskovszky), Andrej *[Andreas]* jun. 141, 164
Žaškovský (Zsasskovszky), Andrej *[Andreas]* sen. 137, 164
Žaškovský (Zsasskovszky), František *[Franz]* 141, 164
Žigmund *[Sigismund]* 170

Miestny register
♦
Ortsregister

Amsterdam 183

Banská Belá (Bela-Bánya, Bela, Diln, Fejér-Bánya, Düllen) 136
Banská Bystrica (Neozolium, Besztercz-Bánya, Neusohl, Banska Bistryca) 136, 137, 139, 140, 141, 142, 143, 144, 145, 183,
Banská Štiavnica (Schemniczium, Schemnitz, Selmecz--Bánya, Stawnicza) 13, 136, 137, 139, 140, 141, 142, 146, 147, 148, 149, 150, 151
Bardejov (Bartpha, Bártfa, Bartfeld, Bardiow, Bardejow) 200, 201, 202, 224, 225
Bardejovské Kúpele 225
Beckov (Beczko, Beczkó, Beckow) 102, 103
Beluša (Bellus, Bellussa, Bellusch, Belus) 127
Berlin -ad **Berlín** 78
Berlín -ad **Berlin** 78
Bernolákovo -ad **Čeklís** 99, 108
Bojnice (Bajmocz, Weinitz, Boynicze) 139
Bratislava (Preßburg, Pozsony) -ad **Preßburg** 12, 13, 14, 15, 17, 18, 19, 22, 23, 24, 25, 26, 27, 28, 29, 30, 31, 32, 33, 34, 37, 39, 41, 42, 44, 46, 47, 49, 51, 52, 53, 58, 60, 67, 68, 69, 72, 73, 74, 75, 76, 77, 78, 81, 82, 84, 86, 87, 88, 89, 91, 92, 93, 94, 95, 96, 98, 99, 101, 118, 119, 121, 139, 172, 193, 203, 204, 237, 238, 240, 241, 242
Breitenau -ad **Široká Niva** 58
Brestovany (Bresztovany, Bresztován, Brestowany) 100
Brezno (Brezno-Bánya, Briesen, Brezno) 136
Brodzany (Brogyan, Broďany) 100
Buda -ad **Ofen**, **Budín** 12, 15, 19, 23, 33, 69, 87, 137, 199
Budapest -ad **Budapešť** 39
Budapešť -ad **Budapest** 39
Budín -ad **Ofen**, **Buda** 12, 15, 19, 23, 33, 69, 87, 137, 199

Cinobaňa (Szino-Banya, Czinobánya) 138

Čeklís (Cseklész, Lanschitz, Czeklis) -ad **Bernolákovo** 99, 108
Červený Kameň (Vöröskő, Čerwenj Kamen, Rothenstein) 99

Diosek (Dioszegh, Dioszeg) -ad **Sládkovičovo** 99
Dolná Krupá (Alsó-Korompa, Unter-Krupa, Dolna Krupa) 100, 119
Dolný Kubín (Inferior Kubin, Alsó-Kubin, Dolny Kubin) 137, 138, 141, 164
Dubnica (Dubnicz, Dubnicza) 99, 100
Dunajská Streda (Szerdahely) 99

Eger -ad **Jáger**, **Erlau** 141, 164
Erlau -ad **Jáger**, **Eger** 141, 164
Esterháza -ad **Fertőd** 68, 75

Feldsber -ad **Valtice** 57
Fertőd -ad **Esterháza** 68, 75

Fidisch bei Eberau -ad **Fidisch pri Eberau** 57
Fidisch pri Eberau -ad **Fidisch bei Eberau** 57
Fiľakovo (Fülek, Filakowo, Filek, Filekow) 138
Fintice (Finta, Finczicze, Fintha, Finzitze) 200, 223

Gabčíkovo (Böös, Bösch, Bős) 99
Gajary (Gajarium, Gairing, Gajar, Gajare) 124
Galanta (Galantha) 82, 99, 112
Gelnica (Gelniczium, Gölnitz, Gelnicza, Gölnicz) 172, 178, 195
Gödöllő 39
Großwardein -ad **Veľký Varadín** 228

Halič (Gács, Gacsch) 138, 140, 141
Hlohovec (Galgocz, Freystadtl, Frasták) 99, 100, 102, 103, 121
Hniezdne (Kniesen, Gnazda, Gňazdy) 172, 188
Holíč (Holics, Hollitsch, Golliczˇ) 99, 109
Horné Orešany (Felső-Diós, Ober-Nuszdorff, Horne Oressany) 111
Hradec Králové -ad **Königgrätz** 58
Hronský Beňadik (Sanctus Benedictus, Szent-Benedek, Sankt--Benedikt, Swaty Benedik) 136
Humenné (Homonna, Humenne, Humenau) 201, 232, 233

Ilava (Illava, Illawa, Illau) 99, 100, 103, 125
Ivanka pri Dunaji (Iványi, Iwanka) 35, 38

Jasov (Jaszó, Joss, Jásow) 172, 186, 199, 200, 202, 203, 226, 227, 228
Jáger -ad **Erlau**, **Eger** 141, 164
Jelšava (Alnovia, Jolsva, Eltsch, Jalssowa, Jelschau) 199, 200
Jičín -ad **Jitschin** 111
Jitschin -ad **Jičín** 111

Kežmarok (Kesmarkinum, Kässmarkt, Kaisersmarkt, Kesmark, Kesmarek) 170, 171, 172, 173, 175, 176, 178, 227
Kláštor pod Znievom (Kloster, Klaster, Znio-Várallya) 138
Komárno (Comaromium, Komárom, Kommorn, Komarno) 98, 99, 100, 114
Königgrätz -ad **Hradec Králové** 58
Košice (Kaschau, Kassa, Kossicze) 15, 17, 18, 24, 101, 164, 172, 173, 180, 186, 193, 198, 199, 200, 201, 202, 203, 204, 205, 206, 207, 208, 209, 210, 213, 214, 215, 216, 217, 218, 224, 226, 227, 237
Krakau -ad **Krakov** 182
Krakov -ad **Krakau** 182
Krásna nad Hornádom (Széplak, Sýplak) 203, 219
Kremnica (Cremniczium, Kremnitz, Körmöcz, Kremnicza) 136, 137, 139, 140, 141, 154, 155, 157, 158, 159, 192
Krupina (Karpona, Korpona, Karpfen, Krupina) 136, 139, 140, 141

• 268 •

Lehnice (Légh) 99
Leipzig -ad **Lipsko** 68, 164
Leopoldov (Leopold-Neustadtl, Új-Városka, Mestečko) 99, 100
Leštiny (Lestine, Leschtine) 140, 141, 163
Levice (Leva, Léva, Lebentz, Lewicze) 136
Levoča (Leuschovia, Leutschau, Lötse, Lewoča) 170, 171, 172, 173, 175, 180, 181, 182, 183, 188
Lipsko -ad **Leipzig** 68, 164
Liptovský Hrádok (Hrádek, Liptóújvár, Hradek) 137, 138, 165, 166, 167
Liptovský Mikuláš (Sanctus Nicolaus, Swaty Mikulass, Szent--Miklós) 137, 138, 165
London -ad **Londýn** 183
Londýn -ad **London** 183
Ľubica (Leibitzium, Leibitz, Libitza, Lubiza) 172, 173, 174, 178, 183, 187, 227
Lučenec (Losontzium, Lossoncz, Loschoncz, Lučženecz) 138
Lyon 58

Mailand -ad **Miláno** 30, 31
Mainz -ad **Mohuč** 117
Malacky (Malaczka, Malatzka) 99, 102, 103
Mannheim 56
Marianka (Vallis Mariana, Maria-Thall, Marianka) 99
Markušovce (Marcksdorf, Markusfalva, Markussowcze) 177, 179
Martin (Martinopolis, Swaty Martin, Szent-Márton) 138
Milano -ad **Mailand** 30, 31
Modra (Modra, Modor, Modern) 99, 100, 103, 111, 155
Mohács -ad **Moháč** 22
Moháč -ad **Mohács** 22
Mohuč -ad **Mainz** 117
Mojmírovce -ad **Urmín** 37
Mníchov -ad **München** 69
München -ad **Mníchov** 69
Myjava (Miava, Miawa, Mijava) 99

Nálepkovo -ad **Vondrišel** 178
Námestovo (Namesto, Nemeszto) 137
Nitra (Nitria, Neutra, Nyitra, Nitra) 98, 99, 100, 102, 103, 123, 128, 129, 130
Nová Baňa (Regiomontum, Königsberg, Új-Bánya, Nowa Banya) 136, 142
Nové Mesto nad Váhom (Vágh-Újhely, Neustadtl, Nove Mesto) 99, 100, 127

Ofen -ad **Budín, Buda** 12, 15, 19, 23, 33, 69, 87, 137, 199
Olmütz -ad **Olomouc** 114
Olomouc -ad **Olmütz** 114
Ostrá Lúka (Ostra Luka, Osztra Luka) 139, 160, 161

Ödenburg -ad **Šoproň, Sopron** 183

Paris -ad **Paríž** 31, 183, 219
Paríž -ad **Paris** 31, 183, 219
Pasov -ad **Passau** 94
Passau -ad **Pasov** 94
Pest -ad **Pešť** 31, 69, 164, 219, 222
Pešť -ad **Pest** 31, 69, 164, 219, 222
Pezinok (Bazinium, Bazin, Bösing, Pesinek) 99, 100, 103, 110
Piešťany (Püstin, Piessčzany, Püschtin, Pöstény, Pěssťany) 119
Pirna 222
Podkonice (Potkonicz, Podkonicze) 145
Podolínec (Podolinum, Pudlein, Podolinecz) 123, 171, 172, 173, 188

Podunajské Biskupice (Bischdorf, Püspöki, Biskupice) 57
Poprad (Deutschendorf, Poprad) 178
Považská Bystrica (Bistrica, Vágh-Besztercz, Powaska Bistrica) 99, 100, 127
Prag -ad **Praha** 27, 140, 141, 164, 201, 232
Praha -ad **Prag** 27, 140, 141, 164, 201, 232
Preßburg (Pozsony) -ad **Bratislava** 12, 13, 14, 15, 17, 18, 19, 22, 23, 24, 25, 26, 27, 28, 29, 30, 32, 33, 34, 37, 39, 41, 42, 44, 46, 47, 49, 51, 52, 53, 58, 60, 67, 68, 69, 72, 73, 74, 75, 76, 77, 78, 81, 82, 84, 86, 87, 88, 89, 91, 92, 93, 94, 95, 96, 98, 99, 101, 118, 119, 121, 139, 172, 193, 203, 204, 237, 238, 240, 241, 242
Prešov (Eperiessinum, Eperies, Eperjes, Pressow) 192, 199, 200, 201, 202, 203, 207, 220, 221, 222, 223, 224
Prievidza (Prividia, Priwitz, Prewicza, Privigye) 100, 102, 129, 131
Pruské (Pruszka, Prusskau, Pruska, Pruské) 100, 102, 103, 126, 127
Púchov (Pucho, Puchow, Puchó) 99, 100, 127
Pukanec (Baka-Bánya, Pukkanz, Pukanecz) 138
Pusté Úľany (Puszta-Födimes, Puszta-Födimesch, Pusta Fedýmeš) 103

Radvaň (Radvan, Radwány, Radvány) 136, 139
Rajec (Rajecz, Rajec) 167
Revúca (Nagy-Rőcze, Gross Rauscherbach, Welka Rewucza) 199, 200
Rimavská Sobota (Stephanopolis, Rima-Szombath, Rimanska Sobotta, Gross-Steffelsdorf) 138
Rožňava (Rosnavia, Rosnyó, Rossenau, Rožnawa) 172, 173, 186, 191, 193, 198, 199, 200, 202, 203, 217, 226, 228, 230, 231, 232
Ružomberok (Rosenberg, Rožen, Rožmberk) 137, 138, 140, 162

Sabinov (Cibinium, Zebn, Szebeny, Szabinow) 200
Salzburg 46
Schwerin 57
Senec (Szempcz, Walterstorff, Senecz, Wartberg) 30, 44
Senica (Szenicz, Senitz, Senicza) 99
Sereď (Szered) 99, 108
Skalica (Szakolcza, Skalitz, Szakolcz, Skalicza) 99, 100, 102, 103, 104, 105, 126
Sládkovičovo -ad **Diosek** 99
Smolník (Schmölnitz, Szomolnok, Smolnik) 171, 172, 173, 190, 191, 193, 195, 196, 231
Sopron -ad **Šoproň, Ödenburg** 183
Spišská Belá (Bela, Béla, Berl) 172
Spišská Kapitula (Mons sancti Martini, Zipser Kapitel, Szepesikáptalan) 162, 170, 171, 172, 173, 174, 175, 178, 184, 185, 227
Spišská Nová Ves (Iglovia, Neudorf, Iglo, Nowa Wes) 172, 173, 174
Spišská Sobota (Georgenberg, Szepes-Szombathely, Sspiska Sobota) 177
Spišská Stará Ves (Antiqua-Villa, Altendorf, Ó-Falu, Stara Wes) 172
Spišské Podhradie (Kirchdorf, Szepes-Várallya, Podhradze) 172, 173, 174, 178, 186, 226, 227
Stará Ľubovňa (Lublovia, Iblau, Lubló, Lubowná) 172, 189
Stupava (Stompha, Stomfa, Stompfen, Stupawa) 99
Svätý Jur (Sanctus Georgius, Sankt-Georgen, Szent György, Swaty Jur) 99, 100, 102, 110

Šahy (Ságh, Schág, Sság, Ssahy) 138

Šamorín (Samorini, Samaria, Somerein, Ssamorin) 99
Šaštín (Sassin, Schossberg, Sas-Vár, Sasstzin) 99, 107
Široká Niva -ad **Breitenau** 58
Šoproň -ad **Ödenburg, Sopron** 183
Štítnik (Csetnek, Cžitnik, Sstítnik) 199, 200
Švedlár (Schwedler, Svedler, Swedlar) 172, 173, 191, 192, 193, 194, 195, 203, 227

Tekovské Lužany -ad **Veľké Šarluhy** 165
Teplice 119
Teplička nad Váhom (Teplic, Teplicz, Tepla) 193
Tisovec (Teisolcz, Tiszolcz, Tisowec) 138
Trenčín (Trenchinium, Trentschin, Trencsény, Trenčžin) 98, 99, 100, 102, 122, 123, 124, 227
Trnava (Tyrnavia, Tirnau, Nagy-Szombath, Trnawa) 13, 98, 99, 100, 102, 103, 115, 116, 117, 118
Turčianska Štiavnička (Styavnicska, Stawniczka, Kis-Selymecz) 139, 161, 168

Uhrovec (Zaj-Ugrocz, Uhrowcze, Uhrowce) 51, 100, 132, 133
Urmín (Ürmény, Uermény, Urmín) -ad **Mojmírovce** 37

Valtice -ad **Feldsberg** 57
Varšava -ad **Warschau** 189, 190
Veľké Blahovo (Nagy-Abány, Nagy-Abony) 103
Veľké Leváre (Magno-Levardium, Gros-Schützen, Nagy-Lévárd, Welke Lewardy) 99, 100, 106

Veľké Šarluhy (Nagy-Salló, Welke Sarluky, Welke Ssarluky) -ad **Tekovské Lužany** 165
Veľké Uherce (Nagy-Ugrocz, Welke Uhercze) 100
Veľký Varadín -ad **Großwardein** 228
Veszprem -ad **Veszprém** 103
Veszprém -ad **Veszprem** 103
Viedeň -ad **Wien** 12, 14, 22, 23, 25, 26, 27, 30, 31, 42, 44, 45, 47, 58, 86, 87, 88, 92, 100, 101, 118, 141, 163, 164, 171, 176, 232, 241, 242
Vondrišel (Vogendrisel, Wagendrüssel, Vogendriszel, Wohdrysel) -ad **Nálepkovo** 178

Warschau -ad **Varšava** 189, 190
Wien -ad **Viedeň** 12, 14, 22, 23, 25, 26, 27, 30, 31, 42, 44, 45, 47, 58, 86, 87, 88, 92, 100, 101, 118, 141, 163, 164, 171, 176, 232, 241, 242

Zemianske Podhradie (Nemes-Podhragy, Podhradie, Nemesch-Podhragy, Zemanské Podhradí) 100
Zvolen (Veterozolium, Zolyiom, Altsoll, Zwolen) 136, 139, 140, 159

Žarnovica (Zarnocza, Scharnowitz, Žarnowicza) 141
Žaškov (Zasko, Zassko, Zaschkó, Žasskow) 164
Želiezovce (Zseléz, Zelizow, Zscheléz, Zelczow) 99, 112, 113
Žilina (Zsolna, Silein, Žilina) 99, 100, 102, 103, 134

Dobové názvy miest a obcí na dnešnom území Slovenska, používané v období klasicizmu sú uvedené v okrúhlych zátvorkách. Citované podľa publikácie: MAJTÁN, Milan – *Názvy obcí na Slovensku za ostatných dvesto rokov*. Vydavateľstvo Slovenskej akadémie vied. Bratislava 1972.

Die in Klammern angeführten Zeitnamen der Städte und Gemeinden auf dem heutigen Gebiet der Slowakei wurden der Publikation: MAJTÁN, Milan – *Názvy obcí na Slovensku za ostatných dvesto rokov (Ortsnamen der Slowakei in den letzten zweihundert Jahren)*, Bratislava 1972, entnommen.

Summary

In Slovakia, the period of *classical music* development is usually taken as being from *cca 1760* to *1830*. *Slovakia* was then part of Austro-Hungary, lying in the north of Hungary (that is why it was also called the 'Upper Hungary'). It constituted a fifth of the total area of Hungary and contained some twenty-four per cent of the inhabitants.

Due to the years of oppression by the Turks, Slovakia became the centre of economic, political, religious and cultural life of Hungary from the second half of the 16th century to 1784. Despite the persistent disagreement between centralistic Vienna and the Hungarian ruling class, we may consider the Austro-Hungary in the era of Maria Theresa (1740–1780), and partly also that of Joseph II (1780–1790), as an orderly whole.

The transfer of Hungary's political centre from Bratislava to Buda in 1784, had far reaching consequences for Slovakia. The constant bickering between the Habsburgs and the Hungarian nobility, typical of the reign of Leopold II (1790–1792), was even more pronounced than in the time of his successor, Frances II (1792–1835).

In the time of classicism, especially in the second half of the 18th century, *Bratislava* was the musical centre of Hungary, and in terms of musical life and performances it was a leading centre on the European musical scene as well. The city had a very long cultural and musical tradition and in the period under consideration also benefited in a multitude of ways from its position as the Hungarian capital. The fact that Bratislava lay so close to Vienna, the main centre of classical music, must also have had an effect.

The changes in society's attitude towards music taking place in the years 1760–1830 reflected changes in musical patronage. Previously, musical patronage had been the prerogative of members of the royal family (A. Sachs-Teschen), the aristocracy (the Eszterházys, Grassalkoviches, Erdődys, Apponyis, Pálffys, Balasses, Csákys, Adames, etc.), ecclesiastical establishment (primate J. Batthyány) and other church officials (the clergy of St. Martin's Cathedral, used for coronations, and members of the Franciscan, Jesuit, Ursuline, Trinitarian, Brothers of Mercy, Sisters of Notre Dame orders, etc.), but now the bourgeoisie took the initiative in spreading musical culture and the organisation of concerts, etc., and later on also in supporting musicians, composers and performers financially. These changes in patronage occurred in Bratislava in the same way as in other musical centres in Europe at that time. In provincial Slovak towns they lacked behind.

Apart from the many general features that the musical life of Bratislava had in common with other major European centres, there were some characteristics: early democratic tendencies allowed members of the lower classes to attend concert or theatre performances organised by Batthyány and Erdődy, respectively, and from 1775 it was possible for them to obtain a musical education at music school in the city.

In the second half of the 18th century, most composers from Slovakia and many from the rest of Hungary lived and worked in Bratislava. (We should point out that only those composers who hailed from the territory of present day Slovakia or whose work was closely connected with the city's musical life development are considered to be Slovak composers.) The works of many Bratislava composers (G. Dettelbach, F. X. Hammer, P. Roškovský, J. Zistler, and others) were on a par with those produced by other European composers. Of historical importance are the works of the leading Bratislava composers, not only in respect of innovative ideas and a high degree of skill but also in the cultivation of a distinctive style on the part of certain composers (A. Zimmermann, F. P. Rigler, J. M. Sperger, J. Družecký, F. X. Tost, H. Klein, J. Chudý). The most interesting contribution to the development of pan-European classicism consisted of the hungaresques of F. P. Rigler, F. X. Tost, L. Mihalovič, J. Tomaník, and J. Kunert. They made use of many ornaments, choriambic dotted (6/8) time, bravura passages and a rhaphsodical style of performance which became a distinctive feature.

The works of Bratislava composers enriched not only Slovak but also European classical music – at least that of Central Europe. Because many of the local musicians also composed, a great part of the music produced in Bratislava was written by them. It was similar in style to that of Vienna and reflected increased contact between Hungary and the rest of Europe. It was not under the influence of the so-called Kleinmeister but of the major European composers. The standard repertoire of Bratislava became the norm not only for the western part of Slovakia but, with certain modifications, for the rest of the country.

Musical life in Hungary was greatly influenced by the publishing houses of Bratislava. The publishers and printers also made business with scores and books on music and propagated new musical works of the period. From 1764 on, the oldest German newspaper in Hungary, the *Preßburger Zeitung*, was published without interruption, and was widely read over the whole of Central Europe. Many Slovak and foreign players performed new works from home and abroad (J. Haydn, W. A. Mozart, L. van Beethoven, A. Salieri, J. Eybler, E. Mara; J. Leitgeb, M. Giuliani, B. Romberg, J. A. Seyler, etc.) in this region.

The instrument makers of Bratislava achieved an international reputation, especially violin makers (the Leeb, Thier, Ertl, Hamberger families) and wind instrument makers (F. Schällnast, Th. Lotz).

The *Western Slovak music region* was the largest area in Slovakia, and the most advanced in the development of classical music. It encompassed the Bratislava, Nitra, Trenčín and Komárno counties. The close proximity to Vienna brought many advantages. The cultivation of music over most of the region was evenly distributed between the activities of prosperous municipal and ecclesiastical centres (parishes and the churches of religious orders, monasteries and nunneries) and the homes of the great number of aristocratic families which had occupied an influential position ever since the time of the Turkish oppression.

The place of music in the general life of the inhabitants was more or less the same as it was in the other areas of Slovakia. The number of musical events organised by the aristocracy (later also by the bourgeoisie) only for their pleasure was higher than in the rest of Slovakia. Another characteristic of Western Slovakia was the preference for the performance of the new works of Europe's greatest composers.

Geographically, Western Slovakia may be divided into three areas, according to the concentration of musical activity in the principal centres. Firstly, there is the Záhorie district in the western parts of the Bratislava and Nitra counties (then called 'comitats'), with Skalica, Holíč and Malacky as centres. The second is the area in the south of the Bratislava and Nitra counties and the whole area of the Komárno county, with the centres of Bernolákovo-Čeklís, Galanta, Sereď, Nové Zámky and Komárno. Of particular significance was the third part consisting of the rest of the region. Here the important centres were: Trnava, Nitra, Trenčín, Prievidza, Žilina, and the domains of the aristocracy at Dolná Krupá and Hlohovec.

The direct contact with Vienna and the music of Bohemia (particularly Moravia) with its many performers and composers (C. Brandis, I. Egelský, N. Schreier, A. Schlieszter, H. Thumar, J. Fučík, T. F. Fučík, V. Malinský) vitalised musical life in the Western Slovak music region. Several musicians moved to the southern part of Hungary after the diminution in importance of Upper Hungary, where they joined the local music culture there and made a significant contribution to local music development (J. Bihári, J. Lavotta, I. Ružička).

As a region, *Central Slovakia* was more variegated, not only geographically but also in its capacity for cultivating the art of music. Individual districts differed from one another essentially in prosperity directly influencing cultural development and in the religious and ethnic composition of the inhabitants too. Most advanced was musical life in the prosperous towns of Banská Bystrica, Zvolen, Kremnica and Banská Štiavnica (the Zvolen, Tekov and Hont counties). There were no signs of the development of music culture in the Orava region, and the situation was only a little bit better in the towns of Liptovský Mikuláš, Liptovský Hrádok, Ružomberok, Kláštor pod Znievom and Martin (the Liptov and Turiec counties, respectively). Research into musical life in the Malohont county, some parts of the Novohrad county and in the western part of the Gemer county has not yet been completed.

In the prosperous mining and metalworking Central Slovakia towns with a long musical tradition music was produced and performed in line with established music centres of Europe. The major local composers (A. Aschner, A. J. Hiray, F. Hrdina, J. J. Richter, J. Vachovský, A. Gutwill, A. Wurm) aimed at this goal. Certain of their works may be regarded as interesting and valuable (A. Aschner), and the quality and genres of the music are surprising, coming from a simple country town (F. Hrdina). Prominent organ builders (Podkonický, Zorkovský and their sons) also came from this region.

The economic underdevelopment of Liptov, Orava and, to some extent, Turiec led to the exodus of local musicians. This also explains why these regions supported folk music (perhaps also folk sacred songs, the research of which has been insufficient) more than the classical genre.

The musical life in Central Slovakia lacked typical elements of the region. It was mainly based on the music of Western Slovakia. Central Slovakia exhibited a dilettantism characteristic of musical life of Hungarian nobility at that time. It was the minor aristocracy which organised musical life in the region, and continued in the baroque tradition of the hungaresque, a typical Hungarian (but not necessarily Magyar) dance.

The *Spiš music region* was one of the smallest regions, with only one, Spiš, county. Its musical tradition had been influenced by the large numbers of Germans settling there in the 12th century. The region was rich in mineral ores and this encouraged the development of craft and trade of international importance; it also led to a long tradition of music making.

In the Spiš region, music developed along its own lines, due to the political, economic, religious and national development of this part of Slovakia. The local music works kept to the baroque idiom and, unlike in Western Slovakia, seem to have omitted the early phase of classical development. In Spiš the music varied – in the north it was enriched with Polish elements and in the south with the elements of Western Slovakia music, especially with those of Bohemian origin.

The music of Spiš originated in three geographical regions: in the centre (Levoča, Kežmarok, Ľubica, Spišská Kapitula, Spišské Podhradie, Spišská Sobota, Spišská Nová Ves), north (Podolínec) and south (Smolník, Švedlár, Gelnica). Unlike the rest of the country, little attention was paid to the development of a classical tradition. Only the works of J. I. Danik, P. Petko, P. P. Londiger, A. Schön, and F. Oberszohn are worth mentioning. On the other hand, musical instruments were built to high standards.

The *Eastern Slovakia music region* had a diverse geography, prosperity, class system and national and religious composition which led to a different cultural and musical tradition.

The region may be divided into three parts: Abov, Turňa and Gemer with music centres in Košice, Jasov and Rožňava; Šariš with Prešov, Sabinov and Bardejov; and Zemplín and the river of Uh region with Humenné, Vranov, Michalovce and Trebišov.

In the first of them, the main patron of music was the church; in the second, the towns. We assume that in the third, the nobility acted as patron to the musicians, as the number of minor noble families in that area was quite high. In the East Slovakia, there were few wealthy, major aristocrats who could have supported musical life in the region, at least in the centres. So there was no real basis for musical patronage; music continued to be used for pragmatic purposes as in the baroque time and could not become a form of noble entertainment.

It was the geography which determined the music of East Slovakia and caused it resembled that of West Slovakia. In Šariš, music was influenced by Spiš and Polish elements; the eastern part of Gemer and Abov exhibited the influence of Bohemia, especially Prague. This was apparent in the music and the number of Czech musicians who came there to play and who usually settled down for good. Some musician-emigrants (e.g. A. Bartay) represented this part of Slovakia in major European centres.

The music works composed in this region were – after Bratislava and Western Slovakia – the most numerous and notable. There were many composers of local importance but also those whose works were valued for their originality and inventiveness all over Slovakia, e.g. Ľ. Skalník, J. Kossovits, J. Janig, J. Zomb, J. Galli, K. Herfurth, and especially works by F. X. Zomb. Composers from Eastern Slovakia also helped to develop hungaresque idiom (J. Kossovits, K. Herfurth).

Classical music in Slovakia – in performance as well as composition – was part of the musical tradition of Europe of the period, contributing to it in diverse ways. That is why we should appreciate it for its place in the context of Slovak and European music tradition as a whole.

Documentation

1. A view of the most important buildings in the City of Bratislava.
2. Maria Theresa, Queen of Hungary.
3. Albert von Sachsen-Teschen (1738–1822).
4. Maria Christine (1742–1798).
5. The Palace of the Grassalkovich family in Bratislava.
6. Anton Grassalkovich I (1694–1771).
7. Anton Grassalkovich II (1734–1794). A fete in the village of Ivanka pri Dunaji.
8. Anton Grassalkovich III (1771–1841).
9. Georg Družecký: *Partita in C Major*, title page.
10. Announcement of the theatrical presentations staged by the Grassalkovich family in March 1786, published in the newspaper *Preßburger Zeitung*.
11. Joseph Haydn [?] (1732–1809).
12. Johann (*1754) and Margarete Hummel.
13. The record of Johann Nepomuk Hummel's baptism on November 14, 1778.
14. Johann Nepomuk Hummel's native house in Bratislava.
15. Johann Nepomuk Hummel (1778–1837).
16. Nikolaus Esterházy I (1714–1790).
17. The earliest news of W. A. Mozart published in the Hungarian press.
18. Wolfgang Amadeus Mozart (1756–1791).
19. A portion of the letter L. van Beethoven wrote in Bratislava on November 19, 1796.
20. Babette Keglevich (1780–1813).
21. Ludwig van Beethoven (1770–1827).
22. Count Pálffy's gardens and the northern view of Bratislava Castle.
23. Franz Liszt (1811–1886).
24. Antonio Salieri (1750–1825).
25. Heinrich Marschner (1795–1861).
26. Josef Batthyány (1727–1799).
27. The Primate's Palace in Bratislava.
28. A concert hall.
29. The title page of a catalogue of sheet music and musical instruments owned by Josef Batthyány (1798).
30. A view of the archbishop's garden in Bratislava.
31. Johann Matthias Sperger: *Cantata*, dedicated to Josef Batthyány (1779), title page.
32. Collegium Musicum in Germany (*cca* 1775).
33. Johann Matthias Sperger: *Symphony in C Major*, notation.
34. Anton Zimmermann: *Sei Sonate, Op. II*, title page.
35. Anton Zimmermann: *Sinfonia in B Flat Major*, title page.
36. Anton Zimmermann: *Partita in C Major*, title page.
37. Anton Zimmermann: *Concerto for Bass and Orchestra in D Major*, title page.
38. Panorama of the City of Bratislava.
39. Leopold II's coronation in Bratislava (1790). The presentation of the gifts of the City of Bratislava on the occasion of Leopold II's coronation, the detail of the musicians.
40. A detail of the news of St Cecilia Day celebration in St Martin's Cathedral in Bratislava, published in the newspaper *Preßburger Zeitung*.
41. Anton Zimmermann: *Mass in C Major 'St Caecilia'*, title page. Anton Zimmermann: *Aria in F Major*, title page and notation.
42. The Franciscan Church and Monastery in Bratislava. P. Gaudentius Dettelbach, OFM, example of notation.
43. View of the Main Square and Jesuit Church in Bratislava.
44. Franz Xaver Tost: *Antiphony in C Major 'Alma Redemptoris'* (1828), title page and notation.
45. View of the Church and Hospital of the Brothers of Mercy in Bratislava. Detail of the record on J. B. Weber in L. van Beethoven's conversation notebook (1823).
46. The Trinitarian Church in Bratislava.
47. The title page of the *Neues Gesang- and Gebetbuch ... der evangelischen Gemeinde in Preßburg* (1788).
48. The title page of the *Hochgräflich-Erdődischer Theaterallmanach auf das Jahr 1787*.
49. An example of the repertoire of Count J. N. Erdődy's Bratislava Theatre and of the art of its set designers.
50. Hubert Kumpf (1757–1811).
51. Josef Chudý: *Pikkó Herzeg és Perzsi Jutka*, title page.
52. The singers of J. N. Erdődy's Bratislava Opera Theatre company: Josepha Abeck, Marianne Habl, Antonia Hoffmann, Margarete Kaiser, Franz Xaver Girzik, Johann Baptist Hübsch, Johann Nepomuk Schüller, Ferdinand Rotter.
53. List of a portion of the members of J. N. Erdődy's Bratislava Opera company orchestra.
54. Maria Theresa's coronation in Bratislava (1741).
55. A garden. The sketch of a stage setting, probably used in a theatre production in Bratislava *cca* 1776.
56. *Grünes Stübel*, the house on the corner of Zelená and Sedlárska Streets in Bratislava.
57. Karl Wahr (1745-*cca* 1798).
58. The Bratislava Metropolitan Theatre.
59. Georg Csáky.

60. Josef Chudý: *Der Docktor*, the title page of the libretto.
61. Anton Zimmermann: *Andromeda and Perseus*, the title page of the libretto. Anton Zimmermann: *Andromeda and Perseus*, notation of the score. Anton Zimmermann: *Andromeda and Perseus*, the title page of the piano extract.
62. A poster of the Bratislava Metropolitan Theatre at the time of its director K. F. Hensler.
63. A review of the concert given in the Metropolitan Theatre on March 15, 1778.
64. Chamber concert in a castle.
65. The House of the Hungarian Parliament.
66. A document showing the existence of the Verein der Preßburger Freyen Künstler und Sprachlehrer in Bratislava, dated 1815.
67. The title page of the proposal to found the Kirchenmusikverein in Bratislava.
68. List of the Preßburger Kirchenmusikverein zu St. Martin members from 1835, title page.
69. Heinrich Klein (1756–1832).
70. Report about the decision to adopt H. Klein as a member of the Swedish Royal Academy (1805). Heinrich Klein: *Cantata auf das Geburtsfest Franz I.*, title page.
71. Heinrich Klein: *Mass in C Major*, title page.
72. Announcement of the music examinations at the Principal National School in Bratislava in October 1779.
73. Franz Paul Rigler: *Anleitung zum Klavier*, Preßburg 1791, title page. Franz Paul Rigler: *Anleitung zum Gesange, und dem Klaviere*, Ofen 1798, title page.
74. Franz Paul Rigler: *Hungaresque in C Major, No. 1*, notation.
75. Franz Paul Rigler: *Deux Sonates*, title page.
76. Heinrich Klein (1756–1832).
77. Johann Nepomuk Hummel: *The School of Piano Playing*, notation and the printed title page.
78. Merry-making after Ferdinand V's coronation in front of the Michael's Gate in Bratislava (1830).
79. Trumpeters on the city tower during Maria Theresa's coronation in Bratislava (1741), a detail.
80. Franz Xaver Tost: *Douze Nouvelles Danses Hongroises*, title page.
81. A list of F. X. Tost's compositions advertised for sale in the newspaper *Preßburger Zeitung* in 1823.
82. A violin made by the Bratislava violin maker Johann Georg Leeb II. Marks of the instrument makers Johann Georg Leeb; Joannes Georgius Leeb; Antonius Thir; Andreas Thier; Ferdinand Hamberger.
83. A basset horn made in the Bratislava workshop of Franz Schöllnast. A stick flute made in the Bratislava workshop of Franz Schöllnast.
84. Joseph Haydn's *Sonata (Hob. XV:32)* published by J. N. Schauff (1792?) in Bratislava, title page and printed sheet music.
85. The Bratislava newspaper *Preßburger Zeitung*, title page.
86. View of the town of Skalica.
87. A list of Skalica musicians with their engagements in 1788.
88. The signature of the musician Josef Langer from Veľké Leváre on the title page of Huber's *Offertory*.
89. An example of how the music scores at the Roman Catholic Parochial Church in Šaštín were filed in 1823.
90. The mansion at Bernolákovo (Čeklís).
91. The mansion at Holíč.
92. Heinrich Thumar: *Vespers in C Major*, title page.
93. Pezinok – view of the town on a certificate of apprenticeship to the guild of farriers.
94. View of the town of Modra. Franz Peregrin Hrdina: *Antiphony in C Major 'Regina Coeli'*, title page.
95. Karoline Esterházy.
96. Franz Schubert's letter written in Želiezovce in 1824.
97. View of the town of Komárno.
98. View of the town of Trnava.
99. Trnava square with the Municipal Theatre House built in 1831.
100. St Nicholas' Church in Trnava. The organ of St Nicholas' Church at Trnava built by Valentin Arnold in 1783, and the mark with the signature of the manufacturer.
101. The Constitution of the Trnava music society Musik-Verein, dated 1834. The diploma of an honorary member of the Trnava Musik-Verein.
102. The mansion of the Brunswick family at Dolná Krupá.
103. Franz Brunswick (1777–1849). Therese Brunswick (1775–1861). Josephine Brunswick (1779–1821).
104. View of the town of Hlohovec with the Erdődy residence on a guild certificate of apprenticeship. The stage and auditorium of Erdődy's theatre at Hlohovec in 1802.
105. Trenčín square with Piarist Church.
106. Augustin Smehlík's signature on the title page of the oldest copy of one of Beethoven's compositions found in Slovakia.
107. Tobias Franz Fučík: *Antiphony in D Major 'Alma Redemptoris'*, title page.
108. An example of how music was cultivated in monasteries of the time.
109. View of the town of Ilava. The signature of the Ilava organist Johann Cserney on the title page of the Rettig's masslike composition.
110. Paulin Bajan: *Harmonia Seraphica* (1777), notation.
111. The title page of an *Aria*, owned by Simon Peller, the organist at Nové Mesto nad Váhom.
112. Josef Pispeky: *Aria in E Flat Major 'Kde si slnčze gasne'*, notation.
113. Nitra – view of Zobor.
114. Norbert Schreier: *Mass in A Major*, title page.
115. Alois Schlieszter: *Mass in A Major*, title page.
116. Inventory of the instruments in the bishop cathedral of Nitra (1801).
117. Prievidza, view of the Piarist Church and Monastery. Dionys Kubík: *Cantiones Slavonicae*, Prividiae (1791), title page.
118. Portrait of an unknown noble woman with music in her hand.
119. Joseph Haydn: *Symphony 'Maria Theresia', (Hob. I:48)*, title page (1769) and notation.
120. Edmund Pascha (1714–1772).
121. The main square in Banská Bystrica.
122. The record of Anton Julius Hiray's death on October 21, 1842, in the Register of Births, Marriages and Deaths.
123. Anton Julius Hiray: *Minuets* from 1797, title page.
124. Anton Julius Hiray: *Civitatis Neosoliensis Militare Marsch* from 1798, title page.
125. The organ in the castle chapel at Banská Bystrica built by the local manufacturer Michael Podkonický in 1779.
126. The keyboard of an organ built by Michael Podkonický.

127. Visiting card with signature of organ maker Michael Podkonický, Banská Bystrica.
128. View of the town of Banská Štiavnica.
129. The Roman Catholic Parochial Church at Banská Štiavnica.
130. Franz Hrdina: *Der Bettelstudent*, title page.
131. Franz Hrdina: *Der Bettelstudent*, examples of the libretto and notation.
132. Franz Hrdina: *Pastorale Mass in G Minor*, title page.
133. Johann Josef Richter: *Litanies in C Major*, title page.
134. Johann Josef Richter: *Litanies in C Major*, notation of the composition.
135. Musicians playing during a banquet.
136. View of the town of Kremnica.
137. View of Kremnica square and churches.
138. The record of a complaint of the organ manufacturer Jakob Zorkovský presented in the local curia in 1756.
139. A trumpeter.
140. Anton Aschner: *Pastourelle in G Major*, title page.
141. Title page of the score owned by the Kremnica Cammeral Capella.
142. Anton Wurm: *Sonatina in B Flat Major*, notation.
143. Adela Ostrolúcka (1824–1853).
144. Anton Julius Hiray: *German Dances* from 1802, property of the Ostrolúcky family of Ostrá Lúka, title page.
145. View of the town of Ružomberok.
146. Nikolaus Zmeškal (1759–1833).
147. Ludwig van Beethoven: *String Quartet in F Minor, Op. 95*, title page with dedication to Nikolaus Zmeškal.
148. Franz Žaškovský: *Manuale musico-liturgicum* (1853), title page.
149. Andreas Žaškovský, Jr.: *Gradual, Op. 5*, title page.
150. View of the town of Liptovský Mikuláš on a document.
151. Josef Piťo (1800–1886).
152. View of the town of Liptovský Hrádok.
153. The front of the organ in the Roman Catholic Parochial Church at Liptovský Hrádok, built by Andreas Pažický in 1795.
154. Franz Paul Rigler: *24 Compositions*. Franz Xaver Tost: *A German Dance in B Flat Major, No. 7*. Examples of scores from the music archives of the Révay family of Turčianska Štiavnička.
155. View of the town of Kežmarok.
156. A portion of inventory of musical instruments and scores at Kežmarok (1803).
157. Alois Schön: *Mass in B Flat Major*, title page.
158. An organ made in the workshop of the Wallachy family of Spišská Sobota.
159. Signatures of the Spiš musicians Josef Ignaz Friedmanský, rector at Gelnica (1815), and Johann Nepomuk Friedmanský, the choir leader in Kežmarok (1808), title pages.
160. The pavilion Dardanelles at Markušovce.
161. View of the town of Levoča.
162. St James' Church in Levoča.
163. Organ in St James' Church in Levoča.
164. Manufacturer's mark on the organ no. 1 from the Levoča workshop of Franz Eduard Pecník.
165. The signature of Karl Heninger, the choir leader in Ľubica (1824), the title page of F. Hrdina's and F. Brixi's *Motets*.
166. St Martin's Church at Spišská Kapitula.
167. Inventory of the sheet music and musical instruments at Spišská Kapitula (1795), title page and portion of the inventory.
168. Spišské Podhradie and Spiš Castle.
169. Johann Ignaz Danik: *Antiphony in B Flat Major 'Ave Regina'*, title page.
170. Title page and the copy of Valentin Rathgeber's *Mass, Op. XII*, printed in Augsburg by J. J. Lotter in 1733 and used in Lubica.
171. *Cantus Catholici* (1655) from the library in the Piarist Monastery in Podolínec, title page.
172. Peter Peťko: *Christmas Mass in G Major* (1759), title page.
173. A record in the Register of Novices (1755) recording P. Roškovský's acceptance by the Franciscan order.
174. Matthias Kamenický-Kamiński (1734–1821).
175. Matthias Kamenický-Kamiński: *Nędza uszczęś, liwiona*, title page.
176. View of the town of Smolník.
177. The signature of Josef Suchánek on the title page of the *Offertory, Op. 5*, from J. Blahack.
178. The front of the organ in the Roman Catholic Parochial Church in Švedlár built by J. J. Schwarz in the 1750s.
179. Franz Xaver Skalník: *Aria in E Flat Major 'Klaňame sa tebe'*, title page and notation.
180. Johann Ignaz Krolig's *Passional* (1755) dedicated to Švedlár, notation and annotation.
181. View of the town of Gelnica.
182. Poster announcing a theatrical performance by German amateur actors in Smolník in 1817.
183. A view of the most important buildings in the town of Košice.
184. St Elizabeth' Cathedral in Košice.
185. The old theatre in Košice.
186. Announcement of a presentation of Haydn's oratorio in Košice in 1804, published in the newspaper *Preßburger Zeitung*, title page and text of the article.
187. Document recording Franz Xaver Zomb's appointment to the post of teacher at the Košice Music School (1811).
188. Klavierkonzert in der Züricher Gesellschaft auf dem Musiksaal. A portion of Franz Xaver Zomb's article on music life in Košice published in the Viennese newspaper *Allgemeine musikalische Zeitung No. 27* on July 4, 1818.
189. F. X. Zomb's request submitted to the Town Council of Košice (1821).
190. Franz Xaver Zomb: *Offertory in C Major* (1811), title page and notation.
191. Josef Kossovits: *Danses Hongroises*, title page and notation.
192. Gypsy musicians.
193. Rosa Déry (1793–1872).
194. Poster announcing a presentation of J. Haydn's *Oratorio 'Die sieben letzten Worte', (Hob. XX/2)* in Košice in 1815.
195. Josef Zomb: *Mass in G Major*, title page.
196. A score from St Trinity Church at Košice - title page of L. Kraus's *Mass, Op. 1*.
197. Josef Janig: *Gradual in B Flat Major*, title page of the work dedicated to bishop Johann Scitovský.
198. Title page of the Leipzig newspaper *Allgemeine musikalische Zeitung No. 20* from May 19, 1819, with an article on music life in Košice.

199. Record about Franz Xaver Zomb's baptism on November 9, 1779, in the Košice Register of Births, Marriages and Deaths.
200. Andreas Bartay's arrangement of Haydn's work *Seven Jesus' Words* for voice and piano with the text in Štúr's Slovak, title page and printed music.
201. View of the town of Prešov.
202. View of a square with a church in Prešov.
203. Karl Herfurth: *Trois Hongroises*, title page.
204. Franz Dessewffy: *Contradanse Sei*, title page.
205. View of the town of Bardejov.
206. Bardejov Spa with its theatre.
207. Church and Monastery of the Premonstratensian Order in Jasov.
208. Johann Lininger: *Litanies in D Major*, title page and notation.
209. Ludwig Skalník: *Mass in D Major*, dedicated to bishop J. Scitovský (1828), title page.
210. Ludwig Skalník: *Mass in C Major*, notation.
211. View of the town of Rožňava.
212. Paul Neumüller: *Offertory in B Flat Major*, title page.
213. Johann Pipus: *Antiphony in C Major 'Salve Regina'*, title page.
214. A list of the members of Count Stephen Csáky's band at Humenné.
215. View of the Csáky family château in Humenné.

Fotografie
◆
Photos

DOMINOVÁ MARGITA:
2, 3, 4, 9, 15, 18, 20, 29, 31, 32, 41a, 41b, 41c, 47, 60, 61b, 66, 68, 70b, 73b, 74, 78, 79, 82, 87a, 87b, 97a, 97b, 101a, 101b, 108, 110, 111, 112, 114, 116, 119a, 119b, 122, 123, 124, 130, 131a, 131b, 138, 140, 141, 142, 146, 147, 156, 157, 167a, 167b, 172, 179a, 179b, 182, 184, 190a, 190b, 193, 197, 198, 203, 206, 210, 212, 214, + 2 fotografie na predsádke

LEIXNEROVÁ THEA:
99, 100a, 129

SZABÓ TIBOR:
61a, 61c, 207

ŠILINGEROVÁ OLGA:
6, 7, 7b, 13a, 13b, 21, 26, 38, 39a, 39b, 52, 55, 70a, 82a, 82b, 82c, 82d, 82e, 96, 100b, 113, 120, 125, 126, 127, 139, 150, 152, 153, 161, 162, 163, 164, 166, 168, 178, 183, 201, 202, 209 + 7 fotografií na predsádke, 1 na obálke

ŠIŠKOVÁ ELENA:
10, 17a, 17b, 40a, 40b, 62, 63, 72, 77a, 81a, 81b, 84a, 84b, 85, 186a, 186b

ŠUCHA JOZEF:
118

GALÉRIA MESTA BRATISLAVY:
11, 27, 42, 43, 58, 59

Z ARCHÍVOV INŠTITÚCIÍ:
1, 5, 8, 12, 14, 16, 19, 22, 23, 24, 25, 28, 30, 33, 34a, 34b, 35, 36, 37, 42b, 44, 45a, 45b, 46, 48, 49, 50, 51, 53, 54, 56, 57, 64, 65, 67, 69, 71 73a, 75, 76, 77b, 80, 83a, 83b, 86, 88, 89, 90, 91, 92, 93, 94a, 94b, 95, 98, 102, 103a, 103b, 103c, 104a, 104b, 105, 106, 107, 109a, 109b, 115, 117a, 117b, 121, 128, 132, 133, 134, 135, 136, 137, 143, 144, 145, 148, 149, 151, 154a, 154b, 155, 158, 159a, 159b, 160, 165, 169, 170a 170b, 171, 173, 174, 175, 176, 177, 180a, 180b, 181, 185, 187, 188a, 188b, 189, 181a, 191b, 192, 194, 195, 196, 199, 200a, 200b, 204, 205, 208a, 208b, 211, 213, 215 + 5 fotografií na predsádke

Obsah
◆
Inhalt

Predslov / Vorwort 5

Hudobný klasicizmus ako štýlová epocha / Musikalische Klassik als Stilepoche 7

I. kapitola / I. Kapitel
Znaky hudobného klasicizmu na Slovensku / Merkmale der musikalischen Klassik in der Slowakei 11

II. kapitola / II. Kapitel
Bratislava / Preßburg 21

III. kapitola / III. Kapitel
Západoslovenský hudobnokultúrny okruh / Westslowakischer Musikkulturkreis 97

IV. kapitola / IV. Kapitel
Stredoslovenský hudobnokultúrny okruh / Mittelslowakischer Musikkulturkreis 135

V. kapitola / V. Kapitel
Spišský hudobnokultúrny okruh / Zipser Musikkulturkreis 169

VI. kapitola / VI. Kapitel
Východoslovenský hudobnokultúrny okruh / Ostslowakischer Musikkulturkreis 197

VII. kapitola / VII. Kapitel
Európske kontexty vývoja / Europäische Entwicklungskontexte 235

Literatúra / Literaturverzeichnis 243
Dokumentácia / Dokumentation 249
Mapa / Karte 260
Skratky / Abkürzungen 262
Menný register / Namensregister 263
Miestny register / Ortsregister 268
Summary 271
Documentation 274

Trnava / Tyrnau

Nitra / Neutra

Banská Bystrica / Neusohl

Kremnica / Kremnitz

Banská Štiavnica / Schemnitz

Bratisla